TÜRKEI WESTKÜSTE

Dardanellen – Bodrum

Michael Bussmann
Gabriele Tröger

INHALT

Die Westküste erleben 8

Anreise 12

Unterwegs zwischen Bodrum und den Dardanellen 15

Mit dem Auto oder Motorrad 15
Mit dem Bus 17
Mit dem Dolmuş (Sammeltaxi) 19
Weitere Verkehrsmittel 19
Unter Segel 20
Organisierte Ausflüge 20
Wandern 21

Übernachten 21

Essen und Trinken 24

Wissenswertes von A bis Z 30

Ärztliche Versorgung 30
Ausgrabungsstätten 31
Baden 32
Diplomatische Vertretungen 32
Ein- und Ausfuhrbestimmungen 32
Einkaufen und Handeln 33
Elektrizität 35
Feste und Feiertage 35
Flora und Fauna 35
Frauen 36
Geld und Geldwechsel 37
Haustiere 38
Information/Internet 40
Islam 40
Kinder 43
Kleidung 43
Klima 44
Kriminalität 44
Literaturtipps 44
Medien 45
Notrufnummern 45
Öffnungszeiten 45
Polizei 46
Post 46
Preise 46
Reisepapiere 46
Schwule und Lesben 47
Sport 47
Telefonieren 48
Toiletten 49
Verständigung 50
Zeit 50

Geschichte im Abriss 51

Bodrum 57

Die Bodrum-Halbinsel 68

Zwischen Bodrum und Milas 76

Boğaziçi 76
Güllük 76
Iasos (Kıyıkışlacık) 76

Am Golf von Gökova 77

Die Buchten von Çiftlikköy 77
Die Buchten von Mazıköy 78
Çökertme 79
Ören 79

Ausflug auf die Insel Kos (Griechenland) 81

Milas 84

Umgebung von Milas 87

Allgemeines
Reisepraktisches
Geschichte

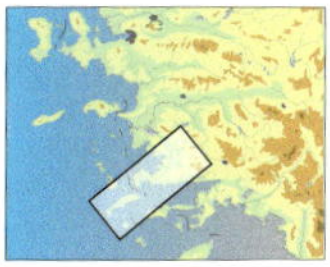

Bodrum und Umgebung

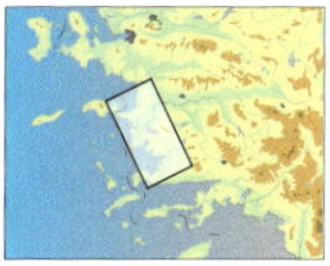

Zwischen Milas und Kuşadası

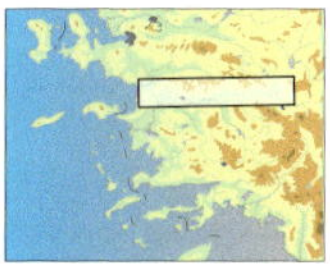

Ephesus
Selçuk
Tal des Großen Mäander

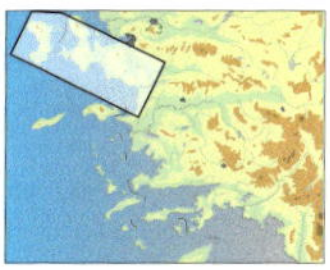

Zwischen Selçuk und Çeşme

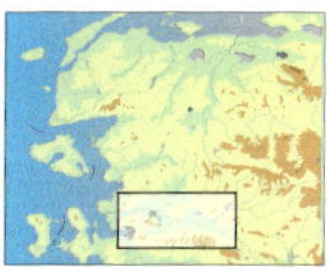

İzmir und Hinterland

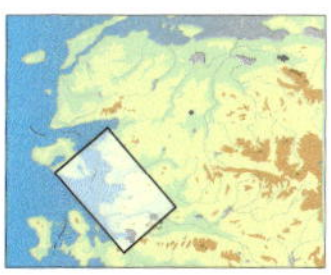

Zwischen İzmir und Ayvalık

Der Golf von Edremit

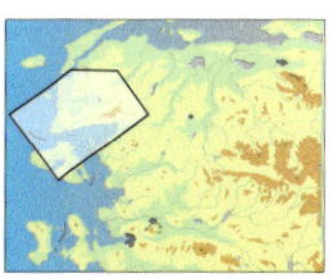

Troas und Dardanellen

Text und Recherche: Michael Bussmann, Gabriele Tröger
Griechenlandausflüge: Thomas Schröder (Insel Sámos, Chíos, Lésbos), Frank Naundorf (Insel Kos)
Lektorat: Brigitte Seitzer
Redaktion und Layout: Veronica Schön-El Baioui
Fotos: siehe Fotonachweis S. 256
Cover: oben: Abendstimmung bei den Ausgrabungen von Didyma
unten: Buchtenzauber zwischen Selçuk und Çeşme
Karten: Carlos Borrell (Coverkarten), Gàbor Sztrecska, Matthias Patrzek

Danksagungen

Für die Infos zu den griechischen Inseln danken wir ganz herzlich den Griechenlandautoren Frank Naundorf & Yvonne Greiner (Kos) sowie Thomas Schröder (Sámos, Lésbos und Chíos).

Ein herzlicher Dank für die wertvollen Tipps gilt auch den Lesern: Brigitte Katzer (Rheinfelden), Manfred Fischer (Kraiburg), Jürgen Hübsch, Hans Peter Roentgen, Susi Müller (Heppenheim), Monica von Arx (TR-Marmaris), Irene und Gert Wießner, Claudia und Frank Heitsch (München), Dirk Sonntag, Marlene und Andreas Huber (Landshut), Dr. Walter Hengl (A-Innsbruck), Michael Bilharz (CH-St. Gallen), A. Janus (Hameln), Iris Homann und Andreas Knoll (Heidelberg), Ute Schulz-Jacob und Erhard Schulz (Emmendingen), Simone Hofstetter, Dieter Kretzer (Hamburg), Elisabeth Ganss, Dr. Irmgard Hofer (München), Petra Gocke (Bremen), Waltraud Willer und M. Ziegel (München), Kathrin Kehrer (Wachtberg), Didem Baştan, Isabel Armbrust, Familie Borg und Lutz Köhler (Lörrach).

ISBN 3-89953-327-5

2. aktualisierte und überarbeitete Auflage 2006

Zwischen Milas und Kuşadası 89

Zeustempel von Euromos 89
Bafa-See (Bafa Gölü) 89
Didyma (antike Stätte) 92
Milet (antike Stadt) 96
Priene (antike Stadt) 101
Söke und Magnesia 105
Dilek-Nationalpark (Dilek Milli Parkı) 106

Kuşadası 107

Ausflug auf die Insel Sámos (Griechenland) 113

Ephesus (Efes, antike Stadt) 117

Selçuk 124
Umgebung von Selçuk und Ephesus 130
Şirince 131
Belevi-Mausoleum 133
Tire 133
Birgi 134

Das Tal des Großen Mäander 134

Aydın 135
Umgebung von Aydın 137
Nysa (antike Stadt) 138
Aphrodisias (antike Stadt) 139
Pamukkale/Hierapolis 144

Zwischen Selçuk und Çeşme 150

Klaros und Notion (antike Stätten) 150
Kolophon (antike Stadt) 150
Von Özdere bis Ürkmez 151
Sığacık 151
Teos (antike Stadt) 152

Çeşme 152

Umgebung von Çeşme 159
Boyalık, Ilıca und Şifne 159
Dalyan 160
Alaçatı 160
Halbinsel Karaburun 161
Urla 163

Ausflug auf die Insel Chíos (Griechenland) 164

İzmir 166

Im Hinterland von İzmir 179

Manisa 179
Umgebung von Manisa 183
Sardes (antike Stadt) 184

Zwischen İzmir und Ayvalık 188

Foça 188
Umgebung von Foça 195
Çandarlı 195
Bademli 196
Dikili 197

Pergamon/Bergama 197

Ayvalık 209

Umgebung von Ayvalık 214

Ausflug auf die Insel Lésbos (Griechenland) 217

Der Golf von Edremit 221

Ören 221
Edremit 224
Akçay 225
Küçükkuyu 226
Assos/Behramkale 228

Die Troas 232

Bozcaada (Insel) 234
Troja (Truva, antike Stadt) 237

Çanakkale 239

Die Halbinsel Gallipoli (Gelibolu Yarımadası) 244

Eceabat und Kilitbahir 245
Gelibolu 247

Gökçeada (Insel) 247

Kleines Sprachlexikon 250

Register 253

KARTENVERZEICHNIS

Nördliche Westküste Umschlagklappe vorne
Südliche Westküste Umschlagklappe hinten

Aphrodisias 143
Asklepieion (Pergamon) 206
Ayvalık 213
Bergama 201
Bodrum 60/61
Bodrum-Halbinsel 69
Bozcaada (Insel) 235
Çanakkale 243
Çeşme 157
Ephesus 121
Foça 193
Gökçeada (Insel) 249
İzmir 171
Johanniterkastell St. Peter/Bodrum 67
Kuşadası 111
Labranda 88
Manisa 181
Milet 97
Pamukkale/Hierapolis 149
Pergamon 205
Priene 103
Selçuk 125

Zeichenerklärung für die Karten und Pläne

Autobahn
asphaltierte Verbindungsstraße
asphaltierte Straße
Nebenstraße
Grünanlage
Berggipfel
Aussicht
Weinanbau
Campingplatz
Windmühle
Schloss/Burg
Kloster/Kirche
Moschee
Flughafen/-platz
Bushaltestelle
Taxistandplatz
Information
Post
Museum
Parkplatz
ärztliche Versorgung
Reisebüro
Wechselstube

Was haben Sie entdeckt?

Trotz gründlicher Recherche kann es immer wieder passieren, dass uns etwas entgeht. Wenn Sie ein empfehlenswertes Hotel, ein neues gutes Restaurant oder einen idyllischen Strand entdeckt haben, lassen Sie es uns wissen. Auch für Kritik und Verbesserungsvorschläge sind wir dankbar.

Schreiben Sie an:

Michael Bussmann und Gabriele Tröger, Stichwort „Türkei Westküste",
c/o Michael Müller Verlag, Gerberei 19, 91054 Erlangen
E-Mail: bussmann@michael-mueller-verlag.de
troeger@michael-mueller-verlag.de

Blumenstrand Hanedan bei Foça

Die Westküste erleben

Baden plus antike Kultur – an der türkischen Ägäis geht diese Rechnung bestens auf. Überzeugen Sie sich selbst!

Eine Küste „mit einer unerhörten Intensität, voller Sehnsucht, Schönheit und Schrecken“ – so bezeichnete der Literat Cevat Şakir Kabaağaçlı die türkische Ägäis in den 1930ern. Eine Aussage mit Weitblick. Verträumte Buchten bezaubern mit einem Meer, das in allen erdenklichen Farben funkelt. An raue Felsküsten schmiegen sich romantische Fischerdörfer, wo unverfälschte türkische Gastfreundschaft dem Werbeslogan der Fremdenverkehrsämter „Urlaub bei Freunden“ keinen Hohn spricht. In der abgeschiedenen wilden Bergwelt und inmitten silbriger Olivenhaine laden die stummen steinernen Zeugen mehrerer Jahrtausende zur Erkundung ein. Und in Bodrum, Kuşadası oder Çeşme, den touristischen Hotspots der Westküste, können Sie mit dem türkischen Jetset clubben gehen.

Bei all der Vielfalt und Schönheit kommt leider auch der Schrecken nicht zu kurz. Vielerorts widerlegt die Realität alle Beteuerungen von offizieller Seite, die türkische Ägäis nicht zum Duplikat der zugemauerten Costa Brava werden zu lassen. Neben mehrstöckigen Bettenburgen verschandeln vor allem einförmige Ferienhaussiedlungen, zugeschnitten auf türkische Mittelstandsfamilien, unzählige Buchten zwischen Bodrum und Çanakkale. Zum Glück steht der negativen Entwicklung auch ein Trend zum ökologischen Tourismus gegenüber. In alten griechischen Bergdörfern und an einsamen Küstenabschnitten entstehen mehr und mehr kleine, stilvolle Unterkünfte – Toscanafeeling trifft Orientflair.

Idylle bei Teos

Schönheit und Schrecken in einem bunten Nebeneinander wird jeder erfahren, der auch nur einen kleinen Teil der langen Westküste bereist. Aber keine Sorge, idyllische Plätze gibt es noch zur Genüge. Und egal wo: Als Tourist kann man hier überall gut leben, nicht zuletzt des angenehmen Klimas und der noch immer verhältnismäßig günstigen Preise wegen.

Die Highlights ...

... für Liebhaber schöner Strände

Rund 1.000 km misst die Küste zwischen Bodrum und der Halbinsel Gallipoli. Dass man auf einer so langen Strecke auf herrliche Bademöglichkeiten stößt, ist selbstverständlich. Abseits der großen Ferienorte lassen sich noch immer ruhige Buchten finden. Extra-Bonbons mit Sonne, Sand und Meer bieten Bootsausfahrten auf die vorgelagerten Inselchen. Hier eine kleine Auswahl der schönsten Bademöglichkeiten:

Dilek-Nationalpark: In diesem Nationalpark bei Kuşadası herrscht Bauverbot. Geboten werden vier Kies-Sand-Strände zwischen Kiefernwäldern und glasklarem Wasser.

Aydıncık auf Gökçeada beweist, dass nicht nur die Griechen, sondern auch die Türken ägäische Inseln mit tollen Stränden haben.

Troas nennt sich der Landstrich zwischen Assos und Troja mit seiner überaus buchtenreichen Küste. Holprige Sträßlein und Feldwege enden an einsamen Stränden.

Die Inseln vor Ayvalık: Ayvalık selbst hat zwar keine Strände, dafür 23 vorgelagerte Inseln mit herrlichen Badebuchten. Eine Bootstour dorthin ist ein spaßiges Erlebnis.

Die Buchten von Mazıköy: Zwei Traumbuchten östlich von Bodrum am Golf von Gökova, einem der berauschendsten Abschnitte der gesamten türkischen Küste. Zuweilen schauen Ihnen hier Kühe beim Baden zu.

Ören (bei Edremit) besitzt einen der schönsten Sandstrände der nördlichen Ägäis. Darüber liegen schattige Teegärten. Internationalen Rummel gibt es nicht. Ein Insidertipp ist der Strand aber auch nicht – Ören ist fest in türkischer Hand.

... für Archäologie- und Kulturinteressierte

Einige der imposantesten und berühmtesten Ruinenstädte der Antike befinden sich im Reisegebiet. Bei ihrem Anblick geraten nicht nur Trümmerfreaks ins Schwärmen. Selbst aus Übersee reisen Interessierte dafür an – Sie haben es leichter. Eine kleine Auswahl:

Ephesus: Ein ganz heißer Tipp und ein unvergessliches Erlebnis. Ephesus war schon Weltstadt, als Athen noch tiefste Provinz und Rom nicht einmal gegründet war.

Aphrodisias stand in der Antike ganz im Zeichen des Aphroditekults. Und wer genau „hinfühlt", verspürt immer noch den Geist der Göttin der Liebe, der Schönheit und der Verführung ...

Pergamon: Hier lernen Sie die Ursprünge des Pergaments und des Äskulapstabs kennen, spazieren durch imposante Ruinen und bekommen mit Bergama noch ein ursprüngliches Landstädtchen als Zugabe.

Didyma, Milet und Priene liegen im Mäanderdelta nur einen Katzensprung auseinander. Die imposanteste Lage besitzt Priene, die spannendste Geschichte Milet, die eindrucksvollsten Ruinen Didyma.

Assos ist eine Empfehlung für alle, die neben antiken Trümmern auch eine intakte westanatolische Dorfstruktur kennen lernen wollen. Genießen Sie die superbe Aussicht vom Burgberg mit der Vorfreude auf ein leckeres Fischessen am Hafen.

Labranda gehört sicherlich nicht zu den spektakulärsten Ruinenstätten. Von seiner Lage her stellt es jedoch viele andere in den Schatten.

Troja: Die wohl berühmteste türkische Ruinenanlage darf in dieser Auflistung nicht fehlen. Aber besuchen Sie die Stätte des legendären Krieges erst dann, wenn Sie alle vorher genannten schon abgeklappert haben.

... für Landschafts- und Naturgenießer

Flusslandebenen und Mittelgebirge im steten Wechsel prägen die Landschaft der Westküste. Dazu faszinieren tiefe Buchten und ausgreifende Halbinseln. Wandern Sie durch bizarre Felsformationen oder weite Olivenhaine, genießen Sie Ausblicke auf zerklüftete Küsten mit einer Inselwelt am Horizont. Abseits der touristischen Zentren gibt es viel zu entdecken. Sie brauchen jedoch eine gute Orientierung, denn markierte Wanderwege sind in der Westtürkei noch die Ausnahme.

Bafa-See: Noch immer ein Geheimtipp unter Ägäisurlaubern. Im Nationalpark finden Sie ein zerklüftetes Bergmassiv, türkisfarbenes Wasser vor hellen Sandstränden, jede Menge Ruinen, ursprüngliches Bauernleben und nette Pensionen, die man ungern verlässt.

Pamukkale: Das Wunder der weißen Terrassen. Wenn auch 200 km abseits der Küste, ist es von Ihrem Standort garantiert leicht zu erreichen. Das Bad in den natürlichen Becken der Sinterterrassen ist inzwischen zwar verboten, der Anblick aber noch immer etwas Besonderes.

Halbinsel Karaburun: Die gebirgige Halbinsel zwischen Çeşme und İzmir besitzt beschauliche Buchten und eine einsame Berglandschaft. Wer sich zur Erkundung Letzterer aufmacht, findet verlassene griechische Dörfchen und genießt imposante An- und Ausblicke.

Kaz Dağları: Die „Gänseberge", ein waldreicher Höhenzug am Golf von Edremit, bieten herrliche Unterkünfte in alten, ursprünglich griechischen Bergdörfern. Tiefe Täler und bis 1.800 m hohe Berge laden zu ausgedehnten Streifzügen ein. Wer nicht so hoch hinaus will, findet auch schon weiter unten idyllische Picknickplätze.

Land und Leute unterm Halbmond – die Türkei in Fakten und Zahlen

Offizieller Name: Türkiye Cumhuriyeti (Republik Türkei).

Geographie: Mit einer Fläche von 779.452 qkm ist die Türkei gut zweimal so groß wie Deutschland. 3 % der Fläche gehören zum europäischen Kontinent, der Rest – allgemein als Anatolien bezeichnet – gehört zu Asien. Der höchste Berg ist der Ararat (5.165 m ü. d. M.) ganz im Osten des Landes.

Politisches System: Die Türkei ist nach der Verfassung von 1982 eine parlamentarische Demokratie. Der Präsident (seit 2000 Ahmet Necdet Sezer) wird für eine Amtszeit von 7 Jahren von der Nationalversammlung (Parlament) gewählt. Letztere ist zugleich die Legislative. Das Parlament besteht aus 550 Sitzen. Die Wahlen 2002 brachten der regierenden, konservativen AKP 368 Sitze, der sozialdemokratischen CHP, der größten Oppositionspartei, 175 Sitze. Die Legislaturperiode dauert 5 Jahre. Ministerpräsident ist Recep Tayyip Erdoğan (AKP, seit 2003).

Wirtschaft: Dank der AKP-Regierung, die lang geforderte Strukturreformen einleitete (z. B. Privatisierung unrentabler Staatsbetriebe, transparente Ausschreibungsverfahren, Autonomie der Zentralbank) und die einen rigorosen Sparkurs umsetzte, ging die Schuldentilgungsrate auf 70 % des BIP zurück. Die Haushaltslage ist aber weiterhin angespannt; solange von zehn Erwerbstätigen gerade einer Steuern zahlt, wird sich daran auch nicht viel ändern. Die jährliche Inflationsrate fiel zuletzt rapide, 2001 betrug sie noch 54 %, für 2005 wurde – erstmals seit 30 Jahren – ein Wert unter 10 % erreicht, für 2006 rechnen Wirtschaftsexperten mit 5 %. Die Wirtschaft boomt, Wachstumsraten von bis zu 10 % in den letzten Jahren unterstreichen dies. Die Arbeitslosigkeit wurde zuletzt mit 9 % angegeben, das Pro-Kopf-Einkommen mit 3.420 €, Tendenz stark steigend. Als Bruttomindestlohn mussten 2005 489 YTL (ca. 300 €) bezahlt werden. Zum BIP trägt die Landwirtschaft, in der 40 % aller Erwerbstätigen ihr Auskommen finden, nur 13 % bei, die Industrie 25 % und der Dienstleistungssektor 62 %. Die wichtigste Devisenquelle des Landes ist der Tourismus.

Militär: Die Streitkräfte zählen 515.000 Mann und gehören so zu den größten der Welt. Der Anteil der Militärausgaben am BSP liegt rund ein Drittel höher als im Weltdurchschnitt. Gründe dafür waren lange Zeit der Krieg gegen die Kurden im Osten des Landes und das Kräftemessen mit Griechenland. Die Soldaten genießen übrigens bei der Bevölkerung großen Respekt.

Bevölkerungsstruktur: 2005 hatte die Türkei annähernd 72 Mio. Einwohner (1960: 28 Mio.), das Durchschnittsalter beträgt 28 Jahre (in Deutschland 42 Jahre). Die Bevölkerungsdichte ist sehr unterschiedlich. Der Verwaltungsbezirk İstanbul steht mit knapp 1.330 Einwohnern je qkm deutlich an der Spitze. Die geringste Bevölkerungsdichte haben die unterentwickelten Provinzen in Ostanatolien mit 16 Einwohnern pro qkm.

Bevölkerungsgruppen: 85,7 % Türken, 10,6 % Kurden, 1,6 % Araber, 2,1 % Armenier, Griechen, Lasen, Tscherkessen, Georgier und muslimische Bulgaren.

Gesundheit/Soziales: Auf 825 Einwohner kommt 1 Arzt. Die Lebenserwartung liegt für Frauen im Durchschnitt bei 73 Jahren, für Männer bei 68 Jahren. Eine Rentenversicherungspflicht gibt es nicht, ebenso keine Arbeitslosenversicherung.

Bildung: Für die Bildung wurde in den letzten Jahrzehnten viel getan, seit 1950 wurden über 50.000 Schulen gebaut. Die Analphabetenrate schätzt man bei Frauen auf ca. 28 %, bei Männern auf ca. 8 %. Dabei herrscht ein starkes Ost-West-Gefälle: Im Westen sind vorwiegend ältere Menschen betroffen, im Osten auch Kinder; Kinderarbeit ist dort noch gang und gäbe. Es existiert seit 1997 eine 8-jährige Schulpflicht.

Religion: 99 % der türkischen Bevölkerung bekennen sich zum Islam. Den verbleibenden Rest stellen Juden sowie syrisch- und griechisch-orthodoxe Christen.

Feierabend am Meer

Anreise

Das Gros aller Türkeibesucher reist bequem mit dem Flugzeug an. In ungefähr drei Stunden sind Büroalltag und die nervenden Nachbarn vergessen. Als Zielflughäfen im Reisegebiet stehen bislang **Bodrum/Milas** und **İzmir** zur Auswahl. Vielleicht kommen künftig noch **Edremit** (Landebahn und Terminal sollen bis Sommer 2006 – was in der Türkei auch 2007 oder 2008 bedeuten kann – zu einem internationalen Charterflughafen ausgebaut sein) und **Gökçeada** (der Inselflughafen befand sich im Sommer 2005 im Bau) hinzu.

Abflugmöglichkeiten nach Bodrum/Milas und İzmir bestehen von allen größeren deutschen, schweizerischen und österreichischen Städten. Im Sommer ist das Angebot selbstverständlich größer als im Winter, wenn zudem fast alle Airlines Bodrum/Milas aus dem Programm nehmen. Sofern Gökçeada oder Edremit einmal angeflogen werden sollten, wäre ein Gabelflug überlegenswert (z. B. hin nach Gökçeada, zurück von Bodrum/Milas). Bei Turkish Airlines (Türk Hava Yolları, kurz THY) sind Gabelflüge jedoch meist mit einem Umsteigen in İstanbul verbunden. Innertürkische Flüge zwischen den Ferienflughäfen an der Küste gab es 2005 nicht, sämtliche nationale Fluggesellschaften (auch Flyair oder Atlasjet) nutzen İstanbul oder Ankara als Drehkreuze. Welche Dokumente Sie für die Einreise in die Türkei benötigen, erfahren Sie unter „Wissenswertes von A bis Z/Reisepapiere“ auf Seite 46.

Nur-Flug-Angebote sind ideal für alle, die auf eigene Faust unterwegs sein wollen. Um nicht nur zu erfahren, was wann, wie und wo angeboten wird, sondern auch noch, was am preiswertesten ist, kommt man um einen Gang ins Reisebüro und (!) einen Blick ins Internet kaum herum. Es lohnt zu vergleichen: Nicht jedes Angebot, das Sie im Internet finden, können Sie auch über ein Reisebüro buchen, den umge-

Airlines im Internet

Air-Berlin: www.airberlin.de, **Atlasjet**: www.atlasjet.com, **Austrian Airlines/ Lauda Air**: www.aua.com, **Condor (Thomas Cook)**: www.condor.de, **Edelweiss Air**: www.edelweissair.ch, **Flyair**: www.flyair.com.tr, **Freebird**: www.freebirdairlines.com, **Germanwings**: www.germanwings.de, **Hapag Lloyd**: www.hlf.de, **LTU**: www.ltu.de, **Öger Türk-Tur**: www.oegertur.de u. www.4440102.com, **Onur Air**: www.onurair.de oder www.onurair.com.tr, **Pegasus**: www.flypgs.com, **Sun Express**: www.sunexpress.de, **Swiss**: www.swiss.com, **THY**: www.turkishairlines.com. **Niki**: www.flyniki.com, **Belair**: www.belair-airlines.com

Wie sicher die Airlines sind, erfahren Sie unter **www.aerosecure.de.** Unter **www.michael-mueller-verlag.de/verlag/links/index.html** finden Sie weitere Links zur Anreise, Last-Minute-Anbieter usw.

kehrten Sachverhalt gibt es aber auch, und das sehr oft. Zuweilen recht preiswert sind auch sog. Fly & Drive-Angebote, bei denen man für einen Aufpreis noch einen Mietwagen am Flughafen bekommt.

• *Preise* Je nach Saison und Sondertarif müssen Sie bei den meisten Airlines mit Preisen zwischen 275 und 450 € für einen Hin- und Rückflug rechnen. Sie können natürlich auch viel mehr bezahlen (z. B. in der Business Class), aber auch viel weniger (z. B. mit Low-Cost-Airlines wie Germanwings, die Flüge nach İzmir zuweilen bereits ab 19 € anbieten).

Last-Minute-Tickets bekommt man in der NS mit Glück ab 100 €, in der HS ab 200 €.

Informationen zu den Flughäfen im Reisegebiet (Geldwechsel, Transfer, Autoverleiher usw.) für **Bodrum/Milas** auf S. 58, für **İzmir** auf S. 168. Aktuelles zu **Edremit** und/oder **Gökçeada** erfahren Sie ggf. in den Reisenews unseres Verlages unter www.michael-mueller-verlag.de.

Pauschalangebote: Um im Dschungel der Saison- und Sonderarrangements die besonders günstigen zu erhaschen, sollte man sich ebenfalls möglichst vielseitig informieren – die Veranstalter haben für ein und dieselbe Leistung z. T. erheblich unterschiedliche Preise. Im Reisegebiet werden in erster Linie große Hotels und All-inclusive-Anlagen rund um Bodrum, Kuşadası und Çeşme vermittelt. Ausflüge nach Pamukkale, Ephesus oder Troja kann man meist gleich mitbuchen. Angeboten werden ferner Segeltörns entlang der Küste, sog. „Blaue Reisen" (→ S. 20), Kreuzfahrten und Rundreisen. Die Türkeispezialisten haben auch Tauch- und Wanderreisen im Programm, zudem offerieren sie auch kleine, familiäre Hotels. Wenn Sie sich für ein Last-Minute-Pauschalarrangement entscheiden, lassen Sie sich am besten den Katalog mit dem regulären Angebot zeigen – einige findige Geschäftemacher bieten nämlich reguläre Reisen als „Last-Minute-Schnäppchen" an.

Transport von Gepäck und Sportgeräten: Die Freigepäckgrenze für Flüge in die Türkei liegt für gewöhnlich bei 20 kg pro Person und ist auf dem Flugschein vermerkt. Wer jedoch Business anstatt Tourist Class fliegt, länger als 28 Tage vor Ort bleibt oder im Besitz einer Kundenkarte der Airline ist, darf meist 30 kg mitnehmen. Für Übergepäck berechnen die meisten Airlines 5–10 € pro Kilo (bei kleinen Überschreitungen wird i. d. R. ein Auge zugedrückt).

Die Gebühren und Freigewichtsgrenzen für Sportgeräte unterscheiden sich von Gesellschaft zu Gesellschaft z. T. erheblich. Golf- und Tauchausrüstungen bis 30 kg gehen bei den meisten Airlines umsonst mit, bei anderen werden sie als Übergepäck oder mit Pauschalsätzen zwischen 30 und 60 € berechnet. Für die Mitnahme eines Fahrrads muss man mit 30–70 € rechnen, für ein Surfbrett mit 50–150 €. Rechtzeitige Anmeldung und sachgerechte Verpackung sind obligatorisch.

Rail & Fly: Egal ob Sie ein Nur-Flug-Angebot wahrnehmen oder ein Pauschalarrangement, oft ist das Zugticket zum Airport bereits inbegriffen oder gegen ein geringes Aufgeld erhältlich.

Weitere Anreisemöglichkeiten

Mit dem eigenen Fahrzeug: Überlegenswert ist diese Variante nur für Langzeiturlauber. Es stehen zwei Routen zur Auswahl: Die eine führt über den Balkan, die bequemere zweite über Italien mit anschließender Fährpassage. Egal für welche Route Sie sich entscheiden: Sie benötigen einen Reisepass, eine grüne Versicherungskarte und Fahrzeugpapiere auf Ihren Namen. Lassen Sie sich zudem von Ihrer Kfz-Versicherung schriftlich bestätigen, dass Sie auch einen Versicherungsschutz auf dem asiatischen Teil der Türkei haben.

Balkanroute: Bei den Automobilclubs erfahren Sie, welche Route für Sie die empfehlenswerteste ist. Immer wieder hört man auf dieser Strecke, insbesondere beim Passieren von Bulgarien und Serbien, leider von schikanierenden Grenzbeamten, von falschen und echten Polizisten, die die Hand aufhalten, von Autoaufbrüchen und Raubüberfällen. Kalkulieren Sie für die Balkanroute, z. B. von Frankfurt nach İzmir (2.640 km) mit 45 € für Autobahngebühren und mindestens 30 Std. Fahrtdauer, hinzu kommen noch mal 10–20 Std. Wartezeiten an den Grenzen, falls Sie zur großen Heimreisezeit der Auslandstürken unterwegs sind.

Italienroute: Wer sich für eine **Fährpassage** entscheidet, sollte für die Hauptferienzeit früh buchen. Als Abfahrtshäfen in Italien stehen Ancona und Brindisi zur Auswahl. Zielhafen in der Türkei war 2005 ausschließlich Çeşme bei İzmir. Den besten Service bietet Marmara Lines. Welche Reedereien sonst noch die Strecke bedienen, erfahren Sie in einem guten Reisebüro. Alternativ zur teueren Fährpassage direkt in die Türkei besteht die Möglichkeit, eine Fähre nach Griechenland zu nehmen und von dort über Land in die Türkei weiterzureisen. Zig Fährgesellschaften machen sich hierbei Konkurrenz, u. a. Anek Lines (www.anek.gr), Minoan Lines (www.minoan.gr) und Marlines (www.marlines.com). Für die Strecke von Franfurt nach Ancona (1.100 km) müssen Sie mit 50 € Autobahngebühren rechnen, nach Brindisi (1.660 km) mit 75 € Autobahngebühren (inkl. Schweizer Vignette).

• *Preisbeispiele Marmara Lines für die Strecke Ancona–Çeşme* Ende März–Ende Okt. 1-mal wöchentl., Fahrtdauer ca. 55 Std. Einfache Passage in der HS pro Person ab 205 € (Pullmannsitz, inkl. Frühstück, retour 286 €), Pkws ohne Fahrer ab 235 € (hin/zurück 331 €), Minibus ohne Fahrer bis 5 m ab 275 € (retour 382 €). **Information** bei RECA-Handels-GmbH, Neckarstr. 37, D-71065 Sindelfingen, ✆ 07031/866010, www.marmaralines.com.

• *Preisbeispiele Marmara Lines für die Strecke Brindisi–Çeşme* Ende März–Ende Okt. 1-mal wöchentl., Fahrtdauer ca. 30-35 Std. Die Tarife liegen ca. 30 % unter denen von Ancona.

Egal ob mit dem eigenen Fahrzeug, der Bahn oder dem Bus: Erkundigen Sie sich vor Reiseantritt über die Einreiseformalitäten der Transitländer, z. B. unter www.auswaertiges-amt.de, www.bmaa.gv.at bzw. www.eda.admin.ch. Visumspflicht bestand in den Transitländern 2005 zwar nicht mehr, der Personalausweis war für Serbien und Montenegro jedoch nicht ausreichend.

Mit dem Bus: Die *Deutsche Touring GmbH* (www.deutsche-touring.com) bietet ganzjährig Fahrten von verschiedenen deutschen Städten nach İstanbul an. Zwischen Österreich und İstanbul verkehren Busse der Gesellschaft *Varan* (www.varan.com.tr). Zuletzt führten die Fahrten von Österreich über den Balkan (30–35 Std.), die von Deutschland über Italien, wo es mit der Fähre nach Griechenland und von dort auf dem Landweg weiter nach İstanbul ging (Dauer 50–60 Std.). Einen Linienbusverkehr von der Schweiz in die Türkei gibt es nicht. Je nach Abfahrtsort bewegen sich die Preise für ein Retourticket zwischen 170 und 240 € zzgl. eventueller Fährgebühren. Endstation in İstanbul ist Buyuli İstanbul Otogar, von wo regelmäßige Verbindungen zu allen Zentren der Westküste (z.B. nach İzmir, Dauer ca. 8 Std.) bestehen.

Dardanellentransfer – mit der Fähre nach Çanakkale

Mit der Bahn: Wer mit dem Zug in die Türkei reisen will, muss tief in die Tasche greifen, sofern er ein Ticket für die gesamte Strecke im Heimatland bucht – kalkulieren Sie mit mindestens dem Doppelten verglichen zur Busfahrt. Infos unter www.bahn.de, www.sbb.ch und www.oebb.at. Fragen Sie auch nach Sondertarifen wie z. B. nach einem Interrail-Ticket oder dem Sparpreis Europa. Billiger wird's, wenn Sie in jedem Land das Ticket einzeln kaufen. Von Wien bis nach İstanbul sind Sie ca. 35 Std. unterwegs, von Zürich ca. 80 Std. Von Deutschland führen die Verbindungen i. d. R. über München und Salzburg nach Wien und von dort weiter über Budapest, Belgrad und Sofia (zuweilen auch über Bukarest) zum İstanbuler Bahnhof Sirkeci auf der europäischen Seite. Von dort gelangen Sie mit der Fähre zum Bahnhof Hayderpascha auf der asiatischen Seite, von wo Sie mit dem Zug İzmir an der Westküste erreichen, Infos zur türkischen Bahn unter www. tcdd.gov.tr.

Unterwegs zwischen Bodrum und den Dardanellen

Mit dem Auto oder Motorrad

Ein eigenes Fahrzeug macht das Reisen an der türkischen Westküste unkompliziert. Vorsicht ist jedoch geboten. Denn so kämpferisch und stolz, wie die Türken einst auf ihren Steppenpferden bis nach Wien jagten, so selbstbewusst geben sich ihre Ur-Ur-Ur-Enkel heute im Straßenverkehr. Nur der Kampfschrei wird durch die

Hupe ersetzt. Doch trotz der leicht chaotischen Verhältnisse auf türkischen Straßen – Sorgen brauchen Sie keine zu haben. Mit etwas Selbstvertrauen werden Sie die Sache meistern. Anfängern bzw. Türkeineulingen empfehlen wird jedoch nicht, mit der motorisierten Zimmersuche in İzmir zu beginnen.

Mietfahrzeuge: Pkws werden in den internationalen Touristenzentren fast an jeder Ecke verliehen, das Angebot an Mopeds, Motorrädern und Fahrrädern ist dagegen bescheiden. Wer ein Fahrzeug mieten will, muss seinen Führerschein und Pass oder Personalausweis vorlegen. Manche Anbieter verleihen nicht an Personen, die älter als 65 Jahre sind, andere setzen voraus, dass der Fahrer mindestens 21 oder sogar 23 Jahre alt ist und seit mindestens einem Jahr den Führerschein besitzt. Der billigste und zugleich durstigste Leihwagen ist der Fiat 131, der in der Türkei *Şahin* heißt. Da die Treibstoffpreise rund 20–30 % über denen in Deutschland liegen, können sich die Mehrausgaben für ein moderneres und sparsameres (am besten Diesel schluckendes) Fahrzeug schnell amortisieren.

• *Verkehrsvorschriften* **Höchstgeschwindigkeit** in Ortschaften 50 km/h. Außerhalb für Pkw 90 km/h, für Motorräder 70 km/h. Auf Autobahnen für Pkw 120 km/h, für Motorräder 80 km/h. Die **Promillegrenze** für Fahrer von Pkws ohne Anhänger liegt bei 0,5, ansonsten herrscht absolutes Alkoholverbot (auch für Motorradfahrer). **Mobiltelefone** dürfen während der Fahrt nur mit einer Freisprechanlage benutzt werden.

Besondere Hinweise

- Von **Nachtfahrten** sollte man absehen. Gefahr droht durch mangelhaft beleuchtete Lkws und Pkws sowie gänzlich unbeleuchtete Pferdefuhrwerke. Erhöht wird das Unfallrisiko in der Dunkelheit durch unvorhersehbare Schlaglöcher und nur mit Steinen abgesicherte Baustellen. Dazu kommen allzu sorglose Fußgänger.
- Stehen Sie an einer roten **Ampel** in der ersten Reihe, schauen Sie unbedingt nochmals nach rechts und links, wenn das Licht auf Grün springt. Nicht alle Verkehrsteilnehmer interessieren sich für das Farbenspiel.
- In der Türkei ist es auf unübersichtlichen Strecken üblich, vor einer Kurve zu **hupen**. Hört der Entgegenkommende nichts, geht er davon aus, dass die Straße frei ist – und das kann fatal enden. Auch beim Überholen wird gehupt!
- Vorsicht vor **Rollsplitt** insbesondere auf Neubaustrecken. Tausende von Frontscheiben gehen dadurch jährlich zu Bruch. Halten Sie hier zu Lkws einen großen Abstand!
- Um die Raserei einzudämmen, werden häufig **Radarkontrollen** durchgeführt (Mindeststrafe 90 YTL, ca. 55 €), zudem wurden in den letzten Jahren an Ortseinfahrten und in Wohngebieten vielfach **Bodenwellen** geschaffen. Für Ortsunkundige sind sie oft heimtückisch, denn i. d. R. macht weder ein Schild auf sie aufmerksam, noch sind sie – bis auf größere Ölflecken – farblich markiert.
- **Verkehrsschilder** – Was heißt was? **Bozuk satıh** – schlechte Wegstrecke; **Dikkat** – Achtung bzw. Vorsicht; **Dur** – Stop; **Düşük banket** – unbefestigte Straße; **Kaygan yol** – glatte Fahrbahn; **Park (yeri)** – Parkplatz; **Park yapılmaz** – Parken verboten; **Şehir merkezi** – Stadtmitte; **Tamirat** – Straßenarbeiten; **Taşıt geçemez** – Durchfahrt verboten; **Yavaş** – langsam fahren; **Yasak** – verboten.

• *Tanken* Tanken ist kein Problem, das Tankstellennetz sehr gut ausgebaut. Die Farbkennzeichnung der Kraftstoffe an den Zapfsäulen entspricht der daheim, Bleifrei heißt *kurşunsuz*, Diesel entweder *dizel* oder *motorin*.

• *Preise für Mietfahrzeuge* Die lokalen Verleiher sind i. d. R. erheblich billiger als die großen internationalen Ketten. Je nach Saison bezahlen Sie bei den Kleinanbietern 20–40 € pro Tag. Kilometerbegrenzungen oder -abrechnungen sind nicht üblich. Den Preisvorteil erzielen die lokalen Verleiher durch einen älteren und meist weniger gepflegten Fuhrpark. Die Preise der renommierten Verleiher unterscheiden sich wenig, je nach Saison muss man pro Tag mit 50–80 € für das günstigste Modell rechnen. Egal wo, i. d. R. sind alle Kilometer frei. Etwas preiswerter ist es, wenn man bereits von zu Hause aus wochenweise bucht, eventuell gleich in Verbindung mit dem Flugticket. Die Preise für **Motorräder** beginnen ab ca. 30 €/Tag, für **Motorroller** bei 20 €/Tag und für **Mopeds** bei 15 €/Tag.

- *Kleingedrucktes* Achten sollte man auf den vertraglich festgelegten **Versicherungsschutz**, insbesondere auf den Eigenanteil im Schadensfall. Auch bei Vollkasko sind meist Unterbodenschäden und Reifenpannen nicht mitversichert. Die großen, international operierenden Verleiher untersagen i. d. R. das Verlassen von asphaltierten Straßen, d. h. viele Buchten und Ausgrabungsstätten dürfen Sie theoretisch nicht ansteuern. Bei diversen Anbietern kann man mit Kreditkarte bezahlen, die goldenen Exemplare bieten z. T. einen zusätzlichen Versicherungsschutz, der den Abschluss von Insassenversicherungen oder Ähnlichem überflüssig macht. Erkundigen Sie sich bei Ihrem Kreditinstitut.
- *Unfall* Sollten Sie in einen Unfall verwickelt werden, muss die Polizei gerufen werden (für die Schadensklärung ist ein Polizeiprotokoll erforderlich). Unterschreiben Sie keine Protokolle, die Sie nicht lesen können, oder vermerken Sie auf dem Protokoll, dass Sie es nicht lesen konnten. Der gelegentlich zu hörende Rat, nach einem Unfall mit Personenschaden nicht zu halten, sondern wegen drohender Lynchjustiz Gas zu geben bis zur nächsten Polizeistation, ist schlichtweg Quatsch. Das wäre Fahrerflucht und unterlassene Hilfeleistung, und das hat schlimmere Folgen als die Unannehmlichkeiten am Unfallort.
- *Pannenhilfe* Keine Sorge, man lässt Sie nicht im Regen stehen, die Türken sind sehr hilfsbereit. Fragen Sie nach dem **Oto Sanayi**, eine Ansammlung von Werkstätten, meist an den Ein- oder Ausfallstraßen der größeren Ortschaften.

Mit dem Bus

Die Zahl der Busgesellschaften, die das im ganzen Land dichte Netz bedienen, ist nahezu unüberschaubar, die preislichen Unterschiede sind gering. Bei den meisten Gefährten handelt es sich um moderne Mercedes- oder Mitsubishibusse, die in der Türkei in Lizenz hergestellt werden. Zum Standard gehören Klimaanlage (Pulli mit

Warten auf den Bus

Begegnungen, die an der Westküste immer seltener werden

in den Bus nehmen!) Video und getönte Scheiben. Toiletten gibt es nicht immer, bei renommierten Unternehmen wie *Metro, Ulusoy, Uludağ, Kamil Koç, Pamukkale* und *Varan* aber i. d. R. schon. Bei diesen Busgesellschaften bekommen Sie für Ihr verstautes Gepäck auch einen Jeton, mit dem Sie es am Ende der Fahrt wieder einlösen können, eine im Ganzen recht zuverlässige Sache. Unterwegs betreut ein meist jugendlicher Steward oder eine Stewardess die Passagiere. Kostenlos verteilt werden Kekse und Getränke sowie eine türkische Kölnischwasser-Variante *(kolonya)* für verschwitzte und verklebte Handflächen. Rauchen ist in den Bussen verboten, im Abstand von ungefähr zwei Stunden wird jedoch eine Pause eingelegt. Die im Reiseteil angegebenen Fahrtzeiten dienen nur der groben Orientierung und beziehen sich auf die Angaben der größeren Busunternehmen. Kleinere, oft lokale Busgesellschaften, die einer Bummelbahn gleich in unzähligen Orten unterwegs halten, brauchen oft länger. Weitere Informationen zum Reisen mit dem Bus finden Sie unter „Verbindungen" bei den jeweiligen Städten.

Achtung, Abfahrt: Gestartet wird pünktlich bis 5 Min. zu früh!

• Preise Durchschnittlich werden pro km 3,5–4,5 Cent gezahlt, bei Nobelfirmen etwas mehr. Mit der Buchung ist eine Platzreservierung verbunden, auf die Sie Einfluss nehmen können, indem Sie auf dem Plan den gewünschten Sitz bestimmen – die vorderen sind i. d. R. die besseren, jedoch auch meist dem Zigarettenrauch der Busfahrer (er ist der einzige, der rauchen darf) ausgesetzt!

• Busbahnhöfe Die türkischen Busbahnhöfe *(otogar, terminal oder garaj)* entsprechen in Funktion und Ausstattung (WC, Wartesäle, Kioske, Restaurant, Geschäfte) unseren Zugbahnhöfen. Falls es keine offizielle Gepäckaufbewahrung gibt, können Sie Ihre Siebensachen i. d. R. am Schalter Ihrer Busgesellschaft abstellen. Meist liegen die Busbahnhöfe einige Kilometer außerhalb des Zentrums, sind jedoch gewöhnlich mit öffentlichen Stadtbussen oder Dolmuşen erreichbar. Renommierte und vor Ort ansässige Busgesellschaften bieten zudem oft einen Zubringerservice mit Kleinbussen vom und ins Zentrum. Kleinere Orte verfügen häufig nur über eine Ansammlung von schlichten Büros in der Nähe des Marktplatzes. In diesen Fällen gehen die Busse von dort ab oder halten kurz an der Umgehungsstraße.

Mit dem Dolmuş (Sammeltaxi)

Das Sammeltaxi zählt im innerstädtischen Verkehr und auf Fahrten zwischen den Küstenorten zu den wichtigsten Verkehrsmitteln. Dolmuş heißt auf Deutsch so viel wie „voll besetzt" – und nennt das wesentliche Kennzeichen der Sammeltaxis, denn ein Dolmuş fährt in aller Regel erst dann ab, wenn alle Plätze belegt sind. Als Dolmuş verkehren Kleinbusse in der Größenordnung eines Ford Transit. Zu erkennen sind sie an ihrem Schild auf dem Dach oder an einer Tafel hinter der Windschutzscheibe, die das Fahrtziel angibt. In Städten gibt es separate Dolmuş-Bahnhöfe für Verbindungen in die Region, ansonsten fahren sie vom Marktplatz ab. In großen Gemeinden werden bestimmte Routen bedient, an denen entlang es Haltestellen gibt. Man kann ein Dolmuş aber auch per Handzeichen stoppen und irgendwo unterwegs zusteigen.

• *Preise* Die Preise liegen im Stadtverkehr etwas höher als bei den Bussen, auf längeren Strecken etwas darunter. Bezahlt wird während der Fahrt. Es ist ratsam, sich an den Beträgen der Mitreisenden zu orientieren, wenn man keinen Touristenzuschlag zahlen will. Längere Routen sind in Teilstücke gegliedert. Sie zahlen nur den Abschnitt, den Sie mitgefahren sind.

Weitere Verkehrsmittel

Taxi: Ein *Taksi* findet man in den Touristenzentren an jeder Ecke. Die Tarife für längere Fahren zu den umliegenden Sehenswürdigkeiten sind meist in verschiedenen harten Währungen auf einer Tafel angeschrieben. Für Fahrten innerhalb der Städte wählt man am besten ein Taxi mit Taxameter oder handelt den Preis im Voraus aus.

Achtung Manchmal drücken Taxifahrer beim Taxameter „versehentlich" auf den Knopf, der zum teureren Nachttarif abrechnet. Tagsüber muss auf dem Display *gündüz* erscheinen (*gündüz* = tagsüber; *gece* = Nacht).

Bahn: Unmittelbar entlang der Westküste verkehren keine Züge. Im Reisegebiet können Sie lediglich von İzmir oder Selçuk (Ephesus) über Aydın nach Denizli (nahe Pamukkale) fahren und von İzmir nach Manisa bzw. Sardes. Informationen dazu im Reiseteil.

Fährschiff: Es bestehen Fährverbindungen zu den vorgelagerten türkischen und griechischen Inseln. Die Autofähre zwischen İzmir und İstanbul gibt es nicht mehr.

Fahrrad: Gibt es nicht allzu oft zu leihen – und wenn doch, dann meist in Kaufhausqualität. Wer Touren entlang der Westküste plant, bringt am besten sein eigenes Bike mit und dazu einen Helm (unglaublich aber wahr: Pflicht!), denn der Radsport steckt hier noch in den Kinderschuhen. Empfehlenswert ist ein sog. Dog Chaser, der durch Hochfrequenztöne die Hunde der Hirten vom Leib hält. Wegen der bergigen Landschaft sollte man über eine gute Kondition verfügen. Bei Pannen helfen kombinierte Moped-Fahrrad-Werkstätten weiter (sofern keine exotischen Ersatzteile beigeschafft werden müssen).

Trampen ist aufgrund der niedrigen Preise für öffentliche Verkehrsmittel nicht verbreitet, aber grundsätzlich überall möglich. Allein reisende Frauen sollten davon absehen.

Unter Segel

Die türkische Südägäis zählt zu den beliebtesten Segelrevieren des Mittelmeeres, Boote mit und ohne Skipper lassen sich vor Ort und von Deutschland aus chartern, ein Blick in die bekannten, überall erhältlichen Seglermagazinen genügt. Zentren des Jachttourismus sind Bodrum und Kuşadası, aber auch fast alle anderen größeren Urlaubsorte verfügen über eine Marina. Zudem lässt es sich in vielen abgeschiedenen Häfen und Buchten herrlich ankern. Wer mit dem eigenen Schiff unterwegs ist oder ein Boot ohne Skipper chartert, dem seien die Segelhandbücher „Türkische Küste – Vom Bosporus bis Antalya“ (28 €) und „Türkische Küste/Ostgriechische Inseln“ (45 €) empfohlen, beide im Delius Klasing Verlag erschienen. Die beste Zeit für einen Törn an der Westküste ist von Mai bis September.

Blau reisen – Segeltörns an der Ägäis

Einen wahren Boom erleben an der türkischen Ägäis die sog. „Blauen Reisen.“ Dabei handelt es sich um eine Art All-inclusive-Urlaub auf einer *Gulet*, einer schönen, aus Holz gezimmerten, dickbauchigen Jacht. So gut wie immer gesetzt ist einzig das Schatten spendende Sonnensegel, gefahren wird meist unter Maschine. Die Schiffe sind im Unterschied zu reinen Segeljachten nicht nur praktisch, sondern i. d. R. auch sehr komfortabel ausgestattet, denn bei der „Blauen Reise“ steht nicht das sportlich ambitionierte Segeln im Vordergrund, vielmehr das Genießen der Küste von Boot aus, das Baden in einsamen Buchten und die Geselligkeit an Bord. Letztere ist der Risikofaktor eines solchen Törns. Denn den engen Raum mit Spießern oder Kiffern zu teilen, kann je nach Einstellung Freude ins Gegenteil kehren. Daher empfiehlt es sich, eine solche Reise gleich als Gruppe zu buchen und am besten ein ganzes Schiff zu chartern.

Namensgebend für derartige Törns waren übrigens die Schiffsreisen eines illustren Philosophenzirkels um den Journalisten und Bohemien Cevat Şakir Kabaağaçlı. Nachdem er wegen seiner antimilitaristischen Gesinnung nach Bodrum verbannt worden war, publizierte dieser türkische Jean-Paul Sartre ab 1925 unter dem Pseudonym „Der Fischer von Halikarnas“. Die jungen Intellektuellen, die sich um ihn sammelten, schipperten auf Schwammtaucherbooten die Ägäisküste entlang, ernährten sich in erster Linie von Fisch und Rakı und nannten ihre Seelenreinigungstrips *Mavi Yolculuk*, „Blaue Reise“.

„Blaue Reisen“ werden über alle größeren Türkei-Reiseveranstalter angeboten.

Organisierte Ausflüge

Per Helikopter nach Pamukkale, mit dem Jeep ins Hinterland oder – wirklich empfehlenswert – mit dem Ausflugsboot zu einer vorgelagerten Insel oder in einsame Buchten: Zu Luft, zu Land und zu Wasser werden in allen touristischen Zentren unzählige Halbtages-, Tages- und Zweitagestouren zu den Sehenswürdigkeiten der näheren und weiteren Umgebung angeboten. Für alle, die die Planung und Durchführung eines Ausflugs nicht selbst in die Hand nehmen wollen, eine bequeme Art, mehr von der Türkei kennen zu lernen. Preislich rechnen sich solche Touren insbesondere für allein Reisende. Zu zweit kann man für das gleiche Geld schon oft einen Mietwagen nehmen. Der große Haken vieler Bustouren oder Bootsausflüge:

Die Routen der meisten Veranstalter sind annähernd identisch, und so erleben viele Buchten oder Sehenswürdigkeiten für ein paar Stunden am Tag einen herdenartigen Ansturm. Was wo angeboten wird, erfahren Sie im Reiseteil unter den Stichworten „Organisierte Touren" und „Bootsausflüge".

• *Preise* Große Preisunterschiede gibt es zwischen den meisten Veranstaltern nicht. Sollte jedoch eine Tour erheblich preiswerter angeboten werden als beim Gros der Veranstalter, sind unter Garantie weitaus mehr Shoppingpausen mit Teppichknüpfvorführungen im Programm als sonst. Bei allem, was Sie kaufen, verdienen die Touranbieter mit. Das erklärt so manche Preise.

Wandern

Im Frühjahr und Herbst gibt es kaum eine schönere Art, die türkische Westküste zu entdecken. Im Sommer dagegen ist Wandern aufgrund der hohen Temperaturen fast unmöglich. Markierte Wanderwege gibt es noch so gut wie keine, dafür aber unzählige Pfade, die sich fast immer zu einem Rundweg kombinieren lassen. Etwas Erfahrung und ein guter Orientierungssinn ist bei allen Touren vonnöten, denn exakte topographische Karten sind nicht erhältlich. Bringt man aber guten Willen, Ausdauer und Kondition mit, dann wird man mit einer Fülle von Naturschönheiten belohnt, seien es kleine versteckte Fjorde, tiefe Schluchten mit tosenden Flüssen oder auch ausgedehnte Blumenteppiche, auf die man vor allem im Frühjahr stößt. Schöne Ecken zum Wandern bieten die Gegend rund um den Bafa-See, der Dilek-Nationalpark bei Kuşadası, die Sarımsaklı- und Alibey-Halbinseln bei Ayvalık sowie das Kazdağları-Gebirge am Golf von Edremit.

• *Gefahren am Wegesrand* Vor Hunden brauchen Wanderer keine Angst zu haben, nur wenige Türken halten überhaupt welche. Achten Sie jedoch auf Schlangen! Die meisten sind zwar harmlos und flüchten, wenn sich ein Mensch nähert, es gibt aber auch welche, deren Biss gefährlich werden kann. Im Unglücksfall sollten Sie zur Sicherheit unbedingt einen Arzt aufsuchen (bringen Sie die getötete Schlange am besten mit). Skorpionstiche sind dagegen zwar schmerzhaft, aber i. d. R. nicht lebensgefährlich. Um Bienenkörbe sollte man stets einen großen Bogen machen. Zum Problem können ferner Zecken werden.

Übernachten

Das Angebot an Übernachtungsmöglichkeiten zwischen Bodrum und Çanakkale ist vielseitig. Von Hotels, bei denen im Whirlpool die Caipirinha gereicht wird, bis zu Absteigen, deren Toiletten man ohne Badeschuhe im Leben nie betreten würde, ist alles vorhanden.

Die meisten Pensionen, Hotels und Clubanlagen findet man erwartungsgemäß entlang der Küste, die schönsten und idyllischsten abseits der internationalen Ferienorte. Obwohl sich die Übernachtungspreise insbesondere der kleineren Hotels und Pensionen in den letzten Jahren vielerorts verdoppelt oder verdreifacht haben, ist der Standard der meisten Unterkünfte im Verhältnis zum Preis noch immer zufriedenstellend. Zur türkischen Ferienzeit ist, insbesondere an Wochenenden, in den Küstenorten und Bergdörfern des Hinterlandes eine Reservierung empfehlenswert. Handeln ist prinzipiell möglich, wird aber in kleinen Pensionen gewöhnlich nicht gerne gesehen. (Ebenfalls nicht gerne gesehen – aber leider mancherorts vorhanden – sind Kakerlaken.) In Hotels der unteren Preisklasse und in vielen Pensionen müssen Sie sich darauf einstellen, dass es nicht immer heißes Wasser gibt und die Armaturen nicht funktionieren.

Saison und Preise: Anders als an der türkischen Südküste geht die Saison an der Westküste, insbesondere an der Nordägäis, wetterbedingt nur von Mai bis September. HS herrscht während der türkischen Ferienzeit von Mitte Juni bis Mitte September. Davor und danach purzeln die Preise oft um mehr als 50 %. Die im Reiseteil angegebenen Übernachtungspreise beziehen sich auf die HS; Frühstück ist – wenn nicht anders angegeben – inbegriffen.

All-inclusive-Anlagen: Das Gros der All-inclusive-Anlagen im Reisegebiet findet man auf der Bodrum-Halbinsel, um Kuşadası und Çeşme. Die oft wie Hochsicherheitstrakte abgeriegelten Ferienanlagen, teils mit Kapazitäten von bis zu 2.000 Betten, sind auf Individualreisende nicht eingestellt und daher vor Ort entweder gar nicht oder nur mit viel Aufwand zu buchen. Der Begriff „all inclusive" ist übrigens nicht eindeutig definiert, und so manches Hotel führt diese Bezeichnung, ohne sie eigentlich zu verdienen. Erkundigen Sie sich daher im Voraus, ob sämtliche gebotenen Aktivitäten im Preis inbegriffen sind. Auch wenn alles „inclusive" ist, ist das, was „inclusive" ist, nicht immer das Gleiche. Wird der O-Saft frisch gepresst oder als Chemiebrause serviert? Die Geiz-ist-geil-Mentalität vieler Urlauber, die für wenig Geld viel wollen, lässt die Qualität mehr und mehr sinken.

Preise Die Walk-in-rate liegt nicht selten weit über dem Doppelten des Preises, den man bezahlt, wenn man pauschal bucht. Je nach Ausstattung, Service, Umfang des Büfetts, Sportangebot, Anzahl der Animateure 75–250 € pro Nacht und DZ.

Hotels: Wer seine Unterkunft nach der Anzahl der Sterne wählt, sollte bedenken, dass sich die Rubrizierung der Hotels durch das Ministerium für Kultur und Fremdenverkehr an der Ausstattung der Unterkünfte (Minibar, Fernseher, Aufzug, Restaurant, Klimaanlage usw.) orientiert und Kriterien wie Lage, Architektur, Sauberkeit oder Freundlichkeit des Personals unberücksichtigt lässt. Hinzu kommt, dass

Schattiges Plätzchen hinterm Sonnenstrand von Ören

die Kategorisierung bisweilen längst nicht mehr den aktuellen Verhältnissen entspricht. Viele türkische Hotels sind aufgrund ihrer billigen Bauweise und Ausstattung nämlich oft schneller abgewohnt und im Wert gemindert, als die Rückstufung bei der Kategorisierung erfolgt. Das gilt insbesondere bei Drei-Sterne-Hotels. Boutique-Hotels (s. u.) werden nicht nach Sternen kategorisiert.

Noch ein Hinweis: Pauschaltouristen werden von ihrer Reiseleitung zuweilen darauf hingewiesen, dass man besser nie außer Haus etwas essen oder trinken sollte, um Magenproblemen vorzubeugen. Das ist Humbug! Man will Sie mit solchen Aussagen nur an die Hotelbar binden, wo die Bierpreise weitaus höher sind als außerhalb der Anlage.

• *Preise* Erhebliche regionale Preisunterschiede. Gehobenere Hotels nehmen in der HS pro DZ ab 50 € aufwärts, EZ kosten 30–50 % weniger. Zwischen September und Mai werden die Preise gesenkt, z. T. um 50%. Kleine, einfache Hotels bieten DZ mit Du/WC ab ca. 25 €. Ein Zimmer in Billigabsteigen ohne Du/WC bekommt man pro Person ab 9 €.

Boutiquehotels: Dabei handelt es sich um kleine stilvolle Unterkünfte (oft auch als Pensionen vermarktet), die nicht selten in alten, restaurierten Natursteinhäusern oder osmanischen Stadtvillen untergebracht sind. Teils besitzen sie eine gepflegte Poolanlage, teils nur ein lauschiges Gärtchen. Bei der Unterkunftsauswahl für dieses Buch wurde ein besonderes Augenmerk auf Boutiquehotels gelegt. Aber Achtung: Nicht überall, wo „Boutiquehotel" draufsteht, ist auch Boutiquehotel drin! Einen guten Überblick über die schönsten Boutiquehotels des Landes gibt www.nisanyan.net (→ Information/Internet, S. 40).

Preise Die Preise hängen zum einen von der Ausstattung ab, zum anderen sind sie extrem saisonabhängig: DZ in der NS ab 30 €, in der HS ab 60 €, EZ 30–50 % weniger.

Pensionen: Im Vergleich zwischen einfacheren Hotels und kleinen Pensionen sind Letztere meist die bessere Wahl, da sich ihre Betreiber i. d. R. mehr um das Wohl der Gäste kümmern. Auch gegenüber manch vornehmem Hotel macht die Freundlichkeit vieler Pensionsbesitzer den fehlenden, nicht selten überflüssigen Luxus wett. Nicht jedermanns Sache sind jedoch sog. Aile Pansiyonları (Pensionen für Familien), die man vorrangig in türkisch geprägten Ferienorten wie Ören oder Akçay am Golf von Edremit findet. Oft handelt es sich dabei um recht konservativ geführte, einfache Unterkünfte mit Gemeinschaftsküche, wo man an ausländischen, Bier trinkenden Travellern nicht sonderlich interessiert ist.

Preise Ein DZ mit Du/WC bekommt man für 15–35 €. Singles erhalten meist ein DZ zum ermäßigten Preis.

Aparthotels: Zur Grundausstattung gehören Küchenzeile oder kleine Küche, Salon mit Couch und TV und – je nach Größe – ein oder mehrere Schlafräume. Aparthotels findet man nahezu in allen Ferienorten, wo die türkische Mittelschicht Urlaub macht, wie z. B. am Golf von Edremit.

Preise Die Preise der Aparthotels variieren naturgemäß nach Größe, Ausstattung und Ort erheblich. Ein ordentliches Apartment für 4 Personen bekommt man ab ca. 40 €/Tag.

Jugendherbergen: Eine offizielle Jugendherberge existiert im Reisegebiet nicht, doch bieten einige Travellerherbergen in den größeren Zentren entlang der Küste (z. B. in Kuşadası oder Çanakkale) für ein paar Euro Betten in Schlafsälen oder Schlafplätze auf dem Dach.

Campingplätze: Die offiziellen, lizenzierten Campingplätze unterstehen der Kontrolle des Ministeriums für Kultur und Fremdenverkehr. Duschen (nicht immer warm), Camperküchen, Stromanschlüsse und Restaurants gehören zur üblichen Ausstattung. Manchmal ist zudem ein Pool angegliedert. Preislich liegen diese nicht selten um etwa das Doppelte über den nicht lizenzierten Campingplätzen, deren sanitäre Einrichtungen häufig stark zu wünschen übrig lassen. Schöne Plätze findet man auf der Bodrum-Halbinsel, in Pamucak bei Kuşadası und in Ören bei Edremit.

Manche Campingplätze vermieten neben Stellplätzen für Zelt und Wohnmobil auch **Bungalows**. Dabei handelt es sich meist um einfache Hütten ohne jeden Komfort; z. T. sind sie aber auch mit gefliestem Boden, Bad und WC, Terrasse usw. ausgestattet.

Gecampt werden darf i. d. R. auch auf diversen, von der Forstverwaltung ausgewiesenen **Picknickplätzen** *(Orman İçi Dinlenme Tesisleri)*. Sie sind mit Abfallkörben, Toiletten und Tischen, häufig auch mit bescheidenen Grillmöglichkeiten ausgestattet. **Wildcampen** kann aufgrund neugieriger Dörfler und Polizeikontrollen zu einem nervigen Unterfangen werden.

- *Preise* Für 2 Pers. mit Wohnmobil oder Zelt sollte man je nach Ausstattung des Platzes mit 6–14 € rechnen.
- *Öffnungszeiten* Die meisten Campingplätze haben nur von Mai–Okt. geöffnet, die einfacheren schließen oft schon mit dem Ende der türkischen Sommerferien Mitte Sept. Großer Andrang herrscht lediglich im Hochsommer.

Essen und Trinken

„Der Imam ist in Ohnmacht gefallen", als er „Frauenschenkel" und den „Nabel der Dame" probieren sollte. „Dem Herrscher hat's gefallen", als man ihm den „Finger des Wesirs" servierte – mit den Namen türkischer Gerichte lassen sich ganze Dramen inszenieren. Sie deuten aber auch an, auf welche Tradition die Küche zurückgreift und mit wie viel Phantasie die Köche bei der Arbeit sind.

„Leben kommt aus dem Magen" heißt ein türkisches Sprichwort. Dementsprechend besitzt die türkische Küche ein ähnlich hohes Niveau wie die französische. Grundlage der Gerichte ist in der Regel frisches Gemüse, darunter Sorten, die in Mitteleuropa eher unbekannt oder vergessen sind (z. B. Kichererbsen, Erdbirnen, Saubohnen, Okraschoten und Portulak). Anders bei den Kräutern und Gewürzen: Verwendet werden keinesfalls geheimnisvolle orientalische Exoten, sondern in erster Linie die uns vertrauten Klassiker wie Pfeffer, Paprika oder Petersilie. Auch Knoblauch kommt zum Zuge, aber bei weitem nicht in dem Maß, wie es sich mancher vorstellt.

Wo isst man?

In den großen Touristenzentren gibt es vom Chinarestaurant über die italienische Pizzeria bis zum bayerischen Biergarten alle erdenklichen Lokalitäten. Bei den türkischen Speiselokalen unterscheidet man vornehmlich zwischen Lokanta und Restoran.

Lokanta: Hier isst man, um satt zu werden, nicht um seine Verlobte auszuführen. Lokantas sind an jeder Ecke zu finden, sind einfach, gut und günstig: Ab 2,50 € is(s)t man dabei. Die Innenausstattung gibt sich mit gekachelten Wänden und kaltem Neonlicht äußerst spartanisch. Das vorgekochte Essen wird in Vitrinen warm

Vor dem großen Ansturm: Fischlokal auf der Insel Alibey bei Ayvalık

gehalten, Sie können wählen zwischen Fleisch- und Gemüsegerichten, Suppen und Eintöpfen. Je besser die Lokanta besucht ist, desto frischer sind i. d. R. die Speisen. Lokanta-Varianten gibt es viele: Je nachdem, worauf sich eine Lokanta spezialisiert hat, heißt sie auch *kebapçı, köfteci* oder *pideci*. Beim *işkembeci* bekommt man übrigens Kuttelflecksuppe und andere Innereien. Die meisten Lokantas haben keine Alkohollizenz.

Restoran/Restaurant: Restaurants haben i. d. R. eine Alkohollizenz, die gediegenere Innenausstattung, den besseren Service und so auch die höheren Preise. Nur die Küche unterscheidet sich nicht immer von jener der einfachen Lokantas, das gilt insbesondere für Mittelklasserestaurants. Eine volle Mahlzeit mit einem Getränk beginnt dort bei ca. 6 €. Nach oben sind keine Grenzen gesetzt: Wer sein Candlelight-Dinner in einem eleganten Lokal am Meer genießt, bezahlt schnell 20 € und mehr pro Person (ohne Wein). Auch Fischlokale gehören zu den gehobeneren Restaurants, für ein komplettes Menü sollte man mit 20–30 € pro Person rechnen.

> **Tipping-Tipps:** In einfachen Lokantas wird kein Trinkgeld erwartet, wohl aber in Restaurants. Ist der Service noch nicht in der Endsumme verrechnet, was in gehobeneren Restaurants und Touristenlokalen durchaus vorkommt, gibt man etwa 10 Prozent. In Lokalen, die keine Speisekarten haben und in denen auch die Preise nicht aushängen, ist es ratsam, sich vor dem Bestellen nach den Preisen zu erkundigen – Schlitzohren unter den Kellnern gibt es einige.

Was isst man?

Frühstück: Zu einem traditionellen türkischen Frühstück *(kahvaltı)* werden Weißbrot, Marmelade, Ei (meist hartgekocht), Oliven, Gurken, Tomaten, Butter und

Schafskäse gereicht. Letzteren genießen Türken zusammen mit Honig auf dem Brot. Dazu trinkt man Tee. Filterkaffee ist nicht üblich, wer will, kriegt Nescafé oder verwandte Surrogate. Türken essen als Brotaufstrich auch *pekmez* (eingedickter Traubensaft) mit *tahin* (Sesammus) zum Frühstück – sehr empfehlenswert! In den großen Hotels der Touristengebiete erwartet Sie am Morgen auch ein europäisches Frühstück – je nach Hotelkategorie als üppiges Büfett oder in der Magervariante mit Kaffee, Konfitüre, Schmelzkäse und Ei.

Vorspeisen: Wählen Sie zwischen pikanten Joghurtcremes *(haydari),* würzigen Gemüsepürees *(ezme),* kaltem Gemüse in viel Olivenöl *(zeytinyağlı),* gefüllten Weinblättern *(yaprak dolması),* Melone mit Schafskäse (*peynirli karpuz*) und ähnlichen Köstlichkeiten. *Meze* nennen die Türken solche Vorspeisen, die in Vitrinen zur Auswahl stehen. Sie können auch auf den Hauptgang verzichten und nur Vorspeisen ordern; in vielen Restaurants ist das kein Problem. Dazu wird stets frisches Weißbrot *(ekmek)* gereicht.

Gedeckt für den Abend

Suppen nehmen die Türken als Vorspeise eher selten zu sich. Man isst sie als Frühstücksersatz, zwischendurch oder nach durchzechten Nächten. Viele Schnapsnasen schwören auf die Alka-Seltzer-Wirkung von Kuttelflecksuppe *(işkembe çorbası)* – nicht jedermanns Geschmack. Wer dennoch als Vorspeise eine warme Suppe vorzieht, sollte die herzhafte Linsensuppe *(merçimek çorbası)* probieren.

Fleischgerichte: Am beliebtesten sind *kebap* und *köfte*. *Kebap* ist der Oberbegriff für Fleischgerichte jeglicher Art (in der Regel Lamm, manchmal auch Kalb und Geflügel), die gegrillt, gebraten oder gebacken sein können. Zu *döner kebap* braucht wohl nichts mehr gesagt zu werden. Beim *şiş kebap* handelt es sich um einen zarten, auf Holzkohleglut gerösteten Fleischspieß, zu dem als Beilage gewöhnlich Reis oder Bulgur (Weizengrütze) gegessen wird. Beim *patlıcan kebap* wird der Spieß mit Hackfleisch und Auberginen bestückt. *Bursa kebap* (oft auch *İskender kebap* genannt) verdient seinen Namen nur dann, wenn Dönerfleisch zusammen mit Joghurt und Tomatensoße auf geröstetem Fladenbrot angerichtet wird. Beim *tandır kebap* werden Hammelstückchen im geschlossenen Topf geschmort. Kosten Sie auch den *Adana Kebap,* einen scharf gewürzten Hackfleischspieß, *güveç* (zartes Schmorfleisch mit Gemüse im Tontopf) oder *saç kavurma*: Geschnetzeltes Fleisch wird dabei in einer flachen Blechpfanne (türk. *saç* = Blech) zusammen mit Tomaten, Peperoni und Zwiebeln im eigenen Fett gebraten.

Unter die Bezeichnung *köfte* fallen frikadellenähnliche Hackfleischgerichte aus Hammel, Lamm oder Rind (gebraten oder gegrillt). Die leckeren „Frauenschenkel“

Früchte der Ägäis

(kadınbudu), die mit Reis verfeinert und anschließend paniert werden, haben ihren Namen übrigens von der Form der Frikadelle.

Türken lieben zudem Innereien wie gebratene Leber *(ciğer)* oder Nieren *(böbrek)*. Als Innereiensnack wird an vielen Straßenecken *kokoreç* angeboten: gegrillte Därme, die mit Zwiebel und Tomate ins Brot kommen. Nebenbei haben Sie auch noch die Möglichkeit, eine Vielzahl anderer Kuriositäten zu probieren, z. B. gegrillte Schafshoden *(koç yumurtası)*, gedünstete Schafsköpfe *(kelle)* oder gekochte Hammelfüße *(paça)*.

Gemüsegerichte: Gemüse *(sebze)* ist weniger Beilage als vielmehr die Grundlage türkischer Gerichte. Die Auswahl an Schmortöpfen, Aufläufen und Eintöpfen ist riesig. Beliebt sind insbesondere die Dolma-Gerichte. Dabei handelt es sich um gefülltes Gemüse, z. B. Zucchini *(kabak dolması)* oder Auberginen *(karnıyarık)*, das zusammen mit Hackfleisch oder mundgerechten Lammfleischstückchen serviert wird. I. d. R. wird dazu Joghurt gegessen. Ebenfalls schmackhaft sind diverse Eintöpfe wie *kıymalı ıspanak* (Spinat mit Hackfleisch). Ein Genuss sind aber auch Kichererbsen *(nohut)* oder Okraschoten *(bamya)* mit Lamm. Achtung: Vielfach schwimmt das Essen in Olivenöl – auf Mägen, die dergleichen nicht gewöhnt sind, kann dies die gleiche Wirkung wie eine gehörige Dosis Rizinusöl haben.

Fischgerichte: An Meeresfischen werden häufig Seebarsch *(levrek)*, Steinbutt *(kalkan)*, Mittelmeermakrele *(kolyos)*, Scholle *(pisi balığı)*, Makrele *(uskumru)* und fangfrische Sardinen *(sardalya)* angeboten. Auch Thunfisch *(palamut)* kann in verschiedenen Zubereitungsarten genossen werden. Von den Süßwasserfischen kommt v. a. die Forelle auf den Tisch, im Hinterland gibt es viele auf Forellen spezialisierte Restaurants.

Süßspeisen und Obst: Eine der beliebtesten Süßspeisen *(tatlı)* ist *baklava,* ein Gebäck aus mehreren Teigschichten, zwischen die Mandeln und Pistazien eingestreut sind. Die kleinen Rechtecke werden mit einem Sirup aus Zucker, Zitronensaft und Honig übergossen. Genauso süß und klebrig ist *helva,* eine Kalorienbombe aus Weizenmehl, Sesamöl, Honig und Zucker. Unserem Geschmack vertrauter sind Mandelpudding *(keşkül)* oder Milchreis *(sütlaç).* Experimentierfreudige sollten einmal *aşure* probieren, eine gallertartige Süßspeise, die, in bester Qualität zubereitet, mehr als 40 Zutaten enthalten muss, darunter Rosenwasser, Nüsse, Zimt und sogar Bohnen. Der Legende nach wurde sie auf der Arche Noah kreiert – man schüttete alle Speisereste zusammen und kochte sie auf. Ähnlich seltsam liest sich die Zusammensetzung von *tavuk göğüsü:* Hier werden klein gehackte Hühnerbrust, Reismehl, Milch und Zucker verarbeitet. All das und noch viel mehr bietet der *muhallebici* an, eine Art Süßspeisenschnellimbiss.

Auch mit Obst *(meyve)* schließt man gerne eine Mahlzeit ab. Je nach Jahreszeit werden Melonen, Feigen, Trauben, Pfirsiche, Kirschen, Erdbeeren, Granatäpfel oder Zitrusfrüchte serviert. Gründlich waschen ist gut, schälen ist besser!

Snacks: Nahezu eine komplette Mahlzeit ersetzt *börek,* eine blätterteigähnliche Strudelspezialität, die mit Hackfleisch, Spinat oder Schafskäse gefüllt wird. Mit ähnlichen Zutaten belegt man die *pide,* ein knuspriges Teigschiffchen. Eine Kostprobe wert ist auch *lahmacun,* die türkische Pizza mit Hackfleisch und Kräutern. *Mantı* nennen sich die türkischen Ravioli, die so klein sein sollen, dass 30 davon auf einen Löffel passen. Man isst sie mit Knoblauchjoghurt, zerlassener Paprikabutter und Minze. Unübersehbar sind die *Simit*-Verkäufer; ihre Sesamkringel sind in der Früh am knusprigsten. Oft sieht man zudem Frauen *gözleme* zubereiten, eine Art Pfannkuchen, der auf verschiedene Arten süß oder herzhaft gefüllt wird. Und: Kosten Sie *kumpir,* wenn sich die Möglichkeit ergibt. Die gefüllten Riesenkartoffeln stopfen für etliche Stunden.

Die Türkei für Vegetarier

Ein müdes Lächeln ist alles, was der gewöhnliche Türke einem Vegetarier entgegenbringt: Denn wer freiwillig auf so leckere Dinge wie *şiş kebap, köfte* oder Kuttelflecksuppe verzichtet, muss krank sein – oder verrückt. Doch keine Sorge: auch ohne Fleisch kann man in der Türkei Köstlichkeiten genießen. Das Gros der Vorspeisen ist rein vegetarisch, zudem warten schmackhafte Gemüseeintöpfe, sämige Suppen, Salate und gefüllte Teiggerichte auf ihre Entdeckung. Um keine bösen Überraschungen zu erleben, vergewissern Sie sich am besten mit „Etsiz mi?" („Ist das ohne Fleisch?", gesprochen: „Ätsis mi?") und bekräftigen Ihre Frage mit „Et yemiyorum." („Ich esse kein Fleisch.", gesprochen: „Ät jämijorum.").

Was trinkt man?

Softdrinks: Ob Pepsi oder Coke, überall werden die auch bei uns bekannten Marken angeboten. Zum Essen wird oft Wasser *(su)* auf den Tisch gestellt. Kommt es aus der Leitung, sollten Sie darauf verzichten. Empfehlenswert sind frisch gepresste Fruchtsäfte *(meyve suyu). Ayran* ist ein erfrischendes Mixgetränk aus Joghurt, Salz und kaltem Wasser, das ein wenig an Buttermilch erinnert.

Hirtenjunge auf Gökçeada

Heißgetränke: Das türkische Nationalgetränk ist der *çay*. Der gute schwarze Tee aus den Plantagen der Schwarzmeerküste wird zu jeder Gelegenheit getrunken. Ob beim Frühstück, bei Geschäftsbesprechungen, im Teppichladen oder beim Friseur – nirgends fehlen die kleinen bauchigen Gläser. Für Nachschub wird stets gesorgt. *Elma çayı* nennt sich der unter Touristen sehr beliebte Apfeltee.

Türkischen Mokka *(Türk kahvesi)*, den man entweder süß *(şekerli)*, mittelsüß *(orta şekerli)* oder ohne Zucker *(sade)* bestellt, trinkt man für gewöhnlich nach einem üppigen Essen. Wer auf Krümel zwischen den Zähnen wenig Wert legt, bestellt *Neskafe*. In schickeren Cafés bekommen Sie auch Cappuccino, Espresso oder Latte Macchiato.

Alkohol: Beliebt ist vor allem der Rakı, ein ca. 45-prozentiger Anisschnaps, der geschmacklich dem griechischen Ouzo ähnelt. Die Türken trinken ihn mit Eis und Wasser verdünnt aus schmalen, hohen 0,2-Liter-Gläsern. Er erhält dann eine milchig-trübe Färbung und wird nicht zuletzt deswegen auch „Löwenmilch" genannt. Rakı gilt als Magenelixier und Heilmittelchen gegen alle möglichen Beschwerden – zum Wohl des Landes werden daher jährlich 70 Millionen Liter abgefüllt. Hochgeschätzt ist die Marke „Tekirdağ". Guter Rakı unterscheidet sich von minderwertigem dadurch, dass er am Glasrand einen Film zieht.

Neben Rakı wird auch gerne ein Bier *(bira)* zum Essen getrunken, am weitesten verbreitet ist das *Efes*. Daneben bekommt man auch das dänische – aber in der Türkei gebraute – *Tuborg*, das etwas herber als *Efes* schmeckt.

Vielen unbekannt ist der türkische Wein *(şarap)*. Die besseren Sorten können sich jedoch durchaus sehen lassen. Dazu gehören insbesondere Weine der Kellereien „Doluca" und „Kavaklıdere". Türkische Weine sind aufgrund ihres geringen Säuregehaltes ausgesprochen magenfreundlich.

Wissenswertes von A bis Z

Ärztliche Versorgung 30
Ausgrabungsstätten 31
Baden 32
Diplomatische Vertretungen 32
Ein- und Ausfuhrbestimmungen 32
Einkaufen und Handeln 33
Elektrizität 35
Feste und Feiertage 35
Flora und Fauna 35
Frauen 36
Geld und Geldwechsel 37
Haustiere 38
Information/Internet 40
Islam 40
Kinder 43
Kleidung 43
Klima 44
Kriminalität 44
Literaturtipps 44
Medien 45
Notrufnummern 45
Öffnungszeiten 45
Polizei 46
Post 46
Preise 46
Reisepapiere 46
Schwule und Lesben 47
Sport 47
Telefonieren 48
Toiletten 49
Verständigung 50
Zeit 50

Ärztliche Versorgung

Auch wenn zwischen Ihrem Land (Deutschland, Österreich oder Schweiz) und der Türkei ein Sozialversicherungsabkommen besteht, ist der Abschluss einer privaten **Auslandsreisekrankenversicherung** (Formulare liegen z. B. in Banken aus) dringend zu empfehlen. Zum einen haben Sie mit einer privaten Auslandsreisekrankenversicherung eine mehr oder weniger freie Arztwahl (die privaten Krankenhäuser sind oft besser ausgestattet als die staatlichen), zum anderen gewährleistet diese i. d. R. auch den Krankenrücktransport. Das vorgestreckte Geld für Behandlung und Medikamente wird in der Heimat nach Vorlage einer Quittung mit Stempel, Datum und Unterschrift des türkischen Arztes bzw. Apothekers erstattet.

Ohne Auslandsreisekrankenversicherung müssen Sie, sofern Sie im Heimatland krankenversichert sind, einen Arzt oder ein Krankenhaus aufsuchen, der bzw. das der türkischen Sozialversicherungsanstalt S.S.K. *(Sosyal Sigortalar Kurumu)* angeschlossen ist. Dafür benötigen Sie einen Urlaubskrankenschein (Deutsche den T/A 11) und/oder Ihre Versicherungskarte, erkundigen Sie sich diesbezüglich bei Ihrer Krankenkasse.

Für leichtere Fälle reicht es häufig auch aus, wenn Sie eine Apotheke aufsuchen und dem Apotheker irgendwie Ihr Leid verdeutlichen. Dieser beherrscht zwar häufig keine Fremdsprache, die Mittelchen gegen die gängigsten Touristenleiden hat er aber schon unzählige Male über den Ladentisch gereicht. Bei Durchfall hilft oft auch schon, einen kleinen Löffel Teeblätter und/oder gesalzenen Schwarzen Tee hinunterwürgen.

Deutschsprachige Ärzte und das jeweils nächstgelegene Krankenhaus sind im Reiseteil unter „Adressen“ aufgeführt. Auch die Konsulate und Botschaften des Heimatlandes erteilen Auskünfte über deutschsprachige Ärzte.

Apotheken *(eczane)*: In türkischen Apotheken gibt es kaum etwas, was es bei uns nicht gibt, vieles jedoch unter einem anderen Namen, zudem rezeptfrei und preiswerter. Arzneimittel, auf die Sie ständig angewiesen sind, sollten Sie trotzdem sicher-

An der Uferpromenade von Ayvalık

heitshalber von zu Hause mitbringen. Im Schaufenster ist der nächstgelegene Notdienst *(nöbetçi)* vermerkt.

Schutzimpfungen sind nicht vorgeschrieben. Es wird jedoch geraten, sich vor Reiseantritt gegen Tetanus, Diphtherie, Polio und Hepatitis A impfen zu lassen. Eine *Malariaprophylaxe* ist für Reisen an der Westküste nicht notwendig. Informationen über aktuelle Entwicklungen erhalten Sie bei den Gesundheitsämtern und den Tropeninstituten.

Falls Sie während Ihres Aufenthaltes ein **Schnupfen** plagt: öffentliches Naseputzen gilt in der Türkei als sehr unfein!

Ausgrabungsstätten

Troja oder Ephesus sind antike Ausgrabungsstätten von Weltrang. Zwischen Bodrum und den Dardanellen liegt aber eine Vielzahl weiterer Ausgrabungsstätten, braune Schilder machen auf sie aufmerksam. Die bedeutendsten und sehenswertesten sind im Reiseteil beschrieben. Was in der Beschreibung fehlt, lohnt unseres Erachtens nicht, außer man hat Gefallen an langen, schweißtreibenden Fußwegen durchs Dickicht, um ein paar verwitterten Steinen gegenüber zu stehen.

Die Eintrittspreise für antike Stätten und archäologische Museen sind nicht einheitlich und werden jährlich neu festgesetzt. Dabei kann es hie und da zu extremen Preissprüngen kommen. Eine Verdopplung oder Verdreifachung ist genauso möglich, wie die Halbierung wieder ein Jahr später. Grundsätzlich gilt: Je berühmter die Stätte, desto teurer. Ermäßigungen für ausländische Studenten mit einer ISIC-Karte *(öğrenci indirimi)* gab es 2005 nur noch selten – das kann sich jedoch wieder ändern, fragen Sie stets nach. Fotografieren oder Filmen (Video) kostet gelegentlich extra und dann meist nicht wenig (bis zu 10 €). Es gibt aber auch eine Vielzahl von Ausgrabungen, die frei und kostenlos zugänglich sind. Nicht selten versuchen dort allerdings selbst ernannte Aufseher dem Touristen ein paar Lira abzuknöpfen. Lassen Sie sich nicht übers Ohr hauen – wer von offizieller Seite dazu befugt ist, kann Ihnen eine Eintrittskarte aushändigen.

Agora: Markt und Versammlungsplatz in der griechischen Antike; meist von einem Säulengang mit Geschäften umringt; **Akropolis**: Burgberg, auch Oberstadt; **Andron**: Männerhaus; **Architrav**: auf Säulen ruhender Hauptbalken (meist aus Stein); **Basilika**: zentrale römische Halle, bei der die Seitenschiffe niedriger als das Hauptschiff liegen, erst später für Kirchen verwendet; **Bouleuterion**: Ratssaal des Senats in hellenistischer und römischer Zeit; **Cavea**: Zuschauerraum des antiken Theaters, in römischer Zeit meist halbkreisförmig, in griechischer meist darüber hinausgehend; **Cella**: Hauptraum eines Tempels, meist mit einer oder mehreren Kultstatuen; **Gymnasion**: Zentrum für athletisches Training, ursprünglich Teil einer Schule; **Heroon**: Kultbau zu Ehren eines Helden oder Würdeträgers; **Kapitell**: oberster Abschluss einer Säule; **Nekropole**: Gräberfeld; **Nymphäum**: Brunnenanlage; **Odeion**: theaterähnliches Gebäude für kleinere kulturelle Veranstaltungen; **Orchestra**: Spielfläche des Theaters ; **Pantheon**: Tempel für alle Götter; **Peristyl:** Säulenhalle um einen Hof; **Pronasos**: Vorhalle eines Tempels; **Propylon:** Torbau; **Stoa**: Säulenhalle.

Baden

Sonne, Strand und Meer locken jährlich Millionen Touristen an die türkische Westküste. Nicht ohne Grund: Schöne Strände gibt es zuhauf – viele mit Blick auf die vorgelagerten griechischen Inseln. Die hier aufgeführten Wassertemperaturen beziehen sich auf die Bucht von İzmir, für die Südägäis können Sie 1–2 °C hinzu rechnen und für die Nordägäis abziehen.

Durchschnittliche Wassertemperatur in °C

Januar	Februar	März	April	Mai	Juni
11	13	14	15	18	21
Juli	August	September	Oktober	November	Dezember
23	23	22	20	17	15

Nacktbaden ist in der Türkei verboten. Oben ohne wird vor den Clubhotels der touristischen Zentren praktiziert, andernorts nur von schnauzbärtigen Spannern aus dem Hinterland gern gesehen.

Diplomatische Vertretungen

Die Botschaften Deutschlands, Österreichs und der Schweiz befinden sich in Ankara. Alle drei Länder sind jedoch durch Konsulate im Reisegebiet vertreten, Deutschland unterhält ein Generalkonsulat in İzmir, die Schweiz dort ein Konsulat, für Österreicher stehen Honorarkonsulate in Bodrum und İzmir zur Verfügung (Adressen → unter den jeweiligen Städten im Reiseteil).

• *Türkische Botschaften* **Deutschland**, Rungestr. 9, 10179 Berlin, ✆ 030/275850, www.tuerkischebotschaft.de.
Österreich, Prinz-Eugen-Str. 40, 1040 Wien, ✆ 01/ 5057338-0, 5053660.
Schweiz, Lombachweg 33, 3006 Bern 15, ✆ 031/3597070, www.tr-botschaft.ch.

• *Botschaften in der Türkei* **Deutsche Botschaft**, Atatürk Bul. 114, 06540 Ankara, ✆ 0312/4555100, www.ankara.diplo.de.
Österreichische Botschaft, Atatürk Bul. 189, 06680 Ankara, ✆ 0312/4190431, ankara-ob@bmaa.gv.at.
Schweizer Botschaft, Atatürk Bul. 247, 06692 Ankara, ✆ 0312/4675555, www.eda.admin.ch/ankara.

Ein- und Ausfuhrbestimmungen

Zollfrei in die Türkei eingeführt werden dürfen neben Gegenständen des persönlichen Gebrauchs 200 Zigaretten bzw. 50 Zigarren oder 200 g Tabak, eine 1-l-Flasche oder zwei 0,75-l-Flaschen Spirituosen sowie Geschenke im Wert von bis zu 250 €.

Ein typisch türkischer Badestrand: Çandarlı

Überaus teure Wertgegenstände (wie z. B. hochkarätigen Brillantschmuck) muss man bei der Einreise vom türkischen Zoll in den Reisepass eintragen lassen.

Für die Ausfuhr antiker Gegenstände aus der Türkei benötigt man die schriftliche Genehmigung eines Museumsdirektors. Das gilt auch für alte Siegel, Orden, Teppiche usw. Bei Zuwiderhandlung drohen hohe Strafen. Die Mitnahme von Mineralien bedarf ebenfalls einer schriftlichen Bestätigung (zuständig dafür MTA in Ankara, ✆ 0312/2873430). Bei der Ausfuhr von Teppichen muss eine Quittung vorgelegt werden. Auf der Rückreise dürfen für den privaten Gebrauch gekaufte Waren (wie z. B. Kleidung) nach Deutschland und Österreich bis zu einem Wert von 175 € zollfrei eingeführt werden, für Schweizer gilt die Obergrenze von 300 sFr. Die Obergrenze für Rauchwaren ist die gleiche wie bei der Einfuhr in die Türkei.

Einkaufen und Handeln

Lederwaren, Teppiche, Goldschmuck, Keramik, Tee, Gewürze, Onyxprodukte und alle Dinge, die einen Hauch von Orient erwecken, zählen zu den beliebtesten Souvenirs. Vieles davon ist im westeuropäischen Vergleich preiswert, vieles aber auch minderer Qualität. Hoch im Kurs stehen zudem T-Shirts, Jacken und Hosen mit dem Schriftzug bekannter Designer. Das sind Imitate, die zumindest ihren Zweck erfüllen: Man kann sie tragen. Achtung aber vor den täuschend echt verpackten Parfüms – sie stinken mehr, als dass sie riechen.

Am besten kauft man in Boutiquen und Einkaufszentren der größeren Städte, wo die Waren mit Preisen versehen sind und sich so auch Preisvergleiche durchführen lassen. Wo es keine Festpreise gibt, müssen Sie handeln. Um aber gut handeln zu können, sollten Sie den Wert und die Echtheit einer Ware einschätzen können. Türkische Händler sind leider, ohne es böse zu meinen, fast durch die Bank Schlitzohren.

Knoten für Knoten: Teppichknüpferinnen bei der Arbeit

Hinweise zum Teppichkauf

Die Türkei ist bekannt als ein Land, in dem man preiswert Teppiche kaufen kann. Das setzt aber voraus, dass man sich mit der Materie auskennt und genau weiß, was man will. Nur dann wird der Teppich zum Schnäppchen. Das Gros der Urlauber jedoch, das sich spontan zu einem Kauf hat überreden lassen, bringt in der Regel einen überteuerten und dazu noch einen viel zu großen oder viel zu kleinen Teppich mit nach Hause, der zudem oft farblich nicht einmal in die Wohnung passt.

Um einen guten Preis aushandeln zu können, sollten Sie in der Lage sein, Qualität von Billigware zu unterscheiden. Vergessen Sie den Ratschlag, ein Produkt um ein Drittel herunterzuhandeln, um einen guten Preis zu erzielen. Das gelingt jedem beim zehnten Tee. Auch die Händler kennen diesen Ratschlag, und wer sagt Ihnen, dass diese nicht bei einem hundertfach höheren Preis anfangen? Daher unser Tipp für alle, die keine Ahnung von Teppichen haben: Kaufen Sie, wenn überhaupt, ein billiges Stück als Souvenir, das notfalls in einer Kiste auf dem Dachboden die Motten ernährt, oder gehen Sie zu Hause in ein Fachgeschäft. Dort dürfen Sie den Teppich gegen Pfand mitnehmen und können ihn einmal in Ihren vier Wänden zur Probe auslegen.

Wer dennoch als Ahnungsloser sein Glück versuchen will, sollte wenigstens den Eindruck eines Teppichexperten erwecken. Dazu gehört der fachmännische Blick auf die Dicke der Knoten sowie die Frage nach der Anzahl der Knoten je Quadratzentimeter. Hantieren Sie mit dem Stück unter freiem Himmel etwas herum, teilen Sie gar den Flor mit den Fingern, um die Farbechtheit zu testen. Passen Sie auf, dass Sie beim berüchtigten Gewebetest mit dem Feuerzeug kein Loch in den Teppich brennen, sonst sind Sie unten durch. Fragen Sie zudem, ob der Teppich fliegen kann. Wenn nicht, drücken Sie sofort den Preis um 50 %. Beherzigen Sie die Ratschläge, dann weiß der Händler, dass Sie zumindest gewisse Grundkenntnisse besitzen. Und noch etwas: Lassen Sie sich niemals aus Bequemlichkeit auf das Angebot des Händlers ein, dass er Ihnen den Teppich mit der Post nach Hause schickt!

Lassen Sie sich also kein Schweinsleder als Nappa verkaufen und glauben Sie nur einen Bruchteil von dem, was Ihnen erzählt wird ... Falls Sie schon vor der Abreise wissen, dass Sie sich für Goldschmuck oder einen Teppich interessieren, so machen Sie sich am besten im Heimatland mit den Produkten und deren Preisen vertraut.

Unter **pazar** verstehen die Türken übrigens einen Wochenmarkt mit Gemüse-, Käse-, Klamotten- und Schuhständen. Feste Einrichtungen wie der Basar von İzmir oder Marktviertel mit richtigen Läden nennt man in der Türkei hingegen **çarşı.**

Mehrwertsteuerrückerstattung: Wer in Geschäften und Boutiquen mit dem Tax-free-Symbol am Schaufenster Waren im Wert von umgerechnet ca. 75 € und mehr einkauft, kann sich bei der Ausreise an sog. „Cash Refund Offices" (z. B. am Flughafen Milas/Bodrum über die 24 Std. geöffnete Post und am Flughafen İzmir, ebenfalls über die Post, 8–20 Uhr) die Mehrwertsteuer von 18 % zurückerstatten lassen. Dafür bedarf es eines vollständig ausgefüllten Tax-free-Schecks vom Verkäufer, der am Flughafen vom Zoll gestempelt werden muss.

Elektrizität

Die elektrische Spannung beträgt 230 Volt. In der Regel benötigt man für mitgebrachte Geräte keine Adapter. Zur Sicherheit sollte man dennoch einen für Südosteuropa im Gepäck haben.

Feste und Feiertage

Von vielen Feiertagen bekommt man in den Touristenzentren an der Küste nur wenig mit.

1. Januar: Neujahr.

23. April: Unabhängigkeitstag – am 23.4.1920 versammelte sich das Parlament in Ankara zu seiner ersten Sitzung. Wird heute auch als „Tag der Kinder" gefeiert.

1. Mai: Frühlingsfest (inoffizieller Feiertag, Ersatz für den ehemaligen Tag der Arbeit).

19. Mai: Beginn des nationalen Befreiungskriegs (1919). Heute Tag der Jugend und des Sports.

30. August: Gedenktag anlässlich des Sieges über die Griechen im Jahr 1922.

21.10.2006, 10.10.2007 u. 29.09.2008: Nacht der Kraft (Kadir Gecesi), → S. 43.

24.–26.10.2006, 13.–15.10.2007 u. 1.–3.10.2008: Zuckerfest (Şeker Bayramı), → S. 43.

29. Oktober: Tag der Republik – am 29.10.1923 wurde die Türkische Republik ausgerufen. Aufmärsche begleiten das Fest.

10. November: Todestag Atatürks (1938) – quasi ein halbamtlicher Feiertag, aber nicht gesetzlich verankert. Ein Großteil der Bevölkerung gedenkt des Gründers der Türkischen Republik und bleibt der Arbeit fern.

31.12.2006–2.1.2007, 20.–22.12.2007, 8.–11.12.2008: Opferfest (Kurban Bayramı), → S. 43.

Flora und Fauna

Pinienwälder und gestrüppartige Macchia, bestehend aus Oleander, Stechpalme, Buchsbaum, Myrte, Lavendel, Johannisbrotbaum usw., prägen die Küste im Westen der Türkei. Dazwischen stößt man auch immer wieder auf silbrig schimmernde Olivenhaine. In höheren Lagen ist die Brutische Kiefer die vorherrschende Baumart, vereinzelt finden sich dort auch Tannen, Schwarzföhren und die Libanonzeder. Am Golf von Edremit sind zudem Steineichenwälder anzutreffen. Die Schwemmlandebene des Großen Mäander überziehen Baumwollfelder. Angebaut werden zudem Melonen, Tabak, Pfirsiche, Zitrusfrüchte, Tomaten u. v. m.

Unkontrollierte Jagd auf jegliches Wild haben dazu geführt, dass sich die Tierbestände in freier Natur stark dezimiert haben. Die Löwen starben in der Türkei schon im 19. Jh. aus. Vor Wölfen, Bären und Schakalen braucht man sich an der

Camel Beach auf der Bodrum-Halbinsel, die Trophy der anderen Art

Westküste auch nicht mehr zu fürchten. Den anatolischen Leoparden entdeckt man allenfalls noch im Dilek-Nationalpark. In den Wäldern tummeln sich Rehe und Hirsche, Füchse, Wildschweine, Dachse, Iltisse, Baum- und Steinmarder, die vom Aussterben bedrohten Stachelschweine, aber auch Nagetiere wie das dem Murmeltier verwandte putzige Ziesel.

Am Boden kriechen Eidechsen und Schildkröten (Letztere gibt's zu Land und zu Wasser). Bei Wanderungen begegnet man gelegentlich Schlangen, von den 37 in der Türkei vorkommenden Arten gehören die meisten zu den Familien der Nattern, Vipern und Ottern und sind größtenteils ungiftig. Nicht selten sind ferner Chamäleons – allerdings fallen sie naturgemäß wenig auf.

Unter den Vögeln faszinieren neben Störchen, die in der Türkei nicht gejagt werden dürfen, vor allem Raubvögel wie Adler, Falken und Bussarde. Ornithologen können sich am Delta des Großen Mäander *(Büyük Menderes)* und am Bafa-See zudem auf Stelzenläufer und Pelikane, Grau- und Purpurreiher, Eisvögel, Weißstörche, Cistensänger, Nachtschwalben und andere Piepmätze freuen.

Zum Schluss noch ein Hinweis in Sachen „tierische Quälgeister“: Moskitos, Flöhe und Kakerlaken sehen nicht nur die Wälder als ihre Heimat an!

Frauen

Die Stellung der Frau in der modernen Türkei ist nicht mit der der Frauen in arabischen Ländern gleichzusetzen. Dies hängt zum einen mit Atatürks Reformen aus den 1920ern zusammen, zum anderen mit dem 2005 in Kraft getretenen, neuen Strafgesetzbuch, mit dem Ankara Forderungen der EU erfüllt hat. Das Gesetzbuch stärkt die Rechte der Frauen enorm: Vergewaltigung in der Ehe ist nun Strafbestand, und sog. „Ehrenmördern“, denen im Gerichtssaal zuvor viel Milde erwiesen wurde, drohen lebenslange Haftstrafen.

Zwischen den Rechten der Frauen und den von der männlichen Gesellschaft auferlegten Zwängen herrscht jedoch, je nachdem, wo man sich in der Türkei aufhält, eine große Diskrepanz. Das Emanzipationsgefälle in der Türkei hat wesentlich mit der Ausbildung der Frauen zu tun. Während an der Mittelmeerküste und in den modernen Städten des Landes über 50 % der weiblichen Arbeitskräfte eine Ausbildung besitzen, die über das Grundschulniveau hinausgeht (ein Drittel aller Hochschulabsolventen sind übrigens Frauen), sind es auf dem Lande gerade 5 % – mehr als jede zweite Frau dort ist Analphabetin. Ganz nebenbei: An der İstanbuler Börse arbeiten im Gegensatz zu Frankfurt mehr Frauen als Männer.

• *Allein reisende Frauen* Es ist kein Problem, als Frau alleine die türkische Westküste zu bereisen. In touristischen Zentren wie Bodrum oder Çeşme oder westlich orientierten Städten wie İzmir, wo auch Türkinnen mit hohen Absätzen und Minirock über die Gehwege flanieren, fällt die Anmache – wenn überhaupt – nicht anders aus als in Italien oder Spanien. Um prinzipiell Unannehmlichkeiten vorzubeugen, ist es ratsam, dezente Kleidung zu tragen und dazu einen Ehering (auch wenn er aus dem Automaten ist). Zu einer ehrbaren, unantastbaren Frau werden Sie auch, wenn Sie Fotos von Ihrem Mann und Kind mitbringen (falls Sie beides nicht haben, tut's auch ein Bild mit dem Schwager und dessen Kindern). Spricht man Sie an, bleiben Sie formell und höflich, aber vermeiden Sie übertriebene Freundlichkeit und Augenkontakt, beides wird gerne fehlinterpretiert. Wandernde Hände im überfüllten Dolmuş oder Ähnliches (passiert selten) kommentiert man lautstark, egal in welcher Sprache. Die Schande für den Betroffenen wird groß und die Empörung der Umgebung offensichtlich sein. Auch in gehobenen Bars und Diskotheken brauchen Touristinnen ohne männliche Begleitung keine Rüpeleien zu befürchten, dafür sorgen Türsteher. Den nächtlichen Heimweg sollte man am besten in einem Taxi zurücklegen.

Geld und Geldwechsel

Gesetzliches Zahlungsmittel ist die Neue Türkische Lira (Yeni Türk Lirası, kurz YTL, in Finanzkreisen Try), die seit 2005 im Umlauf ist. Die YTL-Scheine sehen auf den ersten Blick aus wie die alten Lira-Scheine. Der einzige Unterschied ist, dass der Zahlenwert darauf sechs Nullen weniger hat. Lassen Sie sich keine alten Scheine andrehen! Von der Neuen Türkischen Lira sind Banknoten im Wert von 1, 5, 10, 20, 50 und 100 YTL im Umlauf, zudem Münzen zu 1 YTL sowie zu 1, 5, 10, 25 und 50 Yeni Kuruş (YKR, 100 YKR = 1 YTL).

1 € entsprach im März 2006 ca. 1,59 YTL, 1 sfr ca. 1,02 YTL.

Devisenvorschriften: Bargeldbeträge im Gegenwert von über 5.000 US-Dollar müssen bei der Ein- und Ausreise deklariert werden.

Geldwechsel: Banken (i. d. R. Mo–Fr 9–12 u. 13.30–17 Uhr geöffnet) und Wechselstuben gibt es en masse, zumal auch die Türken ihr Erspartes in harten Devisen anlegen. Die Kursunterschiede sind insgesamt gering.

Bankomaten sind weit verbreitet. Der Kurs beim Abheben größerer Beträge mit der Maestro-Karte ist im Endeffekt meist besser als beim Barumtausch.

Kreditkarten werden in allen besseren Restaurants, Hotels und Geschäften akzeptiert.

Bei Verlust der Kredit- oder Maestro-Karte wählen Sie abhängig vom Ausstellungsland der Karte folgende Sperrnummern: Für **American Express**: ✆ 0049-69-97971000 (D/A), ✆ 0041-1-3846333 (CH). **Diners Club**: ✆ 0049-5921-861818 (D), ✆ 0041-1-8354545 (CH), ✆ 0043-1-501355 (A). **Visa**: ✆ 0049-69-79331910 (D), ✆ 0043-1-71111-770 (A), ✆ 0041-1-8283501 (CH). **Master/Eurocard**: ✆ 0049-69-79331910 (D), ✆ 0043-1-717014500 (A), ✆ 0041-1-3846333 (CH). **Maestro-Karte**: ✆ 0049-1805021021 (D), ✆ 0043-1-2048800 (A), ✆ 0041-800800488 (Credit Suisse), ✆ 0041-800811000 (UBS).

Reiseschecks: Nicht jede Bankfiliale ist dazu autorisiert, Schecks einzulösen. *American-Express-Cheques* können – sofern das Personal davon unterrichtet wurde – bei den Filialen der *Akbank* provisionsfrei eingelöst werden.

Trinkgeld: In Restaurants (→ „Tipping-Tipps", S. 25) gibt man in der Regel 10 %,

Masseuren, Zimmermädchen oder Friseuren rund einen Euro. Lediglich Taxifahrer gehen in der Türkei leer aus.

Ermäßigungen für Studenten → „Ausgrabungsstätten", S. 31.

Griechen und Türken – Nachbarn, die sich wieder lieben lernen

Noch zu Anfang des 20. Jh. waren die Griechen die größte nichtmuslimische Minderheit im Osmanischen Reich. In İstanbul stellten sie rund ein Viertel der Einwohner, und auch viele Orte der Mittelmeer- und Schwarzmeerküste sowie Zentralanatoliens waren fest in griechischer Hand. Über Jahrhunderte hinweg hatten sie friedlich mit den Türken zusammengelebt, Spannungen waren die Ausnahme. Doch mit der Zerschlagung des Osmanischen Reiches nach dem Ersten Weltkrieg und dem Versuch Griechenlands, sich Kleinasiens zu bemächtigen (→ „Geschichte", S. 55), änderte sich die Situation. Es folgte der türkische Befreiungskrieg, an dessen Ende ein „Bevölkerungsaustausch" – eine Vertreibung bzw. ethnische Säuberung – stand: Ca. 1,4 Millionen Griechen mussten die Türkei verlassen, in entgegengesetzter Richtung waren rund 350.000 Türken aus Griechenland unterwegs.
Lediglich die Griechen İstanbuls, ohne welche die Wirtschaft der Stadt von heute auf morgen zusammengebrochen wäre, und die Bewohner der Ägäisinseln Tenedos (heute Bozcaada) und Imbros (heute Gökçeada) durften bleiben. Doch auch sie kehrten in den folgenden Jahrzehnten der Türkei den Rücken: Die neue Republik belegte Nichtmuslime mit diskriminierenden Steuern – wer nicht zahlen konnte oder wollte, wurde in Arbeitslager verbannt. Ab den 50er Jahren verschärfte zudem der Zypernkonflikt das Verhältnis zwischen Griechen und Türken auf eine Weise, die ein friedfertiges Miteinander kaum mehr zuließ. Die Situation eskalierte 1955, als Bombenanschläge griechisch-zypriotischer Untergrundbewegungen mit gewalttätigen Ausschreitungen gegen christliche Minderheiten beantwortet wurden.
Viele Jahre betrachteten die NATO-Partner mit Besorgnis das Verhalten der beiden „verfeindeten" Verbündeten, noch bis in die 1990er kam es immer wieder zu militärischen Provokationen in der Ägäis. Die Verbesserung der bilateralen Beziehungen bahnte sich erst in jüngerer Zeit an, als sich die beiden Nationen bei schweren Erdbeben und Waldbränden wechselseitig Hilfe leisteten. Mittlerweile ist Griechenland gar ein Befürworter des türkischen EU-Beitritts.

Haustiere

Das Halten von Hunden und Katzen ist in der Türkei nicht sehr populär, lediglich die Oberschicht schafft sich schicke Rassehunde als Vorzeigeobjekte an. Mit Ausnahme einiger Resortanlagen gilt für 99 % aller Hotels: Reisende mit Hunden oder Katzen müssen draußen bleiben. Hinzu kommt, dass die Tiere die Anreise mit dem Flugzeug i. d. R. in einer Transportbox verbringen müssen – vor dieser qualvollen Gefangenschaft warnen Tierschützer ausdrücklich. In jedem Fall benötigen Hunde und Katzen den EU-Heimtierausweis bzw. das schweizerische Pendant, in welchem vermerkt ist, dass Katzen mindestens 15 Tage vor der Einreise gegen Tollwut, Hunde zusätzlich noch gegen Parvovirose, Distember, Hepatitis und Leptospirose geimpft sind.

Information/Internet

Vor Ort finden Sie in allen Urlaubszentren Touristeninformationen, deren Mitarbeiter in der Regel sehr hilfsbereit sind (im Reiseteil unter der Rubrik „Information“). Offiziell heißen die Büros übrigens **Turizm Danışması**. Die ausländischen Filialen des **türkischen Fremdenverkehrsamtes** (www.reiseland-tuerkei.info) halten zudem diverses Informationsmaterial bereit, das auf Wunsch gerne verschickt wird – Anruf genügt.

D-60329 **Frankfurt**, Baseler Str. 37, ✆ 069/ 233081.
D-10789 **Berlin**, Tauentzienstr. 9–12, ✆ 030/ 2143752.
A-1010 **Wien**, Singerstr. 2/8, ✆ 01/5122128.
CH-8001 **Zürich**, Stockerstr. 55, ✆ 01/2210810.

Sofern vorhanden bzw. mit Gewinn zu nutzen, sind die Internetadressen diverser Einrichtungen wie Hotels oder Fluggesellschaften im Buch angegeben. Nur äußerst wenige Touristeninformationen vor Ort unterhalten bislang offizielle Webseiten. Allgemeine und spezielle Informationen zum Land finden Sie z. B. auf folgenden Seiten:

www.istanbulpost.net: wöchentliches, deutschsprachiges Internetmagazin; viel zu Gesellschaft und Politik, aber auch Sport und touristische Themen werden behandelt.

www.kulturturizm.gov.tr: informiert u. a. über die Museen und Ausgrabungsstätten des Landes, auch in Deutsch.

www.ratgeber-tuerkei.de: umfangreiche Linksammlung.

www.nisanyan.net: englisch-türkische Seite; stellt die schönsten Boutiquehotels der Türkei vor. Die Hotelbeschreibungen findet man in gedruckter Form im jährlich neu erscheinenden „Küçük Oteller Kitabı/The Little Hotel Book“ (Verlag Boyut Yayın Grubu, İstanbul).

www.neredennereye.com: englisch-türkische Seite; informiert über Bahn-, Flug- und Busverbindungen, leider werden nicht alle Strecken und alle Transportunternehmen berücksichtigt.

www.holidaycheck.de: Erfahrungsberichte und Gästebewertungen diverser großer Hotels.

www.reisemangel.de: Welche Schadensersatzansprüche haben Sie laut Frankfurter Liste, wenn Ihr Flug Verspätung hat, Ihr Hotel zu laut ist usw.

www.turkishdailynews.com: Webseite der englischsprachigen Tageszeitung.

> Interessante Links und aktuelle Informationen zu diesem Buch finden Sie im Internet auf den Seiten des Michael Müller Verlages unter der Adresse: www.michael-mueller-verlag.de/reise-news/.

• *Internetzugang* Wer während seines Türkei-Aufenthalts im Netz surfen oder Mails verschicken will, kann dies in zahlreichen Internet-Cafés tun. Je schicker das Café, desto teurer der Ausflug in den Cyberspace: eine halbe Std. 0,70–1,20 €. Internet-Cafés sind nicht im Reiseteil aufgeführt, da sich deren Adressen erfahrungsgemäß ständig ändern. Einen Internetzugang bieten auch viele Hotels und Pensionen.

Islam

Der Islam (arab. = Unterwerfung, Hingabe), die jüngste der großen Weltreligionen, ist ebenso wie das Judentum und das Christentum eine monotheistische Religion, d. h. seine Anhänger glauben an den einen allmächtigen Gott. Nach islamischer Auffassung ist Allah Schöpfer und Bewahrer aller Dinge und allen Lebens. Er versorgt, führt und richtet die Menschen, wobei sich das Richten auf den Tag des Jüngsten Gerichts bezieht, an dem die „Geretteten“ ins Paradies eingehen, während die „Verdammten“ in die Hölle absteigen.

Religionsstifter war Mohammed (um 570–632), der als Waisenkind in ärmlichen Verhältnissen in Mekka aufwuchs. Sein religiöses und politisches Wirken begann um 610, nachdem ihm in einer Vision der Erzengel Gabriel erschienen war. In seiner Geburtsstadt stand man seinen öffentlichen Auftritten zunächst sehr skeptisch gegenüber. Erst in Medina, wohin er 622, dem Beginn der islamischen Zeitrechnung, abgewandert war, verschaffte sich Mohammed weltliche und geistliche Autorität und wurde als Gesetzgeber und Prophet allgemein akzeptiert. Einige der von ihm verbreiteten Botschaften hatten für die damalige Zeit geradezu revolutionäre Inhalte, z. B. die Verdammung der Sklaverei.

Die Rolle, die der islamische Glaube in der Türkei einnimmt, ist von Region zu Region verschieden. Mancherorts, wie im unbeschwerten, westlich orientierten Bodrum, scheint sie gar gegen null zu tendieren. Doch schon ein paar Kilometer weiter im Landesinnern kann alles anders aussehen. Den Kontrollorganen des Staates sind islamistische Strömungen ein Dorn im Auge.

Koran und Sunna sind die grundlegenden Quellen der islamischen Glaubenslehre. Dabei wird der Koran, der aus 114 Suren (Kapiteln) besteht, als das authentische Wort Gottes verstanden, das Mohammed durch den Erzengel Gabriel übermittelt wurde. Daraus erklärt sich der Unfehlbarkeitsanspruch, der dem Koran zugeschrieben wird.
Grundlage der Sunna (arab. „Gewohnheit“) hingegen bilden die Hadithe, die Überlieferungen der Aussagen und Taten Mohammeds. Die Sunna wird im Unterschied zum Koran nicht für unfehlbar gehalten.

Propheten: Da die Menschen moralisch schwach und fehlbar sind, schickt Gott ihnen Propheten, welche die göttliche Botschaft verbreiten, an der sich das Handeln der Menschen orientieren soll. Zu diesen Propheten zählt im Islam neben Abraham und Moses u. a. auch Jesus. Die christliche Auffassung, nach der es sich bei Jesus um den Sohn Gottes handelt, wird vom Islam nicht geteilt. Die Muslime glauben dagegen, dass sich das Prophetentum mit Mohammed vollendet hat, und der Koran die letztgültige und vollkommenste Offenbarung Gottes ist.

Islamische Gruppierungen: Streitigkeiten um die Nachfolge des Propheten führten nach Mohammeds Tod zu einer Spaltung der Muslime in Sunniten und Schiiten. Über 70 Prozent der Türken sind Sunniten. Die Sunniten sehen im Kalifen den rechtmäßigen Nachfolger Mohammeds und das Oberhaupt der muslimischen Welt. Für die Schiiten (ihr Name leitet sich vom arabischen Wort *Schia* für „Partei“ ab) hingegen konnte diesen Führungsanspruch nur ein Blutsverwandter des Propheten wahrnehmen. Da dieser aber keine überlebenden Söhne hinterlassen hatte, sahen die Schiiten in Ali, Vetter und Schwiegersohn Mohammeds, und seinen Nachkommen die legitimen Nachfolger (Imame).

Rund 25 Prozent der Türken, darunter viele Kurden, sind Aleviten, die der Schia zugerechnet werden. Mit der Schia iranischer Prägung hat der Alevismus die Nachfolgeregel gemein, lehnt als libertäre Glaubensrichtung aber z. B. die Scharia ab. Dieses überlieferte antiquierte islamische Rechtssystem beruht auf einer über 1.000 Jahren alten, nahezu unveränderten Auslegungsvariante des Korans und der Sunna und beschreibt die Rechte und Pflichten des Einzelnen in der Gemeinschaft.

Die fünf Säulen des Islam: Die als die fünf Säulen des Islam bekannten Pflichten werden als zentrale Bestandteile im Leben eines jeden Muslims angesehen. Die erste Pflicht ist das Glaubensbekenntnis *(kelimei şahadet: „Ich bezeuge, dass es keinen*

İsa-Bey-Moschee in Selçuk

Gott gibt außer Allah, und Mohammed ist sein Prophet ...“), die zweite sind die fünf täglichen Gebete *(namaz)* mit den vorgeschriebenen Waschungen, die dritte ist die Almosengabe an Bedürftige *(zekat),* die vierte das Einhalten des Fastenmonats Ramadan *(oruç)* und die fünfte die Pilgerfahrt nach Mekka *(hac).* Bei einigen Geboten gibt es etwas Spielraum. So braucht der Muslim seine Pilgerfahrt nur dann durchzuführen, wenn er gesund ist und es ihm (finanziell) möglich ist. Die Waschungen können notfalls ohne Wasser, d. h. als bloßes Ritual, ausgeführt werden, und schwangere Frauen können aus gegebenem Anlass die Fastenzeit verschieben.

Moschee: Moscheen (türk. *cami*) sind die islamischen Sakralbauten, in denen nicht nur gebetet wird, sondern auch Versammlungen und theologische Unterrichtsstunden abgehalten werden. Darüber hinaus dienen sie traditionell als Stätte der persönlichen Andacht und als temporäre Unterkunft für Pilger und Obdachlose. Für gewöhnlich betritt man eine Moschee über einen Vorhof *(avlu),* wo am Reinigungsbrunnen *(şadırvan)* die rituellen Waschungen vor dem Gebet vorgenommen werden. Zur Grundausstattung des mit Teppichen ausgelegten Gebetssaals gehören eine Gebetsnische *(mihrab),* die stets in Richtung Mekka weist, eine Kanzel für die Freitagspredigt *(minbar)* und ein Stuhl oder eine Art Thron *(kürsü),* von dem der Vorbeter *(Imam)* Passagen aus dem Koran verliest. Männer und Frauen beten getrennt, stets jedoch Richtung Mekka. Indem man kniet und den Kopf zu Boden neigt, zeigt man Allah Demut und Respekt. Zum Gebet ruft fünfmal am Tag der Muezzin vom Minarett der Moschee. Heute ertönt der für Europäer so verheißungsvoll und orientalisch klingende Gebetsruf meist nur noch aus dem Lautsprecher.

Hinweis: Türkische Moscheen können von Nichtmuslimen jederzeit besucht werden, nur zur Gebetszeit werden Touristen oft abgewiesen. Beachten Sie die Kleidervorschriften: Herrenbeine und -arme dürfen nicht entblößt sein, der Rock der Dame sollte mindestens knielang sein, ihr Kopf (Kopftuch!) und die Oberarme bedeckt. Vor dem Betreten der Moschee zieht man die Schuhe aus. Betende sollten nicht fotografiert werden.

Religiöse Feiertage: Die genaue Terminierung wird Jahr für Jahr nach dem islamischen Mondkalender neu bestimmt (→ „Wissenswertes von A bis Z/Feiertage“, S. 35). Nach islamischer Konvention beginnt ein Feiertag jedoch bereits mit dem Sonnenuntergang am Vortag, bei großen religiösen Feiertagen sind dann sogar ab Mittag des Vortages alle Läden, Büros usw. geschlossen. Besonders hervorzuheben sind:

Kadir Gecesi („Nacht der Kraft“): In der 27. Nacht des Fastenmonats Ramadan wird die Offenbarung des Koran gefeiert. Mohammed soll in dieser Nacht durch den Erzengel Gabriel zum Boten Gottes ernannt worden sein. Nach dem Volksglauben gehen Wünsche und Gebete, die in dieser Nacht ausgesprochen werden, in Erfüllung.

Şeker Bayramı (Zuckerfest): Es bildet den Abschluss des Fastenmonats Ramadan. Man besucht Verwandte, und die Kinder ziehen von Haus zu Haus und bitten um Süßigkeiten. Daher rührt auch der Name der dreitägigen Feierlichkeiten, bei denen Behörden, Banken und Geschäfte geschlossen bleiben.

Kurban Bayramı (Opferfest): Das höchste Fest des Islam dauert vier Tage. Hintergrund des Opferfestes ist die (auch biblische) Geschichte von Abraham, der, um Gott seine Treue zu beweisen, seinen Sohn Isaak opfern will. Das Fest ist gesetzlich verankert, so dass alle öffentlichen Einrichtungen geschlossen bleiben.

Der Ramazan

So nennen die Türken den islamischen Fastenmonat, der in den meisten anderen islamischen Ländern Ramadan heißt. 30 Tage lang darf der Gläubige zwischen Sonnenauf- und -untergang nicht essen, trinken, rauchen oder Geschlechtsverkehr haben. Nach Anbruch der Dunkelheit wird jedoch alles ausgiebig nachgeholt. In den konservativen ländlichen Gegenden sind während der Fastenzeit viele Lokale geschlossen. In den Ferienzentren an der Küste merkt man kaum einen Unterschied zu den restlichen Monaten.

Kinder

Die Türkei ist ein wahres Paradies für Reisende mit Kindern: Ob Ihr Nachwuchs im Restaurant Tellersegeln spielt oder längere Zeit im Bus seinen Weltschmerz hinausschreit: Niemand wird sich darüber aufregen, die Scherben werden lächelnd beseitigt, das Kind wird allseits getröstet und mit Bonbons versorgt. Egal ob Sie sich für eine einfache Pension oder ein Luxushotel entscheiden – von ein paar Singleclubs einmal abgesehen, sind Sie überall herzlich willkommen. All-inclusive-Anlagen bieten oft sog. „Mini-Clubs“ mit Animateuren, die ein buntes Kinderprogramm zusammenstellen. Und in den Pensionen nimmt der Hausherr die Kleinen vielleicht einmal mit aufs Boot zum Fischen. Für Abwechslung zum Sandburgenbau sorgen Kamelritte am Strand, Aquaparks mit Riesenrutschen (z. B. bei Bodrum und Kuşadası), Burgbesichtigungen usw. Ultra-pasteurisierte Milch gibt es überall zu kaufen, die beste Windelmarke soll *Ultra Prima* sein, erhältlich in Apotheken. Kindernahrung à la *Alete* ist erst langsam im Kommen.

Kleidung

Abseits der Ferienorte wird in der Türkei großen Wert auf ein korrektes, sauberes und gesittetes Erscheinungsbild gelegt. Fürs Kofferpacken orientieren Sie sich am besten an der Klimatabelle. Für einen Badeurlaub an der Küste reicht insgesamt leichte Kleidung, möglichst aus Baumwolle. Für den Besuch von Moscheen → „Islam/Moscheen“.

Klima

An der Westküste der Türkei folgen auf heiße, niederschlagsarme Sommermonate milde, verregnete Wintermonate. Im Hochsommer sorgt zum Glück der Westwind *İmbat*, auch *Meltem* genannt, für Erfrischung. Die folgenden Werte gelten für İzmir. Rechnen Sie für die Südägäis 1–2 °C hinzu, ziehen Sie diese für die Nordägäis ab.

Monat	Durchschnittliche Lufttemperatur Min./Max. in °C	Sonnenstunden	Regentage
Januar	6/12	4	9
Februar	6/13	5	8
März	8/16	6	7
April	11/21	8	6
Mai	15/26	10	3
Juni	20/31	12	1
Juli	22/33	12	1
August	22/32	12	1
September	19/29	10	2
Oktober	14/24	8	4
November	11/18	5	7
Dezember	8/14	4,5	11

Reisezeit: Die Badesaison geht an der Südägäis von Mitte April bis Mitte Oktober, an der Nordägäis von Mitte Mai bis Ende September. Außerhalb dieser Zeit sind viele Hotels geschlossen. Die Monate April, Mai, September und Oktober sind für Besichtigungen am besten geeignet, die Tageshöchsttemperaturen übersteigen dann selten 30 °C.

Kriminalität

Delikte wie Diebstahl oder Raub treten in der Türkei verhältnismäßig selten auf. Korruption nennt sich das Übel des Landes, aber die tut dem Touristen nicht weh. In Großstädten und Touristenzentren müssen Urlauber jedoch wie überall auf der Welt damit rechnen, dass Betrüger und Trickdiebe die Reisekasse plündern wollen.

- *Sperrnummern* für Maestro- oder Kreditkarte → Geld und Geldwechsel, S. 37.
- *Drogen* Illegale Drogen werden in der Türkei genauso gehandelt und konsumiert wie überall auf der Welt. Die Strafen für die Ein- und Ausfuhr oder den Genuss von Drogen sind drastisch und die türkischen Gefängnisse international für ihre miserablen Zustände bekannt.

Achtung: Wenn Sie gebeten werden, ein Päckchen nach Deutschland mitzunehmen, schauen Sie sich den Inhalt sorgfältig an.

Literaturtipps

Zu Land und Leuten *Erzeren, Ömer: Der lange Abschied von Atatürk.* ID-Verlag, Berlin 1997. Ein Buch voller erstklassiger Reportagen.

Koydl, Wolfgang: Gelobt sei der Hl. Staat. Türkische Tragikomödien. Picus Verlag, Wien 2001. Authentische, unterhaltsame Features aus der ganzen Türkei, vom ehemaligen SZ-Korrespondenten in İstanbul.

Alanyalı, Iris: Gebrauchsanweisung für die Türkei. Piper Verlag, München 2004. Humorige Einblicke in den türkischen Alltag.

Seufert, Günter: Café Istanbul. C.H. Beck Verlag, München 1999. Eine brillante Analyse der Türkei in all ihren Widersprüchen. 2004 erschien von Seufert in Zusammenarbeit mit Christopher Kubaseck im gleichen Verlag der Titel: *Die Türkei.* Ebenfalls lesenswert für alle, die mehr über Politik, Wirtschaft, Gesellschaft und Kultur des Landes wissen wollen.

Belletristik *Fait, Saik: Ein Lastkahn namens Leben.* Unionsverlag, Zürich 1996. Eine Anthologie des lange Zeit vergessenen türkischen Erzählers.

Pamuk, Orhan: Schnee. Carl Hauser Verlag, München 2005. Die Mischung aus wunderbarer Romanze und politischem Lehrstück spielt in der Tristesse der ostanatolischen Provinzhauptstadt Kars. Orhan Pamuk wurde 2005 mit dem Friedenspreis des deutschen Buchhandels ausgezeichnet.

Kemal, Yaşar: Memed, mein Falke. Unionsverlag, Zürich 1990. In 40 Sprachen übersetzter Roman über den Kampf eines türkischen Robin Hood gegen Hass und Unterdrückung.

Medien

Deutsche Zeitungen und Zeitschriften bekommt man überall, wo sich deutsche Urlauber tummeln, die aktuelle Tagesausgabe erhält man i. d. R. schon am Nachmittag. Die englischsprachigen Tageszeitungen *Turkish Daily News* und *The New Anatolian* bieten Hintergrundinformationen und Aktuelles zu Politik, Wirtschaft, Sport und Kultur. Die bekannten Vorabendserien von Zuhause können über Satellit in allen besseren Hotels gesehen werden. Will man im Radio die Bundesliga live miterleben, ist ein Weltempfänger Voraussetzung. Frequenzpläne und Programmhefte erhalten Sie unter www.dw-world.de, www.swissinfo.org und www.ors.at.

Was türkische Namen aussagen können

Stellen Sie sich vor, Ihr Metzger würde *Etyemez* („Er isst kein Fleisch“) heißen oder der Getränkehändler ums Eck *Suiçmez* („Er trinkt kein Wasser“). In der Türkei kann das vorkommen. Die Fülle lustig-blumiger Familiennamen geht auf ein Gesetz von 1934 zurück. Im Zuge von Atatürks Reformen mussten sich nämlich die bis dato nachnamenlosen Türken einen solchen zulegen. Teils konnten sie den Namen selbst wählen, teils wurde ihnen einer zugewiesen. Manche trafen zum damaligen Zeitpunkt vielleicht eine passende Wahl, bedachten aber nicht, dass der Name an ihre Söhne und Töchter weitervererbt würde. Und so kann der Klavierspieler an der Hotelbar auch *Parmaksız* („Ohne Finger“) heißen ...

Heute bleibt leider nur noch die Wahl der Vornamen übrig, aber auch diese stehen den Nachnamen an Einfallsreichtum kaum nach: Der Freude über die Geburt des ersten Kindes wird z. B. gerne mit Namen wie *Devletgeldi* („Das Glück ist gekommen“) oder *Gündoğu* („Die Sonne ist aufgegangen“) Ausdruck verliehen. Wem die Familie irgendwann aber zu groß ist, hofft, mit Namen wie *Yeter* („Es reicht“) oder *Dursun* („Es soll aufhören“) den Kindersegen stoppen zu können – relativ egal, ob gerade ein Männlein oder ein Weiblein das Licht der Welt erblickt hat.

Notrufnummern → S. 49

Öffnungszeiten

Der islamische Ruhetag ist der Freitag, der gesetzliche Ruhetag in der Türkei seit Atatürks Reformen jedoch der Sonntag.

Banken: → Geld und Geldwechsel, S. 37.

Behörden: Mo–Fr 8.30–12 und 13–17.30 Uhr, Sa/So geschlossen.

Geschäfte: Für den Einzelhandel gibt es keine einheitlichen Öffnungszeiten, die meisten Geschäfte sind jedoch Mo–Sa von 9–19 Uhr geöffnet. Kleinere Läden haben oft bis spät in die Nacht offen.

Post: → Post.

Museen: I. d. R. Di–So 8.30–17 Uhr, Mo geschlossen.

Restaurants: I. d. R. tägl. ab 11 Uhr bis mind. 23 Uhr. Kleine Lokantas schließen oft schon früh am Abend.

Polizei

Die türkische Polizei ist überall präsent. So schlecht, wie sie bezahlt ist, so schlecht ist sie meist auch gelaunt. Gegenüber Touristen verhält sie sich jedoch i. d. R. korrekt und zuvorkommend. Ferner sorgt die **Jandarma,** eine militärische Einheit in grünen Uniformen, für Ordnung und Sicherheit. Notruf: 155.

Post

Postämter (PTT für „Posta, Telefon, Telegraf", i. d. R. Mo–Fr 8–12 und 13–17 Uhr, in größeren Städten und in manchen Touristenzentren auch Sa/So bis spät in die Nacht) sind im Reiseteil aller größeren Orte und Touristenzentren unter „Adressen" angegeben. Das Hauptpostamt liegt in großen Städten meist in der Nähe des Hauptplatzes oder des Banken- bzw. Einkaufsviertels. Bis eine Postkarte in der Heimat angekommen ist, vergeht ungefähr eine Woche (zum Telefonieren → S. 48).

- *Postgebühren* Luftpostbriefe bis 10 g und Luftpostansichtskarten nach Deutschland, Österreich und in die Schweiz kosten knapp 0,50 €.
- *Poste Restante* An die Hauptpostämter (Merkez Postane) können Sie sich postlagernd Briefe senden lassen. Der Absender sollte darauf achten, dass der Anfangsbuchstabe des Nachnamens korrekt und deutlich geschrieben ist. Am Schalter wird die Post nach Vorlage eines Ausweises ausgehändigt. Sinnvolles Adressier-Beispiel: Müller, Michaela – poste restante – Merkez Postane (Hauptpostamt) – Stadtname – Turkey.

Preise

Im Vergleich zu Deutschland, Österreich oder der Schweiz ist die Türkei immer noch ein günstiges Reiseziel, auch wenn die Preise in den letzten Jahren kräftig angezogen haben und in den internationalen Ferienorten weit über dem Landesdurchschnitt liegen. Selbstverständlich korrelieren die Kosten einer Reise mit den Ansprüchen des Urlaubers, das breit gefächerte Angebot an touristischen Leistungen hält aber für fast jeden Geldbeutel etwas parat. Wer mit einem Minimum an Komfort zufrieden ist, benötigt pro Tag – Übernachtung inklusive – keine 30 €.

Preisschwankungen: Die im Buch angegebenen Preise entsprechen dem Stand der letzten Recherche (2005). Diese können sich von den Preisen, die Sie vor Ort erfahren, erheblich unterscheiden. Das hängt zum einen mit extremen Wechselkursschwankungen zusammen, zum anderen auch damit, dass in der Türkei die Preise vielfach nicht linear zur Inflationsrate angepasst werden, sondern nach einer längeren stabilen Preisetappe um einen umso größeren Schritt.

Reisepapiere

Für Deutsche und Schweizer genügt bei der Einreise auf dem Luftweg in die Türkei der Personalausweis bzw. die Identitätskarte. Empfehlenswert ist dennoch die Mitnahme des Reisepasses, da manche Beamte (z. B. bei Verkehrskontrollen) darüber nicht informiert sind. Österreicher brauchen ein Visum, das man an der Grenze bzw. am Flughafen zum Preis von ca. 15 € erhält. Türkische Staatsangehörige dürfen mit einem von deutschen, österreichischen oder Schweizer Behörden ausgestellten Reisedokument nicht einreisen. Kinder benötigen ab dem 10. Lebensjahr einen Kinderausweis mit Lichtbild, davor genügt der Eintrag der Kinder in den Reisepass der Eltern. Alle, die länger als drei Monate am Stück im Land verweilen möchten, benötigen in jedem Fall ein Visum. Führen Sie Ihren Ausweis stets bei sich!

Einreise mit Haustieren: → Haustiere, S. 38.

Visitenkarten sind in der Türkei sehr beliebt: Oft bekommt man eine gereicht oder wird nach der eigenen gefragt. Bevor Türken ihre Karten aushändigen, pflegen sie diese auf der Rückseite mit einem Kringel zu versehen. Damit „entwerten" sie die Karte. Früher nämlich konnte man mit einer unentwerteten Karte essen oder einkaufen gehen, der Name darauf hatte für die Rechnung aufzukommen.

Schwule und Lesben

Homosexualität ist in der Türkei verpönt, ein Outing führt zu gnadenloser Diskriminierung. Ein Erlass des Innenministeriums verbietet sogar die Präsenz organisierter Homosexuellengruppen auf türkischen Straßen. Dies durften schon über 800 Teilnehmer einer Schwulenkreuzfahrt erfahren, denen in der ägäischen Hafenstadt Kuşadası der Landgang schlichtweg untersagt wurde. Ausweichen können türkische Schwule und Lesben lediglich in die Anonymität der Millionenstadt İstanbul. So findet sich dort eine Vielfalt an Clubs und Kneipen, die europaweit ihresgleichen suchen kann.

Sport

Wo Türken Urlaub machen, tendiert das Sportangebot traditionell gegen null – schließlich sind die kostbaren Erholungswochen zum Nichtstun da. In den internationalen

Eines der besten türkischen Surfreviere: Alaçatı-Bucht bei Çeşme

Touristenzentren jedoch geht der Trend hin zum Aktivurlaub europäischer Prägung. An der Küste dominiert ganz klar der Wassersport.

Paragliding: Zentrum der Flieger ist der Kocadağ (640 m) in Ören am Golf von Gökova, → S. 79.

Radfahren: → Unterwegs/Fahrrad, S. 19.

Reiten: In der Nähe großer Touristenzentren wie z. B. Bodrum liegen Reiterhöfe, die Ausritte ins Hinterland anbieten; auch über Tourenveranstalter vor Ort buchbar.

Segeln: → „Unter Segel", S. 20.

Surfen: Die Halbinseln von Çeşme (→ Alaçatı, S. 161) und Bodrum gelten als die besten Surfreviere der Türkei. Die Surfschulen verleihen auch Boards.

Tauchen: Nahezu an allen Küstenabschnitten darf getaucht werden. Das Auflesen und die Mitnahme historischer bzw. antiker Gegenstände und die Unterwasserjagd sind strengstens verboten. Ein interessantes Revier mit Wracks aus dem Ersten Weltkrieg ist die Halbinsel Gallipoli. Für eine Tagesausfahrt mit 2 Bootstauchgängen inkl. Equipment müssen Sie im Schnitt mit 50–80 € rechnen, für einen PADI-Anfängerkurs mit rund 300 €.

Sonstiger Wassersport: An den Stränden der internationalen Ferienorten werden zudem diverse Fun-Sportarten auf dem Wasser angeboten, z. B. Wasserski (15 Min. ca. 30 €), Bananaboat (15 Min. ca. 12 €), Parasailing (Gleitschirmfliegen übers Wasser, 10 Min. ca. 40 €), Jetski (15 Min. ca. 30 €) usw. Die Veranstalter finden sich i. d. R. an den Stränden.

Tennis: Viele größere Hotelanlagen verfügen über Tennisplätze, auf denen auch Nichtgäste gegen ein Entgelt spielen können.

Wandern: → Wandern, S. 21.

Wer sich nicht rasiert, verliert

Buschig und prächtig oder eher spärlich und zierlich, immer jedoch gepflegt: Erst der Schnurrbart macht den Türken zum richtigen Mann – zumindest in der anatolischen Provinz und in konservativen Kreisen. Noch heute wachen in vielen Dörfern altgediente Schnurrbartträger darüber, dass keinem jungen Bengel vor dem „schnauzerwürdigen" Alter ein solches Exemplar wächst.

In vielen Orten der Westküste will man von solchen antiquierten Traditionen aber nichts mehr wissen. Die Jugend zeigt sich glatt rasiert oder im schicken Dreitagesbart. Die klassischen Schnauzerträger mit grauem Kaufhaus-Standard-Jackett haben dort den Status eines Dorftrottels aus Hinteranatolien. Als schmierige Anmacher, als *Röntgenci* (Glotzer mit Röntgenaugen), sind sie unter jungen Frauen verpönt. In den trendigen Clubs von Bodrum oder İzmir sorgen daher Türsteher dafür, dass „Schnauzer" draußen bleiben. Draußen bleiben, zumindest aus öffentlichen Ämtern und Universitäten, müssen auch Vollbartträger. In der laizistischen Türkei wird der Vollbart als ein islamistisches Bekenntnis gewertet, ähnlich wie das Kopftuch bei Frauen.

Telefonieren

Das Telefonieren mit dem **Mobiltelefon** ist problemlos fast im gesamten Reisegebiet möglich, aber teuer. Wer keines hat oder Geld sparen will, telefoniert am einfachsten von **Kartentelefonen.** Darüber hinaus kann man vom Postamt aus telefonieren (man lässt sich eine Kabine zuweisen und zahlt dann nach Zählerstand am Schalter), von Kiosken oder von Geschäften mit dem Hinweisschild *kontörlü telefon* (Telefon mit Zähler).

Am Abend besonders charmant: Hafen von Bozcaada

Notrufnummern

Polizei	✆ 155
Verkehrspolizei	✆ 154
Ambulanz	✆ 112
Feuerwehr	✆ 110

Gespräche aus der Türkei nach Hause: Nach der internationalen Vorwahlnummer (Deutschland: 0049, Österreich: 0043, Schweiz: 0041) wählt man die Ortskennzahl des gewünschten Ortes (jedoch ohne die Null am Anfang), dann die Rufnummer.

Gespräche in die Türkei: Wer in die Türkei telefonieren möchte, wählt ✆ 0090 als Landesvorwahl und lässt die Null der Regionalvorwahlnummer weg.

Telefonkarten (telefon kartı) gibt es in Postämtern, in Geschäften, an Kiosken und selbst an kleinen Verkaufsständen an der Straße. 100 Einheiten (ca. 5 €) reichen etwa für ein 5-Minuten-Gespräch nach Deutschland. Beim Kauf sollte man darauf bestehen, dass die Karte auf ihre Funktionsfähigkeit geprüft wird.

Call-by-Call: Den günstigsten Anbieter von Deutschland in die Türkei erfahren Sie unter www.billiger-telefonieren.

Mobiltelefon: Die Netzbetreiber TELSIM oder TCELL unterscheiden sich in ihren Tarifen kaum.

Toiletten

Männer finden das stille Örtchen hinter Türen mit der Aufschrift *Bay,* Frauen achten auf *Bayan.* In Touristenzentren haben die Toiletten i. d. R. mitteleuropäischen Standard, abseits der Urlaubsorte ist das Stehklo noch weit verbreitet. Papier gibt es auf diesen stillen Örtchen nur selten; ein eigener kleiner Vorrat ist daher dringend angeraten. Steht in der Toilette ein kleiner Eimer, dann werfen Sie das Papier dort hinein und spülen es bitte nicht runter. Die zu dünnen Abwasserrohre verstopfen schnell, zudem verzögert das Toilettenpapier in den Sickergruben den Zersetzungsvorgang.

Hinweis Wenn Sie das dringende Bedürfnis bei einer Stadtbesichtigung ereilt – Toiletten finden Sie immer bei einer Moschee.

Wo Körper und Seele ein Bad nehmen – Erholung im Hamam

In den Hamams, so sagt man, sei die osmanische Vergangenheit noch lebendig. Und wer eines der historischen Dampfbäder besucht, glaubt in eine andere Welt einzutauchen. Man spürt die Schwere der heißnassen Luft, atmet den Geruch von Seife, vernimmt das Geplätscher des Wassers und sieht glänzend nackte Körper in geheimnisvollem Licht auf marmornen Steinen liegen.
Ein Hamam ist in drei Bereiche gegliedert. Den *camekân,* den Eingangsbereich, schmückt meist ein ausladender Brunnen. Drum herum befinden sich die Rezeption und die Umkleidekabinen. *Soğukluk* heißt der Durchgang in den Schwitzbereich und Hauptteil des Hamams, den *hararet.* Die große, von unten erwärmte Marmorplattform in der Mitte nennt sich *göbek taşı,* Nabelstein. Auf ihn legt man sich zum Schwitzen und zur Massage. Davor werden Sie mit einem rauen Lappen kräftig abgerieben, *kese* heißt diese Prozedur. Bei den Frauen verrichten die Massage i. d. R. schwergewichtige Masseurinnen, bei den Männern drahtig-muskulöse Meister ihres Faches. Auch wenn Sie malträtiert werden wie ein Wiener Schnitzel vorm Panieren – hinterher fühlen Sie sich gut und entspannt.
Die meisten Hamams besitzen separate Abteilungen für Männer *(erkekler)* und Frauen *(kadınlar).* Bei kleineren Bädern baden die Geschlechter zu unterschiedlichen Zeiten oder an unterschiedlichen Tagen. In touristischen Zentren ist meist auch ein gemeinsames Bad möglich. Übrigens tragen Männer ein Tuch um die Lenden, Frauen baden nackt. Handtücher braucht man nirgendwo mitzubringen.
Leider ist die Hamamkultur in der Türkei im Niedergang begriffen. Die Zeiten, als die Hamams noch „Badeanstalten“ für die breite Gesellschaft waren, sind passé. Viele junge Türken haben noch nie ein Hamam besucht, die Dusche zu Hause ist bequemer. Wer noch ins traditionelle Badehaus geht, gehört nicht selten zu den sozial Schwachen. Anders der Sachverhalt in den Ferienorten: Bei Touristen stehen Hamambesuche hoch im Kurs. Dort kostet der Eintritt in der Regel zwar das Drei- bis Fünffache, dafür ist auch Geld für Pflege und Restaurierung vorhanden.

Verständigung

In den Touristenzentren an der Küste kommt man mit Englisch oder Deutsch recht gut zurecht. Deutsch ist übrigens in der Türkei vor Englisch die führende Fremdsprache. Viele türkische Arbeiter haben im deutschsprachigen Ausland ihr Geld verdient, selbst in den entlegensten Ortschaften wohnt jemand, der bei Verständigungsproblemen zu Hilfe gerufen werden kann.

Zeit

Gegenüber der Mitteleuropäischen Zeit (MEZ) besteht eine Stunde Unterschied; bei Ihrer Ankunft müssen Sie die Uhr eine Stunde vorstellen, egal ob im Sommer oder Winter (12 Uhr Frankfurt = 13 Uhr İzmir).

Der Tempel von Euromos bei Milas, einer der besterhaltenen seiner Art

Geschichte im Abriss

ab 150.000 v. Chr.	Höhlenfunde bezeugen, dass nomadisierende Jäger und Sammler die türkische Mittelmeerküste bereits im Paläolithikum durchstreiften.
8000–5500 v. Chr.	Im Landesinnern entstehen erste stadtähnliche Siedlungen. Für den Bau von Behausungen wird Lehm verwendet, damit einhergehend entwickelt sich die Töpferei. Bei Grabungen nahe Konya entdeckten Archäologen u. a. Kleinplastiken wie schwerbrüstige Göttinnen als Symbole der Fruchtbarkeit. Mit der Sesshaftwerdung beginnen auch Ackerbau und Viehzucht.
5500–3200 v. Chr.	Chalkolithikum (Kupfersteinzeit). Feiner gearbeitete Töpferwaren und einfache Werkzeuge aus Kupfer brachten z. B. die Ausgrabungen von Hacılar bei Burdur, rund 100 km östlich von Pamukkale, zu Tage.
3200–2000 v. Chr.	Frühe Bronzezeit. Die Spinnerei und Weberei breitet sich aus, zudem wird Schmuck aus Bronze gefertigt. Gleichzeitig treten Händler aus Assur (am Tigris im heutigen Nordirak) mit den Kulturen Zentral- und Ostanatoliens in Kontakt und bringen die Schrift nach Anatolien. Spuren erster fester Siedlungen lassen sich nun auch an der Westküste, z. B. in Troja (→ S. 237) oder Alt-Smyrna (İzmir, → S. 167), nachweisen.
2000–1200 v. Chr.	Mit dem Vordringen der Hethiter über den Kaukasus wird Zentralanatolien Teil des Althethitischen Reiches, aus dem später das Großhethitische Reich hervorgeht. Zu ihrem Zentrum machen sie Hattuşa (ca. 170 km östlich von Ankara), zu ihren wenigen Hinterlassenschaften in der Westtürkei gehören u. a. Felsreliefs wie z. B. bei Manisa (→ S. 183). Gleichzeitig dehnen die Mykener (frühe Griechen) ihr Herrschaftsgebiet über die Ägäis hinweg bis zum minoischen Kreta aus. Troja entwickelt sich zu einer mächtigen Handelsstadt.

um 1200 v. Chr. Die sog. Seevölker, über die nur wenig bekannt ist, fallen von Norden her über Thrakien ein. Darunter sind auch die Phryger, die einen wesentlichen Anteil an der Zerstörung Trojas haben sollen. Sie beenden zudem die Vormachtstellung der Hethiter und Mykener.

1200–700 v. Chr. Nach dem Untergang Trojas lassen sich vermehrt griechische Kolonisten (Äolier, Ioner, Dorer) an den Küsten Kleinasiens nieder. Sie treten in Konkurrenz zu den heimischen Völkern der Leleger, Karer, Lykier und Lydier. Bereits im 9. Jh. sind viele dieser griechischen Siedlungen zu ansehnlichen Hafenstädten angewachsen.

690–550 v. Chr. Die Lydier gründen ein großes Reich mit Sardes (→ S. 184) als Hauptstadt. Legendär wird ihr König Krösus. Kunst, Kultur und Wissenschaft beginnen in den Städten zu blühen.

ab 545 v. Chr. Unter Kyros dem Großen dringen die Perser bis nach Westanatolien vor und zerstören das Lydierreich. Zur Verwaltung Kleinasiens setzen sie Satrapen (Provinzregenten) ein. Nach wiederholten Aufständen gegen die Vorherrschaft der Perser ziehen sich diese 479 v. Chr. von der Ägäisküste zurück. Vorübergehend können sich Stadt- und Kleinstaaten bilden.

334/333 v. Chr. Alexander der Große erobert Kleinasien. Damit beginnt die sog. Hellenistische Zeit, die bis zur römischen Kaiserzeit andauert und gewaltige Kulturleistungen hervorbringt.

ab 323 v. Chr. Nach Alexanders Tod teilen seine Heerführer das Weltreich unter sich auf. An der Nordägäis errichten die Attaliden mit dem Vermögen des Alexandergenerals Lysimachos († 281 v. Chr.) das Reich von Pergamon (→ S. 197). Weitere bedeutende Diadochenreiche werden das der Seleukiden (in Syrien) und der Ptolemäer (in Ägypten).

190 v. Chr. Die Attaliden schlagen mit Unterstützung von Rom und Rhódos die Seleukiden in der Schlacht von Magnesia (dem heutigen Manisa). Damit geht das Seleukidenreich im mit Rom verbündeten Pergamenischen Reich auf.

ab 133 v. Chr. Mit dem Tod Attalos III. fällt Pergamon testamentarisch an Rom und wird erste Hauptstadt der neuen Provinz „Asia".

42 v. Chr. Nach der Ermordung Cäsars (44 v. Chr.) steigt Mark Anton zum Imperator über den Osten des römischen Reiches auf.

ab 31 v. Chr. Mit dem Sieg Oktavians, des späteren Kaisers Augustus, über die Flotte Mark Antons in der Schlacht von Actium beginnt eine fast 250 Jahre währende Friedensepoche im Römischen Reich. Während der *Pax Romana* durchdringt die römische Kultur alle Städte Kleinasiens. Tempel, Prachtstraßen, Theater, Aquädukte usw. zeugen noch heute von dem Glanz dieser Epoche.

45–60 n. Chr. Missionsreisen des Apostels Paulus, der u. a. in Ephesus (→ S. 117) und in Assos (→ S. 228) Station macht. Die ersten Christengemeinden entstehen.

330 Konstantin der Große ernennt das ehemalige Byzantion (heute İstanbul) unter dem Namen *Nea Roma* (Neues Rom) zur neuen Hauptstadt des Römischen Reiches. Schon bald nach dem Tod des Kaisers setzt sich der Name Konstantinopel durch.

380 Das Christentum wird Staatsreligion, alle heidnischen Kulte werden verboten.

395	Endgültige Teilung des Imperiums in West- und Oströmisches Reich. Letzteres, später Byzantinisches Reich genannt, wird Kerngebiet des Christentums mit römischem Recht und griechischer Sprache.
527–565	Unter Kaiser Justinian I. erreicht das Oströmische Reich seine größte Ausdehnung und Blüte. Es erstreckt sich von Süditalien über die Balkanhalbinsel und ganz Kleinasien bis zum Rand des iranischen Hochlands. Jegliche Bautätigkeit konzentriert sich aber nun auf Konstantinopel. Die Küstenstädte spielen fortan eine untergeordnete Rolle, auch wenn viele von ihnen zu Bischofssitzen erhoben werden.
622	Mit der Hedschra, Mohammeds Flucht nach Medina, beginnt das erste Jahr islamischer Zeitrechnung.
ab 636	Der Osten des Byzantinischen Reiches wird von den Arabern erobert. Angeleitet von syrischen Seeleuten wagen sich die Wüstensöhne aufs Meer und plündern mit ihren Flotten die byzantinischen Küstenstädte. Zum Schutz werden Festungen verstärkt oder neu errichtet – nicht selten muss dafür antikes Baumaterial herhalten.
1054	Bruch zwischen der römisch-katholischen und der griechisch-orthodoxen Kirche.
ab 1071	Die Seldschuken, ein Turkmenenstamm, der von den kirgisischen Steppen nach Westen vordringt, schlagen die Truppen von Byzanz in der Schlacht von Manzikert. Sie bringen den Islam mit, breiten sich in Zentralanatolien aus, machen Konya zu ihrer Hauptstadt und halten den noch verbliebenen Rest des Byzantinischen Reiches in Angst und Schrecken.
ab 1096	Hilfe für Byzanz kommt aus dem Abendland, das in der Folgezeit Kreuzzüge unternimmt, um die verlorenen heiligen Stätten von islamischer Herrschaft zu befreien.
1204–1261	Der 4. Kreuzzug richtet sich gegen Konstantinopel selbst, und zwar mit der Absicht, den römisch-katholischen Glauben wiederzubeleben. Nach der Einnahme der Stadt etablieren die Ritter dort das Lateinische (katholische) Kaiserreich. Die griechischen Byzantiner ziehen sich nach Nikaia (İznik) zurück und können erst 1261 unter Michael VIII. Paläologos die Lateiner wieder aus Konstantinopel vertreiben.
1226	Die Seldschuken erobern weite Teile der Küstenregion. Venezianer und Genueser erhalten in der Folgezeit die Erlaubnis, Handelsniederlassungen zu errichten.
1243	Das Seldschukenreich zerfällt unter dem Ansturm der Mongolen. An seine Stelle treten in Anatolien mehrere kleine Fürstentümer turkmenischer Dynastien.
ab 1309	Der Johanniterorden begründet auf Rhódos einen Ritterstaat und lässt in den folgenden Jahren an der ägäischen Küste, u. a. auch in Bodrum (→ S. 57), Festungen errichten.
1326	Osman (1281–1326), Heerführer und Emir eines turkmenischen Stammes, erobert die westanatolische Stadt Bursa, die daher gerne als die Wiege des Osmanischen Reiches bezeichnet wird. Da der Osten von mongolischen Reiterheeren beherrscht wird, orientieren sich Osmans Nachfolger nach Norden und Westen.

1354 Die Osmanen betreten erstmals europäischen Boden.

1402–1406 Der Tatarenherrscher Timur Lenk (1365–1405), auch Tamerlan genannt, gibt ein kurzes und blutiges Gastspiel in Anatolien. Zurück bleiben unzählige verwüstete Städte, u. a. Sardes, Aphrodisias (→ S. 139) und Smyrna. Dem Aufstieg des Osmanischen Reiches tut dies aber keinen Abbruch.

1453 Die Osmanen erobern Konstantinopel und löschen damit das Byzantinische Reich von der Landkarte, das an seinem Ende aus nichts mehr anderem als seiner Hauptstadt bestanden hatte. Von nun an ist *Konstantiniya*, das spätere Istanbul, Hauptstadt des Osmanischen Reiches, dessen Machtbereich in der Folgezeit beständig wächst.

1517 Selim I. (1512–1520) erobert Syrien und Ägypten. Damit kommt das Kalifat an den Bosporus.

1520–1566 Süleyman I., genannt der Prächtige, erobert Bagdad, Belgrad, Rhódos, Ungarn, Georgien, Aserbeidschan und Gebiete Nordafrikas. 1529 wird Wien erstmals belagert. Er führt das Osmanische Reich an den Zenit seiner Macht – 75 Minuten braucht nun die Sonne, um über dem Imperium unterzugehen. Für die Entwicklung an der Ägäis zeigt er wie seine Nachfolger wenig Interesse.

ab 1683 Die Niederlage bei der zweiten Belagerung Wiens bedeutet das Ende der Expansion und läutet den allmählichen Niedergang des Reiches ein. Peu à peu schrumpft es in den nächsten Jahrhunderten zusammen, zudem flammen immer wieder innenpolitische Unruhen auf.

ab 1808 Unter Mahmut II. (1808–1839) erfolgen die ersten Versuche, das Reich schrittweise zu reformieren. Mit einem Massaker löst er z. B. die Janitscharen (militärische Eliteeinheit) auf, die gegen alle fortschrittlichen Strömungen gekämpft hatten. Er verbietet auch den Turban und führt dafür den Fez ein.

1853–1856 Krimkrieg. Rückeroberung der russisch besetzten Gebiete.

1875 Der „kranke Mann am Bosporus" bekommt die Quittung für den verpassten Anschluss an die industrielle Revolution und die vielen kostspieligen Kriege. Frankreich und England streichen die notwendigen Kredite. Die Folge ist der Staatsbankrott.

1908 Mit der Jungtürkischen Revolution erzwingen Offiziere die Abdankung von Sultan Abdül Hamit II. zugunsten seines Bruders. Die tatsächliche Macht liegt nun in den Händen des Militärs.

1912/13 In den Balkankriegen verliert das Osmanische Reich den größten Teil der ihm noch verbliebenen europäischen Gebiete.

1914–1918 Im Ersten Weltkrieg schlagen sich die Türken auf die Seite der Deutschen und verlieren. Die Siegermächte verteilen die Beute: Griechische Truppen marschieren auf Ankara zu, Italien besetzt den Küstenstreifen um Antalya, Frankreich Kilikien, englische Truppen kontrollieren den Bosporus. Das Osmanische Reich besteht nur noch aus Inneranatolien. 1915 beschließt die jungtürkische Regierung die kollektive Deportation der armenischen Bevölkerung, was einem Genozid gleichkam: Schätzungsweise 1,5 Millionen Armenier fielen den Verfolgungen zum Opfer.

Atatürk, Vater der Türken

Atatürks Konterfei grüßt in jedem Büro, Geschäft und Restaurant, verabschiedet sich mit jeder Note beim Bezahlen – und lähmt den Einfallsreichtum der türkischen Bildhauer, denn außer für Atatürk-Statuen werden nur selten öffentliche Aufträge vergeben. Kaum einem anderen Staatsmann wird posthum noch solch ein Personenkult zuteil. Als Mustafa Kemal (geb. um 1881) wurde er 1923 zum ersten Präsidenten der Türkischen Republik gewählt. Er säkularisierte und europäisierte den neuen Staat in einem gewaltigen Kraftakt. Für seine Verdienste verlieh ihm das Parlament 1934 den Namen Atatürk, „Vater der Türken". Vier Jahre später starb er an Leberzirrhose in İstanbul. Seine Gebeine ruhen im Atatürk-Mausoleum in Ankara.

1919/20 Der für das Osmanische Reich schikanöse Friedensvertrag von Sèvres wird zwar von İstanbul notgedrungen akzeptiert, nicht jedoch von den Nationalisten. In Ankara konstituiert sich die Große Nationalversammlung und setzt eine neue Regierung unter Mustafa Kemal (→ Kasten) ein. Dieser organisiert den militärischen Widerstand.

1921/22 Kemals Truppen schlagen die griechische Armee am Sakarya-Fluss. Die Italiener und Franzosen ziehen freiwillig ab.

1923 Mit dem Vertrag von Lausanne erkennen die Alliierten die Unabhängigkeit und Souveränität der neuen Türkei an. Noch im gleichen Jahr schlägt Völkerbundskommissar Fritjof Nansen einen Bevölkerungsaustausch zwischen Griechen und Türken vor. Ankara stimmt sofort zu. Damit endet die dreitausendjährige Geschichte des kleinasiatischen Griechentums (→ Kasten „Griechen und Türken ...", S. 38).

1924 Eine neue Verfassung tritt in Kraft, die u. a. die Trennung von Staat und Religion vorsieht. Das islamische Recht wird vom Schweizer Zivilrecht, italienischen Strafrecht und deutschen Handelsrecht abgelöst.

1925–1938 Bis zu Atatürks Tod werden zahlreiche Reformen durchgeführt, um die Türkei zu europäisieren: Bildungs- und Schriftreform (Übergang zum lateinischen Alphabet), Einführung von Familiennamen, Umstellung des Ruhetags von Freitag auf Sonntag usw.

1945 Die Türkei erklärt Deutschland den Krieg, zuvor hatte sie Flüchtlinge aus Deutschland ohne Wenn und Aber aufgenommen. Im selben Jahr wird sie Gründungsmitglied der UNO.

1952 Die Türkei tritt der NATO bei.

ab 1960 Mehrere Male greift das Militär korrigierend in die Politik des Landes ein. 1960 putschen kemalistische Offiziere und lassen den Ministerpräsidenten Adnan Menderes hinrichten (→ S. 136). 1971 wird das Kabinett zum Rücktritt gezwungen. 1980 übernimmt abermals das Militär die Macht und löst das Parlament auf. Bis heute sieht sich das Militär als Hüter des Laizismus (Trennung von Religion und Staat) und als Verwalter von Atatürks geistigem Erbe. Es steht in klarer Gegnerschaft zu islamischen Fundamentalisten und linksradikalen Gruppierungen.

1974 Türkische Truppen besetzen den Norden Zyperns.

1984–1999 In den südöstlichen Provinzen des Landes beginnen türkische Kurden gewaltsam einen eigenen Staat zu fordern. 15 Jahre lang kommt es immer wieder zu heftigen Kämpfen zwischen PKK-Rebellen und der türkischen Armee. 25.000–30.000 Menschen verlieren dabei ihr Leben. Mit der Verhaftung des PKK-Chefs Abdullah Öcalan im Februar 1999 entspannt sich die Lage. Ein Waffenstillstand wird vereinbart, den lediglich ein paar Scharmützel stören.

1995–1998 Die islamistisch-fundamentalistische Wohlfahrtspartei Refah Partisi (RP) gewinnt die vorgezogenen Neuwahlen, ihr Führer Necmettin Erbakan wird Ministerpräsident. Die Partei wird 1998 als verfassungsfeindlich verboten, Erbakan selbst aus der politischen Arena verbannt. Viele Mandatsträger wechseln in die neu gegründete Tugendpartei Fazilet Partisi (FP), die ihrerseits 2001 verboten wird. Als Auffangbecken dienen diesmal die Glückspartei Saadet Partisi (SP) und die heute regierende „Partei für Gerechtigkeit und Entwicklung" AKP.

1999 Am 17. August trifft ein schweres Erdbeben den Nordwesten der Türkei, mehr als 20.000 Menschen sterben.

2001 Zwei Jahre später ist auch die makroökonomische Stabilität des Landes erschüttert, die Türkei steckt in einer ihrer schwersten Finanzkrisen. Ohne Milliardenkredite des Internationalen Währungsfonds stünde sie vor dem Bankrott. Allein im Februar 2001 verliert die Türkische Lira 40 % an Wert.

ab 2002 Aus den Regierungswahlen, bei denen viele kleine Parteien aufgrund einer 10%-Hürde den Einzug ins Parlament verfehlen, geht die AKP als klarer Sieger hervor. Parteiführer Recep Tayyip Erdoğan, der früher die „Minarette als seine Bajonette" bezeichnet hatte, wird ein Jahr später Regierungschef. Doch den starken islamistisch-konservativen Strömungen in seiner Partei gibt er nicht nach, bewegt hingegen das Land in großen Schritten auf Europa zu. Unter seiner Führung geht man gegen den wirtschafts- und rechtspolitischen Reformstau vor. Gesetze werden im Akkord verabschiedet, um die Kopenhagener Kriterien zu erfüllen, die EU-Beitrittsverhandlungen ermöglichen.

2003/2004 Im November 2003 und im Juni 2004 kommt es zu mehreren Terroranschlägen in İstanbul, für die eine türkische Terrorzelle, die Verbindungen zur Al-Qaida haben soll, verantwortlich gemacht wird. Ziel der Terroristen ist es, die demokratische Ordnung im Land zu destabilisieren, aber auch Europa Angst vor einer Türkei in der EU zu machen. Eine Strategie, die aufgeht, wie darauf folgende Anti-Türkei-Kampangen rechter Parteien in Europa zeigen.

2005 Nachdem die PKK bereits 2004 den Waffenstillstand aufgekündigt hatte, verüben Splittergruppen Terroranschläge in mehreren Ferienorten an der Mittelmeerküste. Beim blutigsten in Kuşadası sterben fünf Menschen. Im Oktober desselben Jahres werden die von der Türkei lang ersehnten EU-Beitrittsverhandlungen endlich wahr. Doch die Freude hält sich in Grenzen, vielmehr ist man enttäuscht über die Ihr-seid-doch-gar-nicht-willkommen-Haltung in der EU.

Ausblick Der Weg bis zur Mitgliedschaft ist jedoch noch weit, zumal bei der Türkei die Messlatte höher angesetzt wird als bei allen anderen einstigen EU-Aspiranten. Daher wird der Beitritt – wenn überhaupt – nicht vor 2015 erwartet.

Blick über Bodrum

Bodrum

ca. 40.000 Einwohner, im Sommer ca. 250.000

„St. Tropez" und „Ibiza", Noblesse und Nightlife – Bodrum bietet alles. Das weiße Zuckerwürfelstädtchen mit seinem großen Jachthafen zählt zu den beliebtesten Fotomotiven der Ägäis. Wahrzeichen der Stadt ist die Johanniterburg auf einer Halbinsel inmitten der malerischen Zwillingsbucht.

Bodrum ist die Perle der türkischen Westküste und viel besser als sein Ruf. Das weitgehend intakte und gepflegte Zentrum mit seinen weiß getünchten kubischen Häusern und palmengesäumten Promenaden macht den Reiz des Ortes aus. Verschlungene Gässchen mit blumenbewachsenen Villen und verwunschenen Gärten erinnern an die Zeit, als Bodrum noch griechisch war. Zum Glück hat man hier rechtzeitig erkannt, dass mit dem Bau klotziger Hotelburgen Image und Attraktivität Schaden nehmen.

Ansatzweise beschaulich ist das Städtchen jedoch nur noch in der Vor- und Nachsaison. Zwischen Juni und September herrscht in Bodrum rund um die Uhr Highlife. Touristen aus aller Herren Länder feiern hier mit der türkischen Jeunesse dorée die heißesten Partys des Jahres. Selbst die vom Nachtleben verwöhnten İstanbuler schwärmen in den Sommermonaten auf die Bodrum-Halbinsel. Lebenslustiger, freizügiger und ausgeflippter geht es in der Türkei kaum irgendwo zu.

Die Beliebtheit Bodrums als Urlaubsort und Zweitwohnsitz hat zufolge, dass sich die Stadt mehr und mehr ausdehnt – mittlerweile ist sie mit den Nachbarorten İçmeler im Süden und Gümbet im Westen zusammengewachsen. Gümbet bietet übrigens das, was Bodrum leider (oder zum Glück?) fehlt: einen langen Sandstrand. So ist die Stadt weniger Standort denn Ausflugsziel der Pauschaltouristen aus den Resorts der Umgebung. Aber auch Tagestouristen von der griechischen Insel Kos kommen gerne.

Geschichte

Man nimmt an, dass das antike *Halikarnassos* in der heutigen Bucht von Bodrum auf eine dorische Gründung aus dem 11. Jh. v. Chr. zurückgeht. Die erste berühmte Persönlichkeit der Stadt war Artemisia I. von Halikarnassos, die 480 v. Chr. so tapfer und mutig auf Seiten des persischen Königs Xerxes kämpfte, dass dieser den bekannten Ausspruch tat: „Die Männer sind mir zu Weibern und die Weiber zu Männern geworden." Auch ihr Enkel Herodot (vermutlich 485–425 v. Chr.), der als „Vater der Geschichtsschreibung" gilt, schmückt die Stadtannalen. Zu einer der angesehensten und blühendsten Städte der Region entwickelte sich Halikarnassos im 4. Jh. v. Chr., als der persische Satrap Mausolos (376–353 v. Chr.) seinen Regierungssitz von Milas nach Halikarnassos verlegte. Dessen monumentaler Grabbau machte auch seinen Namen unsterblich (→ Sehenswertes).

334 v. Chr. traf Alexander der Große bei der Eroberung der Stadt auf heftigen Widerstand. Die erste Hälfte des hellenistischen Zeitalters bescherte mehrere kurzfristige Fremdherrschaften, unter denen sich Halikarnassos aber stets als bedeutendes Zentrum behaupten konnte. Erst als Rom 190 v. Chr. die Herrschaft über Karien gewann, begann der Stern der Stadt zu sinken. Und als Verres, der Statthalter von Kilikien, auch noch alle Kunstwerke der Stadt raubte, rutschte Halikarnassos in die Bedeutungslosigkeit ab.

Das änderte sich erst wieder 1402, als die Osmanen gerade mit Timur Lenk beschäftigt waren und der Johanniterorden so ungestört Bodrum zu einer Festung ausbauen konnte. Rund 120 Jahre währte die Regentschaft der Ritter, dann eroberten die Osmanen Bodrum, und das Städtchen verschwand wieder aus den Geschichtsbüchern. Anfang des 20. Jh. brachten aus Kreta vertriebene Muslime den Bootsbau und die Schwammtaucherei nach Bodrum. 1923 mussten die mehrheitlich griechischen Einwohner im Rahmen des Bevölkerungsaustausches ihre Heimatstadt verlassen, eine zweite Welle aus Griechenland vertriebener Muslime übernahm ihre frei gewordenen Häuser.

Bescheiden lebte man weiterhin von den traditionellen Erwerbszweigen. Zu Besuch kamen lediglich unliebsam gewordene Künstler und Journalisten, die hierher verbannt wurden. Das änderte sich in den 1980ern. Der Tourismus entdeckte Bodrum und die dazugehörige Halbinsel. Innerhalb weniger Jahre wurde aus dem einfachen Fischerdorf der exklusivste Ferienort der Türkei.

Information/Verbindungen/Ausflüge

• *Telefonvorwahl* 0252.

• *Information* Am Hafen vor dem Kastell. Meist unfreundliches Personal, Ratsuchende werden mit Stadtplan und einer Broschüre abgefertigt. Im Sommer tägl. 8.30–18 Uhr, im Winter verkürzt und Sa/So geschl. ✆ 3161091, ✆ 3167694.

• *Verbindungen* Der internationale **Flughafen DHMI Milas-Bodrum Hava Limanı** liegt ca. 35 km nordöstlich von Bodrum an der Straße nach Milas. Er besitzt einen nationalen und einen internationalen Terminal. Wer hier landet, hat (bevor er den Zoll passiert) noch die Möglichkeit, einen **Duty-free-Einkauf** zu tätigen; viele Waren sind günstiger als beim zollfreien Einkauf in Deutschland oder an Bord. Im Ankunftsbereich des internationalen Terminals finden Sie Bankomaten, eine Post, eine Tourist Information (✆ 5230101, ✆ 5230288, in der Regel nur zu den Ankunftszeiten der Flugzeuge besetzt) und ein Büro des Autoverleihers Avis. In der HS mehrmals am Tag Flüge zu türkischen, deutschen, österreichischen und Schweizer Airports.

Transfer von und zum Flughafen: besorgen die sog. **Havaş-Busse** zu den Abflügen und nach Ankunft der THY-Maschinen (insgesamt bis zu 8-mal tägl.). Abfahrt in Bodrum vom Busbahnhof (ca. 8 €), Auskünfte beim THY-Hauptbüro im Shoppingcenter Oasis (→ Einkaufen, ✆ 3171203, bodrumsatis@thy.com) oder in den zahlreichen Reisebüros im Zentrum. Die Fahrt mit dem Taxi kostet 45 €. Vom Flughafengebäude bis zur dolmuşbefahrenen Verbindungsstraße Milas-Bodrum sind es ungefähr 1,5 km.

Bus/Dolmuş: Busbahnhof an der Cevat Şakir Cad., nur wenige Gehminuten vom Zentrum entfernt. Mehrmals tägl. nach Kuşadası (2½ Std.), İzmir (4 Std.) und Pamukkale (5½ Std.), zudem in die Ferienorte entlang der Küste und in die größeren Städte der Westtürkei. Vom Busbahnhof auch gute Dolmuşverbindungen zu allen Orten der Bodrum-Halbinsel und nach Milas (45 Min.).

• *Schiffsverbindungen* Ganzjährig legen **Fähren nach Kos** ab. Im Hochsommer starten tägl. 2 Schiffe: ein Hydrofoilboot (Dauer 25 Min., einfach 30 €, hin/zurück am gleichen Tag 33 €, offenes Ticket 60 €) und eine Autofähre (Dauer 60 Min., einfach oder hin/zurück am gleichen Tag 23 €, offenes Ticket 43 €, Motorräder einfach 43 €, Autos 103–153 €). Im Winter verkehrt nur die Autofähre und die nicht immer regelmäßig.

Des Weiteren bestehen im Hochsommer tägl. **Fährverbindungen nach Datça** (genau genommen nach Körmen, für die restl. 8 km bis Datça steht dort ein Bus bereit; nicht als Tagesausflug zu empfehlen; Fahrtzeit ca. 2 Std., Retourticket 19 €), bis zu 4-mal wöchentl. nach **Marmaris** (Fahrzeit ca. 1½ Stunden, hin/zurück am gleichen Tag 30 €) und nach **Rhódos** (Fahrtzeit ca. 2½ Std., hin/zurück am gleichen Tag 60 €).

Tickets und Infos für Fähren nach Kos, Rhódos und Marmaris bei **Bodrum Express Lines** (✆ 3164067, www.bodrumexpresslines.com), für Datça bei **Bodrum Ferryboat Association** (✆ 3160882, www.bodrumferryboat.com), beide am Fähranleger bei der Burg.

• *Bootsausflüge* Verschiedene Tagesfahrten zu verschiedenen Ankerplätzen, z. B. zur Karaada (Schwarzen Insel) mit heißen Quellen, zum Ortakent-Strand (→ S. 70) oder zum sog. „Aquarium", eine kristallklare Bucht zum Schnorcheln. Die Boote legen in der Salmakis-Bucht westlich der Burg i. d. R. gegen 10.30 Uhr ab, Rückkehr 17 Uhr. Pro Person mit Mittagessen 12,50 €. Am besten in letzter Minute buchen, dann sehen Sie, wie überladen das Boot bereits ist.

• *Organisierte Touren* Dutzende Veranstalter bieten neben Bootsausflügen auch Trips ins Hinterland an. Angebote und Preise differieren nur wenig. Aus dem Programm von **Hi Tour (Merhaba Tour)** neben der Tourist Information (İskele Meydanı): Ausflug nach Pamukkale oder Ephesus inkl. Mittagessen 23 €. Zwei-Tages-Tour nach Ephesus und Pamukkale mit Übernachtung im Vier-Sterne-Hotel 50 €, nach Milas 8 €, Jeepsafari rund 25 €. ✆ 3169833, 📠 3166518.

• *Jachtcharter* Die Küstengewässer um Bodrum sind ein Paradies für mehrtägige Jachttrips, dementsprechend gutes Charterangebot. Je nach Saison, Ausstattung und Größe (max. 12 Pers.) mit Crew 200–3000 € pro Tag. Verhandeln Sie direkt mit den Kapitänen am Jachthafen, oder wenden Sie sich dort an eine Agentur, z. B. **Aegean Yacht Services**, Neyzen Tevfik Cad. 198, ✆ 3161517, www.aegeanyacht.com.

Adressen/Einkaufen/Veranstaltungen

• *Ärztliche Versorgung* Gute deutschsprachige Betreuung bietet das **Universal Hospital Bodrum** an der Kavaklı Sarnıç Cad. weit oberhalb der Gümbet-Bucht, ✆ 3191515.

• *Autoverleih* Etliche Anbieter. Billigstes Fahrzeug bei lokalen Verleihern ca. 38 € pro Tag, bei den international operierenden Anbietern ca. 55 €. **Avis**, Neyzen Tevfik Cad. 92/A, ✆ 3161811; www.avis.com.tr. **Europcar**, Neyzen Tevfik Cad. 232, ✆ 3160885, www.europcar.com.tr.

• *Diplomatische Vertretung* **Österreichisches Honorarkonsulat**, Atatürk Cad. 79, ✆ 3133687, neyirsan@cswebmail.com.

• *Einkaufen* Klamotten, Teppiche, Lederjacken, Keramik, Schmuck, Kitsch jeder Art – das Angebot ist riesig, doch billig ist Bodrum nicht. Bei wem nicht nur Münzen in der Tasche klimpern, findet Schickes (Tommy Hilfinger, Diesel, Paul & Shark Yachting etc.) in dem noblen **Shoppingcenter bei der Marina**. Ein weiteres modernes Shoppingcenter ist das **Oasis** an der Kıbrıs Şehitleri Cad., der Umgehungsstraße nördlich des Zentrums. Neben diversen Klamottenläden auch jede Menge preiswerte und gute Restaurants.

Bodrum
Stadtplan S. 60/61

Märkte finden Di (Kleidung) und Fr (Lebensmittel) beim Busbahnhof statt.

• *Geld* Unzählige Bankomaten übers Zentrum verstreut. Wechselstuben vor allem an der Cevat Şakir Cad.

• *Polizei* Neben der Tourist Information, ✆ 3168080.

• *Post* An der Cevat Şakir Cad.

• *Türkisches Bad (Hamam)* Das über 250 Jahre alte **Bardakçı Hamamı** liegt an der Omurca Dere Sok. in der Kumbahçe-Bucht östlich der Burg. Für Männer und Frauen. Eintritt mit Massage 20 €. Bis spät in den Abend geöffnet. Das **Bodrum Hamamı** neueren Datums (ähnliche Preise und Öffnungszeiten) befindet sich an der Cevat Şakir Cad. gegenüber dem Busbahnhof. Separate Abteilungen für Männer und Frauen.

• *Veranstaltungen* Im Sommer diverse Events im antiken Theater (darunter **Ballettfestivals** sowie **Popkonzerte**, 2005 kamen Größen wie Sertab Erener und Sezen Aksu). Alljährlich Ende Oktober **Gulet-Regatta**.

• *Waschsalon* Fast an jeder Ecke findet sich eine Laundry, z. B. **Nesli Laundry** an der Türkkuyusu Cad. 27. Eine Maschine waschen und trocknen 3,50 €.

• *Zeitungen* und Zeitschriften in deutscher Sprache findet man an fast jedem Kiosk im Zentrum.

• *Zweiradverleih* Diverse Anbieter beim Busbahnhof. **Flash Rental Service** (Cevat

Şakir Cad. 28, ✆ 3169636, www.flashmoto.com) bietet Scooter von 50 ccm (15 € pro Tag) bis 250 ccm (45 €), dazu Enduros mit 600 ccm (60 €) und Chopper bis 800 ccm (80 €). Cevat Şakir Cad. 28, ✆ 3169636. Fahrräder werden kaum vermietet, den Verleihern bringen sie mehr Ärger als Umsatz.

Übernachten/Camping

Bodrum bietet rund 60.000 Hotelbetten und Unterkünfte in allen Kategorien. Wer sich fürs Zentrum entscheidet, sollte auch am Nachtleben teilhaben wollen – Ruhe gibt es wenig. Für Juli bis Anfang September ist eine Reservierung empfehlenswert, selbst die schäbigsten Rumpelkammern werden dann für teures Geld vermietet. In der Vor- und Nachsaison purzeln hingegen die Preise.

**** **Majesty Hotel Marina (14)**, entspannte Atmosphäre beim Jachthafen. 85 Zimmer auf verschiedene Häuser um einen Pool verteilt. Sehr schicke, helle Lobby, Jugendstildrucke in den Gängen, klassisch-moderne Zimmer mit Marmorwaschbecken, leider nur recht kleine Fenster. Fitnessraum, Sauna. DZ 125 €, als EZ 100 €. Neyzen Tevfik Cad.

226, ✆ 3162269, www.majesty.com.tr.

Antik Tiyatro Oteli (1), eines der schönsten kleinen Luxushotels der Türkei. Dezent-elegant eingerichtet. Über mehrere begrünte Terrassen verteilen sich 19 komfortable Zimmer und 1 Suite – alle mit superber Aussicht über die Stadt! Pool. Erstklassiges Restaurant (→ Essen & Trinken). Ein Wermutstropfen ist die Lage an der stark befahrenen Umgehungsstraße, doch liegen alle Zimmer an der straßenabgewandten Seite. DZ 120 € (EZ 90 €). Kıbrıs Şehitleri Cad. 243, ✆ 3166053, www.premierhotels.com.

Golden Key (26), ganz im Osten der weiten Kumbahçe-Bucht abseits des großen Gewusels, aber nicht des hörbaren Trubels. Grandioser Blick von der Terrasse. 8 luxuriös ausgestattete Zimmer und ein Apartment mit 2 Schlafzimmern in der ehemaligen Sommerresidenz des Ex-Premiers Mesut Yılmaz. Das hauseigene Boot bringt die Gäste zu den Buchten der Umgebung. DZ rund 120 €. Şalvarağa Sok. 18, ✆ 3130304, www.goldenkeyhotels.com.

Su Hotel (2), das kleine bunte 12-Zimmer-Haus vereint Komfort mit witzigem Design und liegt dazu absolut idyllisch-ruhig und doch nur einen Katzensprung zum Zentrum. Etwas verschachtelte Anlage um einen kleinen Pool, umwachsen von Bougainvillea. Mit Liebe zum Detail eingerichtete Zimmer, DZ 80 €. Gleich in der Nachbarschaft werden zudem 2 schnuckelige, ebenfalls komfortabel und geschmackvoll eingerichtete Natursteinhäuser (eines für 2 Pers. und eines für bis zu 8 Pers., für 2 Pers. 100 €) vermietet, ebenfalls mit Pool. Turgutreis Cad. 1201 Sok., ✆ 3166906, www.suhotel.net.

Baç Pansiyon (19), kleines gepflegtes und freundliches Haus in erster Reihe an der Kumbahçe-Bucht. 10 ansprechende Zimmer mit Klimaanlage und Marmorböden. DZ mit Balkon und Meeresblick 63 € (herrlich), zur Einkaufsmeile hinten raus 6 € weniger (langweilig). Von Lesern hoch gelobt. Keine Anfahrt mit dem Fahrzeug möglich. Cumhuriyet Cad. 14, ✆ 3161602, bacpansiyon@turk.net.

Gurup Otel (16), zentraler geht's kaum. In der ersten Reihe am Belediye Meydanı über einem Klamottenladen. 12 kleine, schlicht möblierte Zimmer mit TV, Klimaanlage und fleckigen Teppichböden. Dafür aber auch mit Balkon (schmal), von dem sich das Treiben der Flaneure am Hafen hautnah verfolgen lässt. DZ 50 €, EZ 28 €. ✆ 3161140, ℻ 3133151.

Otel Gülbaba (25), 2004 eröffnetes, dreistöckiges Haus mit 18 winzigen Zimmern, einem dazu passenden kleinen Pool und einer Dachterrasse. Großer Vorteil: Noch nicht abgewohnt und sehr sauber. DZ mit Klimaanlage 44 €. Etwas versteckt gelegen in der engen Papatya Sok 24. ✆ 3168027, www.otelgulbaba.com.

Hotel Güleç (15), das saubere kleine Hotel liegt etwas zurückversetzt von der Kumbahçe-Bucht. Freundliche Zimmer mit Klimaanlage und Fliesenböden. Das Frühstück gibt's im lauschigen Gärtchen unter Orangenbäumen mit zwitschernden Vögeln. DZ 44 €. Üçkuyular Cad. 18/A, ✆ 3165222, www.hotelgulec.7p.com.

Sevin Pansiyon (11), gemütliche Budgetunterkunft in Promenadennähe. Internationales Publikum. Freundliche Zimmer mit Fliesenböden und guten Bädern (Duschkabinen), Café, Internetanschluss, Innenhof mit Hängematten. DZ mit Klimaanlage 41 €, ohne 35 €. Türkkuyusu Cad. 5, ✆ 3167682.

Şenlik Pansiyon (3), eine weitere angenehme, zentrale Adresse. 10 saubere Zimmer mit Fliesenböden, ein netter Balkon, eine Dachterrasse. Relaxte, freundliche Atmosphäre. Heizung vorhanden. Pro Person 16 €. Schnell ausgebucht. Türkkuyusu Cad. 115, ✆ 3166382.

Yenilmez Pansiyon (4), 9 schlichte, sehr saubere Zimmer von unterschiedlicher Größe, alle mit privatem Bad. 4 Zimmer mit Balkon. Familiäre Atmosphäre, freundliche Wirtsfamilie. DZ 32 €. Menekşe Çıkmazı 30, ✆ 3162520.

Bodrum Backpackers (17), die Backpacker-Adresse vor Ort. Unter türkisch-englischer Leitung. Vorwiegend trinkfreudiges Publikum (trotz gnadenlos überteuerter Terrassenbar) von der Insel, dem hier kein Premier-League-Spiel entgeht. Gepflegte Zimmer, leider lediglich am Umsatz orientierter Service. Bett im Schlafsaal 7 €, im DZ mit Bad 20 €. Atatürk Cad. 31 B, ✆ 3132762, www.bodrumbackpackers.com.

• *Camping* Der nächste Platz befindet sich in Gümbet (→ S. 68), einen weiteren schönen Platz finden Sie am Yahşi-Strand (→ S. 70).

Disneyland lässt grüßen – ein Abend in der Moonlight Bar

Essen & Trinken (siehe Karte S. 60/61)

Hunger haben ist in Bodrum teuer! Bodrums Ufermeile wandelt sich im Sommer allabendlich zum Präsentierteller der Schönen und Reichen. Nobelitaliener, chinesische Restaurants, exquisite Fischrestaurants und und und ... – mit Ausnahme İstanbuls oder Ankaras ist nirgends in der Türkei die gastronomische Palette breiter und sind die Preise für ein gemütliches Abendessen höher. Reisende mit weniger dickem Geldbeutel weichen am besten in die einfachen Lokantas stadtauswärts (z. B. entlang der Artemis oder Atatürk Cad.) aus. Um aber dort keine bösen Überraschungen zu erleben, erfragen sie die Preise, wo sie nicht aushängen oder die Gerichte nur in Türkisch angeschrieben sind.

Antik Tiyatro Oteli (1), ein Dinner im gleichnamigen Hotel (→ Übernachten) kann zu einem unvergesslichen Bodrum-Erlebnis werden. Fantastische türkisch-internationale Küche, ebenso fantastische Ausblicke und hervorragender Service. Ein üppiges Abendessen kommt hier pro Person ohne Getränke auf mindestens 35 €. ✆ 3166053. Ein weiteres gutes Hotelrestaurant ist das des **Golden Key (26)**. Mediterrane Küche mit italienischem Einschlag, ähnliche Preise. ✆ 3130304.

Kocadon Restaurant (6), etabliert und ebenfalls ein Highlight am Bodrumer Gastronomiehimmel. Beliebt bei in der Stadt lebenden Ausländern. Idyllischer, dezent beleuchteter Garten, nur durch eine hohe alte Steinmauer von der Uferpromenade abgeschirmt. 1a-Service. Täglich wechselnde kleine, aber sehr feine Karte mit internationaler und türkischer Küche. Hg. 12,50–19 €. Saray Sok. 1, ✆ 3163705.

Yağhane (7), steht dem Kocadon an Atmosphäre in nichts nach. Hier isst man in und zwischen den dezent restaurierten Ruinen einer alten Ölfabrik. Ebenfalls ausgefallene Küche, kosten Sie Octopusgüveç oder Kalbsmedaillons mit Ananas. Hg. 11–16 €. Neyzen Tevfik Cad. 170, ✆ 3134747.

Liman Köftecisi (9), gleich daneben. Die Adresse für alle, die etwas mehr aufs Geld schauen müssen, aber trotzdem an der Uferpromenade sitzen wollen. Meze und Fleischbällchen in diversen Variationen (3–5 €). Neyzen Tevfik Cad. 172, ✆ 3165060.

Secret Garden (13), ein nettes Gartenlokal. Französisch inspirierte Küche – Meeresfrüchtesuppe mit Safran oder Calamares in

Rakısauce (jeweils ca. 11 €) als Vorspeise, danach gefüllte Hähnchenbrust oder Lammschulter mit Rosmarin (jeweils ca. 12,50 €). Beste Weinauswahl. Nur am Abend. Danacı Sok. 20, ✆ 3131641.

Zetaş Ocakbaşı Saray Restaurant (18), bei Touristen und Locals gleichermaßen beliebtes Grillrestaurant mit großer Terrasse. Alle Preise (Kebabs 3,20–6,40 €) sind angeschlagen, die Gerichte ins Englische übersetzt. Das große Bier dazu kostet 1,90 €. Neben Grillgerichten auch Frühstück, Pasta & Pizza. Atatürk Cad. Eski Adliye Sok. 12/A.

• *Süßes* **Özsüt (10)**, landesweite Kette, die sich aufgrund ihrer Vielfalt an leckeren Torten, Puddings, Milchreisvariationen etc. höchster Beliebtheit erfreut. Mit Terrasse. Neysen Tevfik Cad. 198.

Nazik Ana (12), unser Low-Budget-Tipp für Bodrum. Große Self-Service-Lokanta mit bester türkischer Hausmannskost im täglichen Wechsel. Mit Bedacht eingerichtet, junges freundliches Personal, dezente Musik, garantiert kein Beschiss. Für ca. 4,50 € wird man hier gut satt. Eski Hükümet Sok., eine schmale Seitengasse zwischen Türkkuyusu Cad und Cevat Şakir Cad.

Nachtleben (siehe Karte S. 60/61)

Bodrumer Nächte sind lang. Denken Sie an ein dickes Make-up und an einen ebensolchen Geldbeutel und los kann es gehen – vor ein Uhr nachts herrscht in den Danceclubs allerdings tote Hose. Die Zeit bis dahin vertreibt man sich am besten in den schicken Szenebars an der Neyzen Tevfik Cad. in der Salmakis-Bucht oder in den diversen Locations an der Cumhuriyet und Dr. Alim Bey Cad. in der Kumbahçe-Bucht – Cafés und Bars im kunterbunten Wechsel. Die Fluktuation ist enorm und was heute in ist, kann morgen schon wieder out sein oder einen völlig anderen Namen haben – entdecken Sie selbst! Am trinkfreudigsten geht es in den lauten Bierpinten in der Meyhaneler Sok. (einer Seitengasse der Kale Sok.) zu.

• *Kumbahçe-Bucht* **Halikarnas (27)**, Open-Air-Tanztempel für über 5.000 Partypeople, und das seit über 20 Jahren. Man zählt ihn zu den größten und (Eigenwerbung) gar zu den besten Discos der Welt. Auf jeden Fall kann er so manch europäische Großstadtdisco in die Tasche stecken. Bühne, Tribüne, Videoleinwände, Lasershows, Schaumpartys, Dachterrasse und riesige Tanzfläche. Musik zwischen Techno und Türkpop. Geöffnet bis zum Morgengrauen. Eintritt 22 € mit einem Freigetränk. Kumbahçe-Bucht. www.halikarnas.com.tr.

Bodrum Marine Club (22), auf einem Katamaran, der in der Kumbahçe-Bucht am Fuße der Burg vertäut ist. Neben dem Halikarnas der angesagteste Club der Stadt. Bietet ebenfalls Platz für 5.000 Nachtschwärmer. Große Tanzfläche (Glasboden!), 8 Bars. Im Sommer Preise wie das Halikarnas, in der NS oft kein Eintritt. Auch hier werden Türkpop, House und die Charts hoch und runter gespielt. Themenpartys. Ausfahrten mit Clubbetrieb sind leider selten. Dresscode! Ebenfalls bis zum Morgengrauen geöffnet. www.clubbodrum.com.

Club Hadigari (24), der kleinste der drei großen Clubs bietet nur 2.000 Leuten Platz. Einer der Wegbereiter der hiesigen Clubszene, seit 1974 im Geschäft. Meist Standardmusik, manchmal Lifeperformances. VIP-Lounge direkt am Wasser. Neben der Burg. Mit 16 € etwas billiger als die anderen. www.hadigari.com.

Yettigari Bar (23), nur ein paar Schritte vom Bodrum Marine Club entfernt. Gemütliche Bar am Fuße der Burg. Auch hier legen DJs auf (Musik quer durch den türkischen Garten), auch hier wird schon ein wenig getanzt. Chrommobiliar, nette Terrasse. Dr. Alim Bey Cad. Die **Fora Bar (20)** in der Nähe besitzt eine ähnlich schöne Terrasse und ebenfalls eine kleine Tanzfläche.

Moonlight Bar (20), für alle, die es ein wenig romantischer mögen. Schöne Sonnenuntergangsadresse. Ein paar Tische direkt am Strand, Meeresrauschen und Blick auf die vor Anker liegenden Boote in der Bucht und die beleuchtete Burg. Etwas versteckt an der Cumhuriyet Cad. 60.

Café del Mar (21), ca. 100 m weiter. Ebenfalls ein paar Tische am Strand, dazu Jazzmusik und neben wirklich gutem Kaffee auch allerlei Drinks. Richtig voll und lustig wird es hier weniger zum Sonnenuntergang als zum Sonnenaufgang, denn das Café del Mar ist zugleich eine gemütliche Afterhour-Bar – 24 Std. geöffnet. Cumhuriyet Cad.

• *Salmakis-Bucht* An der Neyzen Tevfik Cad., welche die Salmakis-Bucht säumt, liegen mehrere noble Open-Air-Lounges und -Clubs, wo man sich in lauschigen Gärten vor alten griechischen Häusern vergnügt.

Die zweifelsohne schickste ist das **Fink (8)** mit cooler Elektromusik und vielen schönen Männern und Frauen. Ohne die richtige Kleidung (nur welche ist das?) hat man hier kaum eine Chance, sich dazuzugesellen.

Ebenso schönes Ambiente bietet die **Küba Bar (5)** etwas weiter. Die Musik ist hier ein bisschen dezenter.

Baden/Sport

• *Baden* Bodrums öffentlicher Strand, der kleine **Halk plajı** ganz im Süden der Kumbahçe-Bucht, ist nicht allzu reizvoll, doch um zu sehen und gesehen zu werden, kann man sich hier schon mal eine Liege mieten. Zum Baden weicht man besser an die herrlichen Buchten am Golf von Gökova (östlich der Stadt, → S. 77) oder auf die Strände der Bodrum-Halbinsel (→ S. 68) aus – unser Favorit: Gümüşlük. Zudem bietet sich ein Bootsausflug mit Badestopps an.

• *Reiten* Ausritte können über diverse Tourenveranstalter gebucht werden (u. a. auch Hi Tour → Organisierte Touren). 2-stündiger Reitausflug inkl. Transfer ca. 40 €.

• *Spaßbad* **Aquapark Dedeman Bodrum**, riesiger Aquapark mit einer Vielzahl an Rutschen, darunter eine „Kamikaze-Tube", eine „Hydro-Tube", ein „Giant Slide" etc. Eine Gaudi für Familien mit Kindern. Eintritt Erwachsene 17 €, Kinder 11 €. An der Straße nach Ortakent, die Dolmuşe dorthin halten davor.

• *Tauchen* Mehrere Anbieter. Eine englisch- und deutschsprachige Tauchbasis ist **The Aegean Pro Dive Centre** auf P.A.D.I.- und CMAS-Basis. Schnuppertauchgang inkl. Mittagessen 47 €. Fürs gleiche Geld werden auch zwei Bootstauchgänge für erfahrene Taucher angeboten (inkl. Equipment). Anfängerkurs P.A.D.I-Open-Water 270 €. Neyzen Tevfik Cad. 212, ✆ 3160737, www.aegeanprodive.com.

Sehenswertes

Gleich vorweg: An das antike Halikarnassos erinnert nicht mehr viel, und das, was erhalten blieb, ist weniger als unspektakulär und liegt über die ganze Stadt verstreut. Wer's nicht glauben will, kann z. B. an der Mars Mabedi Caddesi oberhalb der Salmakis-Bucht die spärlichen Reste eines *Marstempels* suchen oder nahe der Büyük İskender Caddesi auf dem Weg nach Gümbet die des *Myndos-Tores*, einst Teil der Stadtbefestigung. Das *Theater (Antik Tiyatro)* aus dem 3. Jh. v. Chr. an der vielbefahrenen Kıbrıs Şehitleri Caddesi hoch über der Stadt wird noch heute als Veranstaltungsort genutzt. Eine Besichtigung der etwas dilettantisch restaurierten Anlage ist jedoch nicht allzu interessant (tägl. 8.30–12 Uhr und 13–17.30 Uhr, Eintritt 2,50 €). Die jedenfalls größte Attraktion des antiken Halikarnassos ist das Mausoleum.

Mausoleum: Das Mausoleum von Halikarnassos, ein monumentaler Grabbau, galt als eines der Sieben Weltwunder der Antike und wurde namensgebend für Grabstätten dieser Art. Fürst Mausolos ließ sein Grabmal aus weißem Marmor bereits zu Lebzeiten von dem Architekten Pytheos (4. Jh. v. Chr.) entwerfen, nach seinem Tod wurde es unter Artemisia II., Schwester und Gattin in einer Person, fertig gestellt. Es erhob sich auf einer 105 x 242 m großen Terrasse und soll über 50 m hoch gewesen sein. Den Dachabschluss bildete eine Stufenpyramide, deren Spitze die Statuen von Mausolos und Artemisia mit einem Viergespann krönten. An der Ausschmückung des Grabbaus beteiligten sich die besten Künstler und Handwerker jener Zeit. Erdbeben und rücksichtsloser Steinraub beim Bau des Kastells führten dazu, dass heute nur noch Grundmauern vorhanden sind. Zum Glück helfen ein paar Schautafeln vor Ort dem geistigen Auge auf die Sprünge. Erste Ausgrabungen am Mausoleum unternahm im 19. Jh. der Brite Charles Newton. Kostbare Funde wie Reliefs und Standbilder schenkte er dem Britischen Museum in London – für den Besucher von heute bleiben somit nur ein paar unspektakuläre Säulentrommeln übrig.

Adresse/Öffnungszeiten 100 m landeinwärts der Salmakis-Bucht, Turgutreis Cad. Tägl. (außer Mo) 8.30–17.30 Uhr. Eintritt 2,50 €.

Johanniterkastell St. Peter/Museum der Unterwasserarchäologie: Das mächtige Kastell errichtete der Johanniterorden in der ersten Hälfte des 15. Jh. auf den Fundamenten einer alten byzantinischen Festung. Zu jener Zeit besaß der Orden, der auf Rhódos einen souveränen Ritterstaat begründet hatte, eine gewaltige Flotte, mit der er islamische Handelsschiffe plünderte. Der Orden war in mehrere Landsmannschaften unterteilt, aufgrund der unterschiedlichen Sprachen auch „Zungen" genannt. Jede Zunge hatte ihre eigene Herberge und im Falle eines Angriffs einen Abschnitt der Festung zu verteidigen. Die Nationalitätenbezeichnungen der Türme stammen aus jener Zeit. 1523 wurden die Ritter aus der Ägäis vertrieben, ein paar Jahre später ließen sie sich auf Malta nieder. Während der osmanischen Zeit verlor das Kastell an Bedeutung, Ende des 19. Jh. wurde es in ein Gefängnis verwandelt. Unter Beschuss stand es das letzte Mal im Ersten Weltkrieg, als das französische Kriegsschiff Dubleix in die Bucht von Bodrum einlief. Heute beherbergt das Kastell ein Museum für Unterwasserarchäologie, das weltweit größte seiner Art – hört sich jedoch spannender an, als es ist. Bringen Sie ein Herz für Amphoren mit.

Der **Zugang** zum Kastell liegt an der Salmakis-Bucht. Kurz hinter dem Kassenhäuschen durchquert man einen kleinen Hof mit einem schattigen Café. Von dort gelangt man über eine Rampe entlang der Außenbastion in den Kern der Festung zu einem Hof mit einem Maulbeerbaum in der Mitte. Rechter Hand steht dort eine kleine **Kapelle**, 1406 errichtet und 1523 von den Osmanen mit einem Minarett versehen. Sie beherbergt heute den nachgebauten Bug eines byzantinischen Schiffes, das im Jahre 626 vor der Bodrum-Halbinsel sank. Im Hof linker Hand befindet sich eine große **Amphorenausstellung**, das älteste Stück des Museums wird auf 1400 v. Chr. geschätzt.

Neben der Kapelle führen Stufen in einen höher gelegenen, begrünten Hof mit frei umher laufendem Federvieh, darunter auch ein paar Pfauen. Dabei passiert man die sog. **Glashalle**. Darin gibt es Väschen, Gläschen und Schälchen zu bestaunen, die zwischen dem 14. Jh. v. Chr. und dem 11. Jh. n. Chr. auf dem Meeresboden versanken. Ein paar Schritte weiter liegt der Eingang zur sog. **Glass Shipwreck Hall** (separater Eintrittspreis, Ausgang im tiefer gelegenen Hof). Hier wird das Skelett eines Handelsschiffes gezeigt, das im Jahre 1025 nahe Marmaris sank, angeblich das älteste Schiffswrack der Welt. Ausgestellt sind zudem Funde der Ladung und persönliche Gegenstände der Besatzung.

Wieder ein paar Schritte weiter steht der **Spanische Turm**, auch Schlangenturm genannt, da links des Eingangs das Relief einer Schlange in den Stein gehauen ist. Im Inneren: Amphoren. Die kleine Exposition in den oberen Räumlichkeiten des Turmes zum Thema „Geburt, Leben und Tod", war z. Zt. der letzten Recherche geschlossen. Ähnlich das Bild im **Deutschen Turm** nahebei: unten Amphoren, die Exposition darüber mit Mobiliar im Stil der deutschen Renaissance war ebenfalls geschlossen.

Gegenüber erheben sich der **Italienische** und der **Französische Turm**. Ersterer beherbergt eine kleine Münz- und Schmucksammlung, Letzterer mittelal-

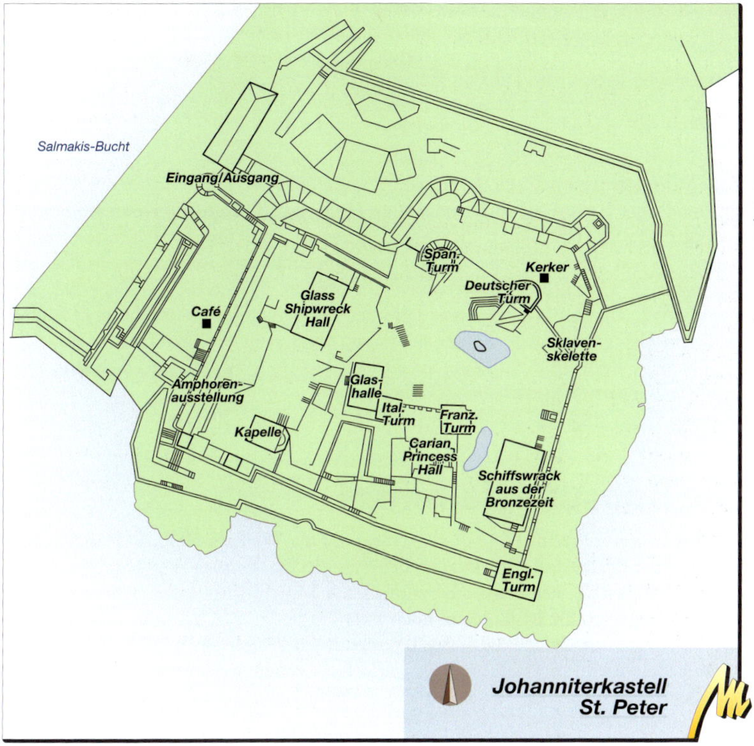

Bodrum
Stadtplan S. 60/61

terliche Waffen. Von der Terrasse zwischen den beiden Türmen genießt man eine herrliche Aussicht über Bodrum.

Es folgt die sog. **Carian Princess Hall** (ebenfalls separater Eintrittspreis). In ihr liegen die Gebeine der karischen „Prinzessin" Ada aus dem 4. Jh. v. Chr. Ihr Sarkophag wurde 1989 bei Bauarbeiten nahe Bodrum gefunden. Zu sehen sind Grabbeigaben (u. a. goldene Armreife, eine Kette und ein Lorbeerkranz) und – der Stolz des Museums – ein lebensgroßes Modell der Dame. Entworfen wurde es nach neuesten pathologischen Erkenntnissen an der Universität Manchester. Schade nur, dass die Wissenschaft nicht zugunsten der Schönheit schummelt.

Von der Carian Princess Hall führt ein Weg zum **Englischen Turm** im Südosten des Kastells. Sein Innendekor soll an die Johanniter erinnern, er ist mit Rüstungen, Fahnen und Wappen geschmückt.

Spaziert man an der äußeren, östlichen Festungsmauer weiter, passiert man ein niederes Gebäude, in dem Reste von Schiffswracks aus der späten Bronzezeit zu sehen sind, dazu auch ein etwas kitschig in Szene gesetztes Modell eines Schiffes jener Zeit im Querschnitt.

Etwas weiter fragt ein Schild der Museumsverwaltung: „Do you have a strong heart to walk into the dungeon?" Die Frage bezieht sich wohl auf die vielen Stufen hinab zum **Kerker** (Sackgasse), denn Schockierendes erwartet einen nicht: Zu sehen ist ein etwas düsteres Rot und zu hören ein etwas undeutliches Stöhnen (vom Band).

Verlässt man den Hof am **Deutschen Turm** vorbei, passiert man noch einen Ausstellungsraum, in dem die Skelette von Sklaven liegen, die auf den Galeeren zum Rudern verdammt waren. Ihre Gebeine, an denen noch Eisenketten hängen, wurden erst 1993 beim Englischen Turm entdeckt.

• Öffnungszeiten Tägl. 9–12 und 13–18.30 Uhr (im Winter bis 17 Uhr). Eintritt 6,30 €. Carian Princess Hall und Glass Shipwreck Hall (nur Di–Fr 10–12 und 14–16 Uhr) jeweils 2,50 € extra.

Zeki-Müren-Museum: Zeki Müren kennt außerhalb der Türkei kaum ein Mensch, im Land aber besitzt er durch unzählige Filme und Evergreens einen Kultstatus, den nur Atatürk überbietet. Der Aufstieg des charismatischen Schnulzensängers begann in den 1950ern, sein zuweilen hermaphroditisches Auftreten – Müren war homosexuell – tat seiner Karriere keinen Abbruch. 1955 erhielt er die erste Goldene Schallplatte der Türkei. Bis er 1996 bei Dreharbeiten verstarb, hatte er Millionen zum Heulen gebracht. Beigesetzt wurde er in seiner Heimatstadt Bursa. Mürens Haus in Bodrum dient heute als illustres kleines Museum. Zu sehen sind Fanbriefe, Schallplatten und phantasievolle Kostüme.

Adresse/Öffnungszeiten Zeki Müren Cad. Tägl. (außer Mo) 8.30–12 und 13–17.30 Uhr. Eintritt 1,90 €.

Die Bodrum-Halbinsel

Das Idyll einer unberührten Natur existiert auf der Bodrum-Halbinsel längst nicht mehr. Feriendörfer und Clubanlagen beherrschen die meisten Buchten, und im Legostil wird kräftig weiter gebaut, zum Glück keine sechs- oder siebenstöckigen Apartmenthäuser. Es scheint nur noch eine Frage der Zeit zu sein, bis die Küste von einem geschlossenen Häuserwald gesäumt wird. Viele einst romantische Plätzchen haben dadurch stark an Reiz verloren – nicht jedoch in den Augen der Highsociety des Landes. Für sie ist die Bodrum-Halbinsel noch immer *das* Sommerdomizil schlechthin. Dementsprechend gepflegt und teuer präsentieren sich viele Orte.

Hinweis: Die Dolmuşverbindungen zwischen Bodrum und den Orten auf der Halbinsel sind sehr gut, nicht aber die Verbindung zwischen den Orten. Für eine Umrundung der Halbinsel ist deshalb ein eigenes Fahrzeug ratsam.

Ein Genuss sind zum Sonnenuntergang die Ausblicke vom bergigen Inland über die buchtenreichen Küsten, für zusätzliche Reize sorgen die Silhouetten der vorgelagerten Inseln. In den Bauerndörfern fallen oft große weiße, halbrunde Zisternen auf. Das im Winter darin gespeicherte Regenwasser half bis noch vor einigen Jahrzehnten durstigem Vieh und trockenen Feldern über den Sommer. Heute sind die Zisternen in der Regel funktionslos. Die Halbinsel im Uhrzeigersinn:

Gümbet: Die weite Bucht 5 km westlich von Bodrum ist fest in der Hand von Pauschalurlaubern, vorrangig aus Deutschland und England. Der recht schmale Strand wird im Frühjahr mit einigen LKW-Ladungen Sand aufgemotzt. In der Hochsaison lässt sich im Liegestuhl gemütlich eine bekannte deutsche Boulevardzeitung in der Hand des Nachbarn im Liegestuhl nebenan lesen. Gleich hinter dem Strand reihen sich Bars (es gibt eine eigene „Barstreet“, dazu ein paar nette Beachclubs), Restaurants, Souvenirläden und gepflegte Clubanlagen aneinander. Offeriert wird zudem alles, was Spaß im Wasser machen kann.

• *Übernachten/Camping* Für Individualtouristen sieht es – Camper ausgenommen – recht trübe aus. Pensionen gibt es erst in dritter und vierter Reihe, für den gleichen Preis kommt man anderswo jedoch schöner unter.

Zetaş Camping, einer der besten Plätze der Halbinsel. Große schattige Wiese, ordentliche Sanitäranlagen in großer Zahl, Camperküche, relaxte Atmosphäre. Restaurant. Wohnwagenfreundlich. Strandanschluss. Campen für 2 Pers. mit Zelt oder Wohnmobil 12 €. April–Ende Nov. ✆ 0252/3162231, zetascamping@hotmail.com.

Bitez: Eine Bucht weiter liegt Bitez, die ruhigere und bescheidenere Fortsetzung von Gümbet. Der Andrang am schmalen Strand (zum Teil mehr Kies als Sand) mit einer Moschee direkt am Meer hält sich noch einigermaßen in Grenzen, das Wassersportangebot ist ähnlich gut.

• *Übernachten* Die meisten Unterkünfte liegen direkt am Strand, darunter – anders als in Gümbet – auch ein paar einfachere Häuser.

Yalı Han, freundliches kleines Hotel. 21 Zimmer, z. T. um den begrünten Poolbereich hinter der Uferpromenade angelegt, 16 davon mit Meeresblick. Tauch- und Surfmöglichkeiten. DZ inkl. Klimaanlage 69 €. ✆ 0252/3637772, www.yalihan.bitez.net.

Frischer Fisch von der Bodrum-Halbinsel

Çömez Motel, angenehme Herberge direkt neben dem Yalı Han, leicht vom Strand zurückversetzt. 14 sehr saubere, gepflegte Zimmer mit dunklem Mobiliar, Klimaanlage und Fliesenböden, 3 davon mit Balkon. Der Hit ist die Terrasse mit Blick über die ganze Bucht, auf der auch das Frühstück serviert wird. DZ je nach Zimmer 44–50 €. ✆ 0252/3638181, ✆ 3637955.

Ortakent und Yahşi: Die Dörfer Ortakent und Yahşi liegen im Halbinselinneren. Vorbei an Zitrusbäumen, weißgetünchten Häuschen und schmucken Villen mit gepflegten Gärten führt von ihnen der Weg an die Küste. Dort erstrecken sich die beiden nach den Ortschaften benannten Strände, die ein kleiner Hafen voneinander trennt. Unmittelbar dahinter findet man eine Ansammlung von Hotels, Pensionen und Feriensiedlungen, die vorrangig von Türken belegt werden. So ist das weit verstreute Stranddorf während der türkischen Schulferien überaus gut besucht, davor und danach aber gespenstisch leer. Am meisten geboten wird am Yahşi-Beach, dem westlichen Strand.

• *Übernachten/Camping* Die Unterkünfte sind bestens ausgeschildert.

Kaktüs Motel, am Ostende des Yahşi-Strands. Eine gute Empfehlung. 10 in Reihe gebaute, kürzlich restaurierte Zimmer mit grünem Mobiliar, Fliesenböden, Telefon, TV und Klimaanlage, alle mit Balkon direkt zur Strandpromenade. DZ mit HP 69 €. Dahinter befindet sich ein gärtnerisch gestaltetes Areal mit Kakteen, Palmen, gemütlichen Ecken zum Relaxen und einer Bar. Dort kann auch gecampt werden (2 Pers. 14,50 €). April–Okt. ✆ 0252/3483004, kaktüsmotel @ttnet.net.tr.

Aras Pansiyon, Familienpension hinter dem gleichnamigen Laden. 2 Gehminuten vom Yahşi-Strand. 40 sehr saubere Zimmer mit Balkon bzw. Terrasse, z. T. mit Küche. Versuchen Sie eines der Zimmer nach hinten zu bekommen, vorne ist man der Lärmkulisse des gegenüber liegenden Hotelgartens ausgesetzt. DZ 19 €, Dreier 25 €, kein Frühstück. ✆ 0252/3483140.

Kargıkoyu/Kargı Plajı („Camel Beach"): Tagaus tagein schaukeln am hiesigen Sandstrand Touristen auf Kamelen umher, daher der Spitzname der Bucht, die ein beliebtes Ziel von Bootsausflügen ist. Die Clubanlagen verstecken sich dezent hinter dem grünen Wäldchen des unverbauten Uferbereichs, die Hänge drum herum nehmen Feriensiedlungen in Beschlag. **Bağla** und **Karaincir**, die Buchten weiter südlich, sehen ähnlich aus. Dazwischen liegt der Beachclub „Aspat Termera Resort". Er beansprucht eine ganze Bucht für sich und ist viel netter, als man von der vorbeiführenden Straße vermuten mag. Gegen eine Eintrittsgebühr von 12,50 € kann man sich zur reich-alternativen Szene der türkischen Großstädte gesellen, die hier in Hängematten und idyllisch am Fluss gelegenen Lokalen relaxt. Unterhaltung bieten ein Kino und eine Freilichtbühne, dazu ein Open-Air-Bildhaueratelier und diverse Workshops. Es gibt auch nette Bungalows zu mieten (DZ 69 €). Neben so viel Intellekt fällt der – weniger ansprechende – Strand kaum auf. Näheres unter www.aspat.com.tr.

Akyarlar: Das ehemalige Fischer- und Schwammtaucherdorf eignet sich sowohl für einen Ausflug als auch für ein paar geruhsame Tage, selbst in der Hochsaison hält sich der Trubel in Grenzen. Der schmale Strand berauscht nicht, hat aber Flair: Ihn säumen ein paar alte griechische Häuser. Die gemütlichen Fischlokale des Ortes gehören zu den preiswerteren der Halbinsel – Menü mit einem Getränk ab ca. 12,50 €. Leider trübt die Rohbauruine einer gigantischen Clubanlage im Westen der Bucht ein wenig die Aussicht. Die Strände auf dem Weg weiter in Richtung Turgutreis haben durch die Schaffung monotoner Feriensiedlungen ihren Reiz leider komplett verloren.

• _Übernachten_ **Motel Kılavuz**, etwas zurückversetzt vom Strand. 27 einfache Zimmer im Mandarinengarten, z. T. mit privaten Terrassen. Restaurant, eigene Parkplätze. Der Betreiber Erden Eren hat in Köln studiert. DZ 44 €. ✆ 3936006, www.kilavuzmotel.com.

Babadan Motel, gleich daneben, aber direkt am Strand. 20 sehr schlichte Zimmer mit privaten Sanitäranlagen, leider nur 3 zur Meerseite hin. DZ 44 €. Restaurant mit Terrasse am Meer angeschlossen. Nicht immer der freundlichste Service. ✆ 0252/3936002, 📠 3937987.

Turgutreis: Noch vor gar nicht allzu langer Zeit war der Ort, benannt nach dem berühmten osmanischen Seefahrer Turgut Reis (16. Jh.), nichts anderes als ein verschlafenes Fischerdorf. Mittlerweile ist Turgutreis mit 10.000 Einwohnern (im Sommer ca. 25.000) das nach Bodrum zweitgrößte Städtchen auf der Halbinsel und ganz auf Tourismus eingestellt. Kaum mehr ein Fischerboot dümpelt im Hafen, dafür größere und kleinere Jachten in der neu gebauten Marina. Am langen Sandstrand bräunen sich überwiegend Urlauber von den britischen Inseln. Die lokale Geschäftswelt hat sich auf sie eingestellt – kaum ein Restaurant, in dem man nicht „Bacon on Eggs" zum Frühstück bekäme.

Nördlich von Turgutreis folgt die bei Surfern beliebte Bucht **Kadıkalesi.** Ein paar alte Griechenhäuser leisten hier den Clubhotels Gesellschaft, die paar Quadratmeter öffentlicher Strand dazwischen sind kaum der Rede wert. Lohnenswert ist allein der Besuch der „Pitos Cafébar" nahe der Ferienanlage Markwarner Palm Beach. Im liebevoll dekorierten Gärtchen lässt sich eine gemütliche, wenn auch nicht ganz billige Pause einlegen.

• _Verbindungen_ Turgutreis besitzt einen eigenen **Bus**bahnhof an der Straße nach Gümüşlük, im Sommer recht gute Verbindungen in alle größeren westanatolischen Städte. Zudem bestehen regelmäßige Dolmuşverbindungen nach Akyarlar und Gümüşlük.

• _Bootsausflüge_ Bootsausflüge nach **Kos** starten im Sommer jeden Morgen gegen 10 Uhr, Rückkehr am späten Nachmittag. Fahrtdauer einfach 1 Std. Bei Rückkehr am gleichen Tag 23 €, ansonsten das Doppelte! Keine Autos! Infos beim Ableger der **Bodrum Ferryboat Association** nahe der Marina,

✆ 0252/3827807. Des Weiteren werden Tagestouren zu den nördlich und südlich gelegenen Buchten angeboten, pro Person mit Mittagessen 19 €.

• *Einkaufen* Sa großer **Wochenmarkt** im Zentrum.

• *Übernachten* **Hotel Water Ville**, dreistöckiger Bau nördlich der Marina, nur durch den hauseigenen Pool vom Strand getrennt. Clubambiente. 50 Zimmer mit Klimaanlage, ordentlich und okay. Freundlicher Service. Pro Person all inclusive 45 €. ✆ 0252/3827332, www.hotelwaterville.com.

Plaj Pensiyon, nette Herberge zentrumsnah an der Uferpromenade, ebenfalls nördlich der Marina. 7 schlichte, aber sehr saubere Zimmer mit selbst geschossenen Türkeifotografien. Leider gehen alle Zimmer vom Hinterhof ab und sind daher etwas dunkel. Freundliche Betreiber, die auch Deutsch können. DZ 28 €. Kumsal Sok. 32, ✆ 3822230, 3943087.

• *Essen & Trinken/Nachtleben* Vom Full English Breakfast bis zum Beefsteak gibt es alles, was der Engländer liebt. Türkische Küche findet man noch im **Anadolu Çorba Salonu** nahe der Uferpromenade bzw. der jedem bekannten Tash's Bar (s. u.). Kebabs, diverse Suppen (Freaks greifen zu Schafskopf-, Schaffuß- oder Kuttelflecksuppe) und *Mantı*. Faire Preise, netter Service.

Nachts geht es ruhiger zu als in Bodrum. Zu den beliebtesten Adressen mit in Strömen fließendem Bier gehören die **Tash's Bar**, die **Radio Bar** nebenan und die **Shaina Bar** nahe dem Resorthotel Aegean Dream. Hinweis: Wo Guinness drauf steht, muss nicht immer Guinness drin sein – man behilft sich oft mit Efes Dark.

Gümüşlük: Gümüşlük ist das mit Abstand beschaulichste Örtchen der Bodrum-Halbinsel! Idyllisch reihen sich zahlreiche Restaurants an der Kaimauer aneinander – eine opulente Fischmahlzeit in Gümüşlük gehört für Bodrumkenner zum Programm. Aus arg viel mehr als den Restaurants und ein paar Pensionen besteht der Ort auch nicht. Ein Baustopp sorgt bislang dafür, dass dies so bleiben wird. Und so ist der schmale, überwiegend kiesige Strand selbst im Sommer nicht überlaufen. Auf der vorgelagerten kleinen Insel (durch das seichte Wasser kann man hinüber waten) tummeln sich Kaninchen zwischen den spärlichen Überresten des antiken *Myndos*, das der Halbinsel von Bodrum ihren früheren Namen gab. Das meiste davon liegt als „Sunken City" heute jedoch unter Wasser. Über Wasser bietet die Bucht von Gümüşlük im Frühjahr und Spätsommer allabendlich einen der schönsten Sonnenuntergänge der gesamten Westküste – ein Tipp für Romantiker.

Von Gümüşlük bietet sich eine kleine Wanderung nach **Karakaya** an, einem pittoresken, ehemals griechischen Dorf 4 km landeinwärts in den Bergen (ausgeschildert). Einige der alten Katen aus dunklem Naturstein, erst 1998 elektrifiziert, wurden restauriert und dienen heute als Ferienvillen.

• *Information* **Tourist Information** zentral bei den Fischlokalen. Sehr freundlich und hilfsbereit. In der Hochsaison tägl. 8–1 Uhr, im Winter verkürzt. ✆ 0252/3944487.

• *Tauchen/Schnorcheln* Ist rund um die Sunken City offiziell verboten. Da die wichtigsten Funde bereits geborgen wurden, drückt man beim Schnorcheln in der Regel ein Auge zu. Doch Achtung: Was der Tourist Information egal ist, muss der Jandarma noch lange nicht schnuppe sein – besser nochmals nachfragen!

• *Übernachten/Camping* Vorrangig schlichte Pensionen oder Aparthotels. Im Sommer ist eine Reservierung empfehlenswert.

Sysyphos Pansiyon, alteingesessene Pension am Südende der Bucht. Schönes altes Steinhaus, Restaurant mit Terrasse direkt am Meer, idyllisches Innenhofgärtchen. Sehr gemütlich, alternativ angehaucht. 20 schlichte, saubere Zimmer mit Bad, die meisten mit Balkon, DZ 44 € mit Frühstück. Dazu 2 Apartments für max. 4 Pers., ohne Frühstück 50 € pro Nacht. ✆ 0252/3943016, 3943656.

Özak Pansiyon, in der Nachbarschaft. 14 ordentliche, einfache Zimmer um einen gepflegten, gemütlichen Grünbereich mit Hängematten, Beachvolleyballfeld und Campfirebar. Restaurant. DZ 38 €. ✆ 0252/3943388, 3943037.

Arriba Apart Otel, am Strand. 4 große, einfache aber saubere Apartments mit Meeresblickbalkon oder -terrasse (für bis zu 4

Am Hafen von Gümüşlük

Pers.) für 47 € pro Tag. Zudem 5 gemütliche Holzhäuschen im Garten dahinter mit Kühlschrank und Terrasse, als DZ mit Frühstück 38 €. Freundlicher Service. Restaurant. Campingmöglichkeiten im Garten. ✆ 0252/3943654, arribaapart@yahoo.com.

Gümüşlük Hotel, zentral bei den Fischlokalen. Vermietet werden für 5 kleine DZ (à 32 €), äußerst spartanisch ausgestattet, dafür mit schönem Blick über Bucht und Hafen. Wer hier nächtigt, bekommt einen Rabatt im eigenen Fischrestaurant. Achtung, Namensänderung geplant. ✆ 0252/3943045.

• *Essen & Trinken* In allen Fischlokalen sitzt man schön und es wird frische Ware serviert. Die Mezevitrinen übertreffen sich gegenseitig. Für ein komplettes Essen sollte man pro Person mit Wein ab ca. 25 € rechnen. Trotz Tafeln mit angeblich fixen Menüpreisen ist zu handeln üblich. **Achtung**: Der letzte Dolmuş zurück nach Bodrum fährt im Sommer gegen Mitternacht – trotzdem besser vorher bei der Tourist Information nachfragen.

Eine herrliche Aussicht (grandios zum Sonnenuntergang) bietet das Café-Restaurant **Limon** nahe der Straße nach Yalıkavak, ca. 20 Fußmin. entfernt. Mit einem guten Buch lässt es sich auf den ultragemütlichen Polstern einen ganzen Nachmittag verbringen.

Yalıkavak: Die ehemalige Schwammtaucher-Hochburg ist heute ein schüchtern-gediegener Urlaubsort, dessen Zentrum sich mit geselligen Altherrenrunden noch immer recht ursprünglich präsentiert. Die kleine Basarmeile ist strohgedeckt, Anmache oder Gedränge kennt man nicht. In den Fischtavernen ein paar Schritte weiter lässt es sich fürstlich dinieren – für eine Klientel mit locker sitzenden Geldbörsen sorgt die neue Marina für 450 Jachten. Der schmale Strand ist zwar zugegebenermaßen nicht der spektakulärste, aber dennoch ganz okay. Keine großen Hotelklötze verschandeln ihn. Passend zum Ort besitzen auch die einzigen zwei Attraktionen nichts Aufreißerisches: Im Zentrum werden in einer *Zisterne* aus dem späten 19. Jh. wechselnde Kunstausstellungen gezeigt (sporadisch geöffnet, kein Eintritt), am Hafen bespannt man zuweilen die Flügel einer alten restaurierten *Windmühle.*

• *Bootstouren* Badeausflüge werden am Hafen angeboten, pro Person mit Mittagessen ca. 19 €.

• *Einkaufen* Do großer **Wochenmarkt** nahe dem Hotel Adahan.

• *Übernachten* **Lavanta Hotel**, Luxusherberge mit traumhafter Aussicht über Yalıkavak. Komfortabelst ausgestattete, individuell eingerichtete Räumlichkeiten (Antiquitäten, wertvolle Teppiche, Holzböden usw.). Herrlicher Poolbereich. Erlesene Tropfen aus dem Weinkeller zu guter Küche. DZ ab 145 €, Apartments für Selbstversorger ab 625 €/Woche. ✆ 0252/3852167, www.lavanta.com. Von der Straße nach Gündoğan/Türkbükü ausgeschildert.

Adahan Hotel, ca. 100 m von der neuen Marina entfernt, in einem einer Karawanserei nachempfundenen Gebäude. 22 mit viel Geschmack ausgestattete Zimmer. Überall im Haus schöne Antiquitäten, Pool dezent mit klassischer Musik beschallt, Bibliothek, 1a-Küche. Familienbetrieb. Ganzjährig geöffnet. DZ 77 €. ✆ 0252/3854759, www.adahanotel.com.

Taşkule Hotel, schickes Haus an der Uferpromenade, 2005 restauriert. 15 stilvolle Zimmer. DZ mit Klimaanlage 100 €, EZ 85 €. Kleiner Pool. ✆/℻ 0252/3854935, www.taskulehotel.com.

Cüneydi Pansiyon, saubere, gepflegte Familienpension mit 15 Zimmern an der Strandpromenade. Alle Zimmer mit Steinböden und Bad, nettes Gärtchen. DZ 47 €. Plaj Cad. 14, ✆ 3854077, ℻ 3854824.

Dost Pansiyon, einfacheres Haus, dafür eines der wenigen, das unmittelbar am Meer liegt. Vermietet werden 10 schlichte kleine Zimmer mit privaten Bädern, 2 davon mit grandiosem Strandblick. Weitere Pluspunkte: luftig-lustige Bar mit netter Atmosphäre, toller Gemeinschaftsbalkon und Dachterrasse. Personal z. T. deutschsprachig. Etwas für junge Leute. EZ 16 €, DZ 32 €, Dreier 38 €. ✆ 0252/3854080, dost_pansiyon @yahoo.com.

• *Essen & Trinken* An der Promenade fällt das schicke, etwas höherpreisige **Cumbalı** aus der Reihe. Untergebracht in einem alten Natursteinhaus, einladende Terrasse davor. Eine Portion Fisch mit Salat und einem Bier ab ca. 15 €. ✆ 3854995.

Im kleinen Zentrum (gegenüber der Moschee bei der Zisterne) ist das **Gülten Abla** mit grundehrlicher türkischer Hausmannskost (gefülltes Gemüse, Köfte, Suppen) zu empfehlen. Hg. um die 4,50 €. Man sitzt urgemütlich auf Bänkchen unter Schatten spendenden Bäumen.

Gündoğan: Im Ersten Weltkrieg versetzten die Bewohner ihren Ort von der Küste einige hundert Meter landeinwärts, um englischen Kriegsschiffen kein Angriffsziel zu bieten. Ohne es damals zu ahnen, verspielten sie damit auch die Chance, irgendwann ein Touristenziel zu werden. So besitzt der Ort bis heute eine kleinstädtisch-ländliche Atmosphäre. Anders die U-förmige, weite und recht zugebaute Bucht davor: Am groben Sandstrand sorgen ausländische wie inländische Beachboys und -girls für einen Lärmpegel, der das Meeresrauschen übertrumpft. Das Wasser ist jedoch kristallklar und das Wassersportangebot groß. Auch kann man Bootsausflüge zur nahen Apostol-Insel mit der Ruine einer byzantinischen Kirche unternehmen.

• *Übernachten* Die hiesigen Übernachtungspreise sind unverschämt, das gilt auch für die Pensionzimmer! Eine Empfehlung direkt am Strand:

Begonvil Hotel, angenehmes neues Haus. 21 komfortable Zimmer mit Klimaanlage, TV, Telefon und Minibar, einige mit Balkon und schönem Meeresblick. Sehr gute Bäder. Liegesteg am Wasser, ruhigere Naturen zieht es in den netten Hintergarten. DZ mit Frühstück 107 €, mit HP 125 €. ✆ 0252/3879192, www.begonvilhotel.com.

Türkbükü und Gölköy: Türkbükü, im Norden der Halbinsel über eine Stichstraße zu erreichen, war noch vor 20 Jahren ein Fischernest. Heute zählt der Ort zu den elitärsten Adressen des Landes. Charme besitzt er dennoch nicht, dafür sorgen stetige Baustellen und holprige, staubige Straßen zwischen Villen und exklusiven Miniclubanlagen. Die kleine Uferzeile mit ihren schicken Lokalen präsentiert sich als Flaniermeile der Berühmten und Reichen. Stets begegnet man in Türkbükü irgendeinem Promi beim Sonnenbaden, so heißt es. Da der schmale Sandstreifen selbst weniger dazu geeignet ist, bräunt man sich mitsamt Rottweiler oder Golden Retriever auf Holzstegen über dem Meer. Übrigens keine Sorge, falls Ihnen beim

Sehen und Gesehen werden schnell das Geld ausgeht – Bankautomaten direkt am Strand sorgen für Nachschub.

Gölköy, das man auf dem Weg nach Türkbükü passiert, ist die einfachere Variante. Auch hier ist der örtliche Strand alles andere als der Renner, auch hier behilft man sich mit Stegen. Nur sonnen sich in Gölköy eben auch Ali und Otto Normalverbraucher. Vor den unausweichlichen türkischen Feriensiedlungen ist auch diese Bucht nicht verschont geblieben.

• *Anfahrt* Türkbükü und Gölköy sind von der Straße Gündoğan-Torba etwas verwirrend mit „Göltürkbükü" ausgeschildert.

• *Übernachten in Türkbükü* Wenn schon, denn schon. Die neue Einbauküche kann warten. Die 3 schönsten Adressen vor Ort (allesamt ausgeschildert):

Ada Hotel, die teuerste von allen im Buch beschriebenen Unterkünften, aber ihr Geld wert. Das Haus, eine kleine Festung, zählt zu den besten Hotels Europas. Dass Luxus und Service in jeder erdenklichen Weise stilvoll sind, kann man sich wohl denken. Nur 8 Zimmer und 6 Suiten mit kleinen privaten Terrassen (Paparazzi haben keinen Einblick), elegantes hauseigenes Hamam, 2 Pools, lauschige Gärtchen, ein Theater, private Jachten usw. DZ je nach Zimmer 320–655 €. Hoch über der Bucht. ✆ 0252/3775915, www.adahotel.com.

Maki Hotel, auch hier steigen Stars und Sternchen ab. Am nördlichen Ende der Bucht ohne direkten Strandanschluss. Minimalistisch-funktional durchgestyltes Haus. Alle Zimmer mit Balkon. Pool überm Meer. Eine private Jacht schippert die Gäste zu verschiedenen Buchten. DZ ab 240 €, in der NS mehr als 50 % Rabatt. ✆ 0252/3776105, www.makihotel.com.

Kaktüs Çiceği Hotel, direkt am Strand. Alteingesessenes, romantisch gehaltenes 16-Zimmer-Haus, geführt von einer herzigen Istanbulerin. Freundlich ausgestattete Zimmer in warmen Farbtönen. Exzellentes Restaurant. DZ mit HP 188 €. ✆ 0252/3775254, 📠 3775248.

Wo Sonnenuntergänge am schönsten sind: Bodrum-Halbinsel

• *Übernachten in Gölköy* Auch Gölköy ist nicht billig. Ein DZ in einer einfachen Familienpension in x-ter Reihe ist in der HS nur mit Glück für 30–40 € zu bekommen. Eine Empfehlung in erster Reihe:

Şeker Otel, einfaches Haus, nur durch sein eigenes Restaurant vom Strand getrennt. 11 schlichte Zimmer, alle mit Balkon, viele mit Meeresblick. DZ 63 € (mit Klimaanlage) bzw. 50 € (ohne). ✆ 0252/3577129.

Torba: Das nordöstliche Schlusslicht der Bodrum-Halbinsel ist für Individualtouristen wenig interessant. Schicke Clubanlagen belegen die Bucht, dazwischen verbleiben nur wenige Quadratmeter Strand für Tagesbesucher.

Zwischen Bodrum und Milas

Von Bodrum führt die gut ausgebaute Nationalstraße 330 vorbei am Flughafen nach Milas. Viel gibt es entlang dieser Strecke nicht zu entdecken. Nach rund 7 km hat die Straße die Bodrum-Halbinsel überquert. Sobald sie das Meer küsst, wechseln große Hotelanlagen mit Apartmentsiedlungen ab. Nach einer Weile passiert man Güvercinlik, ein lang gezogenes Küstendorf ohne besondere Note. Gourmets können bald darauf einen Abstecher (5 km, ausgeschildert) nach *Boğaziçi* unternehmen, die dortigen Fischrestaurants genießen einen sehr guten Ruf. Das Städtchen *Güllük* etwas weiter nördlich gab dem gleichnamigen Golf, einer beliebten Station von Seglern auf der „Blauen Reise", seinen Namen. Besuchenswerter sind jedoch die Ruinen von *Iasos*.

Boğaziçi

Das kleine ruhige Dorf Boğaziçi liegt rund 23 km nordöstlich von Bodrum an einer tiefen, fjordartigen Bucht. Schon in der Antike war die Gegend besiedelt, der alte Name des Ortes war *Bargylia*. Da bislang noch keine Grabungen stattfanden, sind die Reste der antiken Stadt bescheiden. Das heutige Boğaziçi steht ganz im Zeichen der Fischzucht. Ein paar urgemütliche Lokale mit Stegterrassen über dem Wasser laden zum Dinieren ein. Es geht um einiges einfacher, dafür auch billiger zu als in den Restaurants rund um Bodrum. Leider gibt es vor Ort weder Strand noch Unterkünfte, zudem ist Boğaziçi nur mit eigenem fahrbaren Untersatz zu erreichen.

Güllük

Güllük, 18 km südwestlich von Milas, erstreckt sich über mehrere Buchten. Trotz mickriger, handtuchbreiter Strände – der akzeptabelste befindet sich in der nördlichsten Bucht – sind auch hier weitläufige Feriensiedlungen entstanden. Überraschender Weise haben sich vor Ort auch diverse Hotelketten wie die Corinthia-Gruppe aus Malta eingekauft. Die Hauptbucht nimmt eine Werft samt einer großen Mole in Anspruch. Rostige Frachter machen hier fest, um im Hinterland abgebautes Bauxit aufzunehmen. Zu einem Megatouristenmagnet steigt man so nicht auf! Wer darüber hinwegsehen kann, findet hier jedoch eine lustige Mischung aus Urlaubern und Werftarbeitern, die es sich allabendlich in den Lokantas am Hafen gut gehen lassen.

• *Verbindungen/Boosausflüge* Häufige **Dolmuş**verbindungen nach Milas; mehrmals tägl. im Sommer auch nach Bodrum. **Bootsausflüge** werden u. a. nach Iasos und Didyma angeboten, pro Person mit Mittagessen ab 10 €.

• *Übernachten* ** **Özer Hotel,** im Süden der Hauptbucht direkt am Meer. Laut Prospekt heißt ein Urlaub im Özer „das Leben wieder entdecken". Leicht übertrieben, dennoch die beste Wahl in dieser Preisklasse. 38 geräumige Zimmer, alle mit Balkon, Klimaanlage und Steinböden. Schmaler Strandabschnitt und Holzsteg zum Bräunen. Große gemütliche Terrasse. DZ 41 €. ✆ 0252/5223377, ℻ 5222742.

Iasos (Kıyıkışlacık)

Jahrzehnte lang schien die für die türkische Ägäisküste so typische touristische Entwicklung mit all ihren Vor- und Nachteilen an Kıyıkışlacık nahezu spurlos vorbeizuziehen. Dafür gab es vor allem zwei Gründe: Der nächste Strand befindet sich im 7 km entfernten Zeytinlikuyu. Zudem liegt Kıyıkışlacık in der Einflugschneise des Flughafens Milas-Bodrum. An diesen Mankos scheint man sich heute nicht mehr zu stören. Schade, denn durch planloses Bauen schwindet der Charme des alten malerischen Kıyıkışlacık zunehmend dahin. Beschaulichkeit besitzt der Ort aber noch immer, insbesondere in den Tavernen an der idyllischen Hafenbucht, wo man den Fischern beim Ausbessern der Netze zuschauen kann.

Bekannter als unter seinem Zungenbrechernamen ist Kıyıkışlacık als *Iasos*, so genannt nach der Altsiedlung auf der dem Hafen gegenüber liegenden Halbinsel. Italienische Archäologen, die jeden Sommer drei Monate aktiv sind, haben hier die Ruinen einer einst wohlhabenden karischen Stadt ausgegraben. Iasos, vermutlich im 9. Jh. v. Chr. gegründet, war von einer wehrhaften Mauer geschützt; eine Akropolis krönte die Halbinsel. Wer heute zwischen Olivenbäumen durch das Ausgrabungsgelände schlendert, stößt u. a. auf Reste eines *Zeustempels*, einer *Agora*, eines *Gymnasions*, eines *Bouleuterions* und einer *byzantinischen Basilika*.

Am eindrucksvollsten ist das restaurierte römische *Heroon* (außerhalb des Grabungsgeländes, mit „Balıkpazarı Açıkhava Müzesi“ ausgeschildert). Bis vor nicht allzu langer Zeit nutzten die Einwohner den monumentalen Grabbau als Fischmarkt. Heute dient er als Museum für Funde aus Iasos, insbesondere Torsi und Fragmente.

• Verbindungen/Anfahrt Im Sommer regelmäßige **Dolmuş**verbindungen nach Milas. **Bootsausflüge** werden nach Güllük angeboten. Von der Straße Milas-Bodrum und von der Straße Milas-Söke ausgeschildert.

• Öffnungszeiten des Grabungsgeländes Tägl. (außer Mo) 8.30–17.30 Uhr, im Winter eine Stunde kürzer. Eintritt 2,50 €, Museum (gleiche Öffnungszeiten) 2,50 € extra. Ein Übersichtsplan des Geländes befindet sich neben dem Kassenhäuschen.

• Übernachten Mehrere Pensionen vor Ort. Unsere Empfehlung ist die **Kaya Pension**, ein deutschsprachiger Familienbetrieb hoch über dem Dorf (ab der Moschee ausgeschildert). 16 Zimmer, die meisten rund um einen Pool gebaut. Freundlich mit Naturholzmöbeln, blauen Vorhängen und Deckenventilator ausgestattet. Herrliche Aussichtsterrasse. Sehr sauber und gepflegt. DZ 25 €. ✆ 0252/5377439, www.kaya-pension.de.

Am Golf von Gökova

Der touristisch kaum erschlossene Golf von Gökova ist noch immer einer der schönsten Küstenabschnitte der gesamten Türkei. Je weiter man sich von der „Metropole“ Bodrum entfernt, desto ursprünglicher wird die Landschaft: Hügelige, mit Tannen bewaldete Gegenden und Olivenhaine wechseln mit grünen Weiden samt Kühen im Frühjahr oder goldenen Stoppelfeldern im Hochsommer. Wer hier unterwegs ist, sieht gelegentlich Schilder in das eine oder andere „Carpet Village“ weisen – ein Versuch der Landbevölkerung, am großen Geschäft mit dem Tourismus teilzuhaben. Ansonsten sind Markierungen Mangelware. Ein Lächeln sollte man sich aufheben – für ein paar Kilometer in die falsche Richtung (keine Karte stimmt) und für den Bauern am Wegesrand, der Ihnen weiterhilft. Als Belohnung winken traumhafte, nur durch Stichstraßen erreichbare Buchten. Leider sind die meisten Orte überhaupt nicht oder nur schwer mit Dolmuşen zu erreichen. Und noch was: Wechseln Sie Ihr Geld im Voraus!

Die Buchten von Çiftlikköy

20 km südöstlich von Bodrum liegt das große Bauerndorf Çiftlikköy. Es ist von bewaldeten Hügeln und Feldern umgeben und für Touristen wenig interessant.

İnceyalı-Bucht bei Mazıköy

Wohl aber der Küstenabschnitt ein paar Kilometer davor mit mehreren einladenden Buchten. Die östlichen belegen All-inclusive-Clubanlagen, darunter der *Club Med* und *World of Wonders*. Die westlichen sind zum Teil frei zugänglich. Einladender als der nicht immer saubere Strandabschnitt beim Kempinski-Hotel, den man von Bodrum kommend als ersten passiert, ist der darauf folgende **Yalı-Strand**. Der schmale gepflegte Sandkiesstrand bietet mehrere Restaurants, Surfbrettverleih und Duschen. Wer aufs Geld achten muss, bringt aber besser einen Picknickkorb mit.

Verbindungen Häufig **Dolmuşe** von und nach Bodrum.

Die Buchten von Mazıköy

Wer von Çiftlikköy auf kleinen einsamen Landsträßchen ca. 35 km gen Osten kurvt, erreicht (hoffentlich nicht entnervt) Mazıköy. Unterhalb des verschlafenen Dorfes befinden sich ein paar türkisfarbene Traumbuchten, die zu den schönsten der gesamten türkischen Küste gehören. Selbst Ausflugsboote und Jeep-Konvois können die Idylle kaum trüben. Die Strände sind nahezu unverbaut und selbst in der Hochsaison nicht überlaufen, gelegentlich verirrt sich auch einmal eine Kuh dorthin. Dabei ist es ganz egal, ob Sie sich für den schmalen Kiesstrand der **Hurma-Bucht** (die östlichere) entscheiden oder die **İnceyalı-Bucht** (die westlichere) ansteuern, die zwei durch eine Anhöhe getrennte Strände besitzt.

- *Telefonvorwahl* 0252.
- *Verbindungen/Anfahrt* Eigenes Fahrzeug von Vorteil, mit Dolmuşen von Bodrum nur selten zu erreichen.
- *Übernachten/Essen & Trinken in der Hurma-Bucht* 3 Pensionen direkt am Strand, weitere Unterkünfte sowie ein beschaulicher Campingplatz etwas landeinwärts. Eine frühzeitige Reservierung ist für die HS ratsam. Unsere Empfehlung ist die **Sahil Pension** – vom Bett zum Meer sind es nur ein paar Meter. 13 saubere Zimmer mit Kiefernholzmöbeln, pro Person mit VP 25 €. Gespeist wird auf der schönen Terrasse am Strand, den Nachtisch klaut man sich aus dem hauseigenen Mandarinengarten. Die Betreiber

sprechen ein bisschen Deutsch. ✆ 3392131. Falls voll, kann man in die **Uğur Pansiyon** (✆ 3392043) oder **Öztekin Pansiyon** (✆ 3392136) ausweichen, ebenfalls in erster Reihe am Strand.

Das **Mazıköy Restaurant** und das **Kayabaşı Restaurant** servieren in schöner Lage erstklassigen Fisch zu gemäßigten Preisen.

• *Übernachten/Essen & Trinken in der Inceyalı-Bucht* **NRY Pension**, die einzige Pension am rund 300 m langen westlichen Strand. Nur 5 sehr einfache Zimmer, dafür Meeresrauschen zum Einschlafen. Nette Terrasse, oft alternatives Publikum. Günstig, pro Person ab 10 €. ✆ 3392039 o. 0532/3124100 (mobil).

İnceyalı Dinlenme Tesisleri, am östlichen Strand. 16 einfache Zimmer (pro Person mit VP 28 €) mit eigenem Bad und eigener Terrasse. Tolles Restaurant direkt über dem Strand – leider tagsüber eine Abfütterungsstelle für Jeepsafarigruppen. Wer will, kann auch unter Zitronenbäumen (klingt idyllischer als es ist) für 6,50 € pro Nacht sein Zelt aufschlagen. ✆ 3392125 o. 0532/5687461 (mobil).

Çökertme

Auch östlich von Mazıköy präsentiert sich die Küstenlandschaft als ein weitestgehend unberührtes Paradies. Nur Bestechungskünstler bekommen hier noch eine Baugenehmigung. Zu Çökertme, einem Bauerndorf ca. 50 km östlich von Bodrum, gehört auch eine kleine Hafensiedlung. Diese besteht aus nicht viel mehr als zwei Häuserzeilen an einem schmalen Strand. Beliebt ist die kleine Bucht mehr bei Seglern auf der „Blauen Reise“ denn bei Sonnenanbetern. Dies hat vor allem damit zu tun, dass der Ort in fast allen Reiseführern ignoriert wird. Dabei kann man hier die schönsten Tage seines Urlaubs verbringen – sofern man keine großen Ansprüche hat. Wer beispielsweise im Çökertme Motel absteigt, bleibt garantiert länger als geplant.

• *Verbindungen/Anfahrt* **Dolmuş**verbindungen bestehen nach Milas und Bodrum, jedoch nur sehr wenige Fahrten am Tag. Sagen Sie dem Fahrer Bescheid, dass Sie unten an der Hafensiedlung aussteigen wollen. Wer abgeholt werden will, ruft die Dolmuşkooperative an (✆ 0252/5310334). **Mit dem eigenen Fahrzeug** ist Çökertme am einfachsten von Milas zu erreichen: Kurz vor Ören bei einem unübersehbaren Kraftwerk rechts ab, dann noch ca. 12 km. Die Strecke ist sehr schön, unterwegs passiert man hübsche Kiesbuchten. Von Bodrum hingegen ist die Anfahrt komplizierter: stets gen Ören halten, mal links, mal rechts und immer wieder fragen. Wir sind noch nie auf Anhieb angekommen!

• *Übernachten/Essen & Trinken* Nur einige wenige einfache Pensionen. Im Juli und August hat man ohne Reservierung schlechte Karten.

Çökertme Motel, zwar nicht direkt am Strand, aber in jedem Fall die empfehlenswerteste Unterkunft vor Ort. Sehr freundlich geführt, ungezwungene Atmosphäre, sehr sauber. 23 Zimmer, größtenteils mit privaten Bädern und Klimaanlage sowie – ein Tipp für Budgetreisende – 8 „Bungalows“: bunte, mit Strohmatten ummantelte, enge Schachteln im Garten (mit Steinböden, Moskitonetz, Dusche und Waschbecken, aber ohne Klo). Der Hit ist jedoch das angeschlossene Restaurant direkt am Strand: tolle Terrasse, orientalischer Abschnitt zum Wasserpfeiferauchen, Holzsteg zum Bräunen. Für die Gäste organisiert man Bootstrips. Im Motelzimmer pro Person mit Frühstück 16 € (mit VP 28 €), pro Person im Bungalow mit VP 19 €. ✆ 0252/5310156, www.cokertme.com.

Falls voll, kann man sein Glück in der **Akkaş Pansiyon** (✆ 0252/5310125, unverfehlbar) versuchen, ähnliche Preise.

Beim internationalen Seglerpublikum beliebte Restaurants sind übrigens auch **Captain İbrahim's** und **Rose Mary Restaurant** – was aber nicht heißt, dass die Nachbarn schlechteren Fisch servieren.

Ören

Ören, rund 12 km östlich von Çökertme, liegt an einer herrlichen weiten Bucht zu Füßen des bei Paraglidern beliebten, 640 m hohen Kocadağ. Noch verschandelt kein Mega-Hotelklotz den schönen langen Sand-Kies-Strand, hinter dem sich Pensionen und Feriensiedlungen eher dezent verstecken. Doch Bürgermeister Kazım Turan hat Großes vor, er will sein Städtchen zu einem der „wichtigsten touristischen Zentren der Welt“ ausbauen. Bleibt zu hoffen, dass er sein Ziel verfehlt. Bislang ist Ören noch eine empfehlenswerte Alternative zum Bodrumtrubel – auch wenn das 4.500-Seelen-Städtchen in der türkischen Ferienzeit auf 30.000 Einwohner anschwillt. Unter die vorrangig türkischen Urlauber mischen sich seit den letzten Jahren vermehrt auch ausländische Touristen.

Das eigentliche, dörfliche Zentrum Örens liegt rund 1,5 km hinter der Küste. Hier findet man eine Post, einen Barbier, ein paar Läden und mittwochs einen farbenfrohen Wochenmarkt – aber keine Bank. Geldautomaten stehen 4 km westlich beim unübersehbaren Kraftwerk. Dessen Errichtung in den 1990ern war übrigens dafür verantwortlich, dass so manch internationaler Hotelkonzern seinen bereits erworbenen Bauplatz hinterm Strand brach liegen ließ. Strand und Dorf verbindet in den Sommermonaten eine Bummelbahn.

Ören wurde übrigens auf dem Gebiet des antiken *Keramos* errichtet, das im 6. Jh. v. Chr. erstmals erwähnt und nach dem gleichnamigen Sohn des Weingottes Dionysos benannt wurde. Er galt als Begründer der Töpferkunst (Keramik!). Wenig spektakuläre Überreste der antiken Stadt sind in und um Ören verstreut.

Verbindungen/Sonstiges

• Verbindungen **Dolmuşverbindungen** nur von und nach Milas bzw. von und nach Çökertme. Die Dolmuşe fahren im Sommer bis zum Strand.

• Bootsausflüge Werden am Strand angeboten. Pro Person mit Mittagessen ab ca. 10 €.

• Paragliding Der Kocadağ vor der Haustür sowie eine gute Thermik machten die Location in den vergangenen Jahren zu einem Geheimtipp. Auskünfte zu Tandemflüge erhalten Sie vor Ort in den meisten Hotels (auf jedem Fall im Alnata, s. u.), rechnen Sie für einen Flug inkl. Transport und Ausrüstung mit ca. 85 €.

Übernachten/Essen & Trinken

• Übernachten/Camping Da die meisten türkischen Gäste in ihren eigenen Ferienhäusern urlauben, ist die Auswahl an Unterkünften nicht allzu groß. Die hier aufgelisteten liegen allesamt an der Uferpromenade, weitere schlichte Aparthotels, Motels und Pensionen findet man landeinwärts. In der Regel bekommt man auch in der HS immer ein Zimmer.

*** **Hotel Alnata**, komfortabelstes Hotel Örens, ganz im Westen der Bucht. 50 geräumige, helle Zimmer mit Marmorböden, TV und Klimaanlage – die schönsten auf der Vorderseite mit Pool- und Meeresblick! Tennisplätze und großes Sportangebot. 7 rollstuhlgerecht ausgestattete Zimmer. Freundliches, junges Personal, viel deutsches Publikum. DZ 63 €, mit HP 88 €, enorme Preisnachlässe in der NS. ✆ 5322813, www.alnatahotel.com.

Yıl-Tur Motel, im Osten der Bucht nahe dem Fischerhafen. Die einfachen, aber sehr sauberen Zimmer mit privaten Bädern, Ventilator und Terrasse sind nur durch die Strandpromenade vom Meer getrennt. Restaurant mit guter Hausmannskost angegliedert. Die Besitzerin hat lange Jahre im Schwäbischen gelebt. DZ 32 €. ✆ 5322114, www.yiltur.net.

• Camping Schlichte und günstige Campingmöglichkeiten neben dem Yıl-Tur Motel, auch hier ist man nur durch die Strandpromenade vom Meer getrennt.

• Essen & Trinken Nette Fischlokale und einfache Kneipen im bunten Wechsel an der Promenade. Das Preis-Leistungs-Verhältnis ist in Ören sehr gut.

Kos – das Herz der Inselhauptstadt ist der Mandraki-Hafen

Ausflug auf die Insel Kos (Griechenland)

Weite Sandstrände, klares Wasser, winzige Bergdörfer – und das alles nur 40 Schiffsminuten von Bodrum entfernt. Der gleichnamige Hauptort mit seinem Jachthafen gilt als das Baden-Baden der Ägäis.

Kos, das drittgrößte Eiland des Dodekanes, ist eine attraktive Insel. Das wissen leider zu viele – in der Hochsaison ist die Insel restlos überlaufen. Abgeschiedenheit und Ruhe findet man dann hier genauso wenig wie rund um Bodrum. Sympathisch ist **Kos-Stadt**, wo auch die Fähre anlegt. Der kesselförmige Hafen präsentiert sich farbig und abwechslungsreich. Kleine, bunte Fischerboote liegen eng neben pompösen Jachten, zu Lande Palmen, gemütliche Cafés und eine Reihe von Sehenswürdigkeiten. Wie in Bodrum gibt es auch hier an der Hafeneinfahrt ein *Kastell*, das die Ritter des Johanniterordens im 15. Jh. errichten ließen (tägl. außer Mo 8.30–15 Uhr, Eintritt 3 €). Direkt vor dem Eingang zum Kastell steht die berühmte *Platane des Hippokrates*. In deren Schatten soll der Namensgeber des ärztlichen Eids gelehrt haben. Ein PR-Gag ließ den mächtigen Baum (Durchmesser des Stammes knapp 10 m) zum ältesten Europas werden (2.000 Jahre), obgleich Biologen sein Alter mit rund 500 Jahren angeben. Ein paar Schritte weiter lag einst die *Agora*, heute das größte Ausgrabungsareal der Stadt. Das Gelände ist frei zugänglich.

Nördlich der Agora schließt die **Platia Eleftherias**, der „Platz der Freiheit" an, wo auch das **archäologische Museum** steht. Es beherbergt lokale Funde, Altäre, Büsten, Grabplatten usw. Sehenswert ist im Innenhof das Mosaik „Empfang des Asklepios" aus dem 2. oder 3. Jh. n. Chr. (tägl. außer Mo 8–14.30 Uhr, Eintritt 3 €). Sucht man sich vom Museum einen Weg durch das Gassenwirrwar gen Nordwesten, gelangt man zum antiken **Gymnasion** (frei zugänglich) aus dem 2. Jh. v. Chr., wo einst eine überdachte Laufbahn den Athleten erlaubte, auch bei Regen zu trainieren. Eine wieder aufgerichtete Säulenreihe lässt die einstige Größe der Anlage erahnen. Am Nordende des Gymnasions zeigt ein überdachtes Fußbodenmosaik „Das Urteil des Paris".

Das Highlight von Kos-Stadt, das **Asklepieíon**, liegt ca. 4 km westlich des Zentrums nahe der Straße nach Tigáki (Di–Fr 8.30–18.30 Uhr, Sa/So 8.30–14.30 Uhr, Eintritt 4 €). Lange Zeit nahm man an, dass der 460 v. Chr. auf Kos geborene Hippokrates, einer der Wegbereiter der modernen Medizin, hier gewirkt habe. Die antike Heilstätte samt Wallfahrtsort wurde jedoch erst um 370 v. Chr. erbaut. Das Areal ist auf drei Stufen angelegt: Auf der ersten befanden sich Krankenzimmer, Badeanstalten, Toiletten, Unterrichtsräume usw.; auf der zweiten die Wohnräume der Priester, der Tempel des Äskulap (ionischer Stil) und der Tempel des Apollon (korinthischer Stil); auf der dritten wieder Unterrichtsräume und Krankenzimmer, dazu der große Tempel Äskulaps (dorischer Stil).

Information/Verbindungen/Sonstiges in Kos-Stadt

• *Telefonvorwahl* Internationale Landesvorwahl für Griechenland 0030.

• *Information* An der Uferstraße Akti Miaouli, nahe der Anlegestelle der Tragflächenboote. Hilfsbereit. Tägl. 8.30–14.30 u. 17.30–20.30 Uhr. ✆ 22420/24460, dotkos@hol.gr.

• *Verbindungen auf Kos* **Inselbusse** fahren vom Busbahnhof an der Kleopatras Str. 9 (nahe dem Olympic-Airways-Büro) ab.

• *Fährverbindungen in die Türkei* → Bodrum/Verbindungen, S. 59.

• *Auto-/Zweiradverleih* Zahlreiche Anbieter. Mit folgenden Preisen müssen Sie rechnen: Vespa 10 €, Mountainbike 4 €, Pkws ab 25 €.

Übernachten/Essen & Trinken in Kos-Stadt

Am Hafen wird man von Pensionsbesitzern und Vermietern von Privatzimmern begrüßt. Manche treten recht aggressiv auf und reagieren ungehalten auf eine Ablehnung ihrer Angebote. Lassen Sie sich nicht überreden und sehen Sie sich das Zimmer an, bevor Sie zusagen. Private Unterkünfte gibt es ab 15 €, das DZ in Pensionen ab 20 €.

Hotel Afendoulis, sehr zentral, aber dennoch ruhig. 20 Zimmer, sauber, fast alle mit Balkon. Zum Meer sind es nur 100 m. DZ 33–42 €. Evripilou Str. 1, ✆ 22420/25321, afendoulishotel@kos.forthnet.gr.

Pension Alexis, *die* Adresse in Kos-Stadt. Hier stimmt alles: zentrale Lage, helle Zimmer, heiße Duschen, ein hübscher Garten und nette Besitzer, die sich um ihre Gäste bemühen. Auf der jasminbewachsenen Terrasse trifft man ein internationales Publikum. DZ 20–30 €. Irodoton & Omirou Str. 9, ✆ 22420/28798, 📠 25797.

• *Camping* **Camping Kos**, der einzige Camping der Insel, 4 km südöstlich des Zentrums in Richtung Psalidi. Relativ kleine, aber saubere und freundliche Anlage mit internationalem Publikum. Gute Busanbindung. 2 Pers. mit Zelt 16,50–18,50 €. ✆/📠 22420/23910.

• *Essen & Trinken* **Taverne Petrino**, gemütliches Gartenlokal, in dem es üppig blüht und duftet. Griechische Küche mit internationalem Einschlag, sorgfältig zubereitet. 1a-Vorspeisen, z. B. Avocados mit Shrimps. I. Theologou Platz.

Fish Taverna Psaropoula vorzügliche Fischgerichte, deftig, günstig und in großen Portionen. Die sympathische Betreiberfamilie hat ihre Wurzeln in Kreta und so findet man auch kretische Spezialitäten auf der Karte. Guter Hauswein.

Die schönsten Ausflugsziele der Insel

Inselosten: Der Osten von Kos mit seinen langen Kies- und Sandstränden, Oleanderbüschen am Straßenrand und dem steten Blick hinüber zum türkischen Festland lässt sich gut mit dem Moped erkunden. Die Attraktion hier sind die *Empros-Thermen* am Ende der Straße, die sich von Kos-Stadt entlang der Küste gen Südosten schlängelt. 50°C heißes Wasser strömt dort aus einer Felsspalte, um sich in einem Naturbecken mit Meerwasser zu vermischen.

Die Bucht von Kefalos: beste Aussichten für Strandfaulenzer

Nordküste: Sandstrände mit Dünencharakter und ein flaches Hinterland prägen die Nordküste. Stichstraßen führen zu den Küstenorten, die meisten davon sind fest in der Hand deutscher und britischer Pauschalurlauber. Vom großen Andrang verschont blieb bislang der gemütliche Fischerort *Mastihári*. Am örtlichen Sandstrand spenden Tamarisken Schatten.

Inselinneres und Südküste: Landschaftlich ungemein abwechslungsreich zeigt sich das Inselinnere: fruchtbare Ebenen, unterbrochen von zerklüfteten Landstrichen. In *Antimáchia* können Sie die einzige noch betriebene Windmühle der Insel besichtigen und einen Abstecher zu den mächtigen Grundmauern des nahe gelegenen Kreuzritter-Kastells unternehmen. Oder besuchen Sie eines der Bergdörfer an den Ausläufern oder Hängen des *Díkeos*, mit 846 m der höchste Berg des Eilands. Der Tipp zum Sonnenuntergang lautet *Ziá*, zahlreiche Restaurants mit Aussichtsterrassen buhlen hier um die Gunst der Gäste. Auch lohnt ein Besuch des verlassenen Bergdorfes *Paleopýli*, über dem sich die Ruinen einer byzantinischen Festung erheben. *Kardamena* an der Küste ist ein Retortenstädtchen, fest in der Hand von englischen Pauschaltouristen. Am schmalen Sandstrand liegen die Urlauber dicht gedrängt.

Inselwesten: An der *Bucht von Kéfalos* hält sich der Touristentrubel noch in Grenzen. Die kilometerlangen Strände gelten als die schönsten der Insel. Landeinwärts, erhöht auf einer Bergkuppel, liegt die namensgebende Ortschaft Kefalos. Ein Spaziergang durch die verwinkelten Gassen ist ein Spaziergang in die Vergangenheit. Der Fortschritt hat vor dem Westen der Insel Halt gemacht. Kefalos ist schön, aber auch arm. Unterkünfte und jede Menge Restaurants findet man in *Kamári* unterhalb von Kéfalos:

• *Übernachten* **Panorama Studios**, saubere Apartments mit einer Wahnsinnsaussicht. Für 2 Pers. 30–40 €, vom Inselhighway ausgeschildert, ✆ 22420/71524 o. 71924.

Petros und Maria, 3 Apartments mit in hellem Holz eingerichteten Zimmern, picobello sauber. Für 2–3 Pers. 30 €. An der Ortseingangsstraße. ✆ 22420/71306.

• *Essen & Trinken* Entlang der Uferpromenade eine Vielzahl von Tavernen und Restaurants mit schönem Blick über die Bucht. Unser Tipp ist die **Taverna Faros**, das letzte Lokal im Westen der Bucht. Große Auswahl, flotter Service, reichliche Portionen, leckere in Essig eingelegte Sardinen. Ebenfalls zu loben ist die **Taverna Stamatia**.

Markttag in Milas

Milas

ca. 40.000 Einwohner

Milas ist das florierende Zentrum einer landwirtschaftlich geprägten Umgebung, in dem auch die Hoteliers und Gastronomen von der Küste ihre Großeinkäufe tätigen. Besuchenswert ist das Basarviertel der Altstadt mit seinen engen, von osmanischen Häuschen gesäumten Gassen. Wer hindurch spaziert, kann Kleinhandwerkern bei der Arbeit zusehen, Dosenmachern, Schneidern oder Radioreparateuren. Ihre Beschaulichkeit verliert die Altstadt dienstags zum Wochenmarkt, einem der schönsten der Ägäis. Dann kommen auch Zaungäste aus Bodrum zu einer Stippvisite. Rund um die Altstadt finden sich ein paar herrschaftlich restaurierte Villen aus dem 19. Jh., hauptsächlich aber umgibt sie ein Gürtel mehrstöckiger Apartmenthäuser und überbreiter Straßen im typisch türkischen Provinzrenommierstil.

Geschichte

Heute erinnert nur noch wenig daran, dass *Mylasa* über Jahrhunderte hinweg eine bedeutende Rolle als Zentrum der antiken Landschaft Karien spielte. Als sich das persische Großreich im 6. Jh. v. Chr. Kleinasien einverleibte, setzte der persische König für Karien Regenten ein, sog. Satrapen, die in Mylasa residierten, bis der berühmte Mausolos (→ Bodrum/Geschichte, S. 58) im 4. Jh. v. Chr. den Regierungssitz nach Halikarnassos, dem heutigen Bodrum verlegte. Dennoch blieb Mylasa bis in die römische Zeit eine der führenden karischen Städte. In der Spätantike wurde sie Bischofssitz, ab dem 13. Jh. Hauptstadt des Emirats der Menteşe, einer turkmenischen Dynastie, die der Stadt einige schöne Moscheen hinterließ, darunter die Ulu Cami (→ Sehenswertes). 1391 wurde Milas ein erstes Mal von den Osmanen erobert. Deren Niederlage gegen Timur Lenk brachte die Menteşeoğulları nochmals auf den Thron, bis sie 1424 erneut von den Osmanen vertrieben wurden – seitdem macht die Geschichte einen großen Bogen um Milas.

Orientierung: Von Bodrum kommend, gelangt man für gewöhnlich über den Atatürk Bulvarı, die Hauptachse des Städtchens, ins Zentrum. Sie mündet beim Belediye Parkı (Stadtpark) in einen Kreisverkehr. Hier findet man einen Milas-Übersichtsplan. Zudem sind von hier das Museum und der Grabbau Gümüşkesen (der zugleich als Miniaturnachbau den Kreisverkehr ziert) ausgeschildert. Die Altstadt samt Rathaus (Belediye) erstreckt sich auf einem Hügel nordwestlich des Kreisverkehrs.

Information/Verbindungen/Einkaufen

• *Telefonvorwahl* 0252.

• *Information* Die **Tourist Information** an der Müştakbey Cad. nahe dem zentralen Kreisverkehr in einem Shoppingcenter (Richtung Gümüşkesen abbiegen) ist nur sporadisch geöffnet. ✆ 5230066.

• *Verbindungen* Der internationale **Flughafen DHMI Milas-Bodrum Hava Limanı** (→ Bodrum/Verbindungen, S. 58) liegt mit einer Entfernung von 18 km näher an Milas als an Bodrum. Taxi zum Flughafen ca. 23 €.

Bus: Busbahnhof an der Straße nach Söke ca. 700 m außerhalb des Zentrums. Häufige Verbindungen nach İzmir (3 Std.), Aydın (2 Std.), Bodrum (45 Min.) und Muğla (1¼ Std). Dolmuşe fahren vom Busbahnhof ins Stadtzentrum.

Dolmuş: Dolmuşe nach Bodrum und Söke starten am Busbahnhof, nach Iasos, Güllük Boğaziçi, Çökertme und Ören von der **Tabakhane Dolmuş Garajı** im Zentrum nahe dem Museum.

Übernachten/Essen & Trinken

• *Übernachten* **Otel Sürücü**, am Atatürk Bul., der Ausfallstraße nach Bodrum (ca. 200 m vom zentralen Kreisverkehr entfernt). Bislang unsere einzige Empfehlung, ansonsten schläft man fürs gleiche Geld entweder schlechter oder für weniger Geld in schmutzigen Laken. 24 ordentliche Standardzimmer mit TV, Telefon, Klimaanlage und Balkon. Atriumartige Lobby, Bar und Café im EG. DZ 32 €, EZ 22 €. Atatürk Bul. 10, ✆ 5124001, 📠 5122548. Eine Alternative mag einmal das Hotel **Milas Han** sein, bei unserem Besuch noch ein Rohbau. Es befindet sich ca. 500 m weiter stadtauswärts an der gleichen Straße.

• *Essen & Trinken* Keine feinen Restaurants, dafür zahlreiche gute Lokantas zum Sattwerden. Berühmt ist Milas für seine gebratenen Leberstückchen (*Çiğer*). Man kann sie z. B. in den kleinen Lokalen im Basarviertel unterhalb des Rathauses (Belediye) kosten.

Für einen gemütlichen Nachmittagskaffee bietet sich der schattige Teegarten im **Belediye Parkı** beim zentralen Kreisverkehr an.

Sehenswertes

Landschaftlich reizvoll gelegene Ruinenstätten findet man in der Umgebung. Die bescheidenen Attraktionen der Stadt:

Museum/Baltalı Kapı: Das kleine archäologische Museum zeigt Funde der Umgebung, insbesondere aus Labranda und Euromos, insgesamt aber wenig Spannendes: ein paar Keramikstücke, Marmorstatuen und Säulenkapitelle. Zudem fällt hin und wieder der Strom aus, und dann bleibt der einzige Saal geschlossen.

Verlässt man das Museumsareal und hält sich rechts, stößt man nach ca. 150 m auf den ausgeschilderten Weg zum römischen *Baltalı Kapı* („Tor mit der Axt“), ursprünglich Teil der Stadtmauer. Korinthische Kapitelle schmückten es. Die Doppelaxt im Schlussstein des Torbogens ist Symbol des Göttervaters Zeus. Von hier

Moscheenzauber in Milas

begann einst der Pilgerweg nach Labranda (→ S. 87).

• *Adresse/Öffnungszeiten Museum* Şair Ülvi Akgün Cad., schräg gegenüber der Ulu Cami (ausgeschildert). Mo–Fr 8.30–17.30 Uhr. Eintritt 1,30 €.

Gümüşkesen: Der zweistöckige marmorne Grabbau aus dem 2. Jh. war eine mehr als abgespeckte Kopie des Mausoleums von Halikarnassos (→ S. 65). Immerhin blieb von diesem mehr erhalten. Auf der von Säulen umrahmten oberen Etage befindet sich ein Loch, durch das angeblich Wein auf die in der Grabkammer darunter liegenden Toten gekippt wurde, damit diese auch noch im Tod ihre Freuden hatten.

• *Adresse/Öffnungszeiten* Gümüşkesen Cad., ca. 1 km westlich des Zentrums. Tägl. (außer Mo) 8.30–17.30 Uhr. Eintritt 2,50 € (von außen jedoch genauso gut einsehbar). Anfahrt: Vom Kreisverkehr der Beschilderung „Gümüşkesen" folgen, am Ende der Straße rechts halten (keine andere Möglichkeit), nach ca. 400 m links bergauf, dann nach ca. 600 m rechter Hand.

Moscheen: Zu den interessantesten Gebetsstätten von Milas zählt die *Große Moschee (Ulu Cami)* an der Şair Ülvi Akgün Cad., schräg gegenüber dem Museum. Sie wurde noch ganz in der Tradition des byzantinischen Kirchentypus' 1378 unter den Menteşe-Fürsten errichtet. U. a. musste antike Bausubstanz dafür herhalten. Das eigenartige Minarett kam später hinzu. Die mit kunstvollen Ornamenten verzierte *Firuz-Bey-Moschee* aus dem Jahr 1397, also nach der osmanischen Eroberung, folgt schon dem osmanischen Stil, wie er in Bursa gepflegt wurde. Wegen ihrer bleigedeckten Kuppeln wird die Moschee im Norden der Altstadt auch *Kurşunlu Cami* („Bleierne Moschee") genannt.

Beçin-Burg (Beçin Kalesi): Im 14. Jh. verlegten die Menteşeoğulları ihre Residenz auf ein 200 m hohes Karstplateau 5 km südlich der Stadt. Die neue Festung wurde auf den Überresten eines antiken Tempels errichtet und war noch im 17. Jh. von offenbar vermögenden Burgherren bewohnt – vor ein paar Jahren barg man einen 30 kg schweren Schatz aus 60.000 weitgehend osmanischen Münzen; der bislang größte Münzfund auf dem Gebiet der Türkei. Die Reste der Festung sind nicht allzu spektakulär, doch der Ausblick von oben über die weite Ebene ist herrlich.

Adresse/Öffnungszeiten Die Festung befindet sich an der Straße nach Ören (ausgeschildert). Ören-Dolmuşe passieren den gleichnamigen Vorort, von dort heißt es laufen und schwitzen. Tägl. (außer Mo) 8.30–17.30 Uhr. Eintritt 2,50 €.

Umgebung von Milas

Eskihisar mit Stratonikeia: Die Überreste der antiken Stadt Stratonikeia aus dem 3. Jh. v. Chr. liegen in und um das Geisterdorf Eskihisar verstreut, einer weitestgehend aufgegebenen, ehemals türkisch-griechischen Siedlung rund 30 km östlich von Milas. Das Gros der Einwohner kehrte dem Ort in den 1980ern den Rücken, als die riesigen Abraumhalden der angrenzenden Braunkohlemine bedrohlich nahe rückten. Ein paar Kilometer weiter westlich, an der Straße nach Yatağan, baute man mit staatlicher Unterstützung ein neues Eskihisar auf. Lediglich acht Familien blieben im alten Dorf zurück. Ein Spaziergang hindurch führt vorbei an der eingestürzten Moschee, dem aufgegebenen Teehaus und leer stehenden, unkrautumrankten Häusern. Dazwischen die antiken Ruinen Stratonikeias: Teile der *Stadtmauer* (ganz im Norden), des *Gymnasions* (im Westen), des *Zeustempels* und des *Theaters* (im Süden nahe der Straße nach Milas). Reste Stratonikeias überdauerten aber auch als Bausubstanz in den Häusern Alt-Eskihisars – es lohnt der Blick aufs Detail.

Ein Ritt durch die Vergangenheit: Stratonikeia

• Verbindungen/Anfahrt Von Milas mit dem Dolmuş Richtung Muğla und an der Abzweigung nach Stratonikeia aussteigen. Die Ruinen befinden sich ca. 800 m abseits der Straße. Stets zugänglich, Eintritt 2,50 € (der Wächter findet Sie bestimmt). Alles ist bestens ausgeschildert. Lediglich das Schild „Müze" weist nicht zum Museum, sondern zum Depot des türkischen Grabungsteams.

Zeusheiligtum von Labranda: In der wildromantischen Bergwelt 14 km nördlich von Milas beeindrucken die archaischen Ruinen Labrandas, einst der bedeutendste Kultort Kariens. Der Name rührt daher, dass Göttervater Zeus hier mit einer Doppelaxt (= *labrys*) dargestellt wurde.

Früher führte von Mylasas Baltalı Kapı (→ Milas/Sehenswertes) ein gepflasterter Prozessionsweg zum Bergheiligtum, heute ist die einsame Ruinenstätte auf 700 m Höhe über ein holpriges, schmales Sträßlein zu erreichen. Auf vier künstlichen Terrassen erstreckt sich die Anlage. Archäologen der schwedischen Universität Uppsala, unter deren Leitung immer wieder Ausgrabungen stattfanden, vermuten, dass die ältesten Fundamente bis in das 7. Jh. v. Chr. zurückreichen. Die bedeutendsten Bauwerke stamen aus dem 4. Jh. v. Chr. und entstanden im Auftrag von Mausolos (→ Bodrum/Geschichte, S. 58) und dessen Bruder Idrieus. Mausolos, der in Labranda ein Attentat überlebt hatte, wollte damit den Göttern seinen Dank bezeugen. In römischer Zeit wurde die Anlage erweitert und umgebaut, nach einer schweren Brandkatastrophe im 4. Jh. gab man die Kultstätte auf.

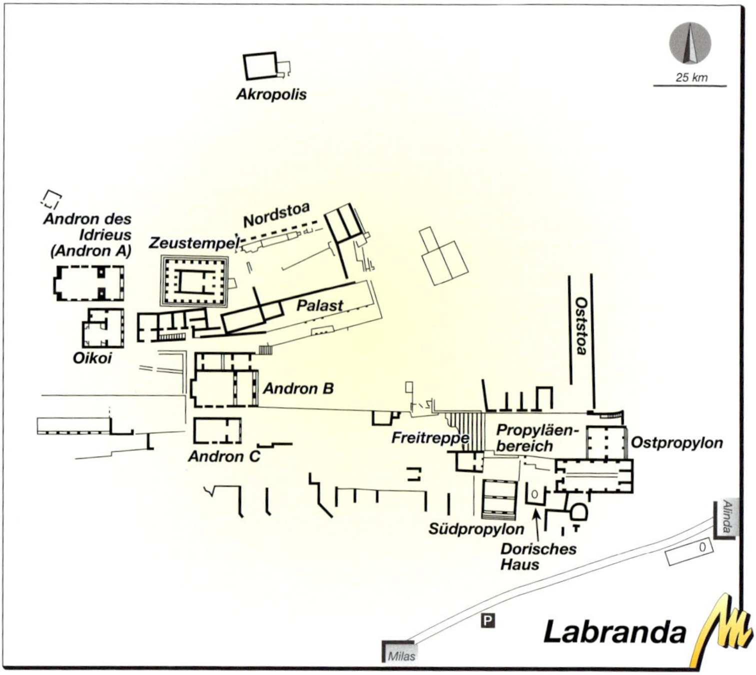

Die wichtigsten Bauwerke sind mit Hinweistafeln versehen. Vom kleinen Parkplatz an der Straße steigt man für gewöhnlich zuerst zum *Propyläenbereich* im Südosten des Heiligen Bezirks auf. In der Antike betrat man hier durch mächtige, mit Säulenhallen geschmückte Torbauten den Tempelbezirk. Die wenigen Reste des Ost- und Südpropylons lassen den alten Glanz kaum mehr erahnen.

Eine 12 m breite Freitreppe führt weiter in den westlichen Teil des Heiligen Bezirks, wo u. a. die *Andrones* („Männergemächer") des Heiligtums lagen – Gebäude, in denen religiöse Zeremonien zu Ehren Zeus' stattfanden. *Das Andron des Idrieus* (Andron A) ist zugleich das besterhaltene Gebäude der gesamten Grabungsstätte. Das sog. *Oikoi* daneben diente als Archiv und gelegentlich auch für kultische Gelage.

Auf der obersten Terrasse stehen und liegen die Reste des *Zeustempels*, der dem Athenatempel in Priene ähnelte und daher dem gleichen Architekten zugeschrieben wird. Die Aussicht von hier begeistert nicht nur Trümmerfreaks.

• Verbindungen/Anfahrt Keine Dolmuşanbindung, die Anfahrt ist nur mit dem eigenen Fahrzeug oder mit dem Taxi (retour ca. 24 €) möglich. Die Straße nach Labranda (im Norden von Milas ausgeschildert) ist vollständig geteert, streckenweise jedoch sehr wellig und mit Schlaglöchern übersät. Wer von Labranda weitere 18 km durch die Einsamkeit holpert (die Straße war im Sommer 2005 allerdings eine einzige Katastrophe), gelangt zur Ausgrabungsstätte Alinda (→ Umgebung Aydın, S. 137).

• Öffnungszeiten Stets zugänglich. Das Kassenhäuschen ist so gut wie nie besetzt, Tickets werden von der auf dem Ruinengelände wohnenden Familie verkauft. Eintritt 2,50 €.

Zwischen Milas und Kuşadası

Rund 100 km trennen Milas von Kuşadası. Die reizvolle und abwechslungsreiche Strecke entlang der Nationalstraße 525 verläuft abseits der Küste durch das wilde karische Bergland und die Schwemmlandebene des Großen Mäander. Entlang des Weges liegen die Ruinen des Zeustempels von *Euromos*, eine kleine Einstimmung auf die hochkarätigen Ausgrabungsstätten *Didyma*, *Milet* und *Priene* weiter im Norden. Ebenfalls hochkarätig – im Hinblick auf landschaftliche Schönheit – sind die fast surrealistisch wirkende Bergwelt am *Bafa-See* und die von Kiefernwäldern überzogene Halbinsel des *Dilek-Nationalparks*.

Zeustempel von Euromos

Der römische Tempel aus dem 2. Jh. gehört zu den besterhaltenen antiken Bauten der Türkei. Von den ursprünglich 32 korinthischen Säulen steht noch die Hälfte. Der Tempel ist zugleich ein schönes Beispiel für das in der Antike beliebte Bau-Sponsoring: Noch heute, nach über 1.800 Jahren, erinnern Inschrifttafeln an den Säulen an die Namen der großzügigen Finanziers. Die dazugehörige Siedlung Euromos, einst eine mit Mylasa eng verbundene Stadt, ist nur ansatzweise ausgegraben und bislang wenig sensationell. Kümmerliche Reste der *Stadtmauer*, der *Agora* und des *Theaters* findet man in der Nähe des Tempels.

• *Verbindungen/Anfahrt* Der Tempel liegt 12 km nordwestlich von Milas ca. 200 m rechts der Straße nach Söke (ausgeschildert) und ist mit den Dolmuşen auf dieser Strecke gut erreichbar.

• *Öffnungszeiten* Offiziell tägl. 8–18.30 Uhr (danach frei zugänglich). Eintritt 2,50 €.

Bafa-See (Bafa Gölü)

Türkisgrünes Wasser, drum herum Natur pur und ein romantischer Ruinenort in bizarrer Landschaft: Der traumhaft gelegene Bafa-See lohnt mehr als nur einen Tagesausflug.

Vor 2.000 Jahren gab es den Bafa Gölü noch gar nicht. Damals war hier eine Meeresbucht, der Latmische Meerbusen, in welchen der Große Mäander (→ „Die Schwemmlandebene ...“, S. 101) mündete. Doch infolge der Abholzung der anatolischen Wälder und der damit verbundenen Erosion führte der Fluss immer mehr Schwebstoffe mit sich, die er im Mündungsgebiet ablagerte. So entstand die große Mäanderebene, die einen Teil des Golfes, den heutigen Bafa Gölü, vom neuen Küstenverlauf abtrennte.

Heute ist der 15 km lange und 5 km breite See, dessen helle Quarzsandstrände zum Baden einladen, samt seiner Umgebung ein Nationalpark. Das Südufer prägen weite Olivenhaine, an seiner Nord- und Ostseite türmt sich das wild zerklüftete *Beşparmak*-Massiv auf (1.375 m, nach seinem höchsten Gipfel auch Latmosgebirge genannt). Es ist eine bezaubernde Felslandschaft, durchspickt von gewaltigen Gneisbrocken – herrlich zum Wandern. Am Nordostufer – inmitten der Ruinen des antiken Herakleia – liegt zudem das idyllische 300-Seelen-Dorf Kapıkırı mit mehreren Pensionen, in denen sich ruhige Naturen auch gerne längere Zeit einnisten. Die karische Stadt Herakleia wurde noch am Latmischen Meerbusen gegründet. Sie war von einer 6,5 km langen Stadtmauer umgeben, die Häuser kletterten von der Küste die dahinter liegenden Hänge bis auf 500 m hinauf. Die größte Blüte erlebte Herakleia in hellenistischer Zeit. Das Schicksal der Stadt wurde durch die Verlandung des Latmischen Golfs besiegelt.

Verbindungen/Sonstiges

Straßenverkauf am Bafa-See

• *Telefonvorwahl* 0252.

• *Verbindungen* Die **Dolmuş**e von Söke nach Milas passieren die Südseite des Sees. Ins Dorf Kapıkırı bestehen nur äußerst unregelmäßige Verbindungen. Am besten steigt man in Bafa-Dorf (an der Straße Söke-Milas) an der Abzweigung nach Kapıkırı aus und legt die restlichen 9 km per Anhalter oder mit dem Taxi zurück. Kostenlose Transfers bieten, sofern man über Nacht bleibt, i. d. R. die Pensionsbesitzer.

> **Hinweis**: Wer den See auf seiner Nordseite umfahren will, sollte über ein geländetaugliches Fahrzeug verfügen!

• *Eintritt* Sofern das Kassenhäuschen besetzt ist, zahlt man am Ortseingang von Kapıkırı für die Besichtigung von Herakleia 2,50 €. Bezahlen Sie nur gegen Vorlage eines Tickets!

• *Bootsausflüge* Werden von nahezu allen Unterkünften angeboten. Ziele, Preise und Länge hängen von der Anzahl der Teilnehmer und deren Wünschen ab.

• *Baden* Problemlos möglich im See. Aber Achtung: Wo der Einstieg steinig ist, kann es glitschig sein. Sandstrände findet man beim Dorf Kapıkırı, mehrere Kiesstrände zudem am Südufer. Einsame Badebuchten liegen auf dem Weg zur Zwillingsinsel (→ Wandern).

• *Wandern* Das Beşparmak-Massiv ist ein ideales Gebiet für halbwegs konditionsstarke und trittsichere Wanderer. Als Ziele locken Felsenklöster und Eremitagen. Eine beliebte Wanderung führt zum **Stylos-Kloster**, dauert einfach 4–5 Std. und sollte nur in Begleitung eines Führers unternommen werden, Infos in den Pensionen. Kaum verlaufen kann man sich hingegen bei einer kleinen Wanderung (ca. 3 Std.) von Kapıkırı zur byzantinischen Festung auf der **Zwillingsinsel** (*İkizada*) – einfach dem Nordufer des Sees gen Westen folgen und den letzten Abschnitt hinüber waten. Einwöchige Wanderprogramme (mit Übernachtung und Essen) bietet die Pension Agora (s. u.) ab 360 € an.

• *Einkaufen* Hochwertiges, günstiges Olivenöl! Man ersteht es entweder von den Bauern in Kapıkırı oder direkt bei den Olivenölfabriken in Bafa am Südostufer des Sees.

Übernachten/Essen & Trinken

Die Motels und Campings zwischen See und Straße am Südufer sind bis auf eine Ausnahme leider nicht empfehlenswert – die LKWs rollen hier, so eine Lesermeinung, direkt über das Kopfkissen bzw. den Schlafsack hinweg! Als Standorte bieten sich in erster Linie die einfachen Pensionen in Kapıkırı an. Fast allen sind Restaurants angeschlossen, in denen neben schmackhafter türkischer Landküche auch Aal, Zander oder Weißfische frisch aus dem See auf den Teller kommen.

Club Natura Oliva, am Südufer des Sees in herrlicher Lage, ausgeschildert. Unter deutsch-türkischer Leitung. 34 Zimmer in einem weiten Olivenhain auf mehrere Ge-

Strandidylle am Bafa-See

bäude verteilt. Klimaanlage, Zentralheizung, offener Kamin, Moskitonetze über dem Bett, fast alle Zimmer mit Terrasse und Seeblick. Seezugang, Kanuverleih. Ganzjährig geöffnet. DZ mit HP (offenes Büfett mit Produkten aus ökologischem Anbau) 88 €. Organisiert werden auch Tagestouren ins Beşparmak-Massiv. ✆ 5191072, www. clubnatura.de.

Agora Pansiyon, populärste und komfortabelste Pension Kapıkırıs, mitten im Dorf. Viel ausländisches Publikum, auch Gruppen. 12 angenehme Zimmer, z. T. in kleinen Holzbungalows, alle mit Bad und Aircondition. Freundlicher, familiärer Service, deutschsprachig. Führungen durch Herakleia oder hinauf ins Gebirge, zudem Bootstouren. Hamam, Heizung für den Winter. Schöne Terrasse. DZ mit HP 60 €. ✆ 5435445, www. herakleia.com.

Selene's Pension, in Kapıkırı etwas näher am See. Einfache, aber freundliche Zimmer mit Aircondition, z. T. mit privaten Sanitäranlagen und Terrasse. Gemütliches Terrassenlokal. Pro Person mit HP je nach Zimmer 15–25 €. ✆ 5435221, www.bafalake.com.

Pension Pelikan, am Ortseingang von Kapıkırı. Von Lesern hoch gelobt. Familiäre Pension mit hervorragender Küche, tolle Restaurantterrasse mit Seeblick. 10 kürzlich restaurierte, kleine, aber saubere Zimmer mit Du/WC und Klimaanlage. DZ mit HP 44 €. ✆ 5435158.

Haus Yasemin Pansiyon, im Dorf Kapıkırı relativ weit oben, ebenfalls von Lesern empfohlen („Die Familie Duran liest einem jeden Wunsch von den Augen ab"). Sehr sauber. Nur 4 Mehrbettzimmer mit Fliesenböden, Klimaanlage und freundlichem Kiefernholzmobiliar. Etagenbad. Küchenmitbenutzung (Waschmaschine), schöne Terrasse. Pro Person mit HP 22 €. Flughafentransfer, Wanderungen, Bootstouren. ✆/℻ 5435598, www.bafa-see.de.

• *Camping* Über ein paar schöne Stellplätze direkt am Wasser verfügt die **Zeybek Pension** in Kapıkırı. Günstig, mäßige Sanitäranlagen. Herrliches Terrassenlokal mit guter Küche. Als Pension nicht zu empfehlen. ✆ 5435441.

Sehenswertes

Die Ruinen der antiken Stadt Herakleia in und um das Dorf Kapıkırı sind bestens ausgeschildert. Weithin sichtbar ist der alles überblickende *Athenatempel*, dem nur das Dach und die Vorhalle fehlen. Auf der *Agora* steht heute ein Schulgebäude, das

Theater ist nicht viel mehr als eine Mulde im Hang. Einen eindrucksvollen Einblick in hellenistische Militärarchitektur gibt die *Stadtmauer*, die sich zwischen Häusern und Gärten hindurch zieht. Auf dem Weg von der Ortsmitte Kapıkırıs zum See lässt das *Endymion-Felsheiligtum* jeden gemächlich vorbeitrabenden Esel von einer Mütze Schlaf des begehrtesten Langschläfers der Menschheit (→ Kasten) träumen. Am Ufer entdeckt man noch Reste der alten *Nekropole* – viele Sarkophage stehen heute unter Wasser. Die Ruine auf der Halbinsel im See war einst ein befestigter, byzantinischer *Bischofssitz*.

In den schwer zugänglichen Bergen finden sich weitere christliche Relikte – der Latmos war ab dem 7. Jh. Refugium für Eremiten und kleine Mönchsgemeinschaften (→ Wandern). Ungestört von gottlosen Piraten und moslemischen Glaubenskämpfern führten sie in ihren versteckten Klöstern ein zurückgezogenes Leben.

Endymion

Irgendwo in einer Höhle im Latmos-Gebirge schläft der schöne Jüngling Endymion seinen ewigen Schlaf. Um die mythologische Figur, vermutlich ein Enkel des Göttervaters Zeus, ranken sich viele Legenden. Die schönste erzählt von der Mondgöttin Selene, die sich in Endymion verliebte und ihn, aus Angst, ihn zu verlieren, in ewigen Schlaf versenkte. Nacht für Nacht suchte sie ihn daraufhin auf, versüßte seine Träume und gebar ihm insgesamt 50 Töchter. Das Thema wurde in der Literatur und Malerei vielfach behandelt. Über Jahrhunderte hinweg war Herakleia für seinen Endymionkult bekannt. In welcher Form er begangen wurde, ist heute jedoch vergessen.

Didyma (antike Stätte)

Das Didymaion, die größte antike Tempelanlage der Türkei, beherbergte die bedeutendste Orakelstätte Kleinasiens. Im Ansehen rangierte diese unmittelbar hinter dem Orakel von Delphi.

In der Antike war Didyma im Unterschied zu Milet oder Priene nie eine Stadt, sondern diente einzig dem Kult des Gottes Apollon. Verwaltet wurde der Tempelbezirk von Milet (→ S. 96) aus, mit dem er durch eine 16 km lange, statuengeschmückte *Heilige Straße* verbunden war. Damals umgab ein Hain den kolossalen Tempel, heute steht er inmitten des ehemals griechischen Dorfes Didim. Dessen Kirche wurde in der ersten Hälfte des 20. Jh. in eine Moschee umgewandelt, die alten Natursteinhäuser beherbergen heute Restaurants, Läden und Teppichverkäufer. Das neue Didim etwas weiter, ein stetig expandierendes Konglomerat einheitlicher Apartmentblocks, ist mit Altınkum (s. u.) mittlerweile so gut wie zusammengewachsen.

Geschichte

Grabungsfunde lassen darauf schließen, dass es hier bereits im 11. Jh. v. Chr. ein Heiligtum gab, in dem die Erdmutter Gaia verehrt wurde. Zu jener Zeit bestand der heilige Ort aus nicht viel mehr als einem kleinen Kulttempel mit einer Quelle. Man nimmt an, dass die Mileter diesen Kult im 8. Jh. v. Chr. auf die Zwillinge Apollon und Artemis übertrugen. Sie glaubten, Didyma sei der Ort ihrer Zeugung gewesen.

Schon bald darauf leuchtete Didymas Stern hell am Orakelhimmel. Vom lydischen König Krösus bis zum ägyptischen Pharao Necho – jeder Pilger und Ratsuchende stiftete kostbare Gaben. Und so hatte das Priestergeschlecht der Branchiden, die das Heiligtum hüteten, schnell die Mittel zusammen, um dem Kult einen würdigen Rahmen zu verleihen. Ein monumentaler Tempel wurde gebaut. Doch 494 v. Chr., noch vor seiner Vollendung, plünderten die Perser das Heiligtum und brannten es nieder.

In der Masse baden – Strand von Altınkum bei Didyma

Nach der Vertreibung der Perser in der zweiten Hälfte des 4. Jh. v. Chr. plante man den Wiederaufbau der Kultstätte. Noch gigantischer sollte sie diesmal werden, die größte Kleinasiens. Dass auch dieser Tempel nie vollendet wurde, lag nicht zuletzt an den unermesslichen Kosten des Projekts: Aus Inschriften weiß man, dass allein eine der 20 m hohen Tempelsäulen rund 20.000 Arbeitstage erforderte – und der Plan sah einen Wald von 122 Säulen vor! Hinzu kam, dass die Arbeiten aufgrund kriegerischer Auseinandersetzungen immer wieder für Jahrzehnte ruhten.

Als das Christentum Staatsreligion wurde, stellte man die Arbeiten am Tempel nach über 600 Jahren Bauzeit endgültig ein. Die Ruine diente als Festung, das Adyton als Kirche, bis beide Ende des 15. Jh. nach einem Erdbeben aufgegeben wurden. Die Reste der antiken Bauruine sind jedoch noch immer überaus imposant. Erste Ausgrabungen fanden unter französischer Leitung 1872 statt. Zwischen 1905 und 1914 wurde der Tempel vollständig freigelegt. Heute leitet das Deutsche Archäologische Institut die Forschungsarbeiten vor Ort.

• *Verbindungen* **Dolmuşe** auf der Strecke Söke-Altınkum passieren Didim, aber nicht alle halten am Tempel, nachfragen! **Organisierte Tagesausflüge** nach Didyma, meist in Verbindung mit dem Besuch von Priene und Milet, werden von Bodrum, Kuşadası und Selçuk angeboten.

• *Öffnungszeiten* Tägl. 9–20 Uhr, im Winter bis 17 Uhr. Eintritt 1,30 €. Wer mehr über Didyma erfahren möchte, dem sei der vor Ort erhältliche kleine Führer von Prof. Dr. R. Naumann empfohlen.

• *Übernachten* **Medusa House**, schmucke Pension in Tempelnähe. 6 freundliche Zimmer in einem alten Natursteinhaus. Davor ein uriges Gärtchen fürs stundenlange Frühstück. Die Besitzer (er türkisch, sie deutsch) besitzen ein Motorboot – für Abwechslung ist also gesorgt. DZ 50 €. ✆ 0256/8110063, www.medusahouse.com, in Deutschland 0179/2089363 (mobil).

Oracle Pension, direkt neben dem Tempel. Herrliche, urgemütliche Terrasse mit toller Aussicht auf die Ruinen. 6 sehr einfache, aber auch irgendwie niedliche Zimmer mit und ohne Bad, z. T. mit Balkon. DZ 32 €. ✆ 0256/8110270.

Etliche 08/15-Unterkünfte von Fünf-Sterne-Häusern bis zu einfachen Pensionen zudem in **Altınkum** (s. u.).

• *Camping* Campingmöglichkeiten auf dem Picknickgelände **Tavşan Burnu** ca. 6 km nördlich von Didyma direkt am Meer mit einem gepflegten Strand. Großer Platz unter Kiefern. Restaurant. Bis auf die Sanitäranlagen ganz einladend. Am Wochenende viele Tagesgäste. Zelten für 2 Pers. pro Tag rund 5 €, mit Wohnmobil ca. 8,50 €.

Besichtigung der Tempelanlage

Der riesige Tempel (51 x 110 m) kann auf seiner Ostseite über eine 13-stufige Freitreppe betreten werden – beeindruckend sind hier die gigantischen Säulenstümpfe mit einem Durchmesser von zwei Metern. Teils schmücken schöne Reliefs ihre Basen. Die ionischen Kapitelle zierten einst Stierköpfe und Gottheiten, der Fries des Architravs zeigte liegende Löwen, Akanthusranken und Medusenköpfe, darunter der heute wohl meistfotografierte Medusenkopf der Welt, der nun gleich hinter dem Eingang zum Ausgrabungsareal aufgebahrt ist. Achtung: Der Blick der Medusa soll alle töten, die schlechte Absichten hegen!

Rund um die Tempelmauer war eine doppelte Säulenreihe geplant. Drei der 20 m hohen Säulen stehen noch bzw. wieder in ihrer vollen Pracht. Auf der Nordseite ist die doppelte Säulenreihe deutlich auszumachen, auf der Südseite blieb es vielfach bei deren Planung. Zwar finden sich hier Werkspuren, doch keine Säulenstümpfe. Auf der Westseite (Rückseite) bietet sich der Anblick einer umgestürzten, in einzelne Trommeln zerfallenen Säule.

An den *Pronasos*, die Tempelvorhalle, die einst auf weiteren 12 Säulen ruhte, schließt die höher gelegene *Orakelhalle* an. Diese war nur den Priestern zugänglich, und wurde vom Innenhof des Tempels betreten. Durch ein monumentales „Fenster“ (6,63 x 14 m) leiteten die Priester hier die Orakelsprüche des Apollon an das Volk weiter. Die Marmorquader zu beiden Seiten des Fensters wiegen je 70 Tonnen.

Rechts und links davon befinden sich die zwei tunnelartigen Gewölbegänge zum *Adyton* (dt. „unzugänglich“), dem 54 x 25 m messenden Innenhof des Didymaions, den nur Priester betreten durften. Er war mit Lorbeerbäumen bepflanzt und von einer 26 m hohen Mauer umgeben, die noch bis zu einer Höhe von etwa 10 m erhalten ist. Hier stand auch der *Naiskos*, ein kleiner Tempel, in dem sich die bronzene Kultstatue des nackten Apollon befand. Eine gewaltige Freitreppe führt zudem vom Innenhof hinauf in die Orakelhalle. Je nach Lichteinfall kann man dort Architekturzeichnungen an den Wänden erkennen, zudem Inschriften, die über den Bau des Tempels Auskunft geben.

Altınkum und Umgebung

Der 5 km südlich von Didyma gelegene Badeort ist eine gesichtslose, wild wuchernde Ansammlung von Apartmentblocks, Hotels und Pensionen. Überall prangen Schilder von Immobilienmaklern, ab rund 15.000 £ gehen hier Ferienwohnungen über den Tisch. Die meisten Kunden sind Briten, auf die auch die Speisekarten der hiesigen Restaurants zugeschnitten sind: *Full English Breakfast* und *Fish 'n' Chips* zu Preisen, die das Doppelte des Landesdurchschnitts überschreiten. Wem das nicht reicht: Im zentral gelegenen „Our Restaurant“ serviert man aus England importierte „Pork Sausages with Heinz Beans“... Etliche Discobars und Open-Air-Kneipen am südwestlichen Ende der Bucht sorgen für ein unterhaltsames Nachtleben. Das große Plus des Orts ist sein langer, gepflegter, sanft ins Meer abfallender Sandstrand, der – außerhalb der Saison – seinem Namen (*altın kum* = goldener Sand) alle Ehre macht. Im Hochsommer ist von seiner goldenen Pracht aber nichts zu sehen, denn damit er nicht ausbleicht, wird er täglich mit tausenden von Sonnenschirmen und Handtüchern abgedeckt.

Medusa von Didyma

Auch an der fjordartigen Küste östlich von Altınkum gibt man sich alle Mühe, das Antlitz einer einst intakten Küstenlandschaft zu zerstören. *Akbük Limanı*, die erste große Bucht nach Altınkum, ist gespickt mit Ferienhaussiedlungen und Mehrsterne-Hotelanlagen. Zum Glück kann man zwischen viel Beton aber immer noch den einen oder anderen schönen Sandstrand entdecken. Weiter östlich, in der Bucht *Kazıklı Limanı*, wird Fischzucht betrieben. In ein paar urigen Lokalen direkt am Wasser werden die Köstlichkeiten serviert. Noch ein Hinweis: Die Gegend östlich von Altınkum ist schlecht beschildert. Zudem existiert die in vielen Karten eingezeichnete Küstenstraße von der Kazıklı-Limanı-Bucht nach Iasos nicht!

• *Verbindungen* Regelmäßige **Dolmuş**verbindung von Altınkum über Didyma nach Söke. Von dort gelangt man mit Bussen in den Rest der Türkei, Bustickets kann man bereits in Altınkum erstehen. Im Sommer tägl. **Fährverbindungen** zur Bodrum-Halbinsel (→ Bodrum/Verbindungen, S. 59). Tagesausflügler von Bodrum, die Milet, Didyma und Priene besichtigen wollen, können in Altınkum für rund 60 € ein **Taxi** chartern.

Noch ein Badetipp: Mit den feinsten Stränden der Türkei ist der Küstenabschnitt zwischen Didyma und Milet nicht gesegnet, dennoch bietet sich auch hier ein Sprung ins kühle Nass an: Ca. 10 km nördlich von Didyma befindet sich ein schöner kleiner Sandstrand mit ein paar Sonnenschirmen und Liegen unterhalb des **Restaurants Kumsal**. Baden kann man auch (gegen einen kleinen Obolus) beim Picknickgelände **Tavşan Burnu** ca. 6 km nördlich von Didyma, ebenfalls an der Straße nach Milet: gepflegter Strand mit einem schattigen Wäldchen dahinter. An der Straße von Didim nach Milet befindet sich zudem ein **Aquapark**.

Milet (antike Stadt)

80.000 Einwohner und vier Häfen zählte Milet. Doch wo einst Handelschiffe in See stachen, liegen heute weite Baumwollfelder. Und zwischen den Ruinen vergessener Monumentalbauten grasen Schafe.

Wie Ephesus war auch Milet durch Verlandung seiner Häfen dem Untergang geweiht. Die Ruinen liegen heute rund 10 km abseits der Küste und lassen kaum mehr erahnen, dass die Stadt eine der bedeutendsten Hafenstädte der griechischen Antike war. Wie keine andere gründete sie Kolonien und trieb einen lebhaften Seehandel. Und gäbe es heute noch einen Bürgermeister, würde er bei jeder Festrede auf die berühmten Söhne der Stadt verweisen: Da war zum einen Thales (625–547 v. Chr.), der erste abendländische Philosoph, der heute jedoch vor allem als Mathematiker bekannt ist – wer bei den Dreiecken in der Schule aufgepasst hat, der kennt ihn. Sein Schüler Anaximander erfand vermutlich die Sonnenuhr und erkannte als erster, dass die Erde frei im Weltraum schwebt. Dessen Schüler Anaximenes wiederum unterschied Planeten von Fixsternen und sah bereits das Mondlicht als Reflex des Sonnenlichtes an. Hippodamos von Milet war der einflussreichste Stadtplaner der Antike. In Milet wurde zudem das von den Phöniziern übernommene Alphabet vervollständigt. Und auch viel früher als anderswo hatte man hier begonnen, Münzen zu prägen und Gewichte festzulegen.

Geschichte

Man nimmt an, dass Milet im 16. Jh. v. Chr. durch kretische Siedler gegründet wurde. Nach dem Geschichtsschreiber Herodot eroberten im 11. Jh. v. Chr. Ionier die

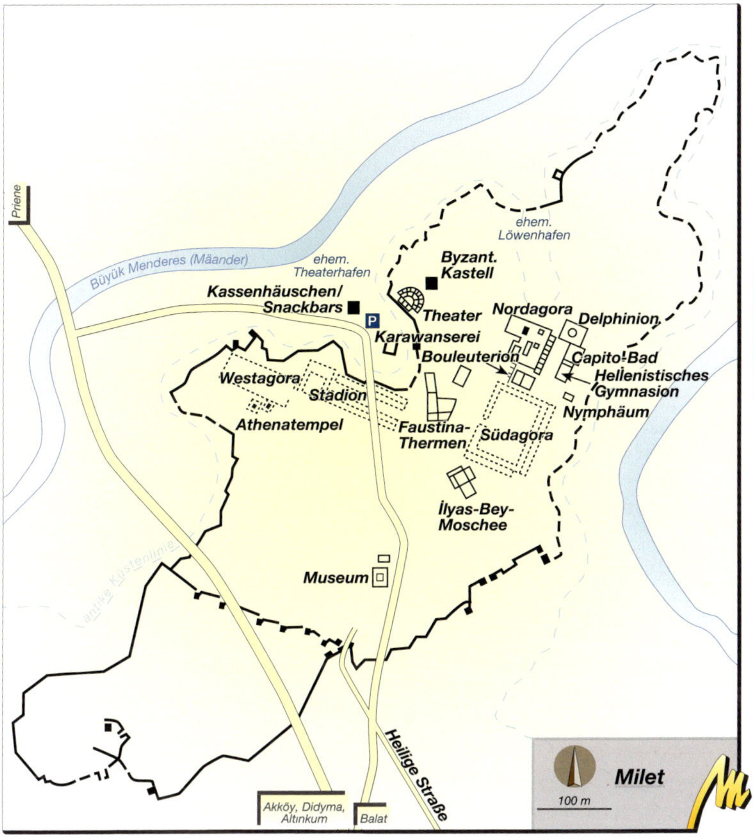

Stadt und töteten alle Männer. Deren Frauen machten sie zu ihren eigenen – angeblich sollen diese aus Hass nie mit ihnen gesprochen haben. Wie dem auch war, die Stadt entwickelte sich unaufhaltsam und miletische Kolonisten gründeten schon ab dem 8. Jh. v. Chr. am Mittelmeer und am Schwarzen Meer mehr als 90 Tochterstädte, von denen Constanza (Rumänien), Sinop, Samsun und Trabzon (Türkei) die bekanntesten sind. Unter dem Tyrannen Thrasybulos erreichte Milet im 6. Jh. v. Chr. seinen Zenit, wurde geistiges Zentrum, bevorzugter Hafen und Handelsplatz Ioniens. In jener Zeit begann man mit dem Bau des Tempels von Didyma.

Nach einem gescheiterten Aufstand gegen die persische Großmacht wurde Milet 494 v. Chr. geplündert, zerstört und ein großer Teil der Bevölkerung verschleppt. Doch schon 479 v. Chr. begann man mit dem Wiederaufbau der Stadt, diesmal nach dem sog. hippodamischen System, an dem sich fortan alle planmäßigen Stadtgründungen der griechischen Klassik und des Hellenismus orientierten: Nicht mehr in engen, verwachsenen Gassen sollten die Menschen leben, sondern in Rasterstädten mit Schachbrettmuster (→ Priene).

Auferstanden aus Ruinen erlebte die neue Stadt bald wieder wirtschaftlichen Wohlstand – Kleider und Mobiliar „made in Milet" waren im Mittelmeerraum sehr begehrt. Eine politische Führungsrolle kam den als prunksüchtig geltenden Miletern aber nicht mehr zu, vielmehr wurde die Stadt in den nächsten beiden Jahrhunderten zum Spielball verschiedener Mächte. Ruhe kehrte erst wieder unter der Herrschaft Pergamons ein. In jene Zeit fallen auch die „Milesischen Geschichten", erotische, novellenartige Erzählungen von Aristides von Milet. Unter Rom (ab 133 v. Chr.) erlebte die Stadt ihre letzte Blüte, Cäsar, Antonius und der Apostel Paulus statteten ihr einen Besuch ab.

In byzantinischer Zeit war es bereits still um Milet, obwohl die Stadt noch zu einem Bischofssitz erhoben wurde. Fortan pflegte sie ein Schattendasein in der Weltgeschichte. Im 14. Jh. erhielt sie als Hafenstadt des Menteşe-Emirats (→ Geschichte Milas) einen neuen Namen: Balat (Palatia). Irgendwann im 17. Jh. gab man die Versuche auf, gegen die Verlandung des Hafen anzukämpfen und die ehemals so mächtige Hafenstadt verwandelte sich nun endgültig in ein langweiliges Provinznest. 1955 wurde Balat nach einem Erdbeben aufgegeben und ein paar Kilometer weiter südlich in typisch türkischer Dorfmanier wieder aufgebaut. Erste archäologische Untersuchungen unternahm 1899 Theodor Wiegand vom Berliner Museum. Noch heute erforscht das Deutsche Archäologische Institut die antike Stadt.

• *Verbindungen* **Organisierte Tagesausflüge**, meist in Verbindung mit dem Besuch von Priene und Didyma, werden von Bodrum, Kuşadası und Selçuk angeboten.

Theoretisch bietet sich von Söke eine Anfahrt mit dem **Dolmuş** an (ca. 3-mal tägl., nur am Vormittag). Da die Dolmuşe meist aber umgehend zurückkehren, hat man kaum eine Chance, nach der Besichtigung noch auf einen Dolmuş zuzusteigen. Alternativ dazu besteht auch die Möglichkeit, von Söke den Dolmuş nach Altınkum zu nehmen und unterwegs im Dorf Akköy auszusteigen. Von dort 5 km (!) zu Fuß zum Ruinengelände. Vor Ort großer gebührenpflichtiger Parkplatz und mehrere kleine Restaurants.

• *Öffnungszeiten* Tägl. 8–20 Uhr (im Winter kürzer). Eintritt 1,30 €.

Sehenswertes

Ein Besuch des Ausgrabungsgeländes gewinnt an Faszination, wenn man sich vorzustellen vermag, dass sich das antike Milet auf einer rund 2,5 km langen Halbinsel erstreckte. So lag z. B. zu Füßen des Theaters der sog. *Theaterhafen*, in dem einst Handels- und Kriegsschiffe dümpelten und heute das Kassenhäuschen und ein paar Snackbars stehen. Die wichtigsten Bauwerke, das Gros stammt übrigens aus römischer Zeit, lassen sich in einem Rundgang besichtigen. Wer alle zu Fuß abklappern will, sollte mindestens einen halben Tag einkalkulieren, nach stärkeren Regenfällen sind Gummistiefel keine schlechte Idee. Genießer sollten sich das Theater – diesem gegenüber verblassen die anderen Ruinen – als Highlight für den Schluss aufheben.

Theater: Das eindrucksvolle Theater, eines der größten Kleinasiens, wurde unter Kaiser Trajan (97–117 n. Chr.) auf den Fundamenten eines hellenistischen Theaters errichtet. Die Vorderfront misst 140 m, der obere Umgang ist 500 m lang. Über 30 m ragt der imposante Bau aus der Ebene auf. Das gewaltige Theaterhalbrund fasste zwischen 15.000 und 25.000 Zuschauer – die Quellen sind sich uneins. Ausgezeichnet erhalten sind die 18 unteren Sitzreihen. Die beiden Säulen dort trugen einst einen Baldachin, unter dem der Kaiser Platz zu nehmen pflegte. Das Bühnengebäude war reich verziert mit Pilasterkapitellen, Statuen und Reliefs, es lohnt, sich die verstreut liegenden Architekturfragmente näher anzuschauen. Auf der Hügelkuppe über dem Theater thront – gewissermaßen als Zugabe – ein zerfal-

Im Theater von Milet

lenes *byzantinisches Kastell* aus dem 8. Jh. Von ihm genießt man eine ausgezeichnete Aussicht über das weitläufige Ruinengelände inmitten der Mäanderebene.

Löwenbucht: Nördlich des Theaters lag der sog. Löwenhafen, dessen Einfahrt zwei große marmorne Löwenfiguren flankierten. An der inneren Spitze des Hafens stand das *Trophäum*, ein Hafenmonument, von dem noch der vierstufige Sockel (Durchmesser 11 m) mit einem Tritonenfries erhalten ist. Anfangs ehrte es wahrscheinlich Pompeius, der 63 v. Chr. das östliche Mittelmeer vorübergehend von der Piratenplage erlöste, später Kaiser Augustus für dessen ruhmreiche Taten in der Seeschlacht von Actium. Vom Trophäum führte eine 30 m breite Prachtstraße, die rechter Hand von einer *Kolonnadenhalle* gesäumt wurde, zum Delphinion.

Delphinion: Der Freilichttempel, von dem nur noch das pflanzenüberwachsene Fundament zu sehen ist, diente der Verehrung des Apollon Delphinios, des Gottes der Seeleute, Häfen und Schiffe. Der Komplex besaß einen von Säulenhallen umgebenen Innenhof mit einem kleinen Rundpavillon aus Marmor. Vor dem Delphinion begann die *Heilige Straße*, die nach Süden zum Didymaion (→ S. 92) führte.

Nordagora: Rechter Hand der heiligen Straße lag das nördliche Marktviertel (90 x 43 m), das ursprünglich allseits von Säulen umgeben war. Mit mehr als 200 Läden bildete es eines der bedeutendsten Handelszentren der Stadt. Heute ist der Platz von Tamarisken und Algen überwuchert, ein kleiner Teil der *Stoa* wurde rekonstruiert. Auf der anderen Seite der Heiligen Straße sieht man Reste einer römischen Thermenanlage, des sog. *Capito-Bades*, und daran anschließend Reste eines *hellenistischen Gymnasions.*

Bouleuterion: Um 170 v. Chr. wurde zwischen der Nord- und der noch größeren Südagora der Ratssaal der Stadt errichtet. Man betrat die Anlage durch einen Torbau an der Ostseite und gelangte in einen von Säulenreihen umgebenen Innenhof, in dem ein dem Kaiser Augustus geweihter Altar stand. Der Sitzungssaal dahinter

Zwischen den Ruinen der größten ionischen Stadt weiden heute Kühe

bot, einem Theater gleich, auf 18 gut erhaltenen Sitzreihen etwa 1.200 Ratsmitgliedern Platz.

Nymphäum: Gegenüber dem Bouleuterion stand das einst prachtvolle Brunnenhaus mit einer dreigeschossigen Prunkfassade, gestiftet von Trajans Vater. In den Nischen der Hauptfassade waren 27 Götterfiguren aufgestellt, die z. T. auch als Wasserspeier dienten. Das Bauwerk enthielt zudem öffentliche Toiletten und zwei Wasserreservoirs. Das unterste Stockwerk konnte weitgehend rekonstruiert werden.

Südagora: Sie lag südlich von Nymphäum und Bouleuterion und war mit rund 33.000 qm eine der größten der antiken Welt. Das imposante Nordtor wurde wieder aufgebaut – im Berliner Pergamon-Museum.

İlyas-Bey-Moschee: Noch weiter südlich steht die Ruine einer 1404 von Emir İlyas von Menteşe errichteten Moschee. Da zu jener Zeit schon viele Bauten der Stadt funktionslos waren, klaute man von diesen die Steine dazu. Nach dem Erdbeben von 1955 wurde sie zwar notdürftig renoviert, innen aber ausgeräumt.

Faustina-Thermen: Auf dem Weg wieder zurück zum einstigen Theaterhafen, stößt man auf die Reste einer großen Thermenanlage, die im Jahre 164 n. Chr. von Faustina II., der Gattin Mark Aurels, gestiftet wurde. Es gab Kalt-, Warm- und Heißwasserbecken sowie Schwitzräume, die allesamt überreich mit Marmor ausgekleidet waren. Dahin ist dahin. Gut erhalten ist aber noch das *Frigidarium*, der Abkühlungsraum mit der intakten Skulptur des Flussgottes Mäander und jener eines Löwen.

Weiter westlich liegen in einer Grube die Fundamente eines **Stadions** und noch weiter westlich die spärlichen Reste der **Westagora**, an die sich südlich die Grabungsstelle des **Athenatempels** anschließt. Funde davon – heute in den Museen von İzmir und İstanbul – lassen vermuten, dass dieser Ort zugleich zu den ältesten Siedlungsstätten Milets gehört. Vorbei an ein paar Souvenirgeschäften und Restaurants gelangt man zurück zum Parkplatz. Dabei fällt der Blick auf eine schön restaurierte **Karawanserei** aus dem 15. Jh., dem wohl letzten großen Bauwerk Milets. Noch bis vor wenigen Jahren wurden in ihr Teppiche verkauft, zum Zeitpunkt der letzten Recherche stand sie leer. Auch das kleine **Museum** mit Grabungsfunden an der Straße nach Balat war bei unserem letzten Besuch nicht zugänglich, soll jedoch 2007 wieder eröffnet werden.

Die Schwemmlandebene des Mäanderdeltas

Wo 494 v. Chr. in einer großen Seeschlacht die Mileter den Persern unterlagen, erstreckt sich heute eine weite Ebene von mehreren hundert Quadratkilometern. Die größten Baumwollplantagen der Ägäis sind hier zu finden. Sie bieten zur Ernte im Herbst Arbeit für tausende Pflücker, größtenteils Saisonarbeiter aus Ostanatolien, die unter teils erbärmlichen Bedingungen in Zeltlagern am Rande der Felder hausen. Die Schwemmlandebene schuf der *Büyük Menderes,* der die Küstenlinie durch seine starke Sedimentation im Laufe der Jahrhunderte so weit vorschob (im Schnitt 9 m pro Jahr), dass die antiken Hafenstädte Priene und Milet heute kilometerweit im Landesinnern liegen. Zwar führte die Verlandung letztendlich zum Untergang der Städte, war aber aufgrund des fruchtbaren Bodens anfangs auch ausschlaggebend für deren Aufstieg.

Im Mündungsgebiet des Großen Mäanders erstreckt sich heute eine schilfgesäumte Lagunenlandschaft, Brut- und Überwinterungsgebiet vieler Vögel – ein Paradies für Ornithologen. Pfeif- und Krickenten, Brachschwalben, Stelzenläufer, Pelikane, Spornkiebitze und sogar Flamingos können hier beobachtet werden.

Priene (antike Stadt)

Hoch über der Schwemmlandebene des Büyük Menderes thront das antike Priene. Die Lage der Ausgrabungsstätte ist grandios, die Ruinen selbst sind es weniger, auch wenn Archäologen dem für gewöhnlich widersprechen: Denn in Priene dominiert – eine Seltenheit in der Ägäis – überwiegend unverfälschte griechische Bausubstanz, da die Stadt bereits in römischer Zeit nahezu bedeutungslos geworden war.

Das heute ausgegrabene Priene wurde zu Mitte des 4. Jh. v. Chr. neu gegründet. Die Reste der Vorgängerstadt, welche einst direkt am Latmischen Meerbusen lag und wegen Verlandung ihres Hafens aufgegeben wurde, ruhen irgendwo metertief unter der Schwemmlandebene. Die neue Stadt wurde terrassenförmig im Schachbrettmuster nach dem hippodamischen System (→ Milet/Geschichte, S. 97) angelegt. Sie war durch Längs- und Querstraßen in etwa 80 Parzellen von 35 x 47 m unterteilt. Auf jeder Parzelle hatten ca. vier Privathäuser Platz. Die befestigte Akropolis, von der nur noch spärliche Mauerreste erhalten sind, wurde nördlich der Stadt auf einem knapp 250 m hohen Felsblock errichtet.

Als das Stadtsäckel leer war, kam 334 v. Chr. zum Glück Alexander der Große vorbei: Er übernahm die Baukosten des Athenatempels. Eine kurze Blütezeit brach an. Doch schon 277 v. Chr. zerstörten die Galater die Stadt. Nach dem erneuten Wiederaufbau geriet Priene in die Diadochenkämpfe und nahm durch Brände und Plünderungen großen Schaden. Unter römischer Regentschaft (ab 133 v. Chr.)

herrschte zwar Friede, doch mit der zunehmenden Verlandung des Golfes und dem Verlust seines Hafens sank Priene mehr und mehr in die Bedeutungslosigkeit ab. Byzanz schenkte der Stadt zwar noch einen Bischofssitz, doch Prienes Untergang tat dies keinen Abbruch. Im 14. Jh. verließen sie die letzten Bewohner.

Erste Ausgrabungen erfolgten 1868 durch ein britisches Team. Zwischen 1895 und 1899 legte der Pergamon-Entdecker Carl Humann mit seinem Kollegen Theodor Wiegand die Stadt systematisch frei. Die bedeutendsten Skulpturen und Bauteile wanderten nach İstanbul, ins Britische Museum und ins Berliner Pergamon-Museum.

• *Verbindungen/Anfahrt* Von Söke stündl. **Minibusse**. Von Kuşadası und Selçuk **organisierte Tagestouren** nach Priene, Milet und Didyma. Priene ist von der Straße Söke-Milas ausgeschildert. Die Ruinenstadt liegt oberhalb des Dorfes Güllübahçe und ist auf einem schmalen Sträßchen bequem zu erreichen.

• *Öffnungszeiten* Tägl. 9–19 Uhr, im Winter kürzer, außerhalb der Öffnungszeiten frei zugänglich. Eintritt 1,30 €.

• *Übernachten/Essen & Trinken* In Güllübahçe finden sich einige Restaurants und eine Pension: **Priene Pension**, ausgeschildert. 16 ordentliche, geräumige Zimmer mit (gefülltem!) Kühlschrank und Moskitonetzen, die sich um ein idyllisches Mandarinengärtchen gruppieren. Im August manchmal vom Grabungsteam belegt. Nebenan kräht der Hahn mit dem Muezzin um die Wette. Campingmöglichkeiten. DZ 20 €. ☎ 0256/5471725, 📠 5471565.

Sehenswertes

Leider erleichtert der schachbrettartige Grundriss der Stadt keinesfalls die Orientierung: Wo einst geradlinige, gepflasterte Straßen waren, winden sich heute Feldwege und Pfade hinauf und hinab. Verwirrend ist zudem, dass die Stadt nicht nur in Hanglage, sondern zugleich noch rund um einen Hügelrücken errichtet wurde. Zum Glück aber sind alle bedeutenden Bauwerke auch mit deutsch beschrifteten Schautafeln versehen. Der Parkplatz samt Kassenhäuschen befindet sich nahe dem Osttor weit unterhalb der meisten Sehenswürdigkeiten. Nach Betreten des Ruinen-

Athenatempel von Priene, das Hauptheiligtum der antiken Stadt

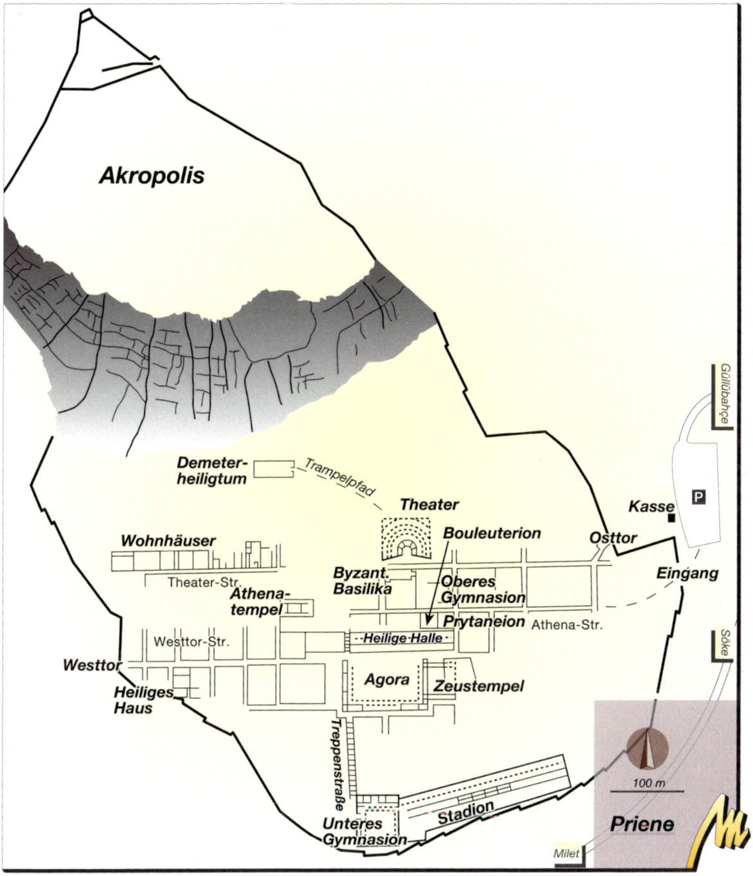

feldes hält man sich rechts und steigt zum Zentralbereich der Stadt auf. Die interessantesten Monumente im Überblick:

Theater: Verhältnismäßig klein, fasste es mit seinen 50 Sitzreihen knapp 6.500 Zuschauer. Unmittelbar vor der Orchestra stehen fünf marmorne *Ehrensessel* für hohe Würdenträger, auf der Hauptachse befindet sich der *Dionysos-Altar*. Vom Bühnengebäude, in römischer Zeit renoviert, steht noch das Erdgeschoss, ebenso die gut erhaltene Säulenreihe der Vorhalle. Man nimmt an, dass zwischen die Säulen verzierte Holztafeln gesetzt wurden, die als Kulisse dienten. Zu Füßen des Theaters, unter Kiefern hinter dem Bühnengebäude, liegen die Reste einer *byzantinischen Basilika.* Von hier verläuft die Theaterstraße zum weiter westlich gelegenen Athenatempel. Ein kleiner Abstecher führt davor zum Demeterheiligtum.

Demeterheiligtum: Versteckt im Pinienwald oberhalb des Theaters liegen die spärlichen Reste des stark zerstörten, der Göttin der Feldfrucht geweihten Heiligtums.

Ein Trampelpfad führt hin, den Einstieg findet man am obersten Theaterrang. Der Grundriss des ummauerten, heiligen Bezirks ist noch deutlich zu erkennen. Einst betrat man die Anlage zwischen einem Wasserreservoir und einer Wohneinheit von Osten aus. Gegenüber stand der Tempel, davor eine Säulenhalle. Hier fand man die Marmorstatue der Oberpriesterin Nikesso; in Priene einst hoch geschätzt, verblasst sie heute im Berliner Pergamon-Museum.

Athenatempel: Der Architekt Pytheos (4. Jh. v. Chr.), der mit dem Mausoleum von Halikarnassos (→ Bodrum, S. 65) eines der sieben antiken Weltwunder entwarf, gab auch in Priene sein Bestes. Hier schuf er den Athenatempel, das Hauptheiligtum der Stadt. Heute ist leider nur noch dessen Fundament erhalten, von dem fünf wieder aufgerichtete, ionische Säulen samt Kapitellen imposant in den Himmel ragen. Bevor der Tempel einem Erdbeben zum Opfer fiel, war er von einer Säulenreihe umgeben. Die Kultstatue der Athene darin war um die 6,5 m hoch. Ihr Abbild zierte u. a. römische Münzen. Der Anblick des Tempels hoch über dem Golf von Latmos, vor der Kulisse einer schroffen, senkrecht aufsteigenden Felswand, muss beeindruckend gewesen sein.

Blick vom Theater

Agora und Heilige Halle: Eine Treppenflucht führt vom Tempel hinab zu einem Brunnen. Ein paar Schritte zur Linken stößt man auf die stattliche Agora (75 x 35 m), die einst das wirtschaftliche Herz der Stadt war. Auf dem Platz erkennt man noch die Sockel, auf denen die Statuen wohlverdienter Bürger standen. Zur Mäanderebene hin grenzt die Agora an eine Säulenhalle, auf der Ostseite finden sich die spärlichen Reste eines *Zeustempels*, auf den später ein byzantinischer Wehrturm gebaut wurde.

Direkt dahinter, zur Hangseite hin, liegen etwas erhöht die Ruinen der sog. Heiligen Halle (12,5 m tief, 116 m lang), ein zweischiffiges Gebäude mit einer äußeren Doppelreihe von 49 dorischen und einer Mittelreihe von 24 ionischen Säulen. Die rückwärtigen Kammern (an der Nordwand) dienten überwiegend als Archive. In der 9. (vom Westen gezählt) wurde zudem Kaiser Augustus verehrt. Hier fand man auch diverse Inschriften zur Stadtgeschichte, u. a. über die Einführung des Julianischen Kalenders 9 v. Chr.

Wohnhäuser am Westtor: Die Hauptstraße zwischen Agora und Heiliger Halle führt gen Westen zu den privaten Wohnhäusern der Stadt. Sie bestanden meist aus einem rechteckigen Innenhof, um den sich eine Vorhalle sowie Schlaf- und Essgemächer gruppierten. Am wenigsten nagte der Zahn der Zeit am *Heiligen Haus*, in dem Alexander der Große gewohnt haben soll. Man findet noch ein Kieselmosaik und zwei Podien zur Götterverehrung. In anderen Häusern sind noch Reste von Fresken und Wasserbecken zu entdecken.

Bouleuterion: Nordöstlich der Heiligen Halle liegt das noch gut erhaltene Bouleuterion. Hier versammelte sich der Rat der Stadt. Es war ein verhältnismäßig kleines, quadratisches und fensterloses Gebäude mit Holzdach, das jedoch ungefähr 650 Leuten, rund einem Zehntel der Bevölkerung, Platz bot. Licht kam durch die offene Südseite hinein. Auf dem etwa 1 m hohen Altar vor der Tribüne wurde vor jeder Sitzung den Göttern ein Opfer gebracht.

Prytaneion: In dem Gebäude direkt neben dem Bouleuterion residierte der Magistrat. Erhalten sind ein Marmortisch, ein Wasserbassin im Hof sowie ein Herd in einem Nebenraum, vermutlich der Standort des Heiligen Feuers der Stadt.

Unteres Gymnasion: Hangaufwärts des Prytaneions lag das *Obere Gymnasion*, dessen Reste wenig sehenswert sind. Anders das Untere Gymnasion, das über eine Treppenstraße von der Agora zu erreichen ist. Der quadratische Innenhof war auf allen Seiten von dorischen Hallen gesäumt. Deutlich erkennt man noch den Baderaum mit Becken, in die Wasser aus einer umlaufenden Rinne mit putzigen Löwenkopfspeiern lief. Daneben lag der Ephebensaal, der den jüngeren Schülern als Unterrichtsraum diente. Diese waren auch nicht besser als heutige Schulpflichtige: Die marmornen Wände sind über und über mit Schülersprüchen, Namen und Kritzeleien bedeckt.

Stadion: Das Stadion, 191 m lang und 20 m breit, schließt östlich an das Gymnasion an. Im Westen sind – durch Pfeiler abgetrennt – die Startschwellen der Läufer gut erhalten. Gestartet wurde hinter einer Schranke, die vor allen Startboxen gleichzeitig hochschnellte – ähnlich der heutigen Startanlage bei Pferderennen. Die Hanglage ließ nur Zuschauerränge auf der Nordseite (= Hangseite) zu. Die *Steintribüne* im Mittelteil und der dahinter liegende *Porticus* sind gut erhalten.

Söke und Magnesia

Die unverfälschte Kleinstadt Söke (ca. 64.000 Einwohner) bietet nicht viel mehr als einen lebendigen Mittwochsmarkt, zu dem die Landbevölkerung pilgert und wohin organisierte Ausflüge von Kuşadası angeboten werden. Außerdem hat Söke als Knotenpunkt im Busverkehr Bedeutung.

Rund 15 km nördlich von Söke, rechts und links der Straße nach Ortaklar, liegt das antike Magnesia (im Sommer tägl. 8.30–19 Uhr, Eintritt 1,30 €). Viele Ruinen schlummern noch unter der Erde, die Universität Ankara bringt sie peu à peu ans Tageslicht. Bedeutendstes Bauwerk der Stadt war der *Artemistempel*, von dem aber nicht mehr allzu viel erhalten ist. Er zählte zu den größten Tempelanlagen (41 x 67 m) Kleinasiens. Teile des Tempelfrieses befinden sich heute in İstanbul, Paris und Berlin. Vom Propylon wurden ein paar Säulen wieder aufgestellt. Die Straßenlokantas von Ortaklar 4 km weiter sind übrigens bekannt für ihre leckeren *Çöpşiş* (Minispieße) – ein empfehlenswerter Lunchstopp.

Verbindungen **Dolmuşe** von Söke über Magnesia nach Ortaklar, Priene, Milet und Didyma, zudem nach Kuşadası und Milas. Busverbindungen in alle größeren Städte der Westtürkei. Startpunkt ist der große Busbahnhof (ausgeschildert).

Weiter **Richtung Selçuk?** Auf dem Weg dahin passieren Sie **Çamlık** → S. 131.

Dilek-Nationalpark (Dilek Milli Parkı)

Der 1966 auf der Dilek-Halbinsel erschlossene Nationalpark rund um den 1.237 m hohen *Samsun Dağı* ist ein 11.000 ha großer Lichtblick in der verbrauchten und verbauten Natur rund um Kuşadası. Kiefernwälder bedecken ein Drittel des Parkareals und machen Wanderungen und Mountainbiketouren auch in der Sommerhitze erträglich. Wer leise ist, kann zahlreiche Vogelarten (darunter Komorane und Pelikane), Wildschweine, Schakale, Luchse und Wildpferde zu Gesicht bekommen. Selbst der anatolische Leopard soll sich hier noch tummeln.

Die herrlichen, bestens ausgeschilderten Strände des Nationalparks verfügen über Restaurants und Picknickbänke. Da sie größtenteils flach ins Meer abfallen, sind sie zudem sehr kinderfreundlich. Das Wasser ist glasklar. Als erstes kommt die Sandbucht *İçmeler*, zugleich der kleinste Strand; darauf folgt *Aydınlık* (Kies); dann der größte und frequentierteste Beach *Kavaklıburun* (auch *Kalamaki* genannt, Kies/Sand) und zum Schluss der *Karasu*-Strand (z. T. feiner Kies). Kleiner Wermutstropfen: An Wochenenden sind die Strände gnadenlos überlaufen. Die Westspitze der Halbinsel ist militärisches Sperrgebiet – Sámos ist keine 2 km entfernt, und die Soldaten möchten sich beim gegenseitigen Belauern nicht stören lassen.

Den Eingang zum Nationalpark erreicht man über **Güzelçamlı**, retortig an der Küste, fast bäuerlich-provinziell im dahinter liegenden Zentrum. 100 m vorm Eingang zum Park weisen Schilder zur „Zeus Mağarası", einer **Grotte** mit Bademöglichkeit. Das Wasser leuchtet je nach Lichteinfall in Grün- oder Blautönen. Um die Grotte ranken sich allerlei Legenden, u. a. soll hier die Jungfrau Maria gebadet haben; seitdem soll der Sprung ins kühle Nass Schönheit verleihen.

• Verbindungen/Anfahrt Regelmäßige **Dolmuşe** ab Kuşadası und Söke. Sie fahren im Park nur den Kavaklıburnu-Strand direkt an, zu den anderen Stränden muss man von der Durchgangsstraße noch ein paar Minuten laufen. Der Park ist von der Straße Kuşadası-Söke mit „Milli Park/Davutlar" ausgeschildert.

• Öffnungszeiten Tägl. von 8 Uhr bis Sonnenuntergang. Eintritt 1,90 €, Auto 5 €. Grillen und Übernachten verboten.

• Wandern Es ist möglich, den Nationalpark von Nord nach Süd über den Gebirgszug des Samsun Dağı bis nach Doğanbey (s. u.) zu durchwandern. Herrliche Aussichten sind garantiert. Ein einheimischer Führer ist empfehlenswert, denn das Gelände im Park bietet mit seinen vielen Trampelpfaden wenig Orientierungspunkte. Lohnenswert ist auch der kurze Trip in die mit „Kanyon" ausgeschilderte größte Schlucht des Parks. Eine Orientierungstafel finden Sie am Parkeingang.

Tipp: Auch die strandlose Südseite der Halbinsel lohnt einen Abstecher. Von Kuşadası erreicht man sie über Söke. Ca. 15 km hinter Priene weist ein braunes Schild nach **Doğanbey**, dem ehemals griechischen Dorf Domatia. Reiche Türken richten sich die alten Natursteinhäuser als Sommersitze wieder her. Aus der ehemaligen Schule wurde ein Nationalpark-Infozentrum (tägl. 8.30–18 Uhr). Die Weiterfahrt auf der Küstenstraße endet nach weiteren 7 km in der Häuseransammlung **Karine** vor der militärischen Sperrzone. Direkt am Meer serviert dort das „Karina Restaurant" fangfrischen Fisch zu günstigen Preisen.

Häusermeer Kuşadası

Kuşadası
Stadtplan S. 111

Kuşadası

ca. 50.000 Einwohner

Kuşadası ist der größte Urlaubsort der türkischen Ägäis und jedem Kreuzfahrer ein Begriff. Ein stetes An- und Ablegen der Luxusliner sorgt dafür.

In der Hochsaison bevölkern in Spitzenzeiten rund 800.000 Menschen Kuşadası samt den angrenzenden Badebuchten und machen aus dem Küstenstädtchen eine Urlaubsmetropole. Hotelkomplexe, Feriendörfer und Clubanlagen wuchern wild, und ein Ende ist nicht abzusehen. Um eine perfekte Infrastruktur zu gewähren, baut man die „Häuser in der Nähe von den Straßen und haben Höfe beim Hintern", so die neueste Stadtbroschüre.

Kuşadası bietet seinen Gästen aus aller Herren Länder zudem eine passable Altstadt mit ein paar malerischen Gassen, Strände zum Sehen und Gesehen werden sowie ein turbulentes Nachtleben. Auch gibt der Hafen mit seinen Ausflugsschiffen und Luxusjachten ein schönes Bild ab. Die Hauptattraktionen, wahre kulturhistorische Sahnebonbons, serviert die Umgebung: Die beeindruckende Ruinenanlage von Ephesus ist nur einen Katzensprung entfernt, die Ausgrabungsstätten von Priene, Milet und Didyma sind in einem Tagesausflug zu erkunden.

Kuşadası selbst hat hingegen nur wenige kulturhistorische Sehenswürdigkeiten aufzuweisen. Zentrale Landmarke ist die *Karawanserei* am Hafen, im 17. Jh. von Großwesir Öküz Mehmet Pascha erbaut. Heute befindet sich darin ein Hotel, das allabendlich zu orientalischen Nächten mit Bauchtanzshows einlädt. Die vor der Küste liegende *Taubeninsel (Güvercin Ada)*, von der Kuşadası (dt. „Vogelinsel") seinen Namen erhielt, ist über einen Damm zu Fuß zu erreichen. In und auf den Überresten der dortigen genuesisch-osmanischen Burg befinden sich ein paar Cafés – nette, wenn auch nicht ganz billige Plätzchen für einen gemütlichen Sundowner. In den Burgturm auf der Insel soll übrigens einmal ein *Stadtmuseum* einziehen.

Geschichte

Vom antiken *Phygela*, das an der Stelle des heutigen Kuşadası lag, ist nichts erhalten und nur wenig bekannt. Anders aber verhält es sich mit der Siedlung namens *Scala Nova* („Neuer Hafen"), die hier im 13. Jh. von genuesischen und venezianischen Kaufleuten gegründet wurde, nachdem der verlandete Hafen von Ephesus unbrauchbar geworden war. Es existieren noch Reste der einstigen Stadtmauer, auch das geradlinige Straßennetz der Altstadt geht auf jene Zeit zurück. Im 15. Jh. eroberten die Osmanen den Ort und gaben ihm seinen heutigen Namen. Kuşadası entwickelte sich in der Folgezeit zu einem munteren Hafenstädtchen, das über Jahrhunderte hinweg enge und florierende Beziehungen zu Sámos unterhielt. Doch nach der Vertreibung seiner griechischen Einwohner 1923 rutschte es zu einem unbedeutenden Fischernest ab. Das änderte sich in den 1970ern, als die ersten Kreuzfahrtschiffe zum Ephesuslandgang anlegten. Einige Billighotels und Lokantas begannen zudem, abenteuerlustigen Reisenden für ein paar Lira Essen und Unterkunft zu bieten. Mitte der 1980er entdeckten schließlich britische Reiseveranstalter den Ort und bauten ihn zu einem Urlaubszentrum aus. An ihre „Pionierarbeit" erinnert noch die *Pub Lane*, ein fast schon historisches Sträßchen, an das sich Kneipen im englischen Stil reihen. Heute kommen Reisende aus aller Welt, zudem ist Kuşadası neben Çeşme *das* Wochenendausflugsziel für den Großraum İzmir. Und wie Çeşme geriet auch Kuşadası im Sommer 2005 in die Schlagzeilen der internationalen Presse: Bei einem Terroranschlag auf einen Minibus kamen fünf Menschen ums Leben, 14 wurden verletzt. Zur Tat bekannte sich eine Splittergruppe der PKK.

Information/Verbindungen/Ausflüge

• *Telefonvorwahl* 0256.

• *Information* Am İskele Meydanı, Auskünfte auf Englisch und Deutsch. In der HS tägl. 8–19 Uhr, in der NS Mo–Fr 8–12 und 13–17.30 Uhr. ✆ 6141103, 📠 6146295.

• *Verbindungen* **Bus**: Busbahnhof ca. 2 km außerhalb an der Straße nach Söke, Dolmuşverbindungen ins Zentrum. Tagsüber alle 30 Min. nach İzmir (1¼ Std.), mehrmals tägl. nach Bodrum (2½ Std.) und Pamukkale (4 Std.), 2-mal tägl. nach Marmaris (5 Std.) und Fethiye (6 Std.).

Dolmuş: Dolmuşe nach Pamucak und Selçuk starten am Busbahnhof, die nach Söke, Güzelçamlı und zum Dilek-Nationalpark vom Candan Tarhan Bul. In die Dolmuşe zum Kadınlar Plajı kann man vor der Tourist Information zusteigen, in die zum Kuştur-Strand am Atatürk Bul. vor dem Atınç Hotel.

Schiff: Fähren nach Sámos (Vathí) April–Okt./Nov. tägl. gegen 8 Uhr, zurück gegen 17.30 Uhr, Fahrtzeit 1½–2 Std. Tickets kauft man am Vortag bei einer Reiseagentur oder direkt bei den Vertretungen der Fährgesellschaften (**Azim Tours**, Güvercin Ada Cad., ✆ 6141553, www.azimtours.com oder **Meander Travel**, Kıbrıs Cad. 1, ✆ 6143859, www.meandertravel.com). Preise inkl. Hafensteuern: pro Person einfach 25 €, retour am selben Tag 30 €, offenes Rückfahrtticket 50 €. In manchen Jahren verkehren auch Autofähren (2005 Sa, So und Mo, zuletzt nur über Meander Travel buchbar). Auto einfach 100 €, mit offenem Rückfahrtticket 150 €.

• *Bootsausflüge* Direkt an den Anlegestellen am Hafen oder in einem Reisebüro bucht man Ausflüge in die weite Bucht von Kuşadası. Tagesausflug pro Person ab 10 € inkl. Lunch.

• *Organisierte Touren* Esels-, Pferde- oder Jeepsafaris, Türkische Nächte oder Ausflüge zu diversen Zielen werden an vielen Ecken angeboten. Für eine Besichtigung von Priene, Milet und Didyma empfiehlt sich für Alleinreisende der Anschluss an eine organisierte Tour (ca. 30 € pro Person, ab 2 Pers. rechnet sich schon ein Taxi), da die Anfahrt zu allen drei Zielen mit Dolmuşen kompliziert und zeitraubend ist. Die meisten Fahrten dorthin starten am Mi, dem Markttag in Söke, wo ein Zwischenstopp eingelegt wird. Weitere Preisbeispiele: Ephesus 35 €, Pamukkale 29 €, Jeepsafari 30 €, Bodrum 33 €, „Village Life" 17 €.

• *Taxi* Taxis stehen an nahezu jeder Ecke. Für die Standardtouren gelten die an Tafeln angeschriebenen Festpreise (hin/zurück): Didyma, Milet und Priene als Paket 50 €, Şirince 40 €, Ephesus 30 €. Eine Fahrt zum Airport nach İzmir kostet ca. 40 €.

Adressen/Einkaufen/Veranstaltung

• *Ärztliche Versorgung* Staatliches Krankenhaus **Devlet Hastanesi** an der Straße nach Kuştur, ✆ 6182414. Der Deutsch sprechende **Allgemeinarzt** M. Fahri Önder praktiziert über einem Friseurladen an der Sağlık Cad., ✆ 6143457.

• *Autoverleih* Die Anzahl der Vermieter ist groß, das Preisniveau ähnlich, Vergleiche lohnen dennoch. Internationale Verleiher wie **Avis** am Atatürk Bul. 26/A (✆ 6144600; www.avis.com.tr) oder **Europcar** am Atatürk Bul. 68/B (✆ 6146770, www.europcar.com.tr), billigstes Auto pro Tag um die 56 €. Bei den lokalen Anbietern bezahlt man 30–40 € pro Tag.

• *Deutsche Literatur* Zeitungen und Zeitschriften sind überall erhältlich. Deutschsprachige Bücher gibt's zuweilen im **Kuydaş Kitabevi** in der Kahramanlar Cad. 84 b.

• *Einkaufen* Eine der Lieblingsbeschäftigungen der Kuşadası-Gäste. Fast die ganze Innenstadt besteht aus Shoppingpassagen, z. T. mit klangvollen Namen wie Grand oder Orient Basar. Geboten wird viel überteuerter Plunder.

Tipp: In Yenidoğan, ca. 30 km südlich von Kuşadası an der Nationalstraße 525 Söke–Milas, liegen (kurz hinter der Abzweigung nach Priene) etliche **Factory-Outlet-Läden**, wo man Markenware von *Wrangler, Puma, Nautica* etc. günstiger und auch als 2. Wahl kaufen kann.

• *Geld* **T.C. Ziraat Bankası** mit Automat am Barbaros Hayrettin Bul.

• *Polizei* Am Atatürk Bul. schräg gegenüber dem Restaurant Ali Baba. ✆ 6141022.

• *Post* Am Barbaros Hayrettin Bul.

• *Türkisches Bad (Hamam)* Ein historisches Bad ist das **Kaleiçi Hamamı**. I. d. R. baden Männer und Frauen (fast ausnahmslos Touristen) gemeinsam. Eintritt mit Massage 16 €, bis spät in den Abend geöffnet. Ecke Tuna Sok./7 Eylül Sok.

• *Waschsalon* **Can Laundry**, pro Maschine waschen und trocknen 6,30 €. Özgür Sok. 8 (Seitenstraße des Adnan Menderes Bul.).

• *Zweiradverleih* Großes Angebot. Motorbikes der verschiedensten Klassen 16–70 € pro Tag.

Kuşadası
Stadtplan S. 111

Übernachten (siehe Karte S. 111)

Luxuriöse Mehr-Sterne-Clubanlagen findet man vorrangig an den Stränden südlich und nördlich von Kuşadası. Die Mittelklasse liegt zentral in erster Reihe, Pensionen sind oft unauffällig in den Gassen der Innenstadt versteckt. Ganz günstig, aber stil- und charakterlos kommt man in der NS auch in den einfacheren Pauschalurlauber-Hotels etwas landeinwärts rund um den Adnan Menderes Bul. unter. Grundsätzlich ist überall mit Lärmbelästigung zu rechnen, egal ob durch Straßen oder Kneipen.

**** **Hotel Kismet (5)**, auf einer Landzunge nördlich des Zentrums. 1966 als eines der ersten gehobenen Hotels Kuşadasıs eröffnet. 80 geräumige, abgeschabte, aber noch immer charmante Zimmer mit Terrasse oder Balkon und Meeresblick. Drum herum ein schöner Park. Ruhige Lage. Restaurant. Am eigenen Strand wird allerhand Wassersport angeboten. Wer sich in die Besuchergalerie von Joan Baez bis Queen Elizabeth einreihen möchte, zahlt für ein DZ ab 110 €, für ein EZ 80 €. ✆ 6181290, www.kismet.com.tr.

Club Caravanserail (16), in der Karawanserei von Kuşadası. Vornehmlich Busgruppen steigen hier ab. Orientalische Atmosphäre, nicht nur was die Architektur anbelangt: nahezu jeden Abend Bauchtanzvorführungen. Die DZ (66 €) sind recht klein und dunkel, aber komfortabel. ✆ 6144115, www.kusadasihotels.com/caravanserail/.

Villa Konak (12), stilvolle Unterkunft im Herzen der Stadt, untergebracht in einem nachgebauten osmanischen Stadthaus. 27 Zimmer um zwei Höfe, Pool. Gemütlicher Garten, gute traditionell-türkische Küche. DZ

56 €. Yıldırım Cad. 55, ✆ 6146318, www.villakonakhotel.com.

*** **Hotel Özçelik (3),** größeres, älteres Mittelklassehaus an der Uferpromenade, aber noch gut in Schuss (Vertragshotel diverser namhafter Reiseveranstalter). 65 der Sternenanzahl entsprechend ausgestattete Zimmer, auch behindertengerechte. Dachrestaurant, kleiner Pool. Gutes Preis-Leistungs-Verhältnis: EZ 35 €, DZ 47 €. Atatürk Bul. 2, ✆ 6144490, www.ozcelikhotels.com.

Captain's House Pension (4), kleine freundliche Pension ganz im Zeichen der Seefahrt. Die Zimmer mit Klimaanlage sind nach berühmten Kapitänen benannt, einige besitzen Balkon und Meeresblick. Im EG ein Restaurant mit Wintergartenatmosphäre. Für die Lage fast in erster Reihe ebenfalls gutes Preis-Leistungs-Verhältnis (wenn man darüber hinwegblicken kann, dass schon so manche Badezimmertür aus den Angeln zu fallen droht): DZ 32 €. İstiklal Cad. 3, ✆ 6144754, www.captainshousepansiyon.com.

Anzac Golden Bed Pension (19), im Gassengewirr auf dem Altstadthügel. Sehr saubere 14-Zimmer-Pension (6 Zimmer mit grandiosem Meeresblick), geführt von einem türkisch-australischen Paar. Urgemütliche Aussichtsterrasse, auf der zuweilen türkische Nächte veranstaltet werden. Internetzugang. DZ mit Meeresblick 28 €, ohne 22 €. Freier Transport nach Ephesus. Aslanlar Cad. Uğurlu 1. Çıkmazı 4, ✆/📠 6148708, www.kusadasihotels.com/goldenbed.

Cennet Pension (13), das „Paradies" wird von Lesern hoch gelobt. Kleine, freundliche und deutschsprachige Pension am Altstadtberg. Nur 6 sehr saubere Zimmer, 4 davon mit privatem Bad, die anderen beiden teilen sich eines. Blumenbepflanzter Innenhof, Dachterrasse mit Blick über Stadt und Hafen. Auf Wunsch wird lecker gekocht. DZ 19–35 €. Yıldırım Cad. 69, ✆ 6144893, www.cennetpension.com.

Ein relativ schlechtes Preis-Leistungs-Verhältnis (Bett im Schlafsaal ca. 10 €, DZ 30–50 €), dafür internationale Backpackeratmosphäre bieten folgende 3 Unterkünfte: **Liman Hotel (20),** noch die besten Zimmer, alle mit Klimaanlage, z. T. mit Balkon und schöner Aussicht. Luftige Dachterrasse mit herrlichem Blick auf die Taubeninsel. Buyral Sok. 4, ✆ 6147770, www.limanhotel.com.

Sezgin's Guest House (18), einfach, aber sauber und deutschsprachig. Pool und Garten, orientalische Ecke. Waschservice, Bookexchange. Aslanlar Cad. 68, ✆ 6144225, www.sezginhotel.com.

Stella Travellers Inn (22), heruntergekommenes Mittelklassehaus, das nun als Backpackerunterkunft genutzt wird. Große Zimmer, z. T. mit Balkon und Meeresblick, Pool und Bar. Bezirgan Sok. 44, ✆ 6141632, inquiries@stellahostel.com.

Camping

Im Gegensatz zu manch anderem Ferienort an der türkischen Küste, wo neue Hotelanlagen alteingesessene Campingplätze nach und nach verschwinden ließen, haben Camper in Kuşadası noch ganz gute Karten. Unser Tipp liegt jedoch 12 km nördlich von Kuşadası am Strand von Pamucak (→ Selçuk/Übernachten, S. 127).

Yat Camping (1), gegenüber dem Jachthafen. Gepflegter Platz mit Pool, viel Komfort. Ganzjährig geöffnet. 2 Pers. mit Wohnwagen 7,60 €, mit Zelt 6,30 €. Zudem werden Zimmer mit und ohne private Bäder vermietet, DZ ab 19 €. Atatürk Bul. 76, ✆ 6181516, www.campingturkey.com.

Önder Camping (2), gleich neben dem Yat und ebenfalls empfehlenswert, wenn auch mit dem kleineren Pool. Gestufter Platz mit Bäumen. Internationales Publikum. Tennisplatz, Snackbar, Schatten, saubere Sanitäranlagen. 2 Pers. mit Wohnmobil 8 €, mit Zelt 5 €. Ebenfalls Zimmervermietung, DZ mit Bad 25 €. Atatürk Bul. 72, ✆ 6181518, 📠 6181517.

Essen & Trinken

Die schicksten Restaurants liegen an der Uferpromenade – beliebte Rendezvous-Adressen wohlhabender türkischer Paare. Ausländer trifft man eher bei Kebab, Schnitzel und Spaghetti in den 08/15-Lokalen der zweiten Reihe. Wer keine Enttäuschungen erleben will, wählt am besten ein gehobenes Restaurant oder eine der kleinen Lokantas mit türkischer Hausmannskost (vor allem stadtauswärts zu finden). Wo keine Speisekarten vorhanden sind, sollte man die Preise stets im Voraus erfragen.

Ali Baba Restaurant (15), alteingesessenes Restaurant am Fischerhafen. Große Auswahl an Fisch und Meeresfrüchten, köstlich zubereitet, tadellos serviert und im behaglichen Ambiente verzehrt. Ein Abendessen mit Wein kostet pro Person ab 25 € aufwärts. Balıkçı Limanı, ✆ 6141551.

Ferah Restaurant (21), nahe dem Fährhafen. Große Karte, 1a-Meze (2–6 €), ebenfalls hervorragender frischer Fisch (Portion ab ca. 6 €). Aufmerksamer Service. Man sitzt direkt am Meer. Von Lesern hoch gelobt. Liman Cad. 10, ✆ 6141281.

Paşa Restaurant (11), in der Cephane Sok., einer Parallelgasse zum Atatürk Bul. Schön begrünter, liebevoll dekorierter Innenhof eines alten osmanischen Hauses. Gute klassisch-türkische Küche – Meze (1,90–3,80 €) und diverse feine Kebabs (4,40–7,60 €). Den Kaffee danach gibt es umsonst. Empfehlenswert für ein romantisches Abendessen. ✆ 6123113.

Holiday Inn Restaurant (7), der Schwerpunkt liegt auf Steaks, Hühnchengerichten und verschiedenen Kebabs (köstlich: *Vali Kebap*), dazu gute Vorspeisen. Große Auswahl. Serviert wird draußen, drinnen und im 1. Stock. Teuerstes Gericht 10 €. Kahramanlar Cad. 57, ✆ 6128940.

Yuvam (14), versteckt gelegenes Lokal an der 7 Eylük Sok., vorrangig von Einheimischen besucht. Leckere Topfgerichte, Aufläufe und Suppen, günstig.

Bül Bül II (6), beliebtes, großes und einfaches Restaurant mit guten Grillgerichten. Terrasse. Faire Preise. Kahramanlar Cad.

• *Snacks* **Balıkçılar Aile Çay Bahçesi (17)**, einfaches Terrassenlokal über dem Fischmarkt. Machen die Nachbarlokale marktschreierisch auf sich aufmerksam, muss

Gewitterstimmung vor der Taubeninsel

man hier erst einmal den Eingang finden – halten Sie nach einer Treppe Ausschau. Sandwichs, Gözleme, Bier und Tee, zuweilen auch günstige Fischgerichte.

Park Büfe (8), ein Low-Budget-Tipp an der Kemal Arıkan Cad. Kleiner Verschlag mit ein paar Holztischen draußen im Park. Zum günstigen Bier isst man einen gegrillten Fisch im Brot (nur 0,70 €!) oder mit Salat (1,30 €). Jedoch nur etwas für türkeierfahrene Mägen!

• *Außerhalb* **Değirmen**, ca. 14 km südlich von Kuşadası an der Straße nach Davutlar. Riesige Anlage, Mischung aus Minizoo, landwirtschaftlichem Betrieb, Freilichtmuseum und Freizeitpark (Kamele, Schafe, Pferde, Hühner, Schwanenteich, Karussells etc.). Dazu mehrere Lokalitäten (darunter auch ein stilvolles Restaurant mit erstklassigen Fleischgerichten) und ein Laden mit Bioprodukten. Ein Tipp für Familien. Anfahrt: Von Kuşadası zunächst Richtung Söke halten, nach ca. 8 km rechts ab Richtung Davutlar. Nach dieser Abzweigung nach ca. 6 km linker Hand.

Nachtleben (siehe Karte S. 111)

Im Sommer ziehen viele Clubs und Kneipen aus İzmir nach Kuşadası um, und mit ihnen die Partypeople. Die besseren Clubs verlangen 6–15 € Eintritt, oft besorgt ein Türsteher die Auswahl des Publikums. Was zum Zeitpunkt der Recherche in war, kann bekanntlich morgen schon längst wieder out sein.

• *Beachclubs* Party am Strand! Absolut angesagt waren im Sommer 2005 die Beachclubs **Jade (23)** und **Necco (24)** auf der Landzunge Yılancıburnu im Südosten von Kuşadası. Nachts wird bei House- oder Livemusik ausgelassen gefeiert, am Nachmittag gemütlich relaxt.

• *Bar Street* Die **Barlar Sokağı**, die „Pub Lane" bzw. „Bar Street", ist eine brodelnde Amüsiermeile aus Pubs (wie z. B. **Jimmy's Irish Pub, The Shamrock, Paddy's Irish Bar** oder **Kitty O'Shea**), Clubs und Discobars (wie. z. B. **Authentic, The Garage** oder **Kuşadası Disco)**, in denen Musik querbeet aufgelegt wird.

• *Weitere Danceclubs* Seit mehreren Jahren etabliert sind zudem das **Ecstacy (10)** und die **Another Bar (9)** (beide in der Sakarya Sok.). Das Ecstacy präsentiert überwiegend Techno und House, die Another Bar alles zwischen vergessenem Underground und der neuesten Chartmusik.

• *Folklore* Die Bauchtanznächte des **Clubs Caravanserail** (→ Übernachten) erfreuen sich bei ausländischen Touristengruppen großer Beliebtheit und finden in der HS fast jeden Abend statt. Eintritt mit Essen ca. 40 €.

Baden/Sport

• *Aquaparks* Bei Kuşadası machen sich gleich zwei Anlagen Konkurrenz, die für Kinder Rutschbahnerlebnisse erster Klasse bieten: das **Adaland Aquapark** (ein riesiges Freizeitbad mit etlichen Schikanen hinter dem Kuştur-Strand, tägl. 10–19 Uhr, Eintritt 20 €, Kinder 10 €) und das **Aqua Fantasy** (eine Art Disney-Water-World mit Kitschburg und Piratenschiff am Südende des Pamucak-Strandes, tägl. 10–18 Uhr, Eintritt 20 €, Kinder 12 €).

• *Baden* Die Strände vor Ort sind wenig prickelnd, relativ schmal und voller Liegestühle. Wer ruhigere Buchten sucht, muss ein ganzes Stück fahren. Ein Überblick:

Südlich von Kuşadası: Der bekannteste Strand rund um Kuşadası ist der **Kadınlar Plajı** bzw. **Ladies Beach** (z. T. auch mit „Kadınlar Denizi" ausgeschildert) 2,5 km südlich von Kuşadası. Er ist ebenfalls recht schmal, mit Liegestühlen zugepflastert und dahinter verbaut. Vom Surfbrettverleih bis zur Strandkneipe ist alles vorhanden, was der Kuşadası-Urlauber wünscht. Südlich des Ladies Beach schließen sich die Sandkastenstrände **Green Beach** und **Sunrise Beach** an. Und noch etwas weiter südlich folgt ein kilometerlanger Sandstrand bis **Güzelçamlı**, der ebenfalls komplett verbaut ist: Stellenweise staffeln sich die Ferienhäuser in mehr als 50 Reihen! Damit jeder weiß, wo er ist, hat man diesen Strand in Abschnitte mit so klangvollen Namen wie „Love Beach" oder „Paradise Beach" unterteilt. Am besten fährt man durch bis zum **Dilek-Nationalpark** (→ S. 106): Die 4 traumhaften Strände rund 28 km südlich von Kuşadası sind mit Abstand das Beste, was die Gegend fürs Badevergnügen zu bieten hat.

Nördlich von Kuşadası: Beim 5 km nördlich von Kuşadası gelegenen **Kuştur** findet man den gepflegten, sandigen **Pygale Beach** (nach dem unübersehbaren Hotel dort auch **Tusan-Strand** genannt). Die Sonnenschirmreihen sind mit außerordentlicher Geradlinigkeit gezogen. Dahinter Kneipen.

Herrlich ist der ausgedehnte, recht leere (aber nicht an Wochenenden!) Sandstrand von **Pamucak** ca. 12 km nördlich von Kuşadası. Für weitere Strände gen Norden → Selçuk/Baden, S. 128.

• *Tauchen* Die meisten großen Hotels haben Tauchbasen im Haus – je nach Gästeklientel auch mit deutschsprachigen Lehrern. Eine alteingesessene Adresse ist **Galethee Dive Center** am Kadınlar Plajı, ✆ 6141410, zu erreichen dort über die Balcı Pansiyon am Strand. Geboten werden Boots- und Schnuppertauchgänge, dazu diverse Kurse.

Ausflug auf die Insel Sámos (Griechenland)

Man könnte fast hinüberschwimmen – nur 1,2 km trennen das türkische Festland an der engsten Stelle von der Insel Sámos. Regelmäßig tuckern Fähren hin und her: in die eine Richtung Griechenlandurlauber, die Ephesus besuchen wollen, in die andere Türkeitouristen, die griechische Inselluft schnuppern wollen.

Das Eiland bietet neben einem vorzüglichen Wein eine unglaubliche landschaftliche Vielfalt: immergrüne Platanen- und Pinienwälder, mächtige Höhenzüge mit einsamen Bergklöstern sowie schöne Badebuchten. Kein Wunder, dass Sámos die meistbesuchte Insel der Nordägäis ist. Der Inselhauptort, am Ende einer fjordartigen Bucht gelegen, präsentiert sich neuzeitlich, quirlig und alltagsbetont. Rund ein Fünftel der 30.000 Inselbewohner lebt hier. **Sámos-Stadt** wird auch **Vathí** genannt, nach dem ältesten Viertel (Áno Vathí) ca. 15 Fußminuten vom Hafen entfernt oberhalb des neuen Zentrums. Ein Bummel durch das romantische Ensemble aus traditionellen Häusern, bunten Blumenkanistern, hübschen Kirchen und steilen

Treppengassen lohnt den Aufstieg. Das beste *Museum* der Insel, das archäologische, liegt ebenfalls in Sámos-Stadt; es belegt zwei Gebäude beim Stadtpark. Prunkstück ist der lächelnde, kolossale *Kouros von Sámos* (fast 5 m hoch) aus dem 6. Jh. v. Chr. (tägl. außer Mo 8–15 Uhr, Eintritt 3 €). Das zweite Museum der Stadt, das *Byzantinische Museum* hinter der Einkaufsstraße Logothéti, zeigt überwiegend sakrale Kunstgegenstände. Zum Zeitpunkt der letzten Recherche war es geschlossen.

Information/Verbindungen/Adressen in Sámos-Stadt

• *Telefonvorwahl* Internationale Landesvorwahl 0030.

• *Information* **Tourist Information**, Odos 25, eine Seitengasse nahe der Platía Pythágoras. Wechselnde Öffnungszeiten (zuletzt Mo–Fr 9–15 Uhr). ✆/℻ 22730/28530.

• *Verbindungen auf Sámos* **KTEL-Busstation** am südlichen Rand des Zentrums, Odós Lekati 6. Im Sommer Mo–Sa 2-mal tägl. zum Strand Psilí Ámmos, alle 1–2 Std. nach Kokkári, ebenfalls etwa alle 1–2 Std. nach Pythagório, z. T. fahren die Busse weiter nach Iraíon. Nach Vourliotes nur 3-mal wöchentlich.

• *Fährverbindungen in die Türkei* → Kuşadası/Verbindungen, S. 108.

• *Auto- und Zweiradverleih* Diverse Anbieter beim Fähranleger, z. B. **Aramis/Sixt** (✆ 22730/23253) und **Pegasus** (✆ 22730/62047). Beide verleihen Autos und Zweiräder.

• *Touristenpolizei* Sofoúli 129, ✆ 22730/81000.

Übernachten/Essen & Trinken in Sámos-Stadt

Hotel Aeolis, zentral an der Uferstraße. Komfortabel, hübsch eingerichtet, mit klassizistischen Anklängen. Zimmer z. T. mit schöner Aussicht und nachts weniger laut, als die Lage erwarten lässt; Mai–Sept. DZ 60–75 €. Sofouli 33, ✆ 22730/28904, ℻ 28063.

Hotel Sámos, ebenfalls an der Uferstraße und ebenfalls okay, was die nächtliche Lautstärke angeht. Auch hier Zimmer mit Blick und Balkon zur Bucht. DZ mit zufriedenstellendem Komfort 45–55 €. Sofouli 6, ✆ 22730/28377.

Die Posidónio-Bucht im Osten von Sámos

Pension Avli, ein ehemaliges Nonnenkloster. Einfache, aber sehr saubere Zimmer. Arkadengesäumter und mit Bananenstauden begrünter Innenhof. DZ/Bad 25–30 €. Etwas versteckt in der Odos Arios, ☏ 22730/22939.

• *Essen & Trinken* **Taverne Christos**, an einem kleinen Platz unweit der zentralen Platia Pythágoras. Mit der rustikalen Dekoration – die Wagenräder etc. sind alte Erbstücke – zwar optisch etwas in Richtung „Touristenfalle", die Küche ist jedoch ausgesprochen gut, der Service freundlich und effizient. Von vielen Lesern gelobt. Platia Ágios Nikoláou, schräg gegenüber der großen Mitrópolis-Kirche.

Taverne O Tassos, Nähe Hospital, direkt am Ufer, schön zum Sonnenuntergang. Gutes Preis-Leistungs-Verhältnis, von Lesern ebenfalls empfohlen.

Die schönsten Ausflugsziele der Insel

Rund um Sámos-Stadt: Etwa 10 km östlich thront über dem Meer das *Kloster Zoodóchos Pigí* (Sa–Do 10–12 und 18–20 Uhr). Lohnenswert ist ein Besuch der Kirche aus dem 18. Jh. und traumhaft der Blick hinüber auf das türkische Festland. Ca. 10 km südlich hingegen liegt die schöne *Psili-Ammos-Bucht* mit dem frequentiertesten Strand der Insel (ruhiger geht es in den weiter östlich davon gelegenen Kiesbuchten *Posidónio* und *Kervéli* zu).

Südküste: Hauptanziehungspunkt der Südküste und zugleich ein guter Standort ist das Ferienstädtchen **Pythagório**. Auch wenn nahezu jedes Haus mit dem Tourismus zu tun hat – mit seinem schönen Hafen und den von Oleanderstämmchen gesäumten Pflastergassen ist der Ort einfach malerisch. Dass er einst Heimat des Philosophen und Mathematikers Pythagoras war, liegt auf der Hand. Westlich des Hafens erhebt sich der sog. *Kástro-Hügel*, gekrönt von den Ruinen eines Kastells aus dem 19. Jh. Besonders besuchenswert ist das hoch über Pythagório gelegene *Spilianís-Kloster* (Mittagspause 14–16 Uhr), das herrliche Ausblicke über die Küste bietet. Seinen Namen hat das Kloster von der heiligen „Höhle", einem antiken Steinbruch, in dem vor etwa 400 Jahren zwei uralte Ikonen entdeckt wurden. Nicht weit davon befindet sich zudem eine der größten Attraktionen der Insel, der *Tunnel des Eupalinos*. Er entstand vor über 2.500 Jahren, seine Länge betrug 1.036 m – eine bauliche Meisterleistung, von der sogar Herodot schwärmte. Er diente der Wasserversorgung des Ortes. Heute sind davon noch rund 150 m begehbar (Di–So 8.45–14.45 Uhr, Eintritt 4 €).

Ca. 6 km westlich, einst durch eine „Heilige Straße" mit Pythagório verbunden, liegen nahe der schnell gewachsenen *Strandsiedlung Iraíon* die Reste eines der Göttin Hera geweihten *Tempels* – nicht viel mehr als eine „Kolona" genannte Säule (Di–So 8–15 Uhr, Eintritt 3 €).

• *Information* **Municipal Tourist Office**, an der Hauptstraße. Sehr informativ. Mai–Okt. tägl. 8.30–21.30 Uhr. ☏ 22730/61389, ✆ 61022.

• *Übernachten* **Hotel Alexandra**, ruhig gelegenes Haus. Zimmer und Bäder recht eng, aber blitzsauber; Steinfußböden und kleine Balkone; hübscher Garten. DZ mit Bad ca. 25 €. In der Metamorfosis Sotiros (auch: 6th of August), die kurz vor der Infostelle abzweigt. ☏ 22730/61429.

Pension Despina, fast direkt an der Platía Irínis. Angenehm eingerichtete Zimmer, im hübschen Hinterhof lässt es sich gemütlich frühstücken. DZ mit Bad 25–30 €. ☏ 22730/61677.

• *Essen & Trinken* **Taverne Varka**, im südlichen Hafenbereich. Großes, reizvoll am Wasser gelegenes Lokal, auch bei Griechen beliebt. Feine Vorspeisen (z. B. gefüllte Kohlblätter), die Preise leicht gehoben, aber vertretbar.

Taverne Esperides, schöner Garten, freundlicher Service, gute Küche – das meinen viele Leser. Odós Despoti, Ecke Pythágora.

Südwesten: Zwar ist die Landschaft rund um das *Kerkis-Massiv* (1.433 m) etwas herber und auch nicht mehr ganz so grün, dafür lassen sich rund um die Küstensiedlung *Votsalákia* die schönsten Strände der Insel finden. Zentrum des Südwestens ist das ursprüngliche Bergdorf *Marathókampos*.

Nordküste: Der niederschlagsreiche, üppig-grüne Norden präsentiert sich als das Weinanbauzentrum der Insel. Idyllisch sind die Bergdörfer *Vourliótes* und *Manolátes*. Der beliebteste Urlaubsort an der Küste ist **Kokkári**, das dem südlich gelegenen Pythagório in nichts nachsteht. Zwei felsige Halbinseln umrahmen die Bucht mit der tavernengesäumten Promenade. Zudem liegen rund um Kokkári schöne, ausgedehnte Strände, die reizvollsten sind *Lemonákia* und *Tsamadoú* westlich des Ortes.

• *Übernachten* **Hotel Long Beach**, zentral und trotzdem ruhig an der westlichen Strandstraße. Gemütliches kleines Haus am Strand, geführt vom freundlichen Charlie Paraskeva. Fast alle Zimmer zum Meer, die Bar- und Frühstücksterrasse ebenfalls. Viele Stammgäste. DZ 40–45 €, Frühstück extra. ✆/℻ 22730/92150.

Pension Elena, in Postnähe. Einfach aber sauber. Jedes Zimmer mit Dusche oder Bad, teils jedoch außerhalb. Freundlich geführt von der deutschsprachigen Elena. Gemeinschaftsterrasse und Küche. DZ 30 €. ✆ 22730/92164.

• *Essen & Trinken* **Taverne I Bira („The Beer")**, bei der Bushaltestelle. Authentische alte Taverne, 1925 gegründet und das erste Lokal Kokkáris, das Bier ausschenkte. Sehr beliebt; einfache, gute und preiswerte Tavernenküche.

Zu empfehlen ist außerdem die **Taverne Ámmos Plaz** unweit der Kreuzung der zentralen Hauptstraße mit der westlichen Uferstraße. Kleine Veranda zum Meer, Spezialität Lamm.

Bewacht vom „Löwen der Freiheit": die Platia Pythágoras in Sámos-Stadt

Ephesus – vor der Celsusbibliothek

Ephesus (Efes, antike Stadt)

Ephesus war schon eine Weltstadt, als Athen noch tiefste Provinz und Rom noch nicht einmal gegründet war. In ihren besten Zeiten zählte die antike Metropole eine viertel Million Einwohner, für damalige Verhältnisse eine schier unvorstellbare Zahl. Heute gehört Ephesus zu den großen Attraktionen der Türkei. Organisierte Ausflüge hierher werden von diversen Touristenzentren des Landes aus angeboten. Wer länger bleibt, übernachtet in der Regel im benachbarten Selçuk.

Ephesus war die reichste Stadt Kleinasiens und wurde auch als „Bank Asiens" bezeichnet. Der große Hafen war das Tor zu den Schätzen Anatoliens und Persiens. Aber nicht nur auf Geldgeschäfte verstanden sich die Epheser: Ihre Stadt galt als das Zentrum der Artemisverehrung und damit als Wallfahrtsort ersten Ranges. Das *Artemision,* der riesige Artemistempel, wurde zu den Sieben Weltwundern gezählt.

Doch Ruhm und Reichtum sind vergänglich. Der Hafen versandete, und die Stadt ging unter. Erst Ausgrabungen zwischen 1866 und 1922 brachten Ephesus zurück ans Tageslicht. Auch wenn vieles in Trümmern liegt – an nur wenigen Orten der Welt konnte eine derart intakte Stadtanlage ausgegraben werden. Sie wird in Spitzenzeiten von bis zu 15.000 Touristen täglich besucht. Die schönsten Grabungsfunde aus Ephesus kann man – sofern sie nicht außer Landes gebracht wurden – im Archäologischen Museum von Selçuk bewundern.

Geschichte

Die Besiedlung der Gegend geht bis in das 2. Jt. v. Chr. zurück. Damals ließen sich Leleger und Karer auf dem Zitadellenhügel von Selçuk nieder, wo auch ein Heiligtum für die Fruchtbarkeitsgöttin Kybele stand.

Den Grundstein der Stadt Ephesus legten ionische Siedler im 11. Jh. v. Chr. Ihr Anführer war Androklos, der zuvor das Orakel von Delphi befragt hatte, wo die neue Stadt zu gründen sei. Die Antwort hatte gelautet: „Ein Fisch und ein Keiler werden dir den Ort anzeigen." Mit dieser Weisung ausgestattet, zogen die Siedler los. Als sie eines Tages einen noch zappelnden Fisch über dem Feuer grillen wollten, sprang dieser vom Rost und setzte durch die mitgerissene Kohle einen Busch in Brand, aus dem ein Keiler sprang. Dieser machte sich auf und davon und kam erst an der Mündung des heute verlandeten *Kaystro-Flusses* zum Stehen. Hier errichteten die Siedler ihre Stadt – so zumindest die Legende.

Ephesus entwickelte sich dank seines Hafens und seiner günstigen Lage schnell zu einer ansehnlichen Stadt. Der griechische Artemiskult verschmolz mit der archaischen Verehrung der Kybele zur eigentümlichen ephesianischen Variante der Artemisverehrung, die ihren sichtbaren Ausdruck in einem riesigen Artemistempel finden sollte, mit dessen Bau im 6. Jh. v. Chr. begonnen wurde. Bis zu seiner Fertigstellung vergingen allerdings mehr als 200 Jahre.

Um 550 v. Chr. wurde die Stadt vom Lydierkönig Krösus angegriffen. Die Bewohner wussten sich nicht anders zu helfen, als Tempel und Stadt mit einem Tau zu umspannen, um sich so symbolisch unter göttlichen Schutz zu begeben. Krösus zeigte sich daraufhin milde. Er schonte den noch nicht fertig gestellten Tempel und plünderte nur die Stadt. Knapp 200 Jahre später wurde der Tempel dann aber doch zerstört. 356 v. Chr. zündete Herostratos das gerade vollendete Bauwerk an, um seinen Namen unsterblich zu machen – was ihm damit auch gelang. Als Alexander der Große 334 v. Chr. sämtliche Baukosten für den Wiederaufbau des riesigen Tempels übernehmen wollte, lehnten die stolzen Epheser das Anerbieten ab. Sie finanzierten den prunkvollen Neuaufbau aus eigenen Mitteln und erweiterten den Bereich des Tempelasyls, in dem Gewaltanwendung verboten war. So amortisierten sich die Tempelkosten bald – manch reicher Geächteter rettete sich hierher und dankte der Göttin mit großzügigen Spenden.

Vermutlich ab 294 v. Chr. ließ Lysimachos, einer der Feldherren Alexanders des Großen und Herrscher von Pergamon, das Stadtgebiet, das sich bis dahin rund um den Artemistempel erstreckte, an den heutigen Standort verlegen. Außerdem wurde auf sein Betreiben ein neuer Hafen ausgehoben und die Stadt mit einer Schutzmauer von 9 km Länge umgeben.

133 v. Chr. fiel Ephesus an die Römer und wurde bald darauf Hauptstadt der Provinz Asia. Lange Zeit aber war Rom aufgrund hoher Steuerabgaben für viele Einwohner mehr Feind als Freund. 88 v. Chr. kam es im Zuge der Revolte des Mithridates von Pontus gegen die römische Herrschaft auch in Ephesus zum Aufstand: Bei der sog. Ephesischen Vesper wurden in ganz Kleinasien rund 80.000 Kaufleute, Steuereintreiber und andere römische Bürger getötet. Dennoch, unter Rom entwickelte sich die Stadt zu einer blühende Metropole mit mehr als 250.000 Einwohnern, die meisten ausgegrabenen Sehenswürdigkeiten stammen aus dieser Zeit.

In die Zeit der römischen Herrschaft fällt auch der Besuch des Apostels Paulus, der auf seiner zweiten Missionsreise 55–58 hier weilte. Paulus' Predigten hatten einen solchen Zulauf, dass die alteingesessenen Devotionalienhändler kaum noch eine Artemis an den Mann brachten. Ein Silberschmied namens Demetrios mobilisierte daraufhin den Mob gegen die Christen – im Theater skandierten sie den viel zitierten Spruch: „Groß ist die Artemis der Epheser!" Nach den ersten Tumulten verließ

24.000 Zuschauern bot das Theater von Ephesus Platz

Paulus die Stadt. Als weiterer Apostel soll der Evangelist Johannes in Ephesus gewirkt haben (→ Selçuk, S. 129).

262 n. Chr. verwüsteten die Goten Stadt und Tempel – der Wiederaufbau erfolgte in bescheidenem Rahmen. Der Hafen versandete, andere Handelsplätze liefen Ephesus den Rang ab. Im 7. Jh. wurde die Siedlung in der Ebene aufgegeben. Man zog sich auf den nahe gelegenen Zitadellenhügel (von Selçuk) zurück, in dessen Schutz das Christenstädtchen *Hagios Theologos* einige Jahrhunderte überdauerte, während die einstige Weltstadt nebenan langsam in Vergessenheit geriet. In der Mitte des 13. Jh. eroberten die Seldschuken Hagios Theologos. Unter dem neuen Namen *Ayasoluk* erlebte die Zitadellenstadt im 14. Jh. als Handelsplatz und Residenz der Aydınoğulları noch einmal eine kurze Blütezeit, die mit der osmanischen Eroberung 1423 endete.

1866 entdeckte der Engländer J. T. Wood das *Artemision* und begann zu graben. Seit 1896 werden die Arbeiten unter der Regie des Österreichischen Archäologischen Instituts durchgeführt. *Ayasoluk* wurde 1914 in *Selçuk* umbenannt.

- *Verbindungen* → Selçuk, S. 125.
- *Öffnungszeiten* Im Sommer tägl. 8–18.30 Uhr, im Winter bis 16.30 Uhr. Eintritt 10 €, Hanghäuser weitere 10 € (Tickets im Grabungsgelände am Eingang zu den Häusern). Es lohnt sich, früh da zu sein, das Gros der Ausflugsbusse trifft nicht vor 9.30 Uhr ein.
- *Touristenfalle* Das Grabungsgelände besitzt neben dem Haupteingang nahe der Straße nach Kuşadası einen zweiten Zugang an der Straße nach Meryemana. Findige Geschäftsleute sind auf die Idee gekommen, Touristen an einem der Zugänge freundlich anzubieten, sie am anderen abzuholen, sodass diese sich den Weg zurück durchs Ausgrabungsgelände (ohne Krücke dauert dieser gerade 15 Min.) sparen können. Willigen Sie ein, landen Sie garantiert bei einem Bruder oder einem sonstigen Anverwandten des Wohltäters, der zufällig einen Teppichhandel betreibt ...

Rundgang durch das (kostenpflichtige) Grabungsgelände

Im Abseits, etwas versteckt, stehen die Ruinen der *Marienkirche*, einer einst dreischiffigen Basilika. Man vermutet, dass sie im 4. Jh. aus einer Markthalle entstand. 431 fand darin das III. Ökumenische Konzil statt. Außer ein paar Mauerresten, Säulen und einem Taufbecken ist nicht mehr viel zu sehen. Wer sich davon überzeugen will, zweigt zwischen Kassenhäuschen und Toiletten nach rechts auf einen Weg ab.

Ansonsten folgt man der schattigen Allee, die vom Eingang direkt zur Arkadiane und dem Großen Theater führt. Rechts von ihr lag einst der *Verulansplatz*, ein 200 x 240 m großer Hof mit umlaufenden Arkadengängen – heute sieht man davon aber so gut wie keine Spur mehr. Linker Hand tauchen nach wenigen Metern die Reste des *Theatergymnasions* auf.

Arkadiane: Die mehr als 500 m lange Prunkstraße führte vom Theater zum Hafen, heute endet sie im Dickicht. Unter Kaiser Arcadius wurde sie 400 n. Chr. renoviert und war dann auf ihrer ganzen Länge beidseitig von Säulen und Arkadenhallen umgeben, mit Marmor ausgelegt und als erste Straße der Welt nachts beleuchtet. Sie befindet sich in hervorragendem Zustand. Der Belag wurde rekonstruiert, viele Säulen wurden wieder aufgestellt. Um sie vor den Massen zu schützen, darf auf der Arkadiane allerdings nicht mehr gelustwandelt werden.

Großes Theater: Effektvoll an den Hang gebaut, bot das Theater 24.000 Zuschauern Platz. Im Sommer finden hier oft Pop- und Klassikkonzerte statt. Ursprünglich ein hellenistischer Bau aus der Zeit um 270 v. Chr., verdankt es sein heutiges Aussehen den Umbaumaßnahmen unter den römischen Kaisern Claudius und Trajan. Der Durchmesser des Theaters beträgt 130 m, seine Höhe 38 m, die 66 Sitzreihen sind in drei Ränge unterteilt. Vom ursprünglich dreistöckigen Bühnengebäude (18 m) stehen noch die Mauern des ersten Stockwerks, davor der Säulenwald der Orchestra. Besonders beeindruckend sind die Akustik und der Blick auf die Arkadiane bis zum verlandeten Hafen.

Marmorstraße: Die einstige Arkadenallee (ähnlich wie die Arkadiane) verläuft vom Theater an einem Brunnenhaus vorbei bis zur Celsusbibliothek (s. u.). Ihren Namen verdankt sie dem Belag aus schweren Marmorplatten, darunter ein mannshohes Kanalisationssystem.

Untere Agora: Der allseitig von Kolonnaden umgebene Marktplatz liegt rechts der Marmorstraße und misst 110 x 110 m. Phantastisch erhalten ist das *Südtor* der Agora (neben der Celsusbibliothek, s. u.), das nach seinen Stiftern, zwei dankbaren freigelassenen Sklaven, auch *Mazeus- und Mithridatestor* genannt wird. Wen diese mochten und wen nicht, erfährt man aus der zweisprachigen Stiftungsinschrift: In der lateinischen Version erwähnen sie die römischen Herren, in der griechischen sparen sie diese aus.

Celsusbibliothek: Sie wurde 135 n. Chr. am Ende der Marmorstraße von einem gewissen C. Aquila zum Gedenken an seinen Vater Celsus, einst Statthalter der Provinz Asia, erbaut. Die zweistöckige Bibliothek hatte in der oberen Etage eine umlaufende Galerie, von der aus man in den unteren Lesesaal sehen konnte. Da die österreichischen Archäologen nicht weniger als 850 Originalbausteine fanden, gelang ihnen ab 1970 in acht Jahren Bauzeit eine vollständige Rekonstruktion der Fassade; sogar die Statuen stehen wieder an ihren ursprünglichen Plätzen. Sie verkörpern von links nach rechts Bildung, Rechtschaffenheit, Tugend und Weisheit. Im Inneren der Bibliothek finden sich informative Schautafeln. Schriften gibt es übrigens nicht mehr: Sie wurden von den Goten zum Heizen der Thermen verwendet.

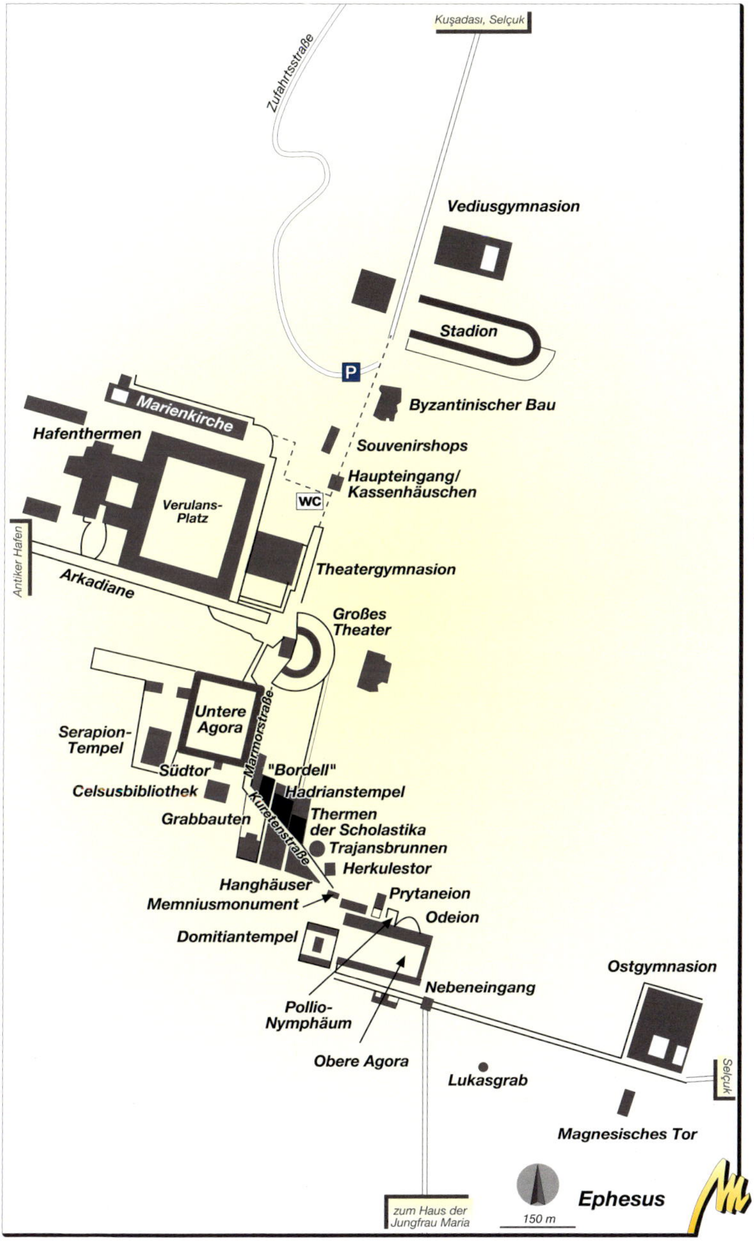
Kuşadası, Selçuk
Zufahrtsstraße
Vediusgymnasion
Stadion
P
Byzantinischer Bau
Marienkirche
Hafenthermen
Souvenirshops
Haupteingang/
Kassenhäuschen
WC
Verulans-
Platz
Antiker Hafen
Arkadiane
Theatergymnasion
Großes
Theater
Untere
Agora
Marmorstraße
Serapion-
Tempel
Südtor
"Bordell"
Celsusbibliothek
Hadrianstempel
Kuretenstraße
Grabbauten
Thermen
der Scholastika
Trajansbrunnen
Herkulestor
Hanghäuser
Memniusmonument
Prytaneion
Odeion
Domitiantempel
Ostgymnasion
Nebeneingang
Pollio-
Nymphäum
Obere Agora
Lukasgrab
Selçuk
Magnesisches Tor
zum Haus der
Jungfrau Maria
150 m
Ephesus

Serapeion: Seine spärlichen Reste liegen hinter der Agora und waren zum Zeitpunkt der letzten Recherche nicht zugänglich. Der Tempel aus dem 2. Jh. n. Chr. muss gewaltige Ausmaße gehabt haben. Über eine Freitreppe kam man in eine Säulenvorhalle, die von acht 14 m hohen korinthischen Säulen getragen wurde. Jede einzelne Säule war aus einem Stück und wog mehrere Tonnen. Das eiserne Tor zur Cella war so schwer, dass es auf Rollen lief. Die Becken und großen Nischen in der Cella dienten rituellen Waschungen.

Bibliothek von Ephesus – die Fassade wurde vollständig rekonstruiert

Kuretenstraße: Von der Celsusbibliothek führt die Kuretenstraße zur oberen Agora (s. u.). Arkaden säumten sie, Mosaike glänzten vor den angrenzenden öffentlichen Bauten. Unter der Straße befand sich ebenfalls ein Kanalisationssystem. Gleich zu Beginn linker Hand glaubten Archäologen lange Zeit, ein *Bordell* entdeckt zu haben, da hier eine Figur des Gottes Priapos (ausgestattet mit einem Penis, den sich so mancher Mann und manche Frau wünschen würden) sowie das Bild einer abgetakelten Matrone gefunden wurden. Daran schloss eine öffentliche Latrine an: in der Mitte ein von Säulen geschmückter Brunnen, drum herum an den Wänden die Toilettensitze. Gegenüber befinden sich drei *Grabbauten*, das sog. *Oktogon* zieren Inschriften. Dahinter markiert ein futuristisches Schutzdach die sog. Hanghäuser.

Hanghäuser: Sie wurden in einer mehrjährigen Grabungskampagne freigelegt, in deren Verlauf erstaunlich gut erhaltene Fresken und Mosaikböden gefunden wurden. Ein Besuch schlägt noch einmal extra zu Buche, ist aber spektakulär. Der Rundgang vermittelt hautnah, wie sich in der Antike die Oberen Zehntausend ihre Anwesen einrichteten, Fußbodenheizung, Thermalbad und fließendes Wasser inklusive.

Hadrianstempel und Thermen der Scholastika: Weiter entlang der Kuretenstraße folgt linker Hand der imposante, weitgehend rekonstruierte Hadrianstempel (130 n. Chr.). Der Schlussstein des Architravs zeigt die Göttin Tyche, sie stand für das Glück der Stadt. Ein Fries zeigt die Legende von der Gründung der Stadt.

Daneben liegen die Ruinen der mehrgeschossigen Thermen der Scholastika. Sie boten bis zu 1.000 Besuchern Platz, es gab auch eine Bibliothek und Vergnügungsräume. Die Statue der Stifterin ist bis auf den Kopf erhalten. Von den Thermen konnte man durch Glasfenster das Treiben auf der Straße beobachten.

Trajansbrunnen und Heraklestor: Ein paar Schritte weiter, ebenfalls linker Hand an der Kuretenstraße, steht der gut erhaltene Trajansbrunnen, ein prächtiges Nymphäum, das 114 n. Chr. Kaiser Trajan gewidmet wurde. In den Nischen standen einst 12 Statuen und eine große des Kaisers darüber, ein Fuß erinnert noch an ihn. Ein paar Meter weiter bergauf passierte man früher einen Triumphbogen. Da Herakles die Seitenpfeiler ziert, wird er auch Herakles-Tor genannt. Heute fehlen allerdings die oberen, horizontalen Abschlusssteine.

Memmiusmonument: Wieder ein paar Schritte weiter bergauf steht linker Hand das Memmiusmonument, das später in einen Springbrunnen verwandelt wurde. Es war Gaius Memmius gewidmet, einem Enkel des römischen Feldherrn und Diktators Sulla, der die Stadt 84 v. Chr. zur Strafe für die Ephesische Vesper gebrandschatzt hatte.

Domitiantempel: Vorbei am *Pollio-Nymphäum,* das einst wie der Trajansbrunnen reich mit Statuen geschmückt war, gelangt man zum mächtigen Unterbau des Domitiantempels. In ihm fanden Archäologen das Haupt einer Monumentalstatue des im Jahre 96 ermordeten Kaisers Domitian. In die Geschichte ging er als Christenhasser ein. Er war es übrigens auch, der den Limes anlegen ließ. Im Keller befindet sich heute ein Inschriftenmuseum, das jedoch nicht immer zugänglich ist. Jeder gefundenen Steinplatte werden der lateinische Originaltext und die englische Übersetzung gegenüber gestellt.

Staatsagora, Prytaneion und „Odeion": Der 160 x 58 m große Platz war der politische Mittelpunkt der Stadt. Etwas nördlich davon stand das Prytaneion, ein Versammlungshaus. Hier brannte das ewige Feuer der Stadt, von Kureten (Priestern) und Vestalinnen (priesterliche Jungfrauen) gehütet. In diesem Gebäude fand man die überlebensgroße Artemisstatue, die heute im Museum in Selçuk steht. Durch einen Bogengang geht es hinüber zu einen Bau, der vermutlich das Bouleuterion beherbergte, das Rathaus. Seiner Form nach wird es „Odeion" genannt. Die Sitzreihen sind ausgezeichnet erhalten, auf 27 Rängen konnten etwa 1.400 Zuschauer die Ratsversammlungen verfolgen. Zwischen Rathaus und Staatsagora stehen die Säulenstümpfe der 160 m langen, nach ihren eigenartigen Kapitellen benannten *Stierkopfhalle.*

Außerhalb des (kostenpflichtigen) Grabungsgeländes

Was rund um Ephesus keinen Eintritt kostet, lohnt auch nicht unbedingt den Besuch. Hinter dem oberen Ausgang des Grabungsgeländes liegt rechter Hand der Straße das **Lukasgrab**, das Rundmausoleum eines unbekannten Toten aus dem 1. Jh., das in christlicher Zeit zu einer Kirche umfunktioniert wurde. Eine Zeit lang glaubte man, der Evangelist Lukas sei hier bestattet worden. Etwas weiter steht das **Magnesische Tor**, nordwestlich davon die spärlichen Überreste des **Ostgymnasions**, das nach den hier gefundenen Mädchenstatuen auch Mädchengymnasion genannt wird.

Nahe dem Parkplatz vor dem unteren Eingang stehen die Ruinen eines **byzantinischen Baus**, vermutlich ein Palast oder eine Bäderanlage, insgesamt wenig spannend. Etwas weiter an der Straße nach Selçuk lag zudem das unter Kaiser Nero erbaute **Stadion** mit der klassischen Länge von 192 m. Erhalten ist nicht viel mehr als ein monumentales *Eingangstor*. Alle Steintribünen wurden abgetragen und zum Bau des Kastells auf dem Zitadellenhügel verwendet. 50 m weiter befinden sich zudem die von einem Zaun umgebenen Trümmer des **Vediusgymnasions**, gestiftet von Publius Vedius Antonius, einem reichen Bürger der Stadt. Es besaß u. a. ein Bad mit Fußbodenheizung.

Von den Zufahrtsstraßen zum oberen und unteren Eingang ist ferner die **Höhle der Siebenschläfer** mit „Grotto of the Seven Sleepers" ausgeschildert. Während der Christenverfolgungen sollen sich sieben Jünglinge in diese Höhlen geflüchtet haben.

Römische Soldaten, die dies bemerkten, vermauerten den Eingang. Darauf versanken die Flüchtlinge in einen 200 Jahre währenden Schlaf. Als sie durch ein Erdbeben erwachten und die Mauer einstürzte, war das Christentum längst Staatsreligion geworden, die Verfolgungen Vergangenheit. Kaiser Theodosius II. ließ an dieser Stelle später eine Wallfahrtskirche errichten, in welcher angeblich die Leichname der Jünglinge begraben liegen. Zum Zeitpunkt der letzten Recherche war das Betreten der Höhle wegen Einsturzgefahr verboten, durch einen Zaun lässt sich das Kirchenschiff aber noch deutlich ausmachen.

Artemision: Antipatros notiert in seiner Abhandlung über die Sieben Weltwunder der Antike hingerissen: „Doch als ich dann endlich den Tempel der Artemis erblickte, der in die Wolken sich hebt, verblasste das andere. Ich sagte: Hat Helios' Auge außer dem hohen Olymp je etwas Gleiches gesehen?" Heute sieht Helios, der Sonnengott, zwar immer noch den Olymp, aber anstatt auf das Artemision blickt er nur noch auf eine kümmerliche Ruine. Von dem einst fußballplatzgroßen Tempel mit 127 Säulen ragt nur noch eine einzige Säule einsam in den Himmel. Wer sie besichtigen will, hält auf halbem Weg an der Straße von Selçuk nach Ephesus rechter Hand Ausschau.

Öffnungszeiten Das Gelände ist frei zugänglich. Gelegentlich wird Eintritt verlangt.

Selçuk

25.000 Einwohner

Drei Kilometer östlich von Ephesus liegt die Nachfolgesiedlung der antiken Weltstadt. Nach einem jahrhundertelangen Dornröschenschlaf zehrt sie heute von der Vergangenheit.

Von seiner Zerstörung im 15. Jh. (→ Ephesus/Geschichte, S. 119) bis ins 20. Jh. war Selçuk ein kümmerliches Dorf. Erst der Bau der Eisenbahn und das Interesse an der Antike erweckten es zu neuem Leben. Heute ist Selçuk ein freundliches Landstädtchen, gekrönt von einer byzantinischen Zitadelle. Neben einem herausragenden Museum mit Funden aus Ephesus besitzt Selçuk auch einige sehenswerte Hinterlassenschaften seiner christlichen und seldschukischen Vergangenheit. Zu Ausflügen lädt das gebirgige Hinterland ein. Auch der *Pamucak*-Strand in zumutbarer Entfernung leistet seinen Teil, um eilige Tageskundschaft in Dauergäste zu verwandeln. Der Ort ist ein angenehmer Stützpunkt für nichtorganisierte Ephesusbesucher.

Orientierung: Das Zentrum Selçuks erstreckt sich zwischen Busbahnhof und Bahnhof. Das Leben spielt sich abends rund um den kleinen Platz am Ende der Namık Kemal Cad. ab. Die Reste des dortigen Aquädukts stammen übrigens aus byzantinischer Zeit.

Information/Verbindungen/Ausflüge/Parken

- *Telefonvorwahl* 0232.
- *Information* Gegenüber dem Museum. Je nach Besetzung freundlich, kompetent und hilfsbereit, Auskünfte in Englisch und Deutsch. Literatur zu Ephesus gibt es günstiger als am Grabungsgelände. Tägl. 8.30–17.30 Uhr. Efes Müzesi Karşısı 23, ✆ 8926328, www.selcuk.gov.tr.
- *Verbindungen* **Bus**: Busbahnhof zentral an der Atatürk Cad. (ein Datum zur Inbetriebnahme des neuen Busbahnhofs – seit Jahren ein Rohbau –, etwas außerhalb des Zentrums an der Straße nach Aydın, gibt es bislang nicht). Regelmäßige Verbindungen entlang der Küste, egal ob gen Norden (z. B. nach İzmir, 1¼ Std.) oder Süden (z. B.

Bodrum, 2½ Std.). Zudem gute Verbindungen nach Aydın (1 Std.) und Pamukkale (3 Std.).

Zug: Bahnhof im Zentrum. Bis zu 7-mal tägl. nach İzmir (Basmane, der Zug hält i. d. R. auch am Flughafen), 3-mal tägl. über Aydın nach Denizli, jeweils 1-mal nach Afyon und Isparta. Information und Reservierung unter ✆ 8926006.

Dolmuş: Alle Dolmuşe starten am Busbahnhof. Minibusse nach Kuşadası etwa halbstündl., nach Şirince etwa stündl., zudem regelmäßig nach Tire und zu den Stränden der Umgebung (im Sommer). Vom Busbahnhof werden im Sommer auch Tagesausflüge mit dem Minibus nach Priene, Milet und Didyma inkl. Badestopp angeboten. Fahrpreis ohne Eintritte 25 € pro Person.

Von und nach Ephesus: Drei Kilometer oder 30 Gehminuten trennen Selçuk von Ephesus. Dafür folgt man von der Kreuzung beim Busbahnhof, an welcher auch die Tourist Information liegt, dem Dr. Sabri Yayla Bul., der Zufahrtsstraße nach Ephesus. Parallel dazu verläuft ein schattiger Gehweg. Ewa halbstündl. verkehren auch **Minibusse** vom zentralen Busbahnhof zum Grabungsgelände. Eine Fahrt mit dem **Taxi** sollte einfach nicht mehr als 2,50 € kosten. Die meisten Pensionen bieten einen kostenlosen **Transferservice** nach Ephesus an.

• *Organisierte Touren* Etliche Agenturen bieten Trips an: Tagesausflüge (z. B. nach Pamukkale oder Bergama) ca. 35 €. Zweitagestrips, z. B. nach Kappadokien, ab 50 €.

• *Parken* Vom Benutzen der öffentlich ausgewiesenen Parkplätze am Museum und vor der Johannesbasilika raten wir ab: Wucherpreise. Es gibt genug anderweitigen Parkraum.

Adressen/Einkaufen/Veranstaltungen (siehe Karte S. 125)

• *Ärztliche Versorgung* Staatliches Krankenhaus **Devlet Hastanesi** an der Straße nach Ephesus gegenüber der Tourist Information. ✆ 8922500.

• *Auto-/Zweiradverleih* Autos werden ab 40 € pro Tag z. B. von **Helios Travel Agency** (✆ 8926717, www.helios-travel.com) nahe dem Museum verliehen. Räder verleihen viele Unterkünfte.

• *Einkaufen* Beliebt ist Wein aus Şirince (→ S. 131). Einen sauren Tropfen gibt's bereits ab 4 € die Flasche, z. B. bei **Şirince Şarapçılık (7)** an der Atatürk Cad. 1. Jeden Sa großer **Wochenmarkt** nahe dem Busbahnhof.

• *Geld* **T.C. Ziraat Bankası** mit Bankomat in der Cengiz Topel Cad.

• *Polizei* In der 1006 Sok. im Zentrum beim Hamam. **Touristenpolizei** in einem Kiosk beim Busbahnhof. ✆ 8926004.

• *Post* An der Cengiz Topel Cad. im Zentrum.

• *Türkisches Bad (Hamam)* **Selçuk Hamamı** in der 1006 Sok., ausgeschildert. Auch gemischtes Bad möglich. Eintritt 13 € mit Massage. Bis Mitternacht geöffnet.

• *Veranstaltungen* Mitte Januar die berühmten **Kamelkämpfe** von Selçuk. Diese gehen ohne Blutvergießen über die Bühne – den Tieren werden die Mäuler zugebunden, damit sie sich nicht beißen können. Kamele werden im Land heute fast ausschließlich für die Kämpfe gezüchtet, deren Tradition in die Zeit zurückreicht, als sie noch Lasttiere der Karawanen waren. Von Ende April bis Anfang Mai finden im Großen Theater von Ephesus die **Ephesus-Festspiele** statt, eine beliebte Folklore- und Volkstanzveranstaltung. Das Theater ist im Juli und Aug. auch Veranstaltungsort des **Internationalen İzmir-Festivals** (Pop- und Klassikkonzerte, oft mit Starbesetzung).

• *Waschsalon* **Pamukkale Laundry**, in der 1005 Sok. Reinigung und Wäscherei. Nicht billig.

• *Zeitungen und Zeitschriften* Mehrere Kioske bieten Druckerzeugnisse in deutscher Sprache an, i. d. R. allerdings nur im Sommer, z. B. im **Sultan Dağı Market (9)** an der Atatürk Cad.

Übernachten/Camping (siehe Karte S. 125)

Die einst bösen Abschleppsitten von Pensionsbesitzern am Busbahnhof haben sich unter den wachen Augen der Obrigkeit zwar gebessert, aber noch lange nicht verabschiedet. Für Neuankommende existiert ein kleines Vermittlungsbüro am Busbahnhof. Wer weiß, wo er hin will, sollte am besten reservieren oder vom Busbahnhof aus anrufen: Fast alle Pensionen betreiben einen kostenlosen Abholservice. Ländlich idyllisch wohnt man im nahe gelegenen Şirince (→ Umgebung).

Hotel Kale Han (1), gehobene Zwei-Sterne-Unterkunft etwas außerhalb des Zentrums an der Straße nach İzmir. Altes, mit Geschmack restauriertes Haus. 52 urgemütliche Zimmer, dunkles Holz kombiniert mit weißen Wänden. Gutes Restaurant, Bar, Sonnenterrasse, Pool. Nach hinten raus ruhig, die Zimmer zur Straße hin besitzen doppelverglaste Fenster. Klimaanlage in allen Räumen. DZ 70 €, EZ 45 €. Atatürk Cad. 49 (neben einer Shell-Tankstelle), ✆ 8926154, ergirh@superonline.com.

Hotel Akay (3), von Lesern empfohlen. Gepflegtes Haus bei der İsa-Bey-Moschee. 25 Zimmer auf zwei Gebäude verteilt, 16 davon um einen kleinen Innenhof gruppiert, darüber ein vorzügliches, gediegenes Dachrestaurant (preislich in der Mittelklasse). Die anderen 9 Zimmer in einem auf alt gemachten Neubau und sehr stilvoll. Pool, Internetzugang. Der hilfsbereite Besitzer Etem Akay spricht Deutsch. DZ 30–50 €. Serin Sok. 3, ✆ 8923172, www.hotelakay.8m.com.

Diana Pension (4), 9 sehr schöne, geschmackvoll eingerichtete Zimmer mit sauberen Bädern. Dachterrasse mit Bar, Orientecke und Panoramablick auf die Burg. DZ 25 €. 3004 Sok. 30, 5 Min. vom Zentrum, im Ostteil der Stadt (vom Bahnhof ausgeschildert), ✆ 8921265.

Barım Pension (15), in Museumsnähe, ein altes Haus aus dem 18. Jh., auf dem Schornstein nistet ein Storch. Sauberer Familienbetrieb, diskret und englischsprachig. 12 Zimmer mit Du/WC, im Winter beheizt, gruppieren sich um den reich bepflanzten Innenhof. Entspannte internationale Atmosphäre. DZ 25 €. Turgutreis Sok. 34, ✆ 8926923, barim_pansiyon@hotmail.com.

Hotel Nilya (6), eine der schönsten Unterkünfte der Stadt. 11 liebevoll ausgestattete Zimmer mit Klimaanlage um einen begrünten, schattigen Innenhof. Von der Veranda der zweiten Etage schöner Blick. Familiäre Atmosphäre, sehr freundlich. Unser Tipp für Romantiker. DZ 50 €. 1051 Sok. 7, etwas versteckt gelegen, von der Johannesbasilika ausgeschildert. ✆ 8929081, www.nilya.com.

Pension Homeros (8), 12 schnuckelig-kitschige Zimmer auf 2 Gebäude verteilt, 7 davon mit privatem Bad. Mit Teppichen ausgelegte Dachterrasse – wunderschöner Blick in Richtung Sonnenuntergang, zu dem ein Gläschen „homemade" Wein serviert wird. Auf Wunsch gibt es danach auch ein leckeres Abendessen für 5,50 €. Übernachtung pro Person ab 12,50 €. Asmalı Sok. 17, im recht ruhigen Viertel oberhalb des Museums, ✆ 8923995, homerospension@yahoo.com.

Kiwi Pension (18), relaxte Pension unter englischer Leitung südlich des Zentrums. 11 Zimmer unterschiedlicher Größe mit und ohne Bad, 2 mit Balkon. Privater Pool ca. 2 km abseits in der Pampa, von Mandarinenbäumen umgeben (freier Transfer). Laundryservice, Grillabende, Internet etc. Pro Person ab 9,50 €. 1038 Sok. 26, ✆ 8924892, www.kiwipension.com.

• *Camping* **Garden Camping**, von der İsa-Bey-Moschee ausgeschildert. Ca. 600 m abseits des Trubels gelegenes, lauschiges Plätzchen im Mandarinengarten. Mit dabei ein seldschukisches Hamam (außer Betrieb) und ein Restaurant. Sanitäranlagen in ausreichender Zahl, leider aber ziemlich versifft. 2 Pers. zelten für 9 €, im Wohnmobil 12 €. ✆ 8922489, garden@superonline.com.

Dereli Motel Camping, direkt am Meer in Pamucak, ca. 8 km von Selçuk entfernt. Der große Platz unter deutscher Leitung bietet alles, was das Herz begehrt: Schatten, blitzsaubere Duschen und Toiletten, kleiner Laden, sehr gutes, preiswertes Restaurant in wunderschöner Lage, gepflegter Strandabschnitt (Palmen à la Südostasien), fotogener Sonnenuntergang über dem Meer. Vermietet werden auch Bungalows mit spiegelblanken Bädern und kleinen Terrassen, DZ 38 €. Campen pro Person 6 €. Nov.–Febr. geschl. Regelmäßige Direktdolmuşe vom Camping nach Selçuk. ✆ 8931205, www.dereli-ephesus.net.

Essen & Trinken/Nachtleben (siehe Karte S. 125)

Spezialität der Gegend ist *Çöp Şiş* („Abfallspieß"): Keine Sorge, kommt nicht frisch aus der Mülltonne, sondern besteht aus zarten kleinen Lammstückchen. Über sehr gute Restaurants verfügen auch die Hotels **Akay** und **Kale Han** sowie der **Dereli Motel Camping** in Pamucak (→ Übernachten).

Okumuş Mercan Restaurant (12), bei der Post. Achten Sie auf das „Mercan" im Namen, denn „Okumuş" nennen sich viele Restaurants. Freundlich und sehr gut. Erfrischender Hühnchensalat, exzellente Kalamares und ebensolche Lammkoteletts. Menü mit Getränken ca. 10 €. ✆ 8926196.

Zevk'ü Sefa Restaurant (16), im Gebäude der Handelskammer *(Ticaret Odası)* an der 1066 Sok. nahe dem Museum. Netter Natursteininnenhof. Neben Topfgerichten und *Güveç* auch Gegrilltes und Meze. Hg. 2,50–5 €. ✆ 8929443.

Eski Ev (11), das „Alte Haus" ist ein kleines Lokal mit gemütlichem Innenhof in der 1005 Sok. 1/A, einer Seitenstraße der Cengiz Topel Cad. Ein Essen mit Vorspeisen (üppige Auswahl an Meze), Bier und Rakı ca. 8 €. Von Lesern hoch gelobt. ✆ 8929357.

Selçuk Köftecisi (17), nahe dem Busbahnhof. Einfache Lokanta mit Außenterrasse, die in erster Linie von Einheimischen besucht wird. Kleine Auswahl an leckeren Grillgerichten wie *Köfte* oder *Çöp Şiş*. Guter Salat und fantastisches *Cacık* (Zaziki). Faire

Preise, ein Essen pro Person ab ca. 4,50 €. Şahabettin Dede Cad.

Köşk Pide Salonu (10), in der Siegburg Cad. 17/A. Simples Lokal, Leser loben das Frühstück und die hervorragende Pide (ab 2 €). Auch 1a-Gerichte im Tontopf.

Karameşe (2), lauschiges Gartenlokal bei der İsa-Bey-Moschee. Traditionelle anatolische Dorfküche zu gemäßigten Touristenpreisen.

Café Carpouza (5), nahe dem Hamam in der 1006 Sok. Gepflegtes, alkoholfreies Café mit schattiger Terrasse, davor ein Rasen von Golfplatzqualität. Gute Frühstücksadresse. Zudem Salate, Pizzen, Pasta und Süßspeisen. Hg. 2–4 €.

• *Nachtleben* Bierselig! Mehrere Bierkneipen, oft rustikal eingerichtet und voller trinkfreudiger Traveller aus Australien oder England, finden Sie entlang der Cengiz Topel und der Siegburg Cad. An Letzterer garantieren i. d. R. die **Ekselans Bar (14)** und die **Casa Café & Bar (13)** einen feuchtfröhlichen Abend.

Baden

Nächste Badegelegenheit am Strand von **Pamucak** ca. 8 km westlich von Selçuk. Im Süden des weiten Sandstrandes haben sich einige Clubhotels angesiedelt. Je weiter man gen Norden geht, desto schöner und leerer wird er.

Auch an der von Pamucak gen Norden führenden **Küstenstraße nach Özdere/Menderes** findet man Badebuchten, teils von Feriendörfern belegt, teils noch recht unverbaut. Man erreicht diese mit Dolmuşen mit der Aufschrift „Gümüldür". Schön und gepflegt, an Wochenenden jedoch oft von picknickenden Familien überlaufen, ist z. B. die gebührenpflichtige Bucht von **Denizpınarı (Klaros)**. Sie liegt ca. 11 km nördlich der großen Kreuzung (wo es nach Kuşadası, Özdere/Menderes und Selçuk abgeht) hinter dem Pamucak-Strand.

Einladend ist auch die schnuckelige **Baradan-Bucht** (ebenfalls gebührenpflichtig) mit Restaurant. Kein Hinweisschild. 700 m hinter der Denizpınarı-Bucht zweigt linker Hand ein holpriger Schotterweg ab. Kurz darauf parken. Über etliche Treppen geht es hinab.

Sehenswertes

Alle hier aufgeführten Sehenswürdigkeiten lassen sich gemütlich zu Fuß erreichen. Nicht zugänglich ist die mächtige Zitadelle auf dem geschichtsträchtigen Ayasoluk-Hügel, im 6. Jh. unter den Byzantinern errichtet – heute militärisches Sperrgebiet.

Archäologisches Museum: Es zählt zu den angesehensten Museen seiner Art in der Türkei. In themenbezogenen Sälen wird eine Auswahl der schönsten Funde aus Ephesus aufbewahrt. Erster Höhepunkt ist der *Saal der Funde aus den Hanghäusern* (erster Raum links), in dem ein buntes Sammelsurium an Kostbarkeiten, die einst römische Edelvillen zierten, präsentiert wird: u. a. ein kleiner bronzener Eros, auf einem Delphin reitend, eine ägyptische Priesterstatuette aus dem 7. Jh. v. Chr., ein Marmorfresko des Sokrates, die Häupter von Venus und Zeus. Im folgenden *Saal der Monumentalbrunnen* beeindruckt v. a. die Figurengruppe des Pollio-Nymphäums, bei der Odysseus die Blendung Polyphems vorbereitet. Im *Garten* stehen ein paar Kapitelle, dazwischen werden Andenken verkauft. Sehenswert ist hier der große Sarkophag des Belevi-Mausoleums (→ Umgebung).

Vorbei am *Saal der Grabobjekte*, der sich der antiken Sterbekultur und Grabbeigaben widmet, erreicht man den schönsten und beeindruckendsten Saal des Museums, den *Artemissaal:* Neben einer Artemisstatue ohne Kopf werden stimmungsvoll zwei römische Marmorkopien des uralten Artemiskultbildes präsentiert. Die größere Kopie ist 3,20 m hoch, das Original muss aus Holz gewesen sein. Das Brustgehänge der Artemis wird als Fruchtbarkeitssymbol gedeutet, wobei sich die Experten nicht einig sind, ob es Stierhoden, Brüste oder Eier darstellen soll.

Grabstelen vor der İsa-Bey-Moschee

Selçuk
Stadtplan S. 125

Auch die *Ethnologische Abteilung* ist mehr als einen Blick wert: Zu sehen sind nicht nur das übliche Nomadenzelt und bäuerliche Arbeitsgeräte. Im Innenhof wurde eine Art kleines Marktviertel nachgebaut, darunter ein Berbersalon, eine Rosenwassermanufaktur und ein Hamam.

Adresse/Öffnungszeiten Schräg gegenüber der Tourist Information. Tägl. (außer Mo) 8.30–12 u. 13–17 Uhr. Eintritt 2,50 €.

Johannesbasilika: Kaiser Justinian ließ die Kreuzkuppelbasilika auf dem Ayasoluk-Hügel im 6. Jh. über dem angeblichen Grab des Apostels Johannes errichten. Das Artemision diente dafür als Steinbruch. Sie gehörte mit 130 m Länge und 40 m Breite zu den größten byzantinischen Kirchen. Um 1330 wurde die Basilika in eine Moschee umgewandelt, später in eine Markthalle, schließlich fiel sie einem Erdbeben zum Opfer. Bei einer Teilrenovierung wurden einige schöne Säulen und die südliche Langhausarkade wieder aufgerichtet.

Man betritt die Basilika durch ein wehrhaftes Tor, das wegen eines Reliefs über dem Torbogen (es zeigt den Achilleskampf) auch *Tor der Verfolgung* genannt wird. Sehenswert im Innern sind insbesondere das *Sanktuarium* und die *Taufkapelle*. Eine Steinplatte erinnert an den Besuch Papst Pauls VI. am 26. Juni 1967.

Öffnungszeiten Tägl. 8–17.30. Eintritt 2,50 €. Mit „St. Jean" ausgeschildert.

İsa-Bey-Moschee: Unter Emir İsa Bey wurde die Moschee 1375 zu Füßen der Johannesbasilika errichtet. Auch für diesen Bau wurden Steine des Artemisions verwendet. Geschickt ergänzte der syrische Baumeister den Moscheentypus seiner Heimat um ein wunderbares *Stalaktitenportal* im Seldschukenstil und zwei osmanische Kuppeln, die innen mit türkisfarbenen und blauen Fayencen geschmückt sind. Bemerkenswert sind auch die kuppeltragenden *Granitsäulen* (aus den Hafenthermen von Ephesus) und der marmorne *Minbar*. Von den ursprünglich zwei Minaretten ist nur noch eines erhalten.

Umgebung von Selçuk und Ephesus

Wohn- und Sterbehaus der Jungfrau Maria (Meryemana)

Über das Leben der Maria nach Jesu Geburt ist wenig bekannt, und so ist auch ihr Sterbeort unklar. War es der Berg Zion in Jerusalem oder der Berg Aladağ bei Ephesus? Für Letzteren spricht folgende Geschichte: Auf einer Vision beruhend, fertigte die deutsche Nonne Katharina Emmerich (1774–1824), die nie ihre Heimat verlassen hatte, Aufzeichnungen über die Lage und das Aussehen des Wohn- und Sterbehauses Marias an. Anhand dieser Aufzeichnungen entdeckten 1891 Lazaristen-Mönche aus İzmir auf dem 8 km südlich von Selçuk gelegenen Aladağ ein ihren Beschreibungen entsprechendes Gebäude, das daraufhin zur Pilgerstätte wurde. Es handelt sich um einen kuppelbedeckten Steinbau mitten im Wald. Durch ein Vestibül kommt man in den Hauptraum, in dessen Apsis ein Altar mit schwarzem Marienbild steht. Der Raum seitlich soll das Schlafzimmer der Maria gewesen sein. Direkt unter dem Haus entspringt eine Quelle, die hangabwärts zu Tage tritt und in einem Becken aufgefangen wird. Hier entnehmen Gläubige das Wasser, dem besondere Kräfte innewohnen sollen. Zu Mariä Himmelfahrt kommen Pilger scharenweise.

Pilgerziel Meryemana

• *Anfahrt* Vom Ortszentrum von Selçuk die Straße nach Aydın nehmen, nach etwa 2 km rechts ab (mit „Meryemana" ausgeschildert), von dort noch etwa 6 km. Keine Dolmuşverbindungen, die Fahrt mit dem Taxi kostet rund 16 €.

• *Öffnungszeiten* Tägl 8–19 Uhr. Die Eintrittsgebühr für den „Meryemana-Kulturpark" beträgt 5,50 € pro Person.

Die falsche Maria: Neben der Straße nach Meryemana steht eine große Marienstatue. Gewiefte Taxifahrer ließen hier angeblich immer wieder japanische Touristen aussteigen und die Statue als „Meryemana" fotografieren. Das sparte Benzin und Zeit. Der Schwindel flog erst auf, als die Geneppten Erinnerungsfotos mit anderen Türkeiurlaubern verglichen und so das wirkliche Meryemana erblickten.

Eisenbahnmuseum in Çamlık

Das „Railway Steam Engine Museum“ wäre in England keine Überraschung, im Örtchen Çamlık aber wirkt es ziemlich exotisch. Neben der Bahnlinie İzmir–Aydın werden in einer liebevoll gestalteten Oldtimerschau über 30 blitzblank geputzte, restaurierte Loks präsentiert, die einst auf dem türkischen Schienennetz unterwegs waren. Für (Hobby-)Eisenbahner/-innen ein heißer Tipp, für alle anderen ein netter Ausflug, bei dem man z. B. die beeindruckende 2 C2–h2 der deutschen Firma Henschel kennen lernen kann, die ab 1925 auf der Strecke İzmir–Manisa dampfte – mit stattlichen 90 km/h. Auch Staatsgründer Atatürk, der stets mit einem weißen Zug unterwegs war, erweist man die Referenz.

• *Anfahrt/Verbindungen* Çamlık liegt etwa 10 km südlich von Selçuk an der Straße nach Aydın, das Museum am Ortseingang an der Straße nach Kuşadası. Mit Aydın-**Dolmuşen** von Selçuk zu erreichen.

• *Öffnungszeiten* Tägl. 8–22 Uhr. Eintritt 1,30 €.

Weiter Richtung **Söke**? Dabei passiert man die Ausgrabungsstätte **Magnesia** (S. 105).

Şirince

In dem ursprünglich griechischen Bergdorf lebten vor 100 Jahren noch rund 9.000 Menschen. Damals wurde Şirince von den türkischen Nachbarn, wohl aus Neid, „Çirkince“ (= hässlich) genannt. Als die griechischen Einwohner im Rahmen des Bevölkerungsaustausches den Ort 1923 verlassen mussten, tauften zugezogene Türken ihre neue Bleibe in den passenderen Namen „Şirince“ (= niedlich) um. Heute

Şirince, eine Adresse für stilvolles Wohnen

besitzt Şirince noch rund 400 feste Bewohner, zu denen sich in den Sommermonaten tausende von Touristen gesellen.

Das kleine Örtchen mit seiner anheimelnden griechischen Architektur samt zweier Kirchen, von denen die *Johanneskirche* ansatzweise restauriert wurde und nun zu besichtigen ist, gehört heute zum Ausflugs-Kernprogramm der Gegend. Und so findet man hier eine Vielzahl von Restaurants und sogar eine Basargasse, wo neben lokalen Weinen der übliche Krimskrams für Touristen angeboten wird. Viele, denen Selçuk zu groß oder zu kommerziell ist, suchen in Şirince auch eine Bleibe in „authentischer Atmosphäre." Wer hier übernachtet und tagsüber Ausflüge unternimmt, wird diese auch erleben. Am Morgen und am Abend ist die Welt noch friedlich – dazwischen sorgen Tourenbusse aus den Küstenresorts für internationalen Trubel.

• *Anfahrt/Verbindungen* Rund 9 km von Selçuk entfernt, ausgeschildert. **Dolmuşe** mind. stündl. ab dem Busbahnhof.

Literaturtipp: 1909 wurde in Şirince **Dido Sotiriou** († 2004), eine der bedeutendsten Autorinnen der neuen griechischen Literatur, geboren. Ihr erfolgreichster Roman „Matomena Chomata" gibt Einblicke in das türkisch-griechische Zusammenleben vor dem Bevölkerungsaustausch. In Griechenland hat der Roman schon die 80. Auflage erreicht, auch die türkische Übersetzung war, da eine Schwarzweißmalerei ausbleibt, ein großer Erfolg. „Grüß mir die Erde, die uns beide geboren hat" lautet der Titel im Deutschen.

• *Einkaufen* Wein! Fast jede zweite Familie produziert ihren eigenen und die Qualität der Rot-, Weiß- und Roséweine (Flaschen ab 4,50 €) schwankt von „gerade noch trinkbar" über „anständig" bis „gut". Zur Degustation empfehlen wir einen Besuch der Kelterei **Kaplankaya Dereli** (im Zentrum, nicht zu übersehen), die beim örtlichen Weinfestival schon mehrmals den ersten Preis gewann, und der Kelterei **Artemis** am Ortseingang. Letztere ist ein deutsch-türkischer Betrieb (der u. a. vom Know-how der Weinkellerei Goldberg im pfälzischen Osthofen schöpft) und sich auf Frucht- und Bioweine spezialisiert hat. Eine kleine Menge wird sogar nach Deutschland exportiert. Wein aus Şirince gibt es auch in Selçuk zu kaufen (→ Selçuk/Einkaufen, S. 126).

• *Übernachten* Ein idealer Übernachtungsort. Wohnen in Şirince ist jedoch grundsätzlich nicht billig. Ein paar wenige Familienpensionen bieten simple DZ ab 25 €, ansonsten nächtigt man in gehoben-stilvollem Ambiente.

Nişanyan Hotel, eine überaus komfortable Adresse, geführt von den Autoren des „Little Hotel Book" (→ Information/Internet, S. 40). Neben 5 wunderbaren Zimmern im Hotel (mit kleinem Restaurant und einer Bibliothek) 3 im traditionellen Stil restaurierte Häuser mit komplett ausgestatteter Küche für bis zu 5 Pers. Wer seinen Urlaub ohne Pool, stattdessen mit Büchern und klassischer Musik verbringen will, ist hier richtig. DZ ab 95 €, Haus für 2 Pers. 148 €. ✆ 0232/8983208, www.nisanyan.net.

Kırkınca House Hotel, ein hochgepriesener Lesertipp, am Ortseingang ausgeschildert. Kleines Hotel mit 5 Zimmern (alle unterschiedlich und sehr stilvoll eingerichtet). Dazu 5 alte Natursteinhäuser, neu und mit Liebe restauriert. Zimmer bzw. Häuser z. T. mit eigenem Hamam! DZ 56–82 €, Häuser 82–114 €. ✆ 0232/8983133, www.kirkinca.com.

Kilisealtı Pension, nahe dem Kırkınca, ebenfalls am Dorfeingang ausgeschildert (Haus mit grünen Fensterländen, aus denen kleine Herzen ausgesägt sind). Überaus nette Unterkunft mit 5 orientalisch-schnuckeligen Zimmern in fröhlichen Farben, z. T. mit Gemeinschaftsbad. Frühstück im Garten, freundliche Leitung. DZ 50 €, EZ 32 €. ✆ 0232/8983128, www.kilisealti.com.

• *Essen & Trinken* **Artemis Restaurant**, in der alten restaurierten Schule am Ortseingang. Lauschiger Garten und wunderschöner Blick über Şirince. Top-Service und köstliches Essen in reicher Auswahl – unsere Empfehlung ist der *Tandır Kebap* (im Tonkrug geschmortes Lammfleisch). Für das Gebotene moderate Preise, Hg. 3,50–11 €.

Greek Café, am Ortsbeginn ausgeschildert. Terrasse mit schönem Dorfblick. Küche mit Schwerpunkt auf griechischen Gerichten, ebenfalls moderate Preise (Hg. 3,20–6,30 €).

Belevi-Mausoleum

Das Mausoleum, oder was davon übrig blieb, befindet sich nahe dem gleichnamigen Dorf rund 11 km nordöstlich von Selçuk. Es gehört zwar zu den bedeutendsten Grabmonumenten aus hellenistischer Zeit, zuviel erwarten sollte man aber dennoch nicht. Auf einem 12 m hohen Felsen, der einst marmorverkleidet war, erhob sich eine Stufenpyramide, die vermutlich von einer Quadriga gekrönt war. Über 30 m hoch soll der Bau gewesen sein. Archäologen der Österreichischen Akademie der Wissenschaften und des Österreichischen Archäologischen Instituts, die die Grabungsarbeiten leiten, nehmen an, dass es die letzte Ruhestätte des Seleukidenherrschers Antiochus II. war. Der aus dem Felssockel geborgene Sarkophag befindet sich heute im Museum von Selçuk, andere Funde gingen ins neue Museum für Geschichte und Kunst nach Izmir.

• *Anfahrt/Verbindungen* Das Monument befindet sich 3 km östlich von Belevi direkt neben der Autobahn, im Ort und von der alten Straße Selçuk–İzmir ausgeschildert. Die Tire-Dolmuşe von Selçuk passieren es mehr oder weniger, sagen Sie dem Fahrer Bescheid. Das Gelände ist den Großteil des Jahres umzäunt und abgesperrt, von außen aber gut einsehbar. Im Hochsommer führt i. d. R. ein Wärter Interessierte kostenlos auf dem Gelände herum.

Tire

Tire (ca. 35.000 Einwohner), rund 40 km nordöstlich von Selçuk, ist ein sympathisches Provinzstädtchen zwischen Heute und Gestern. Während sich der moderne Teil der Stadt im Tal des *Küçük Menderes* (Kleiner Mäanders) ausbreitet, steigen die Gassen des alten Zentrums an den Hängen der Aydın-Berge steil an. Ein Bummel hindurch macht Freude: Die Türen der bunt gestrichenen Häuser stehen oft offen, man sieht die Oma auf dem Kanapee schlafen und den Opa nebenan im Teehaus Wasserpfeife rauchen. So etwas wie Hektik kennt man nur zum Markt am Dienstag. Mittelpunkt ist dann das Basarviertel mit seinen über 100 Läden und Kleinhandwerksbetrieben sowie den beiden *Karawansereien Kapan* und *Kutu* aus dem 15. Jh. Als kunsthistorisch wichtigster Bau gilt die 1442 errichtete *Yahşi Bey Camii*. Ihr Minarett, in das blaue Kacheln eingearbeitet wurden, kam später hinzu und ist einzigartig in der Region. Es gibt auch ein kleines *Museum* (von Selçuk kommend an der Straße ins Zentrum linker Hand,

Tire: ein Stück ursprüngliche Türkei

tägl. außer Mo 8.30–17.30, Eintritt 1,30 €), dessen schönstes Objekt ein Hekate-Relief ist.

Vier steile Kilometer weiter liegt das Bergdorf *Kaplan* (ausgeschildert). Dort serviert das gleichnamige Terrassenrestaurant zu grandiosen Ausblicken lokale Spezialitäten (✆ 0232/5126652). Die Küche Tires hat einen legendären Ruf. Bis aus İzmir kommen die Gäste für den Ziegenkäse mit Maulbeeren, das Wassermelonen-Scherbett oder den *Tire Kebap* – am Spieß gegrillte Hackfleischröllchen werden nochmals in Butter gebraten und anschließend mit Tomatensauce serviert.

Anfahrt/Verbindungen Von Selçuk ist der Weg von der Straße nach İzmir ausgeschildert. Die Straße nach Aydın ist ein elendes Bergsträßlein. Regelmäßige **Dolmuş**verbindungen ab Selçuk.

Birgi

Rund 45 km nordöstlich von Tire liegt der sehenswerte 5.000-Seelen-Ort Birgi. Die Ansammlung so vieler osmanischer Natursteinhäuser hat Seltenheitswert. Sie ziehen sich links und rechts eines meist ausgetrockneten Bachbetts den Hang hinauf. Viele Bauten haben hübsche Erker, viele verfallen aber auch. Das größte Gebäude vor Ort, der *Çakırağa Konağı*, wurde restauriert, die holzgetäfelten Wohnräume mit Wandmalereien im Stil des türkischen Rokoko können besichtigt werden (ausgeschildert, tägl. außer Mo 8.30–12 und 13–17.30 Uhr, Eintritt 1,30 €). Nebenan lädt das schöne Café Konak auf eine Pause ein. Besuchenswert ist auch die *Ulu Cami*, von deren Minarett der Muezzin seit 1312 zum Gebet ruft. Die frühseldschukische Moschee gehört zu den ältesten der Ägäis. Prunkstück des Gebetsraumes ist der meisterlich geschnitzte Minbar.

Anfahrt/Verbindungen Birgi liegt 9 km östlich des Provinzstädtchens Ödemiş. **Bus** von Selçuk nach Ödemiş, ab Ödemiş Minibusverbindung.

Tipp: Wer noch weiter in die Geschichte zurück will, fährt von Birgi über die **Boz Dağlar** zur Ausgrabungsstätte **Sardes** (→ S. 184). Die Straße über den Gebirgszug ist gut ausgebaut und bietet herrliche Ausblicke. Unterwegs wird Honig verkauft, zudem passiert man mehrere Forellenlokale. Bei Bozdağ gibt es ein kleines Skizentrum.

Das Tal des Großen Mäander

Vor über 2.000 Jahren blühten rund um das Tal des *Büyük Menderes*, wie der Fluss im Türkischen heißt, Wissenschaft und Kultur. Nicht umsonst wird es auch „Tal der Zivilisationen“ genannt. Herausragendstes Beispiel dafür ist *Aphrodisias*, die bekannteste und sehenswerteste antike Stätte der Region. Ein Ausflug in das Tal des Großen Mäander lohnt aber nicht nur der Vergangenheit wegen: Wie wäre es mit dem Besuch eines Stierkampfs oder einem Einkaufsbummel in *Aydın*? Das Highlight für viele ist jedoch *Pamukkale*, das Wunder der weißen Sinterterrassen.

Noch heute blüht es auf der fruchtbaren Ebene des Großen Mäander: Auf weiten Plantagen werden die besten Feigen des Landes herangezogen. Im Oktober sieht man überquellende Lastwagen, die Baumwolle zu den weiter verarbeitenden Betrieben bringen. Zudem werden hier Granatäpfel, Zitrusfrüchte, Pfirsiche, Tabak, Oliven, Äpfel und Melonen angebaut.

Aydın

ca. 143.000 Einwohner

Die Provinzhauptstadt am nördlichen Rand der Mäanderebene präsentiert sich lebhaft, modern und sauber. Alten Charme besitzt sie jedoch nicht. Dafür haben mehrere schwere Erdbeben gesorgt, zudem brannten die griechischen Besatzer die Stadt 1919 komplett nieder. Die antiken Stätten der Umgebung sind es, die Fremde hier Station machen lassen. Daneben bietet sich Aydın für einen nervenschonenden Shoppingnachmittag fernab des Trubels an der Küste an. Weder findet man hier die aufdringlichen Händler Kuşadasıs noch das hektische Gedränge İzmirs.

Orientierung: Die Nationalstraße 320, zugleich die Fernstraße nach Denizli, passiert die südlichen Stadtviertel Aydıns. Von ihr ist die Abzweigung ins Zentrum bei einem großen Kreisverkehr mit „Şehir Merkezi" ausgeschildert. Über den Adnan Menderes Bul., die Hauptgeschäftsstraße mit mehreren Hotels, gelangen Sie zum Atatürk Meydanı. Der sterile, weite Platz, der auch 9 Eylül Meydanı genannt wird, ist das Herz der Stadt. Unter dem Platz befindet sich ein Parkhaus. Etwas weiter nördlich liegt, links des Hükümet Bul., eine Fußgängerzone mit Restaurants.

Information/Verbindungen/Veranstaltungen

• *Telefonvorwahl* 0256.

• *Information* Beim großen Kreisverkehr (mit McDonald's-Werbung) an der 320. Fremdsprachig, aber nicht besonders kompetent. Mo–Fr 8–12 und 13.30–17.30 Uhr. Yeni Dörtyol Mevkii, ✆ 2112842.

• *Verbindungen* **Bus**: Busbahnhof nahe der Tourist Information an der 320 südlich des Zentrums. Gute Verbindungen in alle größeren Städte des Landes.

Zug: Aydın liegt an der Strecke İzmir-Denizli-Afyon. Tägl. mehrmals nach İzmir und über Nazilli nach Denizli, 1-mal nach Afyon und Isparta. Bahnhof im Stadtzentrum westlich des Atatürk Meydanı. Information und Reservierung unter ✆ 2231824.

Dolmuş: Dolmuşe nach Çine, Sultanhisar (Nysa) und (selten) nach Karpuzlu (Alinda) starten am Busbahnhof.

• *Veranstaltungen* **Stierkämpfe**! Die unblutigen Spektakel, die mit der Flucht eines Stieres enden, haben in den Dörfern rund um Aydın eine lange Tradition. Die Kämpfe finden an Sommersonntagen statt.

Übernachten/Essen & Trinken

Aydın besitzt nur wenige Hotels und die sind größtenteils nicht zu empfehlen – entweder muffeln sie gehörig, züchten Kakerlakenkolonien, bereichern ihre Waschbecken mit dem farbenfrohen Zahnpastasortiment der letzten 10 Gäste oder verlangen Ausländerzuschläge. Die im Folgenden beschriebenen Hotels haben lediglich den Nachteil „zur Straße hin laut". Dafür isst man in Aydın um so besser.

**** **Anemon Hotel**, ca. 3 km südlich von Aydın an der Straße nach Muğla. Bestes Haus der Stadt. Lichte Lobby mit viel Marmor, 80 freundliche Zimmer, zum Empfang stehen Wein und Chips parat! Unbedingt ein Zimmer nach hinten mit Blick auf Pool und/oder Palmengärtchen wählen! Tennisplatz, Fitnessraum. DZ 80 €, EZ 65 €. ✆ 2260033, www.anemonhotels.com.

** **Otel Özlü**, südlich des Zentrums am Adnan Menderes Bul. (Nr. 77) nahe der TI. Helle, ordentliche Zimmer mit und ohne Klimaanlage, teilweise mit neuen Bädern. Restaurierte Rezeption, in den Zimmern ältliches Mobiliar. DZ 44 €. ✆ 2253371, ℻ 2132988.

Otel Ünlü, zentrumsnäher, am Adnan Menderes Bul. Nr. 9. Farbenfrohe Zimmer, teils recht geräumig. Einige Zimmer besitzen Balkon, Stuck an der Decke und sogar einen offenen Kamin. DZ 32 €, EZ 19 €. ✆ 2259237, ℻ 2126833.

• *Essen & Trinken* **Beyli Kebap**, am Adnan Menderes Bul. beim Kreisverkehr gegenüber der Tourist Information. Gepflegtes Lokal mit

Terrasse (leider laut). Gute Suppen und etliche Sorten Pide (ab 1,60 €), diverse Kebabs (ab 3,20 €) und in Tonpfannen zubereitete Fleischköstlichkeiten. Korrekter Service.

Rıfat Bey Konağı, das hübsche alte Stadthaus mit nettem Gärtchen und gemütlichem Inneren wird vom hiesigen Folkloreverein gemanagt: Livemusik jeden Abend. Dazu gibt es billige Meze und Grillgerichte. Bier und Rakı fließen in Strömen. Özen Sok., eine Seitenstraße des Hükümet Bul.

• *Einkaufen* Etliche **Outlet Stores** an der Straße nach Nazilli.

Sehenswertes

Museum (Müze): In drei modern konzipierten Ausstellungsräumen werden u. a. Münzfunde aus Tralleis, Stelen und Büsten aus Milet und Nysa, zudem Funde aus Alinda und Alabanda gezeigt – die Umgebung gibt viel her. Wer schon andere türkische Provinzmuseen besucht hat, kann sich die angeschlossene ethnographische Abteilung vorstellen.

Adresse/Öffnungszeiten Kızılay Cad., vom Atatürk Meydanı ausgeschildert. Tägl. (außer Mo) 8–12 und 13.30–17 Uhr. Eintritt 1,30 €.

Tralleis: Die Ruinen des antiken Tralleis liegen inmitten von Olivenhainen auf einer Anhöhe im Norden Aydıns verstreut. Noch vor wenigen Jahren beschränkten sie sich auf nicht viel mehr als die drei gewaltigen Bögen des einstigen *Gymnasions*. Dank eines engagierten Ausgrabungsteams der hiesigen Adnan-Menderes-Universität lässt Tralleis heute tiefer blicken. Man stieß auf ein zweistöckiges unterirdisches *Arsenal* und entdeckte das *Theater*. Wie viel jedoch vom antiken Tralleis, das im 5. Jh. v. Chr. erstmals erwähnt wurde und eine recht große und wohlhabende Stadt gewesen sein soll, überhaupt noch ausgegraben werden kann, ist fraglich, da die Bauern der Gegend die antike Bausubstanz lange Zeit zur Kalkherstellung nutzten. Zu viel erwarten sollte man nicht, die Aussicht über Aydın und die fruchtbare Ebene des Großen Mäander ist jedoch alles andere als enttäuschend.

• *Anfahrt/Öffnungszeiten* Die Ruinen liegen ca. 2,5 km abseits des Zentrums (ausgeschildert), keine Dolmuşanbindung. Tägl. 8–17 Uhr frei zugänglich, kein Eintritt. In manchen Jahren ist jedoch eine Genehmigung erforderlich, am besten vorher im Museum erkundigen. Fotografieren wegen des benachbarten Militärgeländes verboten. Alle Sehenswürdigkeiten auf dem Gelände sind ausgeschildert.

Adnan Menderes – Verbrecher oder Held?

Adnan-Menderes-Boulevard, Adnan-Menderes-Universität, Adnan-Menderes-Stadion, Adnan-Menderes-Grundschule ... Was Goethe für Weimar oder Kafka für Prag, ist Adnan Menderes für Aydın. Hier wurde er geboren, der Mitbegründer der Demokratischen Partei (DP) und spätere Ministerpräsident (1950–60). Die ersten Jahre seiner Amtszeit trug ihn eine Welle der Zustimmung. Doch die kippte um, als Menderes immer autokratischer regierte. Hinzu kamen wirtschaftliche und soziale Probleme im Land. Menderes versuchte, die sich verstärkende Opposition durch Unterdrückung der Meinungsfreiheit auszuschalten: Während seiner Regierungszeit wurden über 1.000 Journalisten strafrechtlich verfolgt, an die 300 zu Gefängnisstrafen verurteilt. Durch einen Militärputsch wurde Adnan Menderes 1960 gestürzt und wegen Verfassungsbruch zum Tode verurteilt. Er starb am 17. September 1961 durch den Strang.

In Aydın huldigt man ihm weiterhin. Warum, das weiß keiner so genau. Vielleicht ist man einfach nur stolz darauf, neben dem gleichnamigen Fluss vor der Haustür einen zweiten Büyük (= Großer) Menderes sein Eigen zu nennen ...

Umgebung von Aydın

Alinda: Die Reste der karischen Stadt präsentieren sich in eindrucksvoller Hanglage oberhalb des gemütlichen Landstädtchens Karpuzlu. Ausgräber waren hier noch nicht zugange, und auch der Massentourismus zieht an der Idylle vorbei. Bekannt wurde die Stadt einzig im Zusammenhang mit Ada, einer Schwester und Nachfolgerin des Mausolos (→ Bodrum/Geschichte, S. 58). Von ihrem jüngeren Bruder Pixodaros entmachtet, hatte sie hier Zuflucht gefunden. Als Alexander der Große 334 v. Chr. gegen die Perser und deren Statthalter Pixodaros aufmarschierte, offerierte die Dame dem Makedonier die Adoptivmutterschaft. Dieser nahm an, siegte glorreich über die Perser und übertrug seiner zur Königin gekrönten „Mutter" die Verwaltung des eroberten Karien. Hauptattraktion Alindas sind die bis auf eine Höhe von 15 m erhaltene, einst dreigeschossige *Agora* und das *Theater*. Weiter entdeckt man Fragmente eines *Äquadukts* und Reste der *Stadtmauer* – insgesamt eine Ruinenlandschaft von seltenem Reiz.

Alte Bäuerin aus der Umgebung Aydıns

• *Verbindungen/Anfahrt* Die **Dolmuşe** von Aydın nach Karpuzlu verkehren sehr unregelmäßig. Zügiger geht es nach Çine, von dort regelmäßige Minibusverbindungen nach Karpuzlu. Mit dem **Auto** fährt man Richtung Muğla und biegt nach ca. 30 km rechts ab (ausgeschildert), nach weiteren 26 km ist man am Ziel. Am Dorfplatz parken, dann 10–15 Min. zu Fuß den Berg hoch.

• *Öffnungszeiten* Tägl. 8–19 Uhr. Eintritt 1,30 €.

• *Tipps zur Weiterfahrt* Wer von Alinda nach **Alabanda** (s. u.) will, fährt erst ein Stückchen Richtung Milas und zweigt bei der Jandarma am Ortsende von Karpuzlu links auf das schmale Sträßchen gen Osten ab. Will man hingegen ins rund 18 km entfernte **Labranda** (→ Umgebung/Milas, S. 87), folgt man der Straße nach Milas. Erkundigen Sie sich jedoch zuvor, ob die Straße repariert wurde. 2005 befand sie sich in einem katastrophalen Zustand.

• *Essen & Trinken* **Çetinkaya Restorant**, der freundliche Besitzer Kamil Çetinkaya freut sich stets über deutsche Besucher – er hat sein Kochpraktikum bei Köln absolviert. Gute simple Kost zu Dorfpreisen. An der Hauptstraße in Karpuzlu.

Alabanda: Die lebenslustige, wohlhabende Stadt, in der die Straßen voller harfenspielender Mädchen waren, – so wurde sie vom antiken Geographen Strabo (s. u.) beschrieben – vermag man sich heute nur mit viel Fantasie vorzustellen. Zwischen Baumwollfeldern und den Häusern des Dörfchens Doğanyurt finden sich neben den Resten eines *Apollontempels* Teile der *Stadtmauer*, der *Agora* und des *Theaters*. Seit 1999 ist ein Ausgrabungsteam des Museums von Aydın am Werk.

• *Anfahrt/Verbindungen* Von der Hauptdurchgangsstraße in Çine ausgeschildert, von dort noch 9 km. Nur für Selbstfahrer.

• *Öffnungszeiten* Stets zugänglich. Findet Sie der Wärter, zahlen Sie 1,30 € Eintritt.

Nysa (antike Stadt)

Oberhalb des Dorfes Sultanhisar, hoch über dem Mäandertal, liegen inmitten von Olivenhainen die vergessenen Ruinen des antiken Nysa. Strabo (64 v.–23 n. Chr.), dessen mehrbändige „Geographika“ ein großartiges Zeugnis des Kenntnisstandes der Antike ist, verbrachte hier seine Studienjahre. Die meisten Überreste stammen aus römischer Zeit, als Nysa (gegründet im 3. Jh. v. Chr.) zum wohlhabenden Wissenschaftszentrum avancierte.

Den wenigen Besuchern imponiert v. a. das *Theater*, das 12.000 Zuschauern Platz bot, die Überreste des *Stadions*, in das 30.000 Leute passten, und ein gut erhaltenes *Bouleuterion*. Beeindruckend ist zudem ein ca. 110 m langer Tunnel (östlich des Theaters), er stammt aus dem 2. Jh. v. Chr. und diente als Wasserleitung. Die noch nicht ausgegrabene *Bibliothek* soll neben der von Ephesus zu den schönsten der Antike gehört haben. Der freundliche Wärter führt Sie für ein kleines Trinkgeld durch das weite, landschaftlich äußerst reizvolle Gelände. Ausgrabungen finden unter Leitung der Universität Ankara statt.

14 km östlich von Sultanhisar liegt **Nazilli** (103.000 Einwohner), keine Stadt, die man gesehen haben muss. Immerhin bietet sie Übernachtungsmöglichkeiten und gute Busverbindungen.

• *Verbindungen/Anfahrt* Regelmäßige **Dolmuşe** nach Sultanhisar von Aydın und Nazilli. Von Sultanhisar bis zur Ausgrabungsstätte sind es allerdings noch ca. 3 km den Berg hoch. Nysa ist von der Verbindungsstraße Denizli-Aydın ausgeschildert.

• *Öffnungszeiten* Im Sommer tägl. 8–20 Uhr, im Winter kürzer. Eintritt 1,30 €. Die Sehenswürdigkeiten sind bestens ausgeschildert. Für die weit verstreuten Ruinen sollte

Das Tetrapylon von Aphrodisias

man sich einen halben Tag Zeit nehmen.

• *Veranstaltungen* Anfang Mai zweitägiges **Nysa-Festival** mit Kunst und Kultur.

• *Übernachten* ** **Hotel Metya**, in Nazilli direkt am Busbahnhof (von der Durchgangsstraße mit „Otogar" ausgeschildert). Ordentliche Zimmer mit Massivholzmöbeln, Balkon und Klimaanlage. DZ 25 €. ✆ 0256/3128888, ☏ 3128891.

*** **Hotel Nysa**, die einzige Möglichkeit in Sultanhisar, aber zugleich die beste weit und breit. Große Anlage, hoch über dem Ort mit Blick über die gesamte Ebene. 56 farbenfrohe Zimmer mit Balkonen auf bunte Häuser verteilt. Tempelähnliches Restaurant für 600 (!) Pers., Wahnsinnsterrasse mit Barbetrieb, Pool und Tennisplätze. DZ 61 €. ✆ 0256/3512222, www.otelnysa.com.

Aphrodisias (antike Stadt)

„Stellen Sie sich vor, Sie kommen in eine Stadt, die so reich an archäologischen Schätzen ist, dass Ihnen Skulpturen vor die Füße rollen, Marmorköpfe aus Wänden fallen oder dicht an dicht in Bewässerungsgräben liegen!"

So enthusiastisch äußerte sich der 1990 verstorbene türkische Archäologe Kenan T. Erim, der die Erforschung von Aphrodisias zu seinem Lebenswerk gemacht hatte, im Magazin „National Geographic". Und ein andermal soll er auf die Frage, warum er nie geheiratet habe, geantwortet haben: „Heiraten? Ich? Ich bin doch verheiratet. Wie soll ich eine bessere Frau finden als Aphrodite?"

Aphrodisias war eine der Hauptstätten des Aphroditekults. Die Göttin der Liebe, der Schönheit und der Verführung drückte der Stadt ihren Stempel auf. Der Kult und die ihn begleitenden, z. T. ausschweifenden Festlichkeiten bescherten Aphrodisias Besucher aus der ganzen antiken Welt. Schließlich wurde die Göttin vom Christengott vertrieben, und die Stadt verfiel. Das heutige Ausgrabungsgelände weist zwar im Vergleich mit Ephesus vielleicht die weniger spektakulären Ruinen auf, dafür kann man sie ohne Gedränge genießen. Zudem liegt Aphrodisias reizvoller, inmitten einer Hochebene. Im Frühling, wenn zwischen den antiken Monumenten Blumen blühen und die umliegenden Berggipfel noch schneebedeckt sind, ist ein Besuch am schönsten.

Geschichte

Der nahe Fluss Mäander und sein fruchtbares Tal zogen schon in grauer Vorzeit Menschen an. Erste Spuren einer dauerhaften Ansiedlung auf dem Boden von Aphrodisias stammen aus dem 7. Jh. v. Chr. Der Ort war damals ein assyrisches Städtchen namens *Ninoe*. Im 2. Jh. v. Chr. wurde Ninoe durch einen Verwaltungsakt des Römischen Reichs in Aphrodisias umbenannt. Angeblich erhielt der römische Diktator Sulla vom Orakel in Delphi den Rat, der griechischen Göttin der Liebe zu huldigen, die die Römer als Venus verehrten. Von nun an ging es mit Aphrodisias bergauf, zwischen dem 1. Jh. v. Chr. und dem 3. Jh. n. Chr. erlebte die Stadt ihre Blütezeit. Aphrodisias erhielt viele Privilegien, war unabhängig und so heilig, dass es bis ins 4. Jh. n. Chr. keine Stadtmauer benötigte. Doch nicht nur der Aphroditekult machte die Stadt in der späten Antike berühmt. Auch das literarische und wissenschaftliche Leben brachte bedeutende Ergebnisse hervor, zudem verbreitete sich der Ruhm der lokalen Bildhauerschule im ganzen Imperium. Das Rohmaterial, Marmor feinster Güte aus einem nahe gelegenen Steinbruch, wurde

Antike Kunst in Aphrodisias

in der Stadt meisterhaft bearbeitet und überallhin verschickt. Skulpturen aus Aphrodisias wurden im griechischen Olympia wie im afrikanischen Leptis Magna aufgestellt, auch viele Plätze Roms waren mit ihnen geschmückt. Die aphrodisischen Künstler warben erfolgreich mit dem guten Ruf der Stadt, indem sie ihrem Vornamen den Künstlernamen „Aphrodisieus" anfügten.

Die Spaltung des Römischen Reiches leitete den Niedergang von Aphrodisias ein. Unter der Herrschaft von Byzanz wurde die Stadt Bischofssitz. Im 7. Jh. versuchten die Christen, die heidnische Vergangenheit zu übertünchen und tauften die Stadt in *Stauropolis* („Stadt des Kreuzes") um. Später hieß sie *Karia,* dann *Geyre.* Mit den Eroberungsfeldzügen der Seldschuken im 11. und 13. Jh. sank das bereits vorher von Erdbeben in Mitleidenschaft gezogene Städtchen zur Bedeutungslosigkeit herab.

• *Telefonvorwahl* ✆ 0256.

• *Verbindungen/Anfahrt* **Organisierte Touren** nach Aphrodisias sind oft gekoppelt mit der Besichtigung von Pamukkale. Außerdem bieten Reisebüros von Pamukkale Tagesausflüge nach Aphrodisias an.

Mit dem **eigenen PKW** zweigt man (von Aydın kommend) ca. 16 km hinter Nazilli nach Karacasu ab. Ab hier ausgeschildert (noch ca. 37 km).

Gute **Bus**verbindungen von Selçuk (1½ Std.), Pamukkale (1½ Std.) und Antalya (6 Std.) nach Nazilli, von dort weiter per **Dolmuş** nach Karacasu. Von Karacasu im Sommer bis zu 10 Dolmuşe tägl. nach Aphrodisias, im Winter weniger.

• *Öffnungszeiten* Ausgrabungsgelände und Museum im Sommer tägl. 9–18 Uhr, im Winter 8–17 Uhr. Eintritt 4,50 €.

• *Übernachten/Essen & Trinken* Die wenigen Unterkünfte vor Ort genügen nur bescheidenen Ansprüchen – besser in Pamukkale oder bei Nysa (s.o.) übernachten. Ein paar Adressen für Gestrandete:

Das noch beste Haus vor Ort ist das **Aphrodisias Hotel** (bei Geyre an der Hauptstraße). Unter türkisch-französischer Leitung. 25 schlichte, in die Jahre gekommene Zimmer, immerhin sauber. Teures Restaurant, im Sommer im Garten, im Winter unterm Dach. DZ 30 €. Campingmöglichkeiten. ✆ 4488132, 📠 4488422.

Alternativ dazu kann man sein Glück in der von Lesern empfohlenen **Pension Elmas** (von Karacasu kommend die erste Unterkunft an der Straße nach Aphrodisias) probieren. Günstiger, ebenfalls französischsprachig, leider jedoch häufig geschlossen. ✆ 4412637.

Die **Unterkünfte in Karacasu** (das Otogar Moteli am Busbahnhof und die zentrale Pansiyon Aphrodisias) kann man ganz und gar vergessen.

• *Camping* Zwischen Karacasu und Aphrodisias bieten nahezu alle Restaurants und Unterkünfte einfache, in der Regel kostenlose Campingmöglichkeiten, sofern man im Restaurant isst.

Zu den Ausgrabungen: Die Ruinen liegen innerhalb und in der nächsten Umgebung des alten Dorfes **Geyre**, dessen Bewohner in den 1960ern umgesiedelt wurden, weil sie den Ausgrabungen im Wege standen. Erste Ausgrabungen, besser: Plünderungen, unternahm 1904 der französische Eisenbahningenieur und Hobbyarchäologe Paul Gaudin. Die dabei geborgenen Funde sind teils im Museum von İstanbul ausgestellt, teils auf verschlungenen Wegen in die Museen von Boston, Brüssel, Berlin und in andere Winkel der Welt gelangt. 1937 wurden Ausgrabungen unter italienischer Leitung durchgeführt. Stücke des prächtigsten Fundes – der mit geradezu lebensechten Gesichtern verzierte Fries des Tiberius-Portikus – befinden sich sowohl im Museumsgarten von Aphrodisias als auch im Museum von İzmir. Ab 1961 wurde Aphrodisias systematisch von einem türkisch-amerikanischen Team unter Kenan T. Erim erforscht, das jedes Jahr ein paar Säulen aufrichtete und herabgestürzte Kapitelle wieder in ihre alte Position hievte. Das Grab des berühmten Archäologen liegt gleich beim wiedererrichteten Tetrapylon. Die Grabungen werden heute von der New York University mit einem internationalen Team fortgesetzt.

Rundgang

Die Besucher sind gehalten, sich nur auf den angelegten Pfaden zu bewegen. Der übliche Rundgang geht entgegen dem Uhrzeigersinn und beginnt, von der Kasse kommend, hinter dem Museum, das zum Schluss besichtigt wird.

Tetrapylon: Es handelt sich vermutlich um einen Teil eines großen, von vier Seiten zugänglichen Zeremonientores aus dem 2. Jh. Insgesamt bestand das Tor aus vier Viererreihen von Säulen, die – soweit möglich – samt Gebälk wieder aufgerichtet wurden. Besondere Aufmerksamkeit verdient die kunstvolle Spiralkannelierung der Säulen, eine Meisterarbeit der örtlichen Steinmetze. Vielleicht war das Tor der Eingang zum heiligen Hain rund um den Aphroditetempel, dessen Säulen links im Hintergrund zu sehen sind.

Stadion: Es gilt als das besterhaltene antike Stadion im Mittelmeerraum und ist zugleich das eindruckvollste Monument von Aphrodisias. Mit einem Fassungsvermögen von 30.000 Zuschauern kann es mit Bundesligastadien konkurrieren. Die 262 m lange und 59 m breite Anlage schließt an den Enden halbkreisförmig, sodass alle Besucher einen guten Blick hatten. Hier liegen auch die völlig intakten Eingangstunnel, durch die die Sportler ins Stadion einliefen. In der Mitte der nördlichen Seite pflegte der Kaiser in seiner Loge Platz zu nehmen. Die Löcher in den Sitzreihen dienten als Halterungen für Sonnendächer. Ursprünglich überragte eine umlaufende Säulenreihe den oberen Teil des Stadions. In der Arena fanden hauptsächlich athletische Spiele, Gladiatorenkämpfe sowie Ring- und Boxkämpfe statt.

Tempel der Aphrodite: Vom berühmten Aphroditetempel (mit „Tapınak“ ausgeschildert) stehen noch 14 Säulen und eine Stirnwand der Cellamauer. Ursprünglich war die Cella von je 13 Säulen an den Längs- und je 8 an den Schmalseiten umgeben. In byzantinischer Zeit riss man jedoch das Bauwerk nieder, baute an seiner Stelle eine christliche Kirche und ließ nur die umliegende Säulenhalle stehen.

Grabungen brachten zudem Funde ans Tageslicht, die auf ein erstes Heiligtum aus archaischer Zeit schließen lassen. Nördlich des Tempels liegen die Trümmer der antiken Bildhauerschule.

Bischofspalast und Odeion: Südwestlich des Aphroditetempels finden sich die Reste eines als Bischofspalast bezeichneten, stattlichen Wohnhauses mit bemerkenswerten Säulen aus bläulichem Marmor. Über das Südostende des Bischofspalastes wurde im 2. Jh. n. Chr. das gut erhaltene Odeion gebaut. Überdauert haben von dem ursprünglich überdachten Gebäude die untersten 9 *Sitzreihen* (die oberen waren aus Holz) mit Löwenfüßen als Symbol der Macht, die *Orchestra* und die schmale *Bühne*. Die Marmorverkleidung, der Mosaikboden und die vielen Skulpturen des Odeions wurden ins Museum gebracht.

Agora: Südlich des Odeions und des Bischofspalastes erstreckte sich die Doppelagora der Stadt, zwei mit Säulenarkaden umgebene Plätze, die das Verwaltungs- und Handelszentrum von Aphrodisias bildeten. Die 202 x 72 m große nördliche Agora ist bisher nur ansatzweise ausgegraben, zuletzt stießen die Archäologen hier auf einen Brunnen und das Fundament eines möglichen Altars. Münzfunde belegen zudem, dass hier bis ins 7. Jh. gehandelt wurde.

Hadriansbäder: Die Thermen sind eine typische römische Badeanlage mit großem Kaltwasserbad, Warm- und Heißwasserräumen sowie Sauna. Bemerkenswert sind die beiden Marmorbecken des *Caldariums* (Heißwasserbad).

Südagora: Der Platz misst 212 x 69 m. Nach dem ihn umgebenden Säulengang, dem *Portikus des Tiberius*, trägt er auch den Namen Tiberiusagora. An seiner Westseite wurde das bekannte *Preisedikt Diokletians* gefunden. Mit überall im Reich öffentlich angeschlagenen Festpreisen versuchte der Kaiser, letztlich erfolglos, die galoppierende Inflation in den Griff zu bekommen. Das *Agorator* wurde nach einem Erdbeben im 4. Jh. in ein *Nymphäum* umgebaut, das dann zum Ärger der Bürger immer wieder die Agora flutete.

Theater: Der Hügel, an den sich das Theater schmiegt, ist ein *Höyük*, eine riesige Abfallhalde aus dem Schutt und den Trümmern uralter, bis 5800 v. Chr. zurückreichender Siedlungen. Vom Theater (1. Jh. v. Chr.) sind die *Sitzreihen* fast vollständig erhalten, das *Bühnenhaus* ist in einem weniger guten Zustand. Von seiner Anlage her hellenistisch, wurde das Theater in römischer Zeit mehrmals umgebaut. Der *Zuschauerraum* mit Marmorsitzen wurde größtenteils in den Hang gegraben. Die halbrunde *Orchestra* wurde unter Mark Aurel vertieft und die unteren Sitzreihen abgerissen, um auch Gladiatoren- und Tierkämpfe aufführen zu können, ohne die Zuschauer zu gefährden. Durch einen Wassergraben konnte die Orchestra nach solchen Kämpfen zur Reinigung geflutet werden. Vor der Bühne errichtete man ein tunnelartiges Gewölbe, in dem Jäger und Gejagte auf ihren Auftritt warteten. Vom Bühnenhaus wurde nur der untere Teil und eine Halbsäulenreihe wieder aufgerichtet.

Tetrastoon und Theaterthermen: Nachdem sich die Aphrodisianer seit dem Beben im 4. Jh. auf ihrer Agora beständig nasse Füße geholt hatten, legten sie vor dem Theater einen neuen Marktplatz an, der auf allen vier Seiten mit einem Säulengang (Tetrastoon) umgeben war und im Süden mit einer älteren, basilikaähnlichen Halle verbunden wurde. An deren Westseite grenzen die bis in byzantinische Zeit benutzten Theaterthermen, deren Mittelpunkt ein bis heute erhaltener, fast 10 m hoher Rundbau war – ein *Caldarium*, der Schwitzraum des Bades.

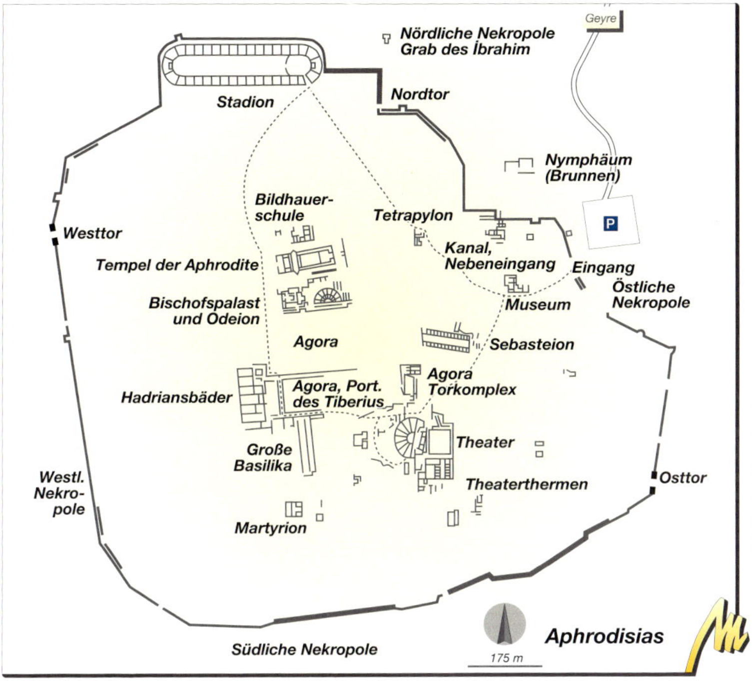

Sebasteion: Es stand am Ostende der nördlichen Agora, heute liegt es versteckt hinter dem Grabungsgebäude auf dem Weg zum Museum. Die Architektur des Sebasteions wird von 80 m langen Säulengängen an den beiden Längsseiten bestimmt. In ihm wurde von Augustus bis Nero den vergöttlichten Kaisern der julianisch-claudischen Dynastie gehuldigt. Im 4. Jh., als das Christentum die Oberhand gewann, wurde die Kulthalle in ein Kaufhaus umgewandelt.

Museum: Das Museum im Eingangsbereich des Grabungsgeländes platzt schier aus allen Nähten. Überall wird deutlich, dass der Ruhm von Aphrodisias nicht zuletzt auf seiner Bildhauerschule gründete. Um den offenen Innenhof gruppieren sich mehrere Räume:

Kaisersaal: Büsten diverser Kaiser, Prinzen und Musen. Im anschließenden Gang stellt ein Relief aus dem 1. Jh. v. Chr. die Ehrung des verdienten Bürgers Zoilos durch die Stadt dar.

Melpomenesaal: Skulpturen der Tragödienmuse Melpomene und die große Apollonstatue.

Odeionsaal: Statuen sitzender Dichter und Philosophen, die man im Odeion fand. Im angrenzenden Gang unfertige Skulpturen aus dem Bildhaueratelier.

Penthesileiasaal: Die zentrale Gruppe zeigt Achilles, der die sterbende Amazonenkönigin Penthesileia vom Schlachtfeld trägt. Außerdem zwei Versionen eines Satyrs, der den jungen Dionysos in den Armen wiegt.

Aphroditesaal: Kopie der Kultstatue der Aphrodite (Original nicht gefunden) aus ihrem Tempel. Weitere Skulpturen bedeutender Bürger und Bürgerinnen von Aphrodisias.

Pamukkale/Hierapolis

Eines vorweg: Wer sich nach Pamukkale aufmacht und in den Sinterterrassen Badende erwartet, wird enttäuscht sein. Baden ist längstens verboten, und über den Publikumsmagneten wandert man heute im Gänsemarsch auf einem vorgegebenen Pfad. Zur Entschädigung gibt es die oberhalb der Terrassen gelegene antike Stätte Hierapolis zu besichtigen.

Die Entstehung der außergewöhnlichen, weißen Kalksinterterrassen – ein Poster davon hängt in jedem zweiten deutschen Dönergrill – beruht auf einer einfachen chemischen Reaktion: Eine warme Quelle (53 °C) enthält große Mengen gelöstes Kalziumbikarbonat, das sich beim Abkühlen an der Oberfläche in Wasser, Kohlendioxyd und Kalziumkarbonat (Kalk) umwandelt. Das Kohlendioxyd entweicht, der Sinterkalk lagert sich ab und verstopft die Abflusskanäle des Wassers, das überquillt und sich fächerartig über die Abhänge ausbreitet und so die weißen Sinterterrassen formt: riesige, übereinander gestaffelte Bassins wie überdimensionale Badewannen. Von unten ähnelt der über 100 m hohe Abhang einem großen, vereisten Wasserfall.

Es war einmal ein Weiß ...

Pamukkale wird gerne, aber nicht unbedingt richtig mit „Baumwollschloss" übersetzt. Da Baumwolle („pamuk") hier aber als unterstreichendes Synonym für „weiß" zu verstehen ist (wie etwa „Schnee" bei schneeweiß) übersetzt man Pamukkale („kale" = Schloss) sinngemäß am besten mit „baumwollweißes Schloss". Doch das herrliche Pamukkaleweiß, das in so manchen Produktkatalogen wie selbstverständlich neben Bordeauxrot in der Farbpalette auftaucht, sucht man an vielen Stellen der Terrassen heute vergebens. Die Quittung für eine jahrzehntelange, rücksichtslose Vermarktung des Naturphänomens. Abermillionen Besucher karrte man mit Bussen an, baute für diese gar eine Straße mitten hindurch (heute durch zwei neue Auffahrten ersetzt) und ließ sie mit Schuhen über die weiße Pracht laufen. Noch verheerender aber wirkte sich der Bau von luxuriösen Hotelanlagen auf dem Plateau unmittelbar über den Terrassen aus. Diese speisten ihre Pools mit dem heißen Quellwasser. Zu viel kostbares Nass wurde auf diese Weise abgeleitet, das in den Pools abkühlte und danach auf den Terrassen keinen Kalk mehr ablagerte. Erst als die Sehenswürdigkeit zur „Sehensunwürdigkeit" verkommen war und schmutziges Grau das strahlende Weiß ersetzt hatte, erst als Waschkörbe empörter Protestbriefe eingingen und man dem Druck internationaler Umweltschutzorganisationen nicht mehr Stand halten konnte, begann man zu handeln. Im Jahr 2000 wurde das letzte Hotel oberhalb der Terrassen dem Erdboden gleichgemacht – und so mischen sich dort heute ein paar Fundamente der Neuzeit unter die der Antike. Das gesamte Gebiet rund um die Sinterterrassen ist zum UNESCO-Weltkulturerbe erklärt worden. Der Zustand der Sinterterrassen hat sich seitdem erheblich gebessert. Ob ein Besuch aber schon wieder lohnt, darüber gehen die Meinungen weit auseinander.

Direkt unterhalb der Sinterterrassen liegt **Pamukkale Köy**, eine Siedlung aus Pensionen, Hotels, Restaurants und Bars. **Karahayıt**, ein paar Kilometer nördlich der Terrassen, ist das gepflegtere, wenn auch nicht attraktivere Pendant. Die nächst-

Sinterterrassen

größere Stadt ist **Denizli** mit rund 300.000 Einwohnern, eine lebhafte, meist smogverhangene Provinzstadt 18 km südlich von Pamukkale. Für Touristen ist sie eher uninteressant, die historische Bausubstanz wurde durch mehrere Erdbeben zerstört.

Geschichte

Seit Jahrtausenden kennen und schätzen die umliegenden Einwohner die Heilkraft der Quellen. Hethiter und Phryger errichteten hier Altäre, doch erst der pergamenische König Eumenes II. gründete an der Quelle die Stadt Hierapolis als Gegengewicht zum nahe gelegenen makedonischen Laodikeia (→ S. 149). Die Rivalität der beiden Städte, deren Reichtum sich auf die Wollverarbeitung gründete, war so groß, dass sie sich gegenseitig in ihrer Entwicklung behinderten. Erst mit der Eingliederung in die römische Provinz Asia erlangte Hierapolis größere Bedeutung. 60 n. Chr. wurde die Stadt durch ein Erdbeben zerstört, aber kurz darauf wieder aufgebaut. Schon früh hatte sie eine starke christliche Gemeinde, und in byzantinischer Zeit wurde sie sogar Bischofssitz. Mit dem Eindringen der Seldschuken verödete die Stadt. Erste Grabungen unternahm 1887 der Pergamon-Entdecker Carl Humann, systematische Arbeiten führen seit 1957 insbesondere italienische Archäologen durch.

Informationen/Verbindungen/Ausflug

- *Telefonvorwahl* ✆ 0258.
- *Information* **Tourist Information**, oberhalb der Sinterterrassen am zentralen Parkplatz (nördliche Zufahrt). Tägl. 8.30–12 u. 13.30–18.30 Uhr. ✆ 2722077, www.pamukkale.gov.tr.
- *Anfahrt/Verbindungen* Mit dem **eigenen Fahrzeug** zwei Zufahrten. Die schönere Variante führt von Pamukkale Köy in Richtung Karahayıt und dann rechts ab und durch die Nekropole zum Parkplatz oberhalb der Sinterterrassen. Die kürzere Zufahrt führt von Pamukkale Köy direkt zum Parkplatz am Südeingang von Hierapolis; von dort zu Fuß weiter durch das byzantinische Tor aus dem 5. Jh.

Zu Fuß: Von der Tourist Police bei der Bushaltestelle in Pamukkale Köy durfte man 2005 (ohne Schuhe!) zum Touristenpfad durch die Sinterterrassen aufsteigen. Netter Nebeneffekt: Auf diesem Weg wird kein Eintritt verlangt. Bis zu Ihrem Besuch können sich die Bestimmungen aber wieder geändert haben.

Dolmuş: Verbindungen zwischen Sinterterrassen, Denizli und Pamukkale Köy mind. jede halbe Stunde.

Bus: von Pamukkale Köy und Denizli zu allen größeren Touristenorten der Westküste, z.B. nach Selçuk (3 Std.), İzmir (4 Std.) und Bodrum (5 Std.). Die Busse ab Denizli sind nur unwesentlich preiswerter als die Direktbusse ab Pamukkale.

• *Organisierte Touren* In Pamukkale Köy kann man Tagesausflüge nach Aphrodisias oder zu Attraktionen der näheren Umgebung für ca. 10 € (ohne Eintritt) buchen.

Öffnungszeiten/Eintritt/Sonstiges

• *Öffnungszeiten* Das Gelände ist rund um die Uhr geöffnet, die archäologischen Stätten um das Theater werden nachts geschlossen. Museum tägl. (außer Mo) 9–12.30 und 13.30–17 Uhr.

• *Eintritt* Für die Sinterterrassen und das Ausgrabungsgelände Hierapolis werden 3,30 € kassiert. Museum 1,30 € extra.

• *Erste Hilfe* Eine kleine Erste-Hilfe-Station befindet sich oberhalb der Sinterterrassen (nur in der HS geöffnet).

Übernachten/Camping

Vornehmlich auf Individualreisende eingestellt ist **Pamukkale Köy**. Einst gab es hier über 100 Unterkünfte, doch der Niedergang der Sinterterrassen bedeutete auch den Niedergang vieler Pensionen. Auch wenn sich der Zustand der Sinterterrassen wieder verbessert hat, kämpfen noch immer viele Quartiere ums Überleben. Geld für teils dringend nötige Renovierungen fehlt vielen. Mit den im Folgenden beschriebenen Unterkünften treffen Sie eine gute Wahl, doch es ist schwierig, bis zu einer von diesen vorzudringen – das Schleppertum ist so ausgeprägt wie nirgendwo sonst in der Türkei. Übrigens leitet fast jede Pension das Wasser durch irgendeinen Kanal in den eigenen Pool. Luxusherbergen findet man auf der Nordseite des Ruinenfeldes von Hierapolis am Ortsrand von **Karahayıt**.

Polat Thermal Hotel, in Karahayıt, bestens ausgeschildert. 5-Sterne-Herberge mit 280 Zimmern und allem Schnickschnack: mehrere Restaurants, Thermalbecken, Aquapark, Hamam, Disco usw. DZ mit HP ab 85 €. ✆ 2714110, ℻ 2714228.

Auch im **Club Hierapolis** (ebenfalls in Karahayıt, von Pamukkale Köy kommend am Ortsbeginn rechter Hand), einem Thermalresort mit moderner Thermalbadanlage und Nightclub kostet das DZ mit HP kein Vermögen – ab 65 €. ✆ 2714100, www.hierapolishotel.com.

Venüs Hotel, eine Leserempfehlung in Pamukkale Köy. Gepflegtes, familiäres Hotel. Ruhige Lage, unaufdringlicher Service. Alle Zimmer (schlicht, aber sehr sauber, Teppichböden) mit Balkon, TV und Klimaanlage. Netter Poolbereich. DZ 30 €. ✆ 2722152.

Pansiyon Beyaz Kale, in Pamukkale Köy. Die „Weiße Burg" besitzt Motelambiente mit 15 Zimmern (darunter ein paar schlichte, aber auch ein paar schöne, neu renovierte). Leser loben die gute Küche und die Warmherzigkeit der Wirtsleute. Gemütliche Poolanlage. DZ 25 €. ✆ 2722064, www.geocities.com/weisseburg.

Pansiyon Kervansaray, schräg gegenüber der Beyaz Kale, von Mevlüt Kaya und seiner Familie liebevoll geführt. Alle Zimmer mit Du/WC, Balkon, Klimaanlage, Heizung und z. T. Blick auf die Sinterterrassen. Mini-Pool. Sehr sauber. Restaurant auf dem Dach. Wer diesen Reiseführer zeigt, bekommt 10 % Rabatt, das DZ kostet dann 22,50 €. Kostenloser Pickup-Service vom Busbahnhof, auch von Denizli. ✆ 2722209, www.geocities.com/kervansaray2tr.

Allgäu Pension, deutschsprachiges Haus mit gepflegten Zimmern (DZ 22 €) neueren Datums. Pool, Restaurant (Leser loben die vegetarische Küche), Internet. In Pamukkale Köy ausgeschildert, etwas abseits des Zentrums, daher auch recht ruhig. Leider beschäftigen die Betreiber nervige Schlepper. ✆ 2722767, allgau@hotmail.com.

Meltem Guest House, im Zentrum von Pamukkale Köy nahe der Moschee. Größere Pension mit internationaler Backpackeratmosphäre. Gepflegte Zimmer mit guten Bädern, schöner Poolbereich, Internetcafé. Zurückhaltender Service. Schlafsäle für Low-Budget-Reisende. Radverleih, Laundryservice. Pro Person ab 9 €. ✆ 2723134, www.meltemguesthouse.com.

• *Camping* Bei vielen Pensionen, die über einen (leider oft ungepflegten) Garten verfügen, sind auch Camper willkommen. Die empfehlenswerten Adressen ändern sich jedoch von Jahr zu Jahr.

• *Essen & Trinken* Dass die meisten Gäste nur einmal in ihrem Leben nach Pamukkale kommen und das per Bus in der Gruppe für 2–3 Std., ist der Gastronomie nicht förderlich. Lästige Türsteher, schleppender Service, kleine Portionen, hohe Preise und auf die Schnelle mit wenig Aufwand zubereitete Gerichte bestimmen das Bild. Ein paar einfache Lokale findet man im Zentrum von Pamukkale Köy nahe der Moschee. Überprüfen Sie stets Ihre Rechnung!

Zufrieden waren Leser mit dem **Restaurant Mustafa** nahe der Pansiyon Kervansaray: „Hier kocht die Mama etliche Leckereien. Freundlicher Service."

• *Nachtleben* Die Diskotheken vor Ort kann man allesamt der Kategorie „kläglich" zuordnen. Beliebt ist die **Laila Disco Bar** in Pamukkale Köy, Atatürk Cad., von deren Terrasse man dem nächtlichen Treiben auf der Straße zuschauen kann.

Badefreuden in der Pamukkale-Therme

Sehenswertes

Sinterterrassen: Die Sehenswürdigkeit schlechthin. Der total versinterte Abhang ist über 100 m hoch und mehr als 5 km breit. Die Quelle sprudelt nach wie vor kräftig, und ein eigens angestellter Wassermeister reguliert durch Schieber den Wasserlauf in den breiten Kanälen, um die zentralen Terrassen auf diese Weise langsam wieder weiß zu bekommen. Angeblich überspült man jede Terrasse mindestens einmal wöchentlich einen ganzen Tag lang. Das Wasser wird unterhalb des Hangs gefasst, dann den Pensionen und danach den Feldern in der Ebene zugeführt. Einige Becken sind nachts beleuchtet. Ob tagsüber oder nachts, vor dem Spaziergang über die Terrassen gilt: Schuhe ausziehen!

Pamukkale-Therme: Da es mit dem Bad in den Sinterterrassen vorbei ist, bietet sich als Entschädigung ein Bad in der Pamukkale-Therme an. Die heutige Hauptquelle liegt im offenen Innenhof des einstigen Pamukkale-Motels. Sie speist einen zwischen Palmen wunderschön angelegten Quellteich, in dem antike Säulen liegen – daher auch „Antique Pool" genannt. Das Baden im 35 °C warmen Wasser ist eine wahre Lust. Angeblich hilft es gegen Magengeschwüre, Bronchitis, Herz-Kreislauf-

Beschwerden, Darmträgheit und vieles mehr. Einziger Haken: Der Eintrittspreis kletterte zuletzt in unverschämte Höhen.

Öffnungszeiten Tägl. 9–20 Uhr, im Winter bis 17 Uhr. Eintritt 18 €.

Hierapolis: Die Sehenswürdigkeiten der Antike liegen weit verstreut auf dem Plateau oberhalb der Sinterterrassen. Unübersehbar an der Straße zur Pamukkale-Therme stehen die Ruinen der *Großen Therme* von Hierapolis, deren wuchtige Gewölbe einst mit Marmor ausgelegt waren. Sie beherbergt heute das kleine, aber schöne und interessante *Archäologische Museum* mit Funden aus Hierapolis und Laodikeia, insbesondere reich verzierte Sarkophage, Statuen und Reliefs. Besuchenswert sind zudem:

Apollontempel und Plutonium: An den Apollontempel erinnert noch ein 2,5 m hohes Podest mit einer kleinen Freitreppe, dazu einige Kapitellteile, die verstreut an Ort und Stelle liegen. Die fast imposanter wirkende Ruine davor, einst aus großen Quadern errichtet, war einmal ein monumentaler Brunnen. Ein paar Schritte weiter befand sich das Plutonium, eine Grotte, die Pluto, dem Gott der Unterwelt, geweiht war. Hier sprudelte ursprünglich die Quelle. In der großen Vorhalle verpesteten giftige Gase die Luft – unbefugte Eindringlinge, Vögel und selbst Ochsen starben. Nur die Priester konnten unbeschadet passieren: Sie krochen am Boden entlang und hielten die Luft an. Die Grotte ist weitgehend verschüttet, nur noch eine Kammer mit überwölbter Tür ist zu sehen. Der Eingang ist versperrt, denn noch immer strömen Schwefelgase aus.

Theater: Gut erhalten ist das nahezu vollständig ausgegrabene Theater (2. Jh. v. Chr.) mit über 100 m Seitenlänge, 20 Sitzreihen im ersten und 25 Sitzreihen im zweiten Rang. Acht Treppen führen nach oben. An die 10.000 Zuschauer fanden hier Platz. Marmorfriese und Statuen am behutsam restaurierten Bühnenhaus geben einen Eindruck von der einstigen Pracht.

Martyrium des Heiligen Philipp: Das Mausoleum des Diakons Philipp liegt 600 m nördlich des Theaters. Ein Grab hat man nie gefunden, und so ist nicht sicher, ob der Heilige hier wirklich bestattet worden war. Das höchst ungewöhnliche Gebäude wurde Anfang des 5. Jh. errichtet und kaum hundert Jahre später durch ein Erdbeben zerstört. Die Wälle sind teilweise noch mannshoch, deutlich ist der quadratische Grundriss auszumachen. An den Außenseiten liegen jeweils acht von außen zugängliche, rechteckige Kammern, die als Herberge für Pilger gedeutet werden. Einen Altar sucht man vergebens, doch die halbrunde Sitzreihe für den Bischof und die Gemeindeältesten ist noch zu erkennen.

Nekropole: Man durchquert das imposante Gräberfeld automatisch, wenn man die nördliche Zufahrtsstraße auf das Plateau nimmt. Spaziert man hingegen von der Pamukkale-Therme die antike Hauptstraße von Hierapolis entlang, passiert man als erstes die Grundmauern einer *Basilika*, dann das *byzantinische Stadttor* und danach auf einer *Säulenstraße* das unter der Herrschaft Domitians aufgestellte und diesem gewidmete *Domitiantor*. Die sich anschließenden *nördlichen Thermen*, im 5. Jh. zu einer gewaltigen *Basilika* umgebaut, liegen schon auf dem Gelände der Nekropole. Mehr als tausend Gräber aus verschiedenen Epochen sind hier zu finden: Grabtempelchen, kreisrunde Tumulusgräber, die einst von phallusähnlichen Steinen gekrönt wurden, Steinsarkophage etc. Einige sind im Lauf der Zeit bis zur Hälfte im Sinterkalk versunken, andere liegen wie das geborstene Spielzeug eines Riesen regellos verstreut ...

Sehenswertes in der Umgebung von Pamukkale

Rote Quelle (Kırmızı Su): Die Rote Quelle sprudelt inmitten des einstigen Dorfes Karahayıt (heute eine große Ansammlung von Souvenirshops, Nobelhotels und Einfachstmotels) ca. 5 km nördlich von Pamukkale Köy. Ihr stark eisenhaltiges Wasser überzieht die Felsen mit einer dunkelroten Ablagerung.

Verbindungen Regelmäßige **Dolmuş**verbindungen von und nach Pammukale Köy.

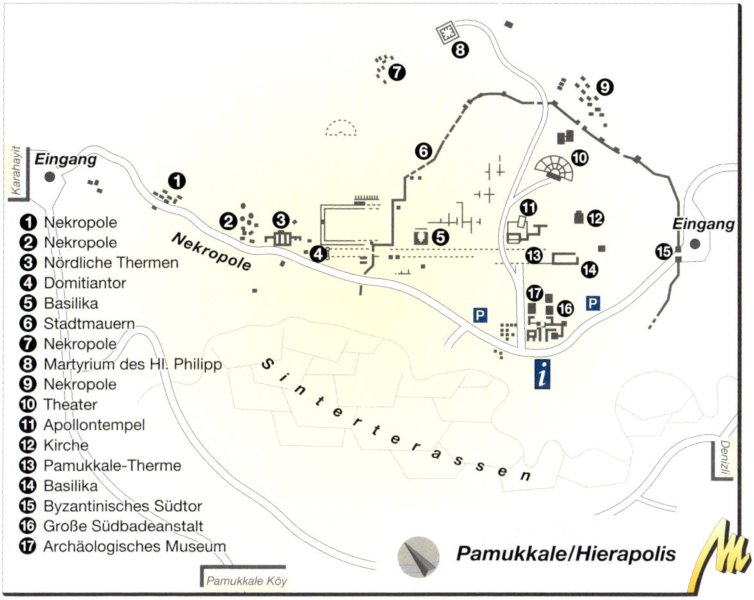

Laodikeia (antike Stadt): Der im 3. Jh. v. Chr. gegründete Ort entwickelte sich schnell zu einer der reichsten Städte der Region. Mit der Eingliederung ins Römische Reich wurde die Feindschaft mit dem benachbarten Hierapolis beigelegt. Im 6. Jh. n. Chr. wurde der Ort durch ein Erdbeben zerstört. Man baute ihn zwar wieder auf, doch seine ehemalige Bedeutung konnte er nicht zurückgewinnen. Leidlich erhalten ist das *Stadion* (350 m lang und 60 m breit, gebaut unter Vespasian), eines der größten Kleinasiens. Östlich davon erkennt man Reste einer *Thermenanlage*. Von den beiden *Theatern* und der *Akropolis* ist nicht viel übrig geblieben – insgesamt nur für speziell Interessierte einen Besuch wert.

Anfahrt Von der Straße Denizli–Pamukkale ausgeschildert. Kein Eintritt.

Kaklık-Höhle: Das „unterirdische Pamukkale", ca. 30 km östlich von Denizli, entdeckte man erst 1999. Die schneeweißen Kalksinterterrassen in einer Höhle, eine Art Miniaturausgabe des tatsächlichen Pamukkale, locken bislang nur wenige Touristen an. Zum Zeitpunkt der letzten Recherche plantschten gerade ein paar Kinder im schwefeligen Thermalwasser. Vor dem Eingang befindet sich ein Café mit einem Pool. Die Idylle trübt ein nahes Zementwerk.

Anfahrt Von der Straße Denizli–Afyon ausgeschildert. Tägl. 8.30–20 Uhr, im Winter bis 18 Uhr. Eintritt 1,30 €.

Zwischen Selçuk und Çeşme

Landschaftlich reizvoll präsentiert sich die Strecke zwischen Pamucak und Ahmetbeyli: Entlang einer gut ausgebauten und aussichtsreichen Küstenstraße reihen sich einige schöne Badebuchten (→ Selçuk/Baden, S. 128), landeinwärts findet man vom Tourismus links liegen gelassene antike Stätten wie *Klaros* oder *Kolophon*. Doch dann folgt ein Küstenstreifen, an dem die türkische Mittelschicht dem schwäbischen Häuslebauer zeigt, was sie kann – ein Triumph des Bauwahns und der Zerstörung ganzer Landstriche. Etwas angenehmer wird erst wieder das Eck um das Fischerdorf *Sığacık*, wo auch die Ruinen von *Teos* zu finden sind.

Klaros und Notion (antike Stätten)

Das antike Klaros war wie Didyma ein Apollonheiligtum. Gegründet wurde es bereits im 7. Jh. v. Chr., zerstört erst in christlicher Zeit durch ein Erdbeben. Heute liegen Säulentrommeln, Kapitelle und andere Architekturfragmente des einstigen Tempels kreuz und quer. Wer aufmerksam durchs Gelände streift, entdeckt vielleicht den marmornen Fuß oder Arm der gigantischen, einst ca. 8 m hohen, sitzenden Kultfigur des Apollon. Grabungs- und Restaurierungsarbeiten leitet seit mehreren Jahren die Ege-Universität İzmir, ein paar Säulen stehen schon wieder.

Aus Inschriften weiß man, dass Pilger aus dem gesamten Mittelmeerraum das Orakel aufsuchten. Dabei stellten sie angeblich keine Fragen, sondern teilten den Priestern nur ihre Namen mit. Diese zogen sich daraufhin zur „Heiligen Quelle" zurück, nahmen einen inspirierenden Schluck und kamen fröhlich orakelnd wieder zurück. Das Wasser war aber vermutlich nicht gesund, denn die meisten Priester starben jung. Die unterirdischen Orakelkammern können – sofern sie nicht unter Wasser stehen (was meist der Fall ist) – besichtigt werden, von der einstigen Vorhalle sind sie über Treppen zu erreichen.

Die Pilger liefen für gewöhnlich mit dem Schiff den Hafen von Notion an, um von dort auf einer heiligen Straße zum Orakel zu wandeln. Die heute spärlichen Überreste der antiken Stadt Notion liegen auf einem Hügel am östlichen Buchtende von Ahmetbeyli verstreut, u. a. das Fundament eines *Athenatempels*, einer *Agora* und eines *Theaters*. Ihre Erkundung versüßt ein Bad am Strand von Ahmetbeyli, ein beliebter Stopp von Ausflugsbooten aus Kuşadası.

• *Anfahrt/Verbindungen* In Ahmetbeyli (zwischen Pamucak und Özdere) der landeinwärts führenden Straße nach Menderes folgen, nach ca. 700 m rechts ab (ausgeschildert), dann noch 1 km. Mit dem **Dolmuş** am einfachsten von Selçuk (auf die Aufschrift „Gümüldür" achten). Erst in Ahmetbeyli aussteigen (**nicht** am Strand Denizpinarı/Klaros!). Von da aus zu Fuß der Anfahrt folgen.

• *Öffnungszeiten* Stets zugänglich, kein Eintritt.

Kolophon (antike Stadt)

Oberhalb der Ortschaft Değirmendere, rund 20 km nördlich von Klaros im Landesinneren, liegen die bescheidenen Reste des antiken Kolophon, einst eine Stütze des Ionischen Bundes. Erhalten sind nur ein paar Mauern und die Fundamente mehrerer Türme, die deutsche Archäologen 1886 freilegten. Interessanter als ein Besuch der Ruinen ist die Geschichte der angeblich einst unsagbar reichen Stadt, deren Bewohner sich in parfümierte Purpurgewänder einzuhüllen pflegten. Ihren Namen –

und ihr vieles Geld – verdankte die Stadt dem sog. „Kolophonium“, einem Harz aus den Pinienplantagen der Umgebung. Berühmt war die Stadt aber auch wegen ihrer Pferdezucht (nur Könige konnten sich die stolzesten Hengste aus Kolophon leisten), wegen ihrer mächtigen Flotte, ihrer schlagkräftigen Armeen und – man mag es kaum glauben – einer gefürchteten Hundemeute. Der antike Geograph Strabo (63 v. Chr.–23 n. Chr.) berichtet von dem Ausdruck „Kolophon darauf nehmen“, was im Altertum so viel bedeutete wie „kurzen Prozess machen“.

• *Anfahrt* Um nach Değirmendere zu gelangen, folgt man von Ahmetbeyli (zwischen Pamucak und Özdere) der landeinwärts führenden Straße Richtung Menderes. Im Zentrum von Değirmendere müssen Sie sich stets bergauf halten, lassen Sie sich den Weg durch die Gassen zeigen. Die steile „Straße“ ist für geländeuntaugliche Fahrzeuge nur schwer zu meistern – besser laufen.

Von Özdere bis Ürkmez

Über viele Kilometer ziehen sich nördlich von Ahmetbeyli eintönige Retortensiedlungen die Küste entlang. Totenstill ist es hier in den kalten Monaten, restlos überlaufen zur türkischen Ferienzeit. Özdere, Gümüldür und Ürkmez, mittlerweile so gut wie zusammengewachsen, sind die Sommerfrischen der İzmirer Mittelschicht. Die stark befahrene Küstenstraße bietet keine Abwechslung – wo man hinschaut, ein Apartment- und Ferienhäusermeer. Poseidons Reich davor ist jedoch sauber und wird von langen Sandstränden flankiert. Unterkünfte und einfache Lokale sind vorhanden.

• *Verbindungen* In der Saison regelmäßige **Dolmuş**verbindungen nach İzmir und Selçuk.

• *Übernachten* **Olgun Motel**, im Osten von Özdere direkt am Strand, von der Durchgangsstraße ausgeschildert. 15 Standardzimmer mit Bad, die meisten mit Balkon. Schöne Terrasse am Strand. Pro Person 19 €. ✆ 0232/7975144, ℻ 7974394.

Şah Pansiyon, am östlichen Ortsende von Özdere, kein Schild (durch eine betonierte Toreinfahrt und dann den betonierten Weg bis zu seinem Ende fahren). 20 Betten in einfachen Zimmern, dazu 4 Apartments, daneben ein Pool. Die Zimmer liegen etwas abseits vom Meer, sind aber nur durch Mandarinen- und Olivenbäume von der netten Restaurantterrasse direkt am Strand getrennt. Der Herbergsvater spricht Deutsch. 9 € pro Person mit Frühstück, Apartments (für bis zu 5 Pers.) ab 30 €. ✆ 0232/7975087.

• *Camping* **Hippocampus Denizatı**, Campingplatz mit internationalem Publikum und schöner Bungalowanlage in einem schattigen Pinienhain direkt am gepflegten Privatstrand. Restaurant, Pool, Kinderspielplatz, Disco, Animation usw. Bungalows (alle mit Aircondition, Telefon, TV und Terrasse) pro Person mit HP 50 €. Campen (gute Sanitäranlagen, Küche) pro Person 6,30 €, Zelt 4,40 €, Wohnmobil 6,30 €. Am östlichen Ortsausgang von Gümüldür, ausgeschildert ✆ 0232/7989191, www.denizati-hv.com.

Sığacık

Der alte Kern des verschlafenen, charmanten Fischerdorfes liegt zusammengedrängt hinter den Mauern einer genuesischen Festungsanlage. Rund um die beschauliche Hafenfront an einer tiefen Bucht gibt es ein paar Fischlokale und Pensionen. Zudem befanden sich zuletzt ein paar Hotels im Bau – erstaunlich, denn selbst in der Hochsaison kam es bislang nicht zu Engpässen. Sığacık wurde vom großen Ansturm stets verschont, denn an guten Bademöglichkeiten mangelt es unmittelbar vor Ort.

Der nächste Strand, die schöne Bucht von **Akkum**, liegt 2 km südwestlich von Sığacık. Vorbei an Olivenhainen, Kneipen, Cafés und Souvenirständen gelangt man dorthin. Das Areal direkt hinterm Beach nimmt das Club Resort Atlantis ein, vorrangig Franzosen buchen es. An Sommerwochenenden, wenn sich Tagesausflügler aus İzmir zu ihnen gesellen, ist in Akkum die Hölle los. In der Nebensaison geht es hingegen sehr beschaulich zu.

• *Verbindungen* Häufig **Dolmuşe** ins 9 km entfernte Landstädtchen Seferihisar. Dort umsteigen nach İzmir, Selçuk oder Kuşadası. Keine Direktverbindungen nach Çeşme (über İzmir). Zudem Dolmuşverbindungen zwischen Sığacık und Akkum.

• *Anfahrt nach Akkum* Von der Festung in Sığacık die dem Hafen gegenüber liegende, bergauf führende Straße nehmen. Wenn man die Anhöhe überwunden hat und die geteerte Straße nach links abschwenkt, nach rechts auf die Pflasterstraße abzweigen.

Teos Pansiyon, im Norden von Sığacık zwischen Festungsmauer und Uferpromenade. Gepflegte Pension mit freundlichen, sauberen und klimatisierten Zimmern (7 davon mit Meeresblick). Gemütliche Restaurantterrasse. DZ 31 €. Zuvorkommender Service, leider nicht fremdsprachig. ✆ 0232/7457463, mehmetteos@yahoo.com.

Sahil Pansiyon, ebenfalls im Norden von Sığacık. Vom netten Ehepaar Keleş geführt, das lange Jahre in Hamburg lebte. 14 schlichte, aber ordentliche Zimmer (Klimaanlage in Planung), 3 davon mit herrlicher Aussicht auf die Bucht. Gärtchen mit Hühnern, auf Wunsch wird lecker gekocht. DZ mit Frühstück 25 €, ohne 19 €. ✆/℻ 0232/7457741.

• *Essen & Trinken* **Çerkezağa**, neben all den mehr oder minder gleichartigen Fischlokalen rund um den Hafen von Sığacık ein abwechslungsreicher Tipp. Gemütliche Lokanta um einen alten Brunnen. Gute türkische Dorfküche, Spezialitäten sind *Saç Kavurma* oder *Köfte*. Günstig. Nahe der Pansiyon Burg am Hafen.

Teos (antike Stadt)

Die ionische Gründung aus dem 1. Jt. v. Chr. stand immer im Schatten Smyrnas. Lediglich nach dessen Zerstörung (6. Jh. v. Chr.) erlebte Teos eine kurze Blüte. Die damalige Hafenstadt war Geburtsort des Lyrikers Anakreon (ca. 580–495 v. Chr.), der u. a. den Wein und die gleichgeschlechtliche Liebe besang. Passend dazu war Teos berühmt-berüchtigt für seinen Dionysoskult, den hier eine Gilde von Schauspielern und Musikern zu Ehren ihres Schutzgottes feierte.

Die Ruinen der aufgegebenen Stadt wurden als Steinbruch benutzt, sodass vieles verloren ging. Am eindrucksvollsten ist die Ruine des *Dionysostempels* – der größte je gebaute Tempel für den Gott des Weins – mit einigen wieder aufgerichteten Säulenstümpfen. Wer auf dem idyllischen Gelände weiter herumstreift, findet auf dem flachen Hügel nördlich der Anlage, der einst die Akropolis trug, u. a. Reste eines *Theaters*. Die Aussicht von dort über Olivenhaine hinweg auf die Überreste der Stadt und auf die Küste, verliert durch den Bau monotoner Feriensiedlungen leider mehr und mehr an Charme.

• *Anfahrt/Öffnungszeiten* Über Sıgacık (s. o.) zu erreichen. Von der Festung in Sığacık die dem Hafen gegenüber liegende, bergauf führende Straße nehmen und immer der geteerten Straße folgen. Das Gelände ist frei zugänglich und kostet – wenn der Wärter Sie findet – 1,90 € Eintritt.

Çeşme

ca. 22.000 Einwohner

Das ehemalige Fischer- und Handelsstädtchen gehört heute zu den großen internationalen Ferienorten der türkischen Ägäis. Neben seiner schönen Lage an der Spitze einer Halbinsel locken vor allem die feinsandigen Strände der Umgebung.

Çeşme thront am zweitwestlichsten Punkt Kleinasiens, nur 10 km trennen es von der griechischen Insel Chíos. Wahrzeichen des Städtchens ist die wuchtige, genue-

An der Uferpromenade von Çeşme

sisch-osmanische Festung am Hafen. Drum herum versprühen ein paar pittoreske Gässchen alten Charme. Zu viel erwarten sollte man aber nicht – Çeşme ist ganz ansehnlich, aber bei weitem kein Schmuckkästchen.

Das Treiben spielt sich entlang der Uferpromenade und in der autofreien Shoppingmeile İnkılap Caddesi ab. Hier geben sich türkische Familien und Pauschaltouristen aus den Bettenburgen der Umgebung ein allabendliches Stelldichein. Kommt dann noch eine Fähre aus Italien an und mit ihr Tausende von Deutschtürken auf dem Weg in den Heimaturlaub, ist in Çeşme die Hölle los.

Was Çeşme jedoch überhaupt nicht hat, das sind schöne Sandstrände vor der Haustür. Damit aber ist die gleichnamige Halbinsel gesegnet. Und so wuchern die Ferienkomplexe dort ungezügelt. Mit dem 6 km entfernten Retortenort Ilıca ist Çeşme mittlerweile fast zusammengewachsen.

Geschichte

Als Hafen der ionischen Stadt *Erythrai* auf der Karaburun-Halbinsel (→ S. 161) wurde Çeşme als *Cyssus* etwa 1000 v. Chr. gegründet. Schon unter der Herrschaft Roms (ab 190 v. Chr.) kamen die ersten Touristen – nicht zum Baden im Meer, sondern in den Thermalquellen der Umgebung. Im 14. Jh. ließen die Genueser zur Sicherung ihrer wirtschaftlichen Interessen an der Levanteküste, wozu der Schutz der Meerenge zwischen dem Festland und der Insel Chíos gehörte, die noch heute imposante Festung am Hafen errichten.

1770 wurden die Bewohner Çeşmes Augenzeugen einer historischen Seeschlacht: Vor der Halbinsel versenkte die russische Kriegsmarine fast vollständig die osmanische Flotte. Den Befehlshaber über die türkischen Schiffe, Cezayirli Gazi Hasan Paşa, ehrt man trotz seiner Niederlage noch heute: Ein Denkmal vor dem Eingang zur Burg zeigt ihn in Pluderhosen und Turban zusammen mit einem Löwen, der seinen wilden Charakter symbolisieren soll.

Bis zu Beginn des 20. Jh. lebten in Çeşme Türken und Griechen weitestgehend friedlich nebeneinander. Ihr Auskommen fanden die meisten Einwohner in den traditionellen Erwerbszweigen wie Oliven- und Traubenanbau, Fischfang und Mastixgewinnung (→ Kasten). Nach dem Bevölkerungsaustausch 1923 verlor Çeşme als Handelshafen für Chíos an Bedeutung. Das griechische Erbe, darunter eine Basilika (→ Sehenswertes), verfiel.

Die feinsandigen Strände der Umgebung wurden in der 1960ern und 70ern zunächst von wohlhabenden Familien aus İzmir entdeckt, die sich hier ihre Ferienvillen bauten. Mit dem Beginn des Massentourismus in den 1980ern erlebte die Halbinsel einen zuvor nie gekannten Aufschwung. Seit 1996 führt eine sechsspurige Autobahn nach Çeşme. An Sommerwochenenden staut sich auf ihr zuweilen der Verkehr, vor allem sonntagabends zurück nach İzmir. Eine Marina mit 400 Liegeplätzen zieht seit 1999 zudem auch ein betuchteres Seglerpublikum an. Im Juli 2005 geriet Çeşme in die Schlagzeilen der internationalen Presse: Bei einem Bombenanschlag einer Splittergruppe der PKK wurden 20 Menschen verletzt.

Information/Verbindungen/Ausflüge/Parken

• *Telefonvorwahl* 0232.

• *Information* Bei der Festung am Hafen. Sehr zuvorkommend, je nach Schicht auch Auskünfte in Deutsch. Mo–Fr 8.30–17.30 Uhr, Sa/So 9–17 Uhr. Mittagspause. İskele Meydanı 8, ✆/℻ 7126653.

• *Verbindungen* **Bus**bahnhof 10 Gehmin. südlich des Zentrums nahe dem Turgut Özal Bul. Im Sommer Direktverbindungen in diverse größere Städte des Landes und nach İzmir – für die meisten Ziele im Reisegebiet muss man dort umsteigen. Nach İzmir (halbstündl. von 6–22.30 Uhr, 4,40 €, → İzmir/Verbindungen, S. 169), kann man auch am oberen Ende der Hauptstraße İnkılap Cad. zusteigen. Für Ausflüge auf die Halbinsel Karaburun nimmt man einen Bus nach Urla und steigt dort um.

Dolmuşe über Çiftlik zum Pırlanta- und Altınkum-Strand, nach Ilıca und Alaçatı starten unterhalb der Festung bei der Tourist Information. Dolmuşe nach Dalyan starten in der Dalyan Cad. nahe der İnkılap Cad.

Taxis stehen am Cumhuriyet Meydanı und am Ende der İnkılap Cad. bereit. Zum Flughafen İzmir 76 €.

• *Schiffsverbindungen* Neben Fähren nach **Italien** in der HS 1-mal tägl. Fähren nach **Chíos**, in der NS mehrmals wöchentl. Dauer ca. 1 Std. Zuletzt nicht mehr als Tagesausflug machbar, da die Schiffe nach Chíos am späten Nachmittag ausliefen und erst am nächsten Morgen zurückkamen. Infos bei **Ertürk** gegenüber der Tourist Information, ✆ 7126768, www.erturk.com.tr. Pro Person einfach 35 €, retour mit dem nächsten Schiff 40 €, offenes Retourticket 50 €. Auto einfach 70–90 €.

• *Bootsausflüge* Bucht man am besten bei den privaten Schiffseignern an der Mole. Angesteuert werden u. a. die ca. 1 Bootsstd. nördlich von Çeşme gelegene, unter Naturschutz stehende „Eselsinsel" (Eşek Ada; mit wild blühenden Narzissen und freilaufenden Eseln) und die Schwarze Insel daneben (Karaada, ein Schnorchelparadies). Auch der Strand von Ilıca mit seinen Thermalquellen ist ein beliebtes Ziel. Pro Person 12–16 € mit Lunch.

• *Organisierte Touren* Da in Çeşme selbst überwiegend Türken Urlaub machen, die über ein eigenes Auto verfügen, ist das Angebot an organisierten Ausflugsreisen bescheiden. Ein Anbieter ist z. B. **Gena Tourism** (İnkılap Cad. 49, ✆ 7120484, www.genatour.com). Mehr Auswahl in Ilıca. Tagestouren z. B. nach Ephesus (ca. 35 €) und Pamukkale (ca. 60 €).

• *Parken* Bewachter gebührenpflichtiger Parkplatz südlich der Tourist Information am Hafen.

Adressen/Einkaufen/Sonstiges

• *Ärztliche Versorgung* **Krankenhaus** nahe der Straße nach İzmir ca. 2,5 km östlich des Zentrums. ✆ 7120077. **Erste-Hilfe-Station** am oberen Ende der İnkılap Cad.

Beliebte Mitbringsel

- *Autoverleih* Mehrere Anbieter. **Avis** z. B. in der Kutludağ Sok. 14/C, ✆ 7129667, www.avis.com.tr. Günstigstes Modell mit Vollkasko 58 € pro Tag, ab 3 Tagen Leihdauer weniger. Billiger sind die lokalen Verleiher, z. B. **Sultan Rent a Car**, İnkılap Cad. 68, ✆ 7127395, ✆ 7128259. Ab 44 € pro Tag inkl. Vollkasko.
- *Einkaufen* Schmuck, Lederwaren und Teppiche werden entlang der İnkılap Cad. angeboten. Çeşme ist aber kein Einkaufsparadies, besser nach İzmir ausweichen! Ein bunter **Markt** wird 2-mal wöchentl. (So, Kleinausgabe am Mi) in der Kiste Cad. nahe der İnkılap Cad. abgehalten. Extratipp: In der **Rumeli Pastanesi (7)**, einem kleinen Laden an der İnkılap Cad., kann man sich mit der hiesigen **Harzkonfitüre** (→ Kasten) eindecken. Zudem noch viele weitere ausgefallene Konfitürevariationen, z. B. aus Feigen, Orangen und Pistazien.
- *Geld* **T.C. Ziraat Bankası** mit Automat am Cumhuriyet Meydanı, dem Hauptplatz. Bargeld lässt sich selbst Sa/So bis spät abends bei **Bamka Döviz** an der İnkılap Cad. 80 tauschen.
- *Polizei* Neben der Tourist Information am İskele Meydanı. ✆ 7126627.
- *Post* An der Uferpromenade im Norden der Bucht. Im Sommer bis 24 Uhr geöffnet.
- *Türkisches Bad (Hamam)* Ein historisches Hamam befindet sich nahe dem Hotel Kervansaray in der Beyazıt Cad. Gemischtes Bad möglich. Mit einfacher Massage 25 €, mit Erdbeerölmassage weitere 17 €. Tägl. 8–23 Uhr.
- *Veranstaltungen* Diverse Konzerte finden den Sommer über im Rahmen des **İzmir Kültür ve Sanat Festivalı** im örtlichen Amphitheater südlich der İnkılap Cad. oder auf der Bühne im Kastell satt.
- *Waschsalon* Fehlanzeige. Reinigung **Aile Kuru Temizleme** im „Shoppingcenter" Vakıf İs Hanı nahe dem oberen Ende der İnkılap Cad.
- *Zeitungen* und Zeitschriften in deutscher Sprache verkauft der Kiosk **Odak Büfe & Tekel Bayii (12)** im Sommer am Cumhuriyet Meydanı schräg gegenüber dem Rathaus.
- *Zweiradverleih* Bei **Sultan Rent a Car** (→ Autoverleih) möglich. Scooter (Honda Kinetic) 23 € pro Tag.

Übernachten/Camping (siehe Karte S. 157)

Im Zentrum findet man kleine Hotels und Pensionen, nahe dem Hafen und hoch über dem Ort an der Straße nach İzmir gesichtslose Mittelklassehäuser. Für Resort-

und Spa-Hotels der Luxusklasse muss man nach Ilıca ausweichen. Bei der Zimmersuche hilft auch die Tourist Information weiter. An Wochenenden wird z. T. ein Aufschlag von 30 % erhoben!

*** **Hotel Kerasus (1)**, 2 km nördlich von Çeşme direkt am Meer, ausgeschildert. Mehrstöckige Hotelanlage mit privatem Strand, Pool, Restaurant, Hamam usw. Alle Zimmer mit Klimaanlage, TV und Meeresblick. DZ mit HP (obligatorisch) satte 160 €, EZ 123 €. ✆ 7120506, www.kerasus.com.

Kervansaray (16), das Hotel in den Gemäuern einer Karawanserei aus dem Jahr 1528 war zum Zeitpunkt der letzten Recherche wegen Restaurierungsarbeiten geschlossen. Es soll jedoch unter neuer Leitung wieder eröffnet werden – vielleicht schon bis zu Ihrem Besuch. Die Zimmer gruppieren sich um einen hübschen Innenhof. Neben dem Kastell.

** **Hera Hotel (4)**, kleines Mittelklassehotel in erster Reihe im Norden der Bucht. Falls Ihre Plombe im türkischen Honig kleben blieb – der Besitzer ist Zahnarzt, seine Frau spricht deutsch. Freundlicher Service. DZ mit Klimaanlage und Meeresblick 47 €, ohne Meeresblick 41 €. Şaban Kaptan Sok. 4, ✆ 7126177, www.heracesme.com.

Pension Barınak (3), empfehlenswert. Blitzsaubere Zimmer von ausreichender Größe mit privaten Bädern. Der Hit ist die Dachterrasse mit Wahnsinnsblick über die Bucht – ein Treff am Abend. Gemeinschaftsküche. Im Sommer oft ausgebucht. DZ 38 €. Kutludağ Sok. 58, ✆ 7126670.

Sahil Pension (2), in der Nachbarschaft und gleiche Preise. Ebenfalls gut geführt und gepflegt. Alle Zimmer mit Fliesen- oder Steinböden sowie eigenem Bad. Leider keine Dachterrasse, dafür alle Zimmer mit Balkon. 3265 Sok. 3, ✆ 7126934, www.sahilpansiyon.com.

Yalçın Hotel (15), im Gassengewirr oberhalb des Hotel Kervansaray. Deutschsprachiger Familienbetrieb, sehr freundlich und hilfsbereit. Von der Frühstücksterrasse schöner Blick über den Hafen. 18 kleine, doch ordentliche Zimmer mit sauberen Bädern. DZ 32 €, mit Klimaanlage 3,50 € mehr. Kale Sok. 38 (dem Weg rechts der Burg bergauf folgen, dann ausgeschildert), ✆ 7126981, www.yalcinhotel.freeservers.com.

Tarhan Pansiyon (14), ebenfalls nahe dem Hotel Kervansaray, rechts von diesem ausgeschildert. Kleines, versteckt gelegenes und wild umwuchertes Haus mit 9 einfachen, aber netten Zimmern mit Bad. Hübsche Terrasse. DZ 32 €. ✆ 7126569.

• *Camping/Motel* **Tursite**, 10 km südwestlich von Çeşme am Altınkum-Strand (→ Baden). Weiter Platz, kinderfreundlich, großes Restaurant und gemütliche Strandbar. Selbst in der HS nicht überlaufen. Kein Supermarkt, das Allernötigste kann man sich jedoch bringen lassen. Deutschsprachig. 2 Pers. mit Zelt 13 €, mit Wohnmobil 15 €. Übernachtung in einfachen, aber irgendwie netten Bungalows mit Terrasse und Bad pro Person 28 €. April–Okt. ✆ 7221221, 📠 7221292.

Essen & Trinken

Die teuersten Restaurants befinden sich an der Uferpromenade, jede Menge billige Lokantas und Dönerbuden an der İnkılap Cad. und ihren Nebengassen. Für ein stilvolles Abendessen lohnt zudem die Anfahrt nach Dalyan oder Alaçatı. Nett sitzt man auch in den Teegärten (manche mit Bierausschank) am Hafen vorm Kastell.

Sahil Restaurant (11), Korbsesselambiente in bester Lage direkt am Cumhuriyet Meydanı. Besteht seit 1954. Große Auswahl an Snacks und Hauptgerichten (gute Fisch- und Fleischküche) für 5–12 €. ✆ 7128294.

Deniz, ✆ 7129142 und **Rıhtım (5)**, ✆ 7127433 sind zwei sehr beliebte, benachbarte Fischlokale in erster Reihe an der Uferpromenade im Norden der Bucht. Beide haben Terrassen direkt vor den schaukelnden Fischerbooten. Küche bis spät in die Nacht. Gehobeneres Preisniveau, erst recht, wenn Sie die Rechnung nicht prüfen.

İmrem Lokantası (10), ein Tipp zwischen diversen austauschbaren Restaurants an der İnkılap Cad. Merkt man erst beim Blick in die Vitrine: große Auswahl an Meze (ca. 1,90 €), diverse leckere Topfgerichte (ca. 3 €) und saftige Spieße (ca. 6 €). Hinten raus eine kleine Terrasse. İnkılap Cad. 6 A (nahe dem Cumhuriyet Meydanı), ✆ 7128136.

Fatih Pide Pizza Salonu (9), hinter der Ayios-Haralambos-Kirche. Knusprige Pide und Pizza zu günstigen Preisen. Netter Außenbereich.

Kale Lokantası (13), hier verbringen die Einheimischen ihre Mittagspause: einfache Lokanta mit schmackhaften Topfgerichten. Eine der besten Adressen in der unteren Preisklasse. Essen mit Getränk 3,50–5 €. Etwas versteckt in der Beyazıt Cad. gegenüber der Tourist Information. Nicht zu verwechseln mit dem Kale Mangal Restaurant nebenan!

Flamingo Otantik Köy Sofrası (17), bietet gemütliche Ottomanen, auf denen man es sich bei Tee und Wasserpfeife gut gehen lassen kann. Die authentische Dorfküche jedoch, mit der geworben wird, kann ruhig im Dorf bleiben. Gegenüber dem Hotel Kervansaray in der Beyazıt Cad.

Polo G (18), trendige Bar mit nettem Außenbereich und schickem Publikum. Snacks und leichte Küche. Gute Cocktails (leider wenig Auswahl). Yalı Cad 8.

Mastix – Harz für den Harem

Wie auf Chíos (→ dort) gedeiht auch rund um Çeşme der immergrüne Mastixstrauch (Pistacia Lentiscus), der jenes Harz abgibt, das seit dem Altertum geschätzt wird: In Ägypten verbrannte man es als Weihrauch, Ärzte der Antike behandelten damit Entzündungen und Schlangenbisse, und Sultane verabreichten es den Haremsdamen zum Kauen – Mastix wird eine aphrodisierende Wirkung nachgesagt. Ob das stimmt, können Sie selbst testen. Örtliche Spezialität ist das *sakızlı dondurma*, Eis mit Mastixharz. Wer will, kann sich zudem noch mit *sakızlı reçel*, nämlich Mastixkonfitüre eindecken (→ Einkaufen). Im Geschmack ähnelt Mastix der harzigen Note des griechischen Retsinas.

Nachtleben (siehe Karte S. 157)

Das Nachtleben auf der Çeşme-Halbinsel ist nicht auf trinkfreudige Pauschalurlauber aus Deutschland, England oder Russland zugeschnitten. Die Klientel ist anspruchsvoller und entstammt der vergnügungssüchtigen Oberschicht aus İstanbul, İzmir und Ankara.

Rund um die Halbinsel verteilen sich etliche **Beachclubs**, die heiße Partynächte am Meer versprechen. Zu den angesagtesten zählten bei unserem Besuch **Caliente**, **Shayna, Sea Side** und **Loop**, dazu die Danceclubs **Nispet** und **Cece.** Die Fluktuation der Clubs ist enorm, die Hälfte davon mag bis zu Ihrem Besuch schon wieder anders heißen. Achten Sie auf Plakate! Eintritt ca. 15 €, ein Freigetränk ist im Preis meist inbegriffen. Am besten fährt man die Clubs mit dem Taxi an.

Im Zentrum von Çeşme ist der **Club Street (6)** an der İnkılap Cad. die populärste Adresse (nicht vor Mitternacht kommen!). Die Zeit davor vertreibt man sich bei ein paar Bier in der **Turkvaz Bar (8)**, einer lustigen kleinen Kneipe hinter der Ayios-Haralambos-Kirche, oder in einer der vielen netten Locations in den Seitengassen der İnkılap Cad.

Baden/Sport

Çeşme selbst verfügt nur über einen Ministrand ganz im Norden der Bucht. Er gehört zum schicken **Beachclub Sir Fish** und kostet 3,20 € Eintritt – dafür laden coole Kissen am Strand zum Lümmeln ein. Die besseren Bademöglichkeiten setzen eine kleine Anfahrt (gute Dolmuşverbindungen zu allen Stränden) voraus. Einsamkeit darf man jedoch nirgendwo auf der Çeşme-Halbinsel erwarten. Aufgrund der kühlen Strömung (Schwarzmeerwasser fließt über die Dardanellen hierher) ist das Meer um die Halbinsel übrigens recht frisch. Die Thermalquellen vor der Küste erwärmen es nur unwesentlich.

Altınkum-Strand: Den „Goldsand"-Strand, einen der schönsten der Halbinsel ca. 10 km südwestlich von Çeşme, belegen mittlerweile etliche Beachclubs. Die frei zugänglichen Abschnitte werden von Jahr zu Jahr weniger. Anfahrt: Von Çeşme die breite Straße am Fährterminal vorbei Richtung Çiftlik nehmen, ca. 2 km nach Çiftlik mit „Tursite" ausgeschildert. Gebührenpflichtiger Parkplatz am Strand.

Pırlanta-Strand, noch vor dem Altınkum-Strand (kein Hinweisschild). Unverbauter, nicht überlaufener Kiessandstrand mit Volleyballfeld, Surfbrettverleih und Bar. Der Strand hat den Vorteil, dass das Wasser in der kleinen Bucht meist etwas wärmer ist, den Nachteil, dass es oft Wellen gibt. Anfahrt: Von Çeşme die breite Straße am Fährterminal vorbei nach Çiftlik nehmen, knapp 2 km nach Çiftlik an einer Gabelung rechts ab (der Beschilderung zum Feriendorf „Yeni Meltem Tatil Köyü" folgen).

Weitere Bademöglichkeiten bestehen an den kinderfreundlichen Stränden von Boyalık und Ilıca (→ S. 159), in Dalyan (→ S. 160) und auf der Karaburun-Halbinsel (→ S. 161).

• *Surfen* Die Halbinsel von Çeşme ist ein Eldorado für Windsurfer. Mehr dazu unter **Alaçatı**, → S. 161.

• *Tauchen* **Koçluoğlu Diving Center**, in Boyalık (s. u.) im Altın Yunus Resorthotel. Deutschsprachige Tauchlehrer. PADI-Anfängerkurse 300 € (Dauer 3 Tage). 2 Bootstauchgänge inkl. Essen und Equipment 70 €. ✆/℻ 7231250.

Sehenswertes

Die wenigen Sehenswürdigkeiten Çeşmes, allen voran das den Hafen beherrschende Kastell (s. u.), sind schnell abgelaufen. Die daneben gelegene, in der Blütezeit des Osmanischen Reichs errichtete *Karawanserei* aus dem 16. Jh. konnte man zuletzt nur noch von außen bewundern. Wegen dringend notwendiger Restaurierungsarbeiten war sie der Öffentlichkeit nicht mehr zugänglich. Sie soll aber künftig, wie schon früher, ein charmantes Hotel beherbergen (→ Übernachten). Bei einem Spaziergang durch die Stadt fallen zudem die vielen osmanischen *Brunnen* auf, nach denen Çeşme (dt. Brunnen) seinen Namen erhielt. Sie wurden von lokalen Würdenträgern gestiftet und werden größtenteils noch heute genutzt. Allerdings muss man seit einigen Jahren mit Tankwagen aushelfen, um den immens gestiegenen Wasserverbrauch der eigentlich wasserreichen Halbinsel zu gewährleisten.

Kastell: Die Festung in Hanglage wurde im 14. Jh. von den Genuesern erbaut, Anfang des 16. Jh. unter Sultan Beyazıt II. vergrößert, dazu mit neuen Türmen versehen und mit einer kleinen Burgmoschee ausgestattet. Das Museum darin besitzt eine archäologische Sammlung mit Funden aus *Erythrai* (→ S. 162), zudem eine Ausstellung über Grabsteine, -platten und -stelen. Als Dreingabe bekommt man noch eine schöne Aussicht über die Bucht. Auch lädt ein schattiges Café zum Verweilen ein. Den oberen Teil der Festungsanlage belegt eine Freilichtbühne, Schauplatz diverser kultureller Events im Sommer.

Öffnungszeiten Im Sommer tägl. (außer Mo) 8.30–19 Uhr, im Winter nur bis 17.30 Uhr. Eintritt 1,90 €.

Ayios-Haralambos-Kirche: Jahrzehntelang stand die einzige Erinnerung an die griechische Bevölkerung von Çeşme leer und verfiel. Heute ist die Kirche aus dem 19. Jh. an der İnkılap Cad. notdürftig geflickt. Der kahle Innenraum – ein trauriger Anblick – wird als Kunsthandwerksbasar, für Ausstellungen und Veranstaltungen genutzt.

Umgebung von Çeşme

Aus der einst dünn besiedelten Çeşme-Halbinsel wurde in den letzten Jahrzehnten ein Urlaubsziel aus der Retorte mit riesigen Hotelanlagen und vielen Feriendörfern. Mit Zahlen lässt sich das am einfachsten belegen. Wo im Winter gerade 30.000 Menschen leben, treten sich im Sommer zuweilen bis zu 350.000 Erholungssuchende auf die Füße. Trotzdem findet sich noch das eine oder andere schöne Plätzchen. Attraktive Ziele sind z. B. die beschauliche Altstadt von *Alaçatı* oder die Bucht von *Dalyan* mit ihren vielen Fischlokalen.

Boyalık, Ilıca und Şifne

Wellness-Wochen am Meer bieten Boyalık, Ilıca und Şifne an der Nordküste der Halbinsel. Hier wohnen die meisten Urlauber, die aus dem Katalog gebucht haben. Die Orte sind bekannt für ihre Spa-Hotels und ihre feinsandigen, flach ins Meer verlaufenden Sandstrände. 40–60 °C warme, schwefelhaltige Quellen sprudeln hier zu Tage, es gibt auch unterseeische Quellen. Die großen Hotels besitzen Thermalpools, die auch Nichtgästen gegen Gebühr zugänglich sind. Die Heilkräfte des Wassers wussten schon die alten Römer zu schätzen; heute kommen Deutsche genauso wie Araber und immer mehr Russen. Das Wasser soll gegen Rheuma, Leber-, Nieren-

Abkühlung am Altınkum-Strand

und Hauterkrankungen helfen. Die Strände der drei Touristenzentren werden durch Landzungen getrennt. Boyalık, Ilıca und Şifne gehen nahezu fließend ineinander über, denn die weiten Buchten sind mit Hotelanlagen und Feriensiedlungen komplett verbaut. Dazwischen schlendert man durch künstliche Marktstraßen, ersteht Luftmatratzen, Schwimmflossen oder ein gefälschtes *Diesel*-Hemd und isst abschließend beim „Düsseldorfer Ahmet".

Verbindungen Regelmäßige **Dolmuş**verbindungen von und nach Çeşme.

Dalyan

Auch rund um das ehemalige Fischerdorf, 5 km nördlich von Çeşme, entstanden unzählige Apartment- und Ferienhäuser. Der Strand ist recht klein, die Beachclubs sind aber okay. Schön ist der Hafenbereich mit der Marina, die von Turgut Reis, dem großen osmanischen Seefahrer aus dem 16. Jh., überblickt wird. Direkt am Wasser reiht sich Fischlokal an Fischlokal, vor allem Türken lassen es sich hier schmecken. Großer Beliebtheit erfreut sich u. a. das „Dalyan Restaurant Cevat'ın Yeri" – bester Fisch der gehobenen Preisklasse.

Verbindungen Regelmäßige **Dolmuşe** von und nach Çeşme.

Alaçatı

Das gemütliche, alte Griechenstädtchen liegt 11 km südöstlich von Çeşme im Landesinneren. Kopfsteingepflasterte, grün überrankte Gässchen zwischen traditionellen Erkerhäusern laden zum Schlendern durch das für den Verkehr gesperrte Zentrum ein.

Alaçatı ist beispielhaft für den schnellen Wandel an der türkischen Mittelmeerküste. Noch in der letzten Auflage dieses Reiseführers schrieben wir von Tavla spielenden Altherrenrunden in den Teehäusern und vom gemütlichen Feilschen auf dem urigen Gemüsemarkt. Das ist passé. Aus den Teehäusern sind schicke Cafés und teuere Restaurants geworden, aus den maroden Natursteinhäusern elegante Boutiquehotels. Das Idyll wirkt ein wenig gekünstelt, einladend ist es dennoch. Zudem besinnt man sich auf eine alte Tradition: Es wird wieder Wein gekeltert.

3 km südlich von Alaçatı liegt die gleichnamige Flachwasserbucht, das Windsurfermekka der Türkei. Vormittags gehört sie den Anfängern, dann weht es 1–3 Beaufort, nachmittags kommen die Cracks, dann bläst es 4–6 Beaufort. Zum Baden treibt es die wenigsten hierher – der Strand mit einem hässlichen Hotelklotz gehört nicht zu den schönsten der Halbinsel. Wer jedoch weiter nach Westen fährt, hat nach ca. 4 km, wenn die Straße ihre Teerschicht verliert, Zugang zum populären Beachclub Sea Side und noch weiter westlich zu einsameren Buchten.

• *Verbindungen/Anfahrt* **Direktdolmuşe** von Çeşme nur bis Alaçatı-Dorf, nicht zum Strand. Alaçatı ist von der alten Straße nach İzmir und von der Autobahn ausgeschildert.

• *Einkaufen* **Wochenmarkt** am Sa.

• *Übernachten/Essen & Trinken* Es gibt eine ganze Reihe schicker Boutiquehotels mit gesalzenen Preisen. Wer aufs Geld schauen muss, hat in Alaçatı keine Chance, selbst das einfachste DZ kostet in der HS rund 75 €. Alle aufgeführten Unterkünfte befinden sich an der Kemalpaşa Cad., der für den Verkehr gesperrten Hauptstraße.

O Ev, Hotel und Restaurant in einem herrlich restaurierten, alten Gebäude. Geführt vom Ex-Model Emel Aliberti. 14 stilvoll-romantische Zimmer, z. T. mit offenem Kamin. DZ 137 €. Im idyllischen Gärtchen mit Pool serviert man internationale Küche (Caprese, Boeff Stroganoff, Chicken Kung Pao etc.) – Vorspeisen 6–11 €, Hg. 11–17 €. Kemalpaşa Cad. 76 A, ✆ 7166150, www.o-ev.com.

Sakızlı Han, ebenfalls äußerst stilvoll, hier verschmilzt italienisch anmutendes Design mit alter griechischer Bausubstanz. Nur 8 Zimmer, schöner Garten. DZ 119 €. Kemalpaşa Cad. 114, ✆ 7166108, www.sakizlihan.com.

Sailors Otel, eine der günstigeren Adressen vor Ort, zudem eine der ältesten. Liebevoll eingerichtete Zimmer: helle Dielenböden, warme Farben. Sympathisches Café im Tavernenstil. DZ 100 €. Kemalpaşa Cad. 66, ✆ 7168765, www.sailorsotel.com.

Café Agrilia, es gibt viele hübsche Cafés an der Hauptstraße, dieses übertrumpft aber fast alle. Großer, dennoch urgemütlicher Saal mit uralten Bodenfliesen und Lümmelsofas. Tolle Frühstücksadresse, dazu Salate und gute Pastagerichte. Junges Personal. Kemalpaşa Cad. 75.

• *Surfen* Mehrere Surfschulen in der Alaçatı-Bucht. Ein renommierter Surfclub ist **aspc**. Surfbrettverleih (40–55 € pro Tag, 140–190 € pro Woche), zudem offizielle VDWS-Schule, Anfängerkurse (3 Tage) 165 €. Bar, Shop. März–Mitte Nov. Deutschsprachig, freundliche Atmosphäre. ✆ 7166611, www.alacati.de.

Halbinsel Karaburun

Ein Besuch der Halbinsel, die den Golf von İzmir abgrenzt, lohnt sich. Zu entdecken gibt es gemütliche Buchten und, als Schmankerl, die Ruinen des antiken Erythrai.

50 km lang und bis zu 20 km breit ist die Halbinsel Karaburun, die von der Çeşme-Halbinsel gen Norden ragt. Bis 1922 war sie überwiegend von Griechen besiedelt. Viele ihrer Dörfer sind heute verfallen, die Häuser oft Skelette – teils erobert die Natur die Ruinen zurück, teils geben sie ein traurig-abstruses Bild in der kargen Berglandschaft ab. Im Süden der Halbinsel, besonders an der Ostküste, begegnet man hingegen überwiegend den typischen, uniformen Feriensiedlungen. Doch das soll niemanden abhalten, das gebirgige „Schwarze Kap“ (türk. *kara burun*) zu umrunden.

Ruinen aus dem 20. Jh. – einstiges Griechendorf auf der Karaburun-Halbinsel

Als Einstieg bietet sich **Ildırı** an, ein ursprünglich griechisches Dörfchen im Südwesten der Halbinsel. Die 22 km von Çeşme dahin, vorbei an Urlaubsorten aus der Retorte, bringt man am besten schnell hinter sich. Oberhalb von Ildırı liegen die Ruinen des antiken *Erythrai*, einst eine der 12 Städte des Ionischen Bundes. Erythrai erlebte seine Blüte im 7. Jh. v. Chr. Aber noch im Neuen Testament wurde Erythrai als lebendige, moderne Stadt erwähnt. Ihren Reichtum verdankte sie dem Sklavenhandel, dem Weinanbau und dem Export von Mühlsteinen. 5 km lang soll einst die Stadtmauer zum Schutz ihrer 30.000 Einwohner gewesen sein. Von all dem ist recht wenig erhalten bzw. ausgegraben. Dazu haben Häuslebauer aus dem Steinarsenal der antiken Stadt geschöpft. So zieren in Ildırı klassische Säulen schlichte Hauseingänge oder antike Reliefs die Fassade eines Ziegenstalls. Das, was übrig blieb, schlummert unaufgeräumt in der Hitze, und auf der *Agora* wachsen Tomaten, Melonen und Sesam. Zu sehen sind noch Relikte des *Theaters*, Teile der alten *Stadtmauer* und auf dem höchsten Punkt der Akropolis die Überbleibsel eines *Tempels* (Eintritt 1,30 €, der freundliche deutschsprachige Wärter findet Sie bestimmt).

Von Ildırı führt entlang der Westseite der Halbinsel eine schmale Straße, teils in recht schlechtem Zustand, gen Norden Richtung **Küçükbahçe**, einem ebenfalls ursprünglich griechischen Dorf. Unterwegs passiert man mehrere schöne Buchten mit kristallklarem Wasser. Hinter manchen sind Feriendörfer entstanden, andere liegen einsam da, wieder andere dienen als Fischzuchtstation.

Hinter Küçükbahçe wird die Berglandschaft immer karger, imposante An- und Ausblicke tun sich auf. Bizarr-gespenstisch wirken so manche verlassene Dörfer. Auch auf dieser Strecke kommt man an idyllischen Badebuchten vorbei. Für die gesamte Strecke von Ildırı bis Karaburun (ca. 70 km) sollten Sie mit rund zwei Fahrtstunden rechnen.

Karaburun ist mit rund 3.000 Einwohnern der größte Ort der gleichnamigen Halbinsel. Sein altes Zentrum liegt abseits der Küste am Berghang. Mittwochs wird hier ein farbenprächtiger Gemüsemarkt abgehalten – beste Zeit für einen Besuch. Rund um die winzigen Sand- und Kiesbuchten unten am Meer findet man neben Feriensiedlungen auch einige Hotels und Pensionen, dazu wird fleißig gebaut.

Die Ostküste präsentiert sich viel grüner als ihr westliches Pendant. Schönstes Örtchen ist dort **Kaynarpınar**. Das Fischerdorf besitzt nur eine einzige Pension (→ Übernachten), ein paar gemütliche Cafés, ein Fischlokal und einen handtuchbreiten Strand, der den paar Gästen jedoch allemal genügt.

Weiter südlich liegt das alte Dorf **Mordoğan Köyü** wie Karaburun etwas abseits der Küste. Dessen wenig charmanter Ableger am Strand entstand in den letzten zwei Jahrzehnten. Einfache Campingplätze und einladende Badebuchten, zu denen man z. T. noch ein Stück laufen muss, weisen den Weg nach **Balıklıova**. Ein schmales Sträßlein führt von dort quer über die Insel zurück nach Ildırı.

• *Verbindungen* Unregelmäßige **Dolmuş**verbindungen von Çeşme lediglich nach Ildırı. Die Ostseite der Halbinsel steuern lediglich Dolmuşe von İzmir an. Diese fahren über Mordoğan nach Karaburun-Stadt.

> **Hinweis für Selbstfahrer:** Die Orte auf der Halbinsel sind schlecht ausgeschildert. Planen Sie für eine Rundfahrt mit Badestopps mindestens 5–6 Std. ein, besser einen ganzen Tag.

• *Übernachten* Das schmale Unterkunftsangebot konzentriert sich auf Karaburun.

*** **Astoria**, rosafarbenes Gebäude in Karaburun am Meer, von der Küstenstraße ausgeschildert. Leicht abgewohnter, dennoch recht gemütlicher Hotelkomplex mit 40 Teppichboden-Standardzimmern. TV, Föhn, Zentralheizung und Meeresblick von jedem Zimmer. Restaurant direkt am Wasser, Strand eine Fußminute entfernt. Disco und Sauna. DZ 56 € mit HP. Bodrum Koyu, ✆ 7312075, www.karaburunastoria.com.

Hotel Narcissus, ebenfalls in Karaburun. Großer Mittelklasseklotz mit einem Touch Plastik-Antike. Etwas abgewohnt. Schöne, dominante Lage an einem Felsstrandabschnitt. Einladender Poolbereich, Sauna, Disco. Gutes Preis-Leistungs-Verhältnis: DZ mit Klimaanlage, Balkon und Frühstück 40 €, mit HP 50 €. ✆ 7312810, ℻ 7312718.

Pansiyon Ergin, in Karaburun nahe dem Hotel Astoria direkt an einem schmalen Strandabschnitt. 14 Zimmer, sauber und einfach. Holzstege über dem Wasser, schnuckelige Fischtaverne angeschlossen. Deutschsprachig. Pro Person mit Frühstück 12 €, mit HP 20 €, Aufpreis bei Zimmern mit Klimaanlage. ✆ 7313078, www.ergin-pension.de.

Marina Pansiyon, in der idyllischen Bucht von Kaynarpınar, ein absoluter Tipp für Romantiker. Neu restaurierte Pension mit angeschlossenem Fischlokal. 15 saubere Zimmer mit bunt getünchten Wänden und Fliesenböden. Wer eines mit Balkon und Meeresblick erwischt, ist der König. DZ 25 €. ✆ 7381042, marinapansiyon@hotmail.com.

• *Camping* Mehrere spartanische Plätze zwischen Mordoğan und Balıklıova, u. a. **Yakamoz Camping** an einer ganz netten Bucht.

• *Essen & Trinken* Für ein opulentes Fischmahl abseits der Touristenströme eignet sich vor allem Ildırı mit mehreren guten Restaurants. Eine empfehlenswerte Adresse dort ist das **İldırı Balık Lokantası**, von Çeşme kommend kurz vor dem Ortsbeginn. Einfaches, aber gepflegtes Lokal, in dem großer Wert auf guten Fisch gelegt wird. Die Tische stehen direkt am Meer.

Eine schöne Adresse ist zudem das **Dostlar Café** im Zentrum Karaburuns (kein Schild, aber kaum zu verfehlen). Spektakuläre Aussicht, Holztische und -stühle unter schattigen Bäumen. Kleine Auswahl an Speisen.

Urla

Im 35.000 Einwohner zählenden Urla, östlich der Karaburun-Halbinsel an der Straße von Çeşme nach İzmir, wurde der Dichter Giorgos Seferis (1900–1971) geboren.

Çeşme und Umgebung
Stadtplan S. 157

Genau genommen im Stadtteil İskele, der 4 km vom Zentrum entfernt direkt am Meer liegt. 1963 erhielt Seferis als erster Grieche den Literaturnobelpreis, seine Lyrik zeichnet sich durch einfachen Stil und reiche Symbolik aus. Das Haus, in dem er seine Jugendjahre verbrachte – die Familie emigrierte 1918 nach Paris – beherbergt heute ein freundliches Hotel (s. u.). Am beschaulichen Hafen gibt es ein paar Fischrestaurants, die vom internationalen Tourismus noch nicht entdeckt wurden.

• Verbindungen Regelmäßige **Dolmuşe** nach Urla-İskele vom İzmirer Busbahnhof Üçkuyular.

• Übernachten **Hotel Yorgo Seferis**, liebevoll restauriertes, altes Steinhaus in zweiter Reihe in İskele. Urgemütliche Zimmer mit viel Holz und Aircondition. Frühstück im lauschigen Garten, Bar. DZ 56 €. ✆ 7520414, www.yorgoseferis.com.

Ausflug auf die Insel Chíos (Griechenland)

***Sakız*, Mastix, nennen die Türken Chíos, eine der reichsten griechischen Inseln. Ihren Wohlstand verdankt sie bis heute dem Harz des Mastixstrauches. Als Ferieninsel spielt Chíos hingegen eine untergeordnete Rolle, erstaunlich, zumal ihre Landschaft, so heißt es, alle griechischen Landschaften vereinigt.**

Chíos, die fünftgrößte griechische Insel und fast in Schwimmnähe zum türkischen Festland, gehörte von 1566 bis 1912 zum Osmanischen Reich. In guter Erinnerung haben die Inselbewohner die Türken jedoch nicht. 1822 richteten diese nach einem gescheiterten Umsturzversuch ein entsetzliches Blutbad an, das als „Massaker von Chíos" in die Geschichte einging und Künstler wie Delacroix und Hugo inspirierte.

Der türkische Einfluss ist im Inselhauptort Chíos-Stadt (ca. 25.000 Einwohner), der auch Chora genannt wird, noch immer gegenwärtig – doch erst auf den zweiten Blick, denn am Hafen prägen gesichtslose 08/15-Blocks das Bild. Schlendert man aber durch die Straßen und Gassen dahinter, sieht man inmitten des griechischen Kleinstadtlebens die Kuppel einer Moschee in den Himmel ragen, entdeckt man turbangeschmückte Grabsteine oder Brunnen mit arabischen Inschriften.

Die noch teilweise mauerumschlossene Altstadt Kastro ist das schönste Eck von Chíos-Stadt. Während der türkischen Herrschaft durfte übrigens kein Grieche innerhalb der Festungsmauern wohnen. Für gewöhnlich betritt man das Viertel durch die *Porta Maggiore*. Hinter dem Torbau führen Stufen zu einem spätgotischen Palast, der das kleine aber feine *Museum Giustiniani* mit byzantinischer Kunst beherbergt (Di–So 9–15 Uhr, Eintritt 2 €).

Treffpunkte sind die *Platía Plastira* etwas westlich des Hafens und selbstverständlich die Hafenstraße, die *Prokymaía*.

Information/Verbindungen/Sonstiges in Chíos-Stadt

• Telefonvorwahl Internationale Landesvorwahl für Griechenland ✆ 0030.

• Information **Chíos Tourist Office**, in der Kanari-Str. 18, einer Querstraße zwischen Hafen und Platía Plastira. Sehr hilfreich. Im Sommer tägl. 7–22 Uhr, sonst Mo–Fr 7–15 Uhr. ✆ 22710/44389..

• Verbindungen auf Chios **Blaue Busse** (Abfahrt von der Nordseite des Stadtparks) häufig nach Karfá, **grüne Busse** (von einer Querstraße an der Südseite des Stadtparks) zu den anderen Ausflugszielen: nach Pyrgí z. B. 8-mal tägl., 5-mal über Emporió. Zudem in der HS 2-mal wöchentl. Ausflugsbusse zum Kloster Néa Moní.

• Fährverbindungen in die Türkei → Çeşme/Verbindungen, S. 154.

• Touristenpolizei Neorion-Str. 37, nördlich der Hafenstraße. ✆ 22710/44427.

• Auto- und Zweiradverleih Diverse Anbieter. Ein zuverlässiger Zweiradvermieter ist **Bois**, Ladis-Str. 11, Nähe Infostelle, ✆ 22710/28115.

Übernachten/Essen & Trinken in Chíos-Stadt

Hotel Grecian Castle, das wohl beste Hotel der Stadt. Komfortable Ausstattung, charmantes Ambiente in einer renovierten ehemaligen Nudelfabrik, reizvolle Dekoration, Pool. 51 Zimmer, DZ 85–140 €, für höhere Ansprüche auch Suiten. Etwas außerhalb des Zentrums, jedoch noch in Fußnähe in der Enosseos Ave., ☎ 22710/44740/-42, 📠 44052, www.greciancastle.gr.

Hotel Kyma, traditionsreiches Haus am südlichen Ende des Hafens. Freundliche Atmosphäre, sonniger Frühstücksraum mit Deckenfresko. Ältliche, unterschiedlich möblierte Zimmer. DZ 40–60 €. ☎ 22710/44500, 📠 44600.

Pension Rooms Alex, von einem ehemaligen Kapitän geführte, kleine, freundliche Pension. Schön dekorierte Dachterrasse mit internationalem Publikum. DZ je nach Ausstattung (mit oder ohne Bad) ab ca. 30 €. Südlich des Hafens, Livanou-Str. 48, ☎ 22710/26054.

• *Essen & Trinken* **Taverne O Hotzas**, eine Empfehlung. Traditionsreiche Taverne mit lauschigem Garten; Essen gut und nicht teuer. Das Lokal ist nicht leicht zu finden: Folgen Sie von der Platía Plastira der Einkaufsstraße Aplotarias bis ans Ende, an der Gabelung halbrechts, dann geradeaus bis zu einer Kreuzung, hier rechts, nach 30 m auf der linken Seite. Nur abends, So Ruhetag.

Taverne Two Brothers, nahe der Pension Rooms Alex. Internationale und griechische Küche, hübscher Innenhof. Auch So geöffnet. Livanou-Str. 36.

Die schönsten Ausflugsziele der Insel

Auf Chíos gibt es so gut wie keine langen Sandstrände, dafür eine Vielzahl kleiner Buchten. Wer gerne wandert, kann sich insbesondere im kargen einsamen Nordteil der Insel einsame „Bays" erobern.

Karfás: Karfás, 6 km südlich der Hauptstadt, entwickelt sich seit einigen Jahren zum wichtigsten Fremdenverkehrsort auf Chíos; Grund ist sein flach ins Meer abfallender Sandstrand. Bislang säumen lediglich ein paar Dutzend Häuser den Strand und klettern die Hügel im Hinterland hoch. Erste größere Hotels weisen jedoch schon den Weg der künftigen Entwicklung.

Die Mastixdörfer im Süden: Kaum anderswo in Griechenland findet man solch urwüchsige Dörfer. Ein Muss ist der Besuch von **Pyrgí**. Wie ein grauer Fleck liegt das Dorf in einer kargen, eintönigen Gebirgslandschaft, aus der Vogelperspektive gleicht es einem kubistischen Gemälde. Wer Pyrgí betritt, verliert schon nach wenigen Metern die Orientierung. Enge Straßen, Sackgassen, Winkel – ein Labyrinth. Nicht zuletzt wegen seiner Xista genannten Sgraffiti, einer Kratzputzechnik, die mit aufgeritztem Mörtel und weißer Farbe Mosaiken an Häuserwänden entstehen lässt, ist Pyrgí ein architektonisches Kleinod. Die schönsten Fassaden sieht man auf der *Platía*, selbst die *Bischofskirche* aus dem 17. Jh. ist damit geschmückt. Am gegenüberliegenden Ende des zentralen Platzes führt ein schmaler Durchgang zu einer weiteren, im 13. Jh. entstandenen Kirche mit schönen Fresken, der *Apostelkirche*. Südlich unweit der Platía liegt der *Fluchtturm*: Die Mastixdörfer wurden immer wieder überfallen, deshalb waren sie seit dem 14. Jh. befestigt: Die Häuser am Dorfrand wurden miteinander zu einer Stadtmauer verbunden, die winkligen Gassen sollten die Angreifer verwirren und der Fluchtturm war die letzte Verteidigungsbastion.

Nicht nur Pyrgí, auch die ebenfalls sehenswerten Nachbardörfer **Ólymbi** und **Mesta** sind nach diesem Schema angelegt. Ein Ausflug zu den Mastixdörfern lässt sich auch mit einem Badeaufenthalt kombinieren. Schwarze Kieselsteine statt weißem Sand bietet der Küstenort **Emporió** 5 km südlich von Pyrgí. Der dunkle Strand erinnert an die vulkanische Vergangenheit der Insel.

Nea Moní: 9 km westlich von Chíos-Stadt liegt das über 900 Jahre alte Kloster. Mit seinen wundervollen Mosaiken zählt es zu den schönsten Kirchenbauten byzantinischen Stils in der Ägäis. Am Eingang überrascht eine Vitrine voller Totenschädel – Erinnerung an das Massaker von Chíos. Gegenüber zeigt ein kleines Museum sakrale Kunst. Im inneren Narthex der Klosterkirche beeindrucken meisterhaft ausgeführte Mosaike (Mo–Sa 9–13 und 16–20 Uhr, So nur zur Messe).

Der Uhrturm, ein Wahrzeichen von İzmir

İzmir

ca. 3–4 Mill. Einwohner

İzmir ist ein türkischer Superlativ, überaus modern und zudem geschichtsträchtig. An die „Perle der Levante", wie man die Stadt noch zu Beginn des 20. Jh. nannte, erinnert jedoch wenig.

İzmir, nach İstanbul und Ankara die drittgrößte Stadt der Türkei, wuchert wild am *İzmir Körfezi*, dem 54 km langen und bis zu 24 km breiten Golf. Auf eine Ausdehnung von über 30 km hat es die Stadt bereits gebracht. Allein im letzten Jahrhundert hat sich die Einwohnerzahl weit mehr als verzehnfacht. Wie viele Menschen heute in İzmir leben, weiß keiner so genau.

İzmir ist Sitz des NATO-Hauptquartiers Südost. Raffinerien, Papierwerke und chemische Kombinate sowie einer der umschlagstärksten Häfen der Türkei machen die Stadt zu einem bedeutenden Wirtschaftsstandort. Die wichtigste Industriemesse des Landes geht hier alljährlich über die Bühne. Boomtown İzmir verdankt ihren Aufschwung nicht zuletzt den vielen billigen Arbeitskräften, insbesondere Zuzüglern aus Inner- und Ostanatolien. Sie leben draußen in den Armutsgürteln der Stadt, ihre Tageseinnahmen entsprechen oft nur dem Betrag, mit dem andere in den mondänen Restaurants an der Uferpromenade die Rechnung aufrunden.

İzmir, das alte *Smyrna*, ist seit jeher ein bedeutendes Handelszentrum. Doch an die Geburtsstadt von Homer und Aristoteles Onassis erinnert nicht mehr viel. Kriege und Brände haben ihre historische Substanz größtenteils zerstört. İzmir ist heute eine durch und durch moderne, türkische Großstadt mit Smogglocke, Verkehrslärm, Pressluftgehämmer und pausenlosem Sirenengeheul. Dennoch gibt es auch adrette Ecken im Gewirr der Straßen, Plätze und Boulevards, und von Jahr zu Jahr werden es mehr. Die Stadtverwaltung tut viel – da werden von Palmen gesäumte Fußgängerzonen angelegt, dort wird die noch erhaltene alte Bausubstanz restauriert. Und um den Verkehr zu entlasten, soll die Metro, das jüngste Prestigeobjekt der Stadt, ausgebaut werden. Ein Ausflug in die Millionenmetropole verheißt ein abwechslungsreiches Erlebnis: Hier lässt sich türkischer Großstadtalltag erfahren – egal ob beim Shoppen auf dem Basar oder bei einem kalten Getränk in einer der gemütlichen Bars an der Uferpromenade.

Orientierung: Das Zentrum der Metropole bilden die Stadtteile Konak, Basmane und Alsancak samt den dazwischen liegenden Vierteln.

Das Herz von **Konak** ist der gleichnamige Platz, der *Konak Meydanı*, benannt nach dem *Hükümet Konağı*, dem Gebäude der Provinzregierung. Der Platz ist einer der Dreh- und Angelpunkte İzmirs. Blickfang ist der *Saat Kulesi*, ein verspielter Rokoko-Uhrturm. Er wurde 1901 für Sultan Abdül Hamit II. anlässlich seines 25-jährigen Thronjubiläums errichtet – mit Geldern von dessen Amigo Kaiser Wilhelm II. In der Nähe des Turms erblickt man die hübsche kleine *Konak-Moschee* (→ Sehenswertes). Des Weiteren findet man rund um den Platz das *Kaufhaus Karamürsel* (→ Einkaufen), das *Rathaus (Belediye)* und das *Atatürk-Kulturzentrum* (*Atatürk Kültür Merkezi*), ein gewagter Zweckbau mit Konzertsaal, Opernbühne und Konservatorium. Mittels einer Fußgängerbrücke und einer neu angelegten Parkanlage ist der Platz mit der Schiffsanlegestation *Konak İskelesi* verbunden.

Vom *Konak Meydanı* verläuft die Atatürk Caddesi, auch *Kordon* genannt, in nördliche Richtung zum *Cumhuriyet Meydanı* („Platz der Republik"), dem Renommierplatz İzmirs. Als großes Reiterstandbild blickt Atatürk hier auf die Büros der internationalen Fluggesellschaften und einige der teuersten Hotels der Stadt.

Vom Cumhuriyet Meydanı führt der *Kordon* als abends für den Verkehr gesperrte Ufermeile weiter gen Norden in den Stadtteil **Alsancak**, ein nobles, modernes Eck mit teuren Boutiquen, Bars und Restaurants. Hier lebt, wer zu İzmirs Upperclass gehört und nicht in einer Villa am Stadtrand wohnt. Hauptstraßen Alsancaks sind neben dem Kordon der *Cumhuriyet Bulvarı* und die *Kıbrıs Şehitler Caddesi*. Von Letzterer gehen einige Bilderbuchgassen mit alten Holzerkerhäuschen ab.

Schwenkt man vom *Konak Meydanı* landeinwärts, gelangt man entlang der Anafartalar Caddesi in das **Basarviertel (Kemeraltı)**, das sich bis nach Basmane erstreckt. Ein Bummel durch das Labyrinth der kleinen Läden gerät zum bilderreichen Streifzug durch die quirlige Welt orientalischen Verkaufsalltags. Im Basarviertel befindet sich auch die restaurierte *Kızlarağası-Karawanserei* aus dem 18. Jh. Einst diente sie Kaufleuten als Herberge und Warenlager, heute wird darin allerlei Orientkitsch feilgeboten.

Das Zentrum von **Basmane** bildet der gleichnamige Bahnhof. Rund um ihn findet man preiswerte Hotels und Restaurants. Nördlich davon schließt der *Kulturpark* (→ Sehenswertes) an.

Geschichte

Keramikfunde im Stadtteil Bayraklı, ca. 7 km nordöstlich des Zentrums, lassen darauf schließen, dass die Bucht von İzmir bereits im 3. Jt. v. Chr. besiedelt war. Aber erst im 11. Jh. v. Chr. erfolgte an jener Stelle die Gründung *Smyrnas* durch äolische Siedler. Drei Jahrhunderte später wurde diese von ionischen Griechen erobert. Smyrna stieg zu einer wohlhabenden Stadt auf. Irgendwann zwischen 750 und 650 v. Chr. soll sie auch die Heimat Homers, des ersten epischen Dichters des Abendlandes gewesen sein. Ihm schreibt man die Epen „Ilias" und „Odyssee" zu.

575 v. Chr. nahmen die Lydier Smyrna ein und zerstörten es. Erst 334 v. Chr. ließ Alexander der Große die Stadt auf dem Pagusberg neu aufbauen. Aus jener Zeit stammt die *Kadifekale*, die „Samtburg" auf der Spitze des İzmirer Hausbergs. Unter griechischer und römischer Herrschaft entwickelte sich Smyrna zu einem wichtigen Handelszentrum, im 2. Jh. zählte es bereits über 100.000 Einwohner. Mit der Verlandung des Hafens von Ephesus gewann Smyrna zudem an Bedeutung. Im 7. Jh., unter Byzanz, trotzte die Stadt noch erfolgreich den Arabereinfällen, danach aber wurde sie zum Zankapfel zwischen Seldschuken und Kreuzfahrern.

1426 gelang es den Osmanen, die Stadt in ihr Reich einzugliedern. Aus Smyrna wurde İzmir, die Bevölkerung aber blieb größtenteils griechisch. Kaum ein Jahrhundert sollte vergehen, ohne dass sie unter Erdbeben, der Pest oder Feuersbrünsten zu leiden hatte. Dennoch erfuhr die Stadt nach jeder Katastrophe einen umso größeren Aufschwung; İzmir entwickelte sich zum wichtigsten Handelstor gen Westen. 1915 schrieb der Völkerkundler Ewald Banse über İzmir: „Hier herrscht der Grieche mit dem Europäer, und von den rund 250.000 Einwohnern glaubt die Hälfte orthodox, betet nur der vierte Teil in den Formeln des Koran, und in den Rest teilen sich Spaniolen und Armenier, Levantiner und Europäer." Die Sitten waren in etwa so streng wie in Paris oder im Berlin der goldenen Zwanzigerjahre.

Das Gesicht der Stadt änderte sich bald darauf grundlegend. Mit der Zerschlagung des Osmanischen Reiches 1918 wurde İzmir von griechischen Truppen besetzt. Die türkische Befreiungsarmee unter Atatürk eroberte die Stadt 1922 zurück: Weit über 100.000 Griechen und Armenier verließen in Panik ihre Häuser und versuchten auf Schiffen zu entkommen. Ganze Stadtviertel wurden in diesen schrecklichen Tagen ein Raub der Flammen. Nach den Weltkriegen erlebte İzmir einen wirtschaftlichen Aufschwung wie nur wenige Städte des Landes. Heute vollzieht İzmir den Wandel vom Moloch an einer stinkenden Bucht hin zu einer lebenswerten, schicken Mittelmeermetropole.

Information/Verbindungen/Ausflüge/Parken

• Telefonvorwahl 0232.

• Information Im **Kültür ve Turizm Müdürlüğü Binası** nahe dem Pasaport-Fähranleger, 1344 Sok. 2, ✆ 4836216, www.izmirturizm.gov.tr. Sehr hilfsbereit. Auskünfte auf Englisch und Deutsch. Mo–Fr 8.30–17.30 Uhr.

• Verbindungen İzmirs **Flughafen Adnan Menderes** liegt ca. 20 km südlich der Stadt. Im internationalen Terminal, 200 m vom nationalen entfernt, finden Sie im Ankunftsbereich Geldwechselmöglichkeiten, Bankomaten, Zweigstellen diverser Autoverleiher, eine Post und eine Tourist Information (tägl. 8.30–17.30). Wer hier landet, hat (bevor er den Zoll passiert) noch die Möglichkeit, einen Duty-free-Einkauf zu tätigen; viele Waren sind günstiger als beim zollfreien Einkauf in Deutschland oder an Bord. In der HS meist mehrmals am Tag Flüge zu türkischen, deutschen, österreichischen und Schweizer Airports.

Transfer vom und zum Flughafen: Teuerste und unkomplizierteste Variante ist das **Taxi** – ins Zentrum ca. 22 €, bis zur nächsten Bushaltestelle 5 €. Bequem gelangt man für 5,70 € auch mit den **Havaş-Bussen** ins Zentrum. Sie fahren ca. 12-mal tägl. (zu den Ankunftszeiten der THY-Maschinen). Wer vom Zentrum auf diese Weise zum Flughafen möchte, steigt am Gazi Osmanpaşa Bul. vor dem Büyük Efes Oteli zu. Infos im **THY-Büro** am Cumhuriyet

Bul. 99, 1. Stock, ✆ 4841220. Zudem besteht die Möglichkeit, mit dem **Zug** vom Zentrum (Basmane) zum Flughafen (Bahnsteig auf dem Flughafengelände) bzw. andersrum zu gelangen. 2005 wurde die Strecke tagsüber von 7.30–21 Uhr 8-mal bedient, Dauer 45 Min.

Bus/Dolmuş: İzmir hat 3 Busbahnhöfe, der wichtigste *(Yeni Otogar)* befindet sich ca. 12 km nordwestlich des Zentrums. Von dort mehrmals tägl. Überlandbusse in alle größeren Städte der Türkei (Bodrum 4 Std., Kuşadası 1¼ Std., Bergama 2 Std. oder Çanakkale 5 Std.). Buchungsbüros der Busgesellschaften auch beim Basmane-Bahnhof, rund um den Cumhuriyet Meydanı und am Gazi Osmanpaşa Bul. (dort z. B. Pamukkale, Ulusoy oder Varan).

Vom Yeni Otogar gelangt man am einfachsten mit einem Dolmuştaxi ins Zentrum (Dauer ca. 15 Min., im Busbahnhof der Beschilderung „Dolmuş" folgen und dann nach Taxis mit der Aufschrift „Otogar-Basmane" Ausschau halten). Etwas langwieriger ist die Fahrt mit Ⓑ 50, 52 oder 54 (Dauer ca. 45 Min.). Abfahrtsstelle der Stadtbusse zum Otogar im Zentrum am Halit Ziya Bul. Wer mit größeren Busgesellschaften an- oder abreist, gelangt mit deren Servicezubringern ins Zentrum bzw. zum Busbahnhof.

Busse nach Çeşme und auf die Karaburun-Halbinsel fahren vom Busbahnhof am F. Altay Meydanı im Stadtteil Üçkuyular 4 km westlich von Konak ab. Ⓑ 169 fährt von Alsancak über den Cumhuriyet Bul., den Cumhuriyet Meydanı und Konak dorthin. Die Verbindung zwischen Yeni Otogar und Çeşme-Terminal stellt Ⓑ 605 her.

Dolmuşe nach Gümüldür oder Özdere (regelmäßig bis 21 Uhr) vom Busbahnhof Gaziemir einige Kilometer südöstlich des Zentrums. Von Konak fährt Bus Ⓑ 152 nach Gaziemir.

Zug: Wer mit dem Zug ankommt, steigt für gewöhnlich am Basmane-Bahnhof aus. Auf türkischen Fahrplänen und an den Bahnsteigen wird Basmane stellvertretend für İzmir angegeben. Mehrmals tägl. nach Manisa, Selçuk, Denizli und Aydın. Informationen unter ✆ 4848638.

Schiff: Als Personenfährhafen hat İzmir keine Bedeutung mehr, weder international noch innertürkisch.

> **Tipp**: Ein Ausflug mit der Fähre in den modernen Stadtteil Karşıyaka auf der anderen Seite der weiten Bucht von İzmir! Dabei genießt man die Skyline der Stadt vom Meer aus. Die Fähren legen von Konak, vom Cumhuriyet Meydanı (Pasaport İskelesi) und von Alsancak ab. Dauer einfach ca. 20–30 Min., Preis retour ca. 2 €.

• *Stadtverkehr* Das **innerstädtische Bussystem** funktioniert gut, geringe Wartezeiten, allerdings volle Busse, die nur selten einen Sitzplatz bieten. Pro Fahrt 1 €. Die İzmirer besitzen i. d. R. elektronische Wertkarten, alle anderen bezahlen bar beim Busfahrer (Kleingeld bereithalten!).

Zudem verfügt İzmir über eine steril saubere **Metro**, die rund um die Uhr in Betrieb ist. Die einzige Linie (wird ausgebaut) führt bislang vom Kazım Karabekir Meydanı südlich des Zentrums über den Konak-Platz sowie die Stadtteile Çankaya und Basmane nach Nordosten. Pro Fahrt 0,70 €.

• *Organisierte Touren* Nur wenige Anbieter, da nur wenige Touristen mehrere Tage in İzmir verweilen. Man findet ein paar Agenturen rund um den Cumhuriyet Meydanı, aber auch am Gazi Osmanpaşa Bul. und am Kordon. Preisbeispiele von **Academic Tour**, Atatürk Cad. 270 (Kordon), ✆ 4632525, academic@superonline.com: Tagestouren nach Ayvalık 17 €, nach Edremit und in die Kaz Dağları 12,50 €. 2-Tages-Trips nach Assos und Bozcaada mit Übernachtung 88 €, nach Çanakkale und Troja 60 €.

• *Parken* Wer mit dem Auto ins Zentrum fahren möchte, folgt der Beschilderung in einen der zentralen Stadtteile. Die sonst in der Türkei übliche „Şehir Merkezi"-Beschilderung (= Zentrum) ist eher selten. Bewachte und gebührenpflichtige Parkplätze *(Otopark)* in diversen Baulücken, Parkhaus hinter dem Konak-Platz in der Milli Kütüphane Cad.

İzmir Stadtplan S. 171

Adressen (siehe Karte S. 171)

• *Ärztliche Versorgung* **Ege Sağlık Hastanesi**, privates Krankenhaus in Alsancak. 1399 Sok., ✆ 4637700.

• *Autoverleiher* In großer Anzahl in den vom Cumhuriyet Meydanı abgehenden Straßen. **Avis**, Şair Eşref Bul. 18/D, ✆ 4414417, am Flughafen ✆ 2742172, www.avis.com.tr. **National/Alamo**, Şehit Nevres Bey Bul. 11/A,

✆ 4227107, am Flughafen ✆ 2743910, www.yesnational.com. **Europcar**, nur am Flughafen, ✆ 2742163, www.europcar.com.tr. Preiswerteste Fahrzeuge der internationalen Verleiher ab ca. 50 €, die der lokalen Anbieter rund 20 % darunter.

• *Diplomatische Vertretungen* **Deutschland** (Generalkonsulat), Atatürk Cad. 260, Alsancak, ✆ 4888888, www.izmir.diplo.de. **Österreich** (Honorarkonsulat), Şehit Fethibey Cad. 41, Erboy İş Hanı, ✆ 4254564, mmerboy@wfes.net.tr. **Schweiz** (Konsulat), 1380 Sok, Alyans Apt. B. Blok K:3 D:6, ✆ 4214239, yuce@gediknet.com.

• *Geld* Banken mit Automaten insbesondere rund um den Cumhuriyet Meydanı. Sa/So lässt sich Bargeld z. B. in der Wechselstube **Odak Döviz**, Gazi Bul./Ecke Gazi Osmanpaşa Bul. tauschen.

• *Polizei* Z. B. am Konakplatz. ✆ 4890112.

• *Post* Hauptpost am Cumhuriyet Meydanı, rund um die Uhr geöffnet.

• *Reisebüro* Z. B. **Niyazoğlu Turizm Seyahat ve Ticaret**, Gazi Osmanpaşa Bul. 1, ✆ 4839300, www.niyazoglu.com. Flüge innerhalb der Türkei, nach Deutschland und in alle Welt sowie Fährtickets.

• *Türkischkurse* Beste Adresse ist **Tömer**, das Sprachlehrzentrum der Universität Ankara. Kurse finden fast das ganze Jahr über statt, 4-Wochen-Kurse ab 200 €. Filiale İzmir in der Kıbrıs Şehitler Cad. 55, ✆ 4640544, www.tomer.ankara.edu.tr.

• *Zeitungen* und Zeitschriften in deutscher Sprache im **Artı Bookstore (14),** Cumhuriyet Bul./Ecke 1378 Sok.

Einkaufen

Verglichen mit vielen Küstenstädtchen, wo das Angebot in erster Linie den Bedürfnissen nach Markenimitaten gerecht wird, ist İzmir ein Shoppingparadies. In der Millionenmetropole bekommt man einfach alles. Gute Preise, gute Auswahl.

• *Basarviertel* Der **Kemeraltı** genannte İzmirer Basar rund um die Anafartaler Cad. ist einer der schönsten Basare der Türkei. Es gibt Gassen, in denen nur Klamotten verkauft werden, Gassen, in denen Handwerker die Wahl zwischen 1001 Schrauben haben, Gassen, in denen nur Lebensmittel (viel frischer Fisch) verkauft werden usw. Verlaufen macht hier Spaß. Wer Glück hat, findet die **İlhan Nargile İmalathanesi**, die berühmteste Wasserpfeifenmanufaktur der Westküste (in Nachbarschaft der Kızlarağası-Karawanserei in der 906 Sok. 31). Die hier angebotenen *Nargiles* sind nicht nur Dekorationspfeifen – keine Kunststoffschläuche, sondern echtes Lammleder! Für Goldschmuck sucht man im Basarviertel den **Eski Çarşı (27**, „Alter Basar") nahe der Anafartalar Cad. auf. So sind die Geschäfte geschlossen.

• *Sevgi Yolu* Ein gepflegtes, kopfsteingepflastertes und mit Palmen bestücktes Marktsträßchen nahe dem Hilton. Nachmittags werden hier CD-Raubkopien, Schmuck, Bücher und Alternativ-Accessoires verkauft.

• *Alsancak* Die Einkaufsstraße schlechthin ist hier die **Kıbrıs Şehitleri Cad.** Tolle Boutiquen und außergewöhnliche Geschäfte zudem im Dreieck Cumhuriyet Bul./Pilevne Cad./Talatpaşa Bul.

• *Konak* **Konakpier (25)**, edles, wenn auch nicht riesiges Shoppingcenter direkt am Ufer, untergebracht in einem alten, liebevoll restaurierten Fähranlegegebäude. *Nautica, Hilfiger, Rolex* & Co., dazu Cafés direkt am Wasser. 2004 eröffnet.

Karamürsel (29), heute konventionelles Kaufhaus am Konak-Platz, einst eines der bekanntesten der Türkei.

Baden/Sport/Kultur

• *Baden* Für einen Sprung ins Meer weicht man am besten an die Sandstrände der Çeşme-Halbinsel, nach Gümüldür oder nach Foça aus, → dort.

Das 30°–60° warme Quellwasser der **Agamemnon-Thermen** (Agamemnun Kaplıcası) im Stadtteil Balçova soll gegen rheumatische und neurologische Beschwerden helfen. Baden kann man dort im Balçova Termal Hotel, einem Komplex mit mehreren Innen- und Außenpools. 2005 wurde in der Nachbarschaft zudem ein Aquapark eröffnet. Nach dem Bad bietet sich die Möglichkeit, mit einer Seilbahn *(teleferik)* auf ein Plateau mit schönen Ausblicken samt Picknickplätzen und Teehäusern zu gondeln – ein netter abschließender Ausflug. Busse nach Balçova, ca. 8 km südwestlich des Zentrums, fahren vom F. Altay Meydanı ab.

Essen & Trinken
2 Viran Gönüller
3 Nargile Konağı
5 Kemal'ın Yeri
9 Otantik Café
10 Meyhane Alsancak
11 Sevinç Pastanesi
12 La Sera
13 Deniz Restaurant
15 Vejetaryen
16 Alf Café
19 Ege By
20 Borsa Restaurant
21 Dört Mevsim Ocakbaşı

Übernachten
1 Otel Çağla Pınar
7 Ege Palas
13 İzmir Palas Oteli
17 Otel Marla
18 Hilton Izmir
22 Otel Işık
23 Otel Kaya
24 Avşar Otel
26 Huzur Oteli
28 Otel Antik Han

Einkaufen
14 Artı Bookstore
25 Konakpier
27 Eski Çarşı
29 Kaufhaus Karamürsel

Nachtleben
4 Bios
6 Kybele
8 Mavi Bar

• *Türkisches Bad (Hamam)* Als bestes Hamam der Stadt gilt das **Karataş Hamamı** in der Mithatpaşa Cad. 360 nahe dem Karataş Lisesi im gleichnamigen Stadtteil (ca. 1,5 km südwestlich des Konak-Platzes). Eintritt mit Massage 12,50 €. Für Frauen tägl. 11–17 Uhr, für Männer 7–11 u. 17–24 Uhr. Ⓑ 169 bringt Sie von Konak dorthin. Beliebt, aber nicht ganz so schön, ist zudem das **Basmane Hamamı** nahe dem Bahnhof in der Anafartalar Cad. Gleicher Preis.

• *Kultur* Das **Atatürk-Kulturzentrum**, unübersehbar an der Mithatpaşa Cad. südlich des Konak-Platzes, ist Dreh- und Angelpunkt des städtischen Kulturlebens. Es bietet eine breite Palette an Veranstaltungen, Infos in der Tourist Information.

Die **Staatsoper** (İzmir Devlet Opera) steht an der Milli Kütüphane Cad. hinter dem Konak-Platz. Kartenvorverkauf für Oper, Ballett, Theater, Jazzkonzerte usw. im Haus, ✆ 4836298.

• *Veranstaltungen* Das **Internationale Filmfestival** im April bietet gute Möglichkeiten, junge sozialkritische Filme aus der Türkei zu sehen. Das **Internationale İzmir-Festival** (Juni–Aug.) präsentiert Theater, Konzerte usw. Schauplatz ist neben dem Openair-Theater im Kulturpark auch das Theater von Ephesus. Die **Industriemesse** Ende August/Anfang September wird von kulturellen Rahmenveranstaltungen begleitet.

Übernachten (siehe Karte S. 171)

Viele Hotels auf hohem Niveau für Geschäftsleute und viele Absteigen auf niederem Niveau für Arbeiter und Händler. Dazwischen gibt es wenig, da nur selten Touristen in der Stadt übernachten. Nette Pensionen wie in den Ferienorten an der Küste fehlen. Hotelschwerpunkte sind der Gazi Osmanpaşa Bul., der obere Teil des Fevzipaşa Bul. (Richtung Bahnhof) und die Anafartalar Cad. mit ihren Seitengassen. Preiswerte Hotels findet man insbesondere in Basmane.

***** **Hilton Izmir (18)**, ein grober Klotz, der die Skyline İzmirs dominiert und im Inneren tausendmal besser ist als die äußere Erscheinung verspricht. Sämtlicher Luxus, den man bei einem DZ-Preis von ca. 220 € erwarten kann. Restaurant und Bar im 31. Stock (→ Nachtleben) mit tollem Blick über das abendliche Lichtermeer sind auch Nichtgästen zugänglich. Gazi Osmanpaşa Bul. 7, ✆ 4976060, www.hilton.com.

**** **Ege Palas (7)**, gepflegtes, mit viel Marmor ausgestattetes Haus im Herzen des modernen İzmirs. 109 Zimmer und 3 Suiten mit viel Komfort. Nichtraucheretage, österreichische Patisserie, Fitnesscenter und Pool auf dem Dach. DZ mit Meeresblick 109 €, EZ 95 €. Cumhuriyet Bul. 210, ✆ 4639090, www.egepalas.com.tr.

**** **Otel Marla (17)**, unter den Vier-Sterne-Häusern eines der preiswertesten. Zentrale Lage (und nicht unmittelbar an einer der verkehrsreichen Straßen). Nette Straßenlokale in der Nachbarschaft. Gelbe und grüne Etagen mit insgesamt 68 Zimmern im Billigschick-Stil. Freundlicher Service. EZ 54 €, DZ 72 €. Kazım Dirik Cad. 7, ✆ 4414000, www.otelmarla.com.

*** **İzmir Palas Oteli (13)**, in bester Lage am Kordon und vor allem deswegen eine Empfehlung. Leicht verbrauchtes 138-Zimmer-Haus, nach hinten raus laut, nach vorne raus relativ ruhig und dazu toller Meeresblick von den Balkonen. Farbenfrohe Zimmer mit Klimaanlage, TV und Minibar. Lobby mit viel Marmor, dicke Teppiche in den Gängen. DZ mit Meeresblick 100 €, ohne 82 €. Vasıf Çınar Bul. 2, ✆ 4650030, www.izmirpalas.com.tr.

Otel Antik Han (28), das einzige Boutiquehotel der Stadt, am Rande des Basargetümmels. Osmanischer Bau aus der Mitte des 19. Jh. Gemütlicher Innenhofbereich. 30 leicht abgewetzte, aber charmante, teils recht geräumige, komfortable Zimmer mit Klimaanlage. DZ 70 €, EZ 50 €. Nahe der Agora in der Anafartalar Cad. 600, ✆ 4892750, www.otelantikhan.com.

*** **Otel Kaya (23)**, neunstöckiges Haus am lauten Gazi Osmanpaşa Bul. 45. Gepflegte Zimmer (viele neu renoviert) der gehobenen Mittelklasse. Am besten sind die Zimmer in der obersten Etage: Balkon und weniger Lärm. Freundlicher Service. Klimaanlage. EZ 44 €, DZ 63 €. ✆ 4839771, www.otelkaya.com.

** **Avşar Otel (24)**, relativ neues Haus (2001 eröffnet), jedoch billig gebaut. Für die nächsten 2 bis 3 Jahre sicherlich noch ein Tipp, da für das Gebotene äußerst günstig. DZ mit modernen Bädern, Klimaanlage und Frühstück 35 €, EZ 22 €. 1364 Sok 8, ✆ 4419552, ℻ 8133514.

Otel Çağla Pınar (1), eine der wenigen preiswerten und noch einigermaßen emp-

Blick über eine Millionenmetropole

fehlenswerten Adressen in Alsancak, das mit guten und günstigen Unterkünften alles andere als gesegnet ist. 16 abgewohnte Zimmer mit Teppichen, die nur selten einen Staubsauger sehen. Dafür TV, Klimaanlage, Bar und Frühstücksraum auf der Galerie im 1. Stock. EZ 19 €, DZ 25 €. 1478 Sok. 3, ✆ 4639223, ✆ 4632181.

Huzur Oteli (26), billiger geht es kaum: pro Person 9 €. Und dabei nächtigen Sie in einem alten, morbid-charmanten Stadtpalais unter 5 m hohen Decken. Einen Haken hat die Sache nicht, auch wenn es sehr spartanisch zugeht. Etagentoilette (einigermaßen sauber). Fevzipaşa Bul. 77, ✆ 4841065.

Otel Işık (22), gleiche Preise wie das Huzur, nur abgewetztere Zimmer, dafür z. T. mit eigenem Bad und Ventilator. 1364 Sok 11, ✆ 4831029.

• *Camping* In İzmir selbst keine Möglichkeit, → Karaburun-Halbinsel (S. 163) oder Gümüldür (S. 151).

İzmir Stadtplan S. 171

Essen & Trinken (siehe Karte S. 171)

Gute und preiswerte Lokantas, Döner- und Pidesalons rund um den Bahnhof Basmane und in der Kıbrıs Şehitler Cad. in Alsancak. Eine Vielzahl gehobener Fischlokale an der Uferpromenade von Alsancak – am Abend sehr gemütlich, wenn der Kordon für den Verkehr gesperrt ist. Je nach Lokal sollten Sie hier jedoch mindestens 50 € für ein Abendessen für zwei Personen inkl. Getränke einplanen. Preiswerter und legerer geht es in den Restaurants und Kneipen auf Höhe des Pasaport-Fähranlegers nahe dem Cumhuriyet Meydanı zu – entweder direkt am Wasser oder auf der anderen Straßenseite. Eine Reihe netter Tee- und Biergärten mit tollem Blick findet man rund um die Burg Kadifekale. Zu den Spezialitäten der Stadt gehören *Çipura* (Goldbrasse) und *İzmir Köfte* (Hackfleischbällchen in Tomatensauce).

Asansör, grandioses Terrassenlokal mit herrlicher Aussicht über der gleichnamigen Sehenswürdigkeit (→ Sehenswertes). Hier werden bei Geschäftsessen Millionen verschoben, hier hält man aber auch um die Hand der Verlobten an. Meze ab 6 €, Steaks und Fisch ab 10 €. Dario Moreno Sok., ✆ 2612626. Das **Café Moreno** daneben lädt zum gemütlichen Sundowner ein.

Deniz Restaurant (13), das etablierte Lokal gilt als das beste Fischrestaurant der Stadt. Gediegenes Ambiente mit Korbmöbeln, unaufdringlicher, erstklassiger Service. ✆ 4644499. Ebenfalls empfehlenswert ist gleich gegenüber das **Restaurant La Sera (12)** mit gigantischer Außenbestuhlung. Atatürk Cad./ Ecke Vasıf Çınar Bul.

Kemal'ın Yeri (5), eine empfehlenswerte Adresse für Fisch und Meeresfrüchte der mittleren Preisklasse. Außenbestuhlung, eher einfaches Ambiente. 1453 Sok., Alsancak, ✆ 4223190.

Meyhane Alsancak (10), ein schöner Ort für ein gemütliches Dinner bei türkischer Livemusik. Liebevoll restauriertes und möbliertes altes Haus in einer Bilderbuchgasse. Für das Gebotene faire Preise: Meze ab 1,30 €, Fleischgerichte ab 5,40 €. 1448 Sok. 18/B, ✆ 4220531.

Borsa Restaurant (20), im Börsengebäude gegenüber der Tourist Information, Cumhuriyet Bul./Ecke Gazi Bul. Interessante Atmosphäre im hohen Speisesaal, Kellner in weißen Hemden, tolle Leuchter an den Decken. Hin und wieder Livemusik, eher etwas für den Abend. Meze 1,60 €, Hg. 5–9,40 €. ✆ 4411888.

Ege By (19), gegenüber dem Hotel Marla in der Kazım Dirik Cad. Eines von mehreren gepflegten Kebablokalen in einer relativ ruhigen Seitenstraße. Kebabs und Grills 3,20–5,70 €.

Vejetaryen (15), in İzmirs einzigem „vegetarischen" Restaurant zählt auch Hühnchen zur fleischlosen Küche. Ansonsten interessante Speisekarte mit ökologisch korrekter Kichererbsensuppe, Sojagerichten, Falafel u. Ä. Auch Diätkost. Rauchverbot. Faire Preise. 1375 Sok. 11, Alsancak.

Dört Mevsim Ocakbaşı (21), in der 1369 Sok. in Basmane. Eine gute und relativ preiswerte Adresse für Gegrilltes.

Tipp: In der **1444 Sokak**, einer hübschen Nebengasse der Kıbrıs Şehitler Cad. in Alsancak, reiht sich ein kleines Fischlokal ans nächste. Hier speisen Sie um einiges billiger als in den Fischrestaurants am Kordon. Eine Portion Fisch, Salat und ein Bier ab 6,30 €.

• *Snacks/Cafés* **Alf Café (16)**, eines von mehreren kleinen Lokantas in der 1379 Sok. in Alsancak, die auf *Kumpir*, lecker gefüllte Riesenkartoffeln, spezialisiert sind. Eine davon (ca. 2,50 €) kann ein komplettes Essen ersetzen. Zudem frisch gepresste Fruchtsäfte.

Otantik Café (9), mehrstöckiges Café mit alternativer Einrichtung: Räucherstäbchen, bunte Decken, zusammen gewürfelter Asia-Kitsch. Worldmusic. 1448 Sok., Alsancak.

Viran Gönüller (2), das etablierte Café „der gebrochenen Herzen" ist ein gemütlicher Studententreff. Versuchen Sie, einen Platz am Erkerfenster mit Blick auf die trubelige Fußgängerzone unter Ihnen zu ergattern. Kıbrıs Şehitler Cad./Ecke 1453 Sok., im 1. Stock (Eingang leicht zu übersehen), Alsancak.

Nargile Konağı (3), hübsches, weithin duftendes Wasserpfeifencafé in einem restaurierten Konak. Kein Alkohol, dafür Backgammon. 1482 Sok.

Sevinç Pastanesi (11), eine weit über die Grenzen İzmirs hinaus bekannte und beliebte Konditorei mit besten Kuchen und Torten, leckerem Eis und süßen Teilchen jeder Art. Talatpaşa Bul./Ecke Kıbrıs Şehitler Cad., Alsancak.

Nachtleben (siehe Karte S. 171)

Das Nachtleben spielt sich in den Clubs und Kneipen in Alsancak ab, genauer gesagt in den Seitengassen der Kıbrıs Şehitler Cad. – schauen Sie sich z. B. einmal in der 1448 Sok., der 1453 Sok. (auch Gazi Kadınlar Sok. genannt) oder der 1482 Sok. (auch: Muzaffer İzgü Sok.) um, wo sich eine Location nach der nächsten auftut. Lebendig und vielseitig ist das Nightlife im Winter, beschaulich im Sommer, da viele In-Clubs und ihre Stammgäste dann auf die Çeşme-Halbinsel, nach Kuşadası oder Bodrum umziehen. Was gerade angesagt ist, erfährt man am besten von der Szene selbst, in den drei hier aufgeführten Adressen werden Sie schlauer. Wem der Sinn eher nach türkischer Livemusik und Varieté-Programmen steht, kann eines der *Gazinos* im Kulturpark aufsuchen. Abzuraten ist von den schmierigen, halbseidenen Amüsierbetrieben rund um den Basmane-Bahnhof. Der Tipp für den

spektakulärsten Sundowner İzmirs ist die Bar **Windows on the Bay (18)** im 31. Stock des Hilton (→ Übernachten).

Mavi Bar (8), gemütliche Bierkneipe in Blau, mittlerweile eine Institution im alternativen İzmirer Nachtleben. Hin und wieder Partys und Livemusik. Im Sommer eher langweilig, da man sich auf den zugehörigen Club in Bodrum konzentriert. Ecke Cumhuriyet Bul./1448 Sok. (neben dem Hotel Ege Palas), Alsancak.

Kybele (6), efeubewachsenes Haus in einer gemütlichen Pflastergasse. Livemusik, Außenbestuhlung – idealer Platz zum Peoplewatching. 1453 Sok., Alsancak.

Bios (4), angesagter Treffpunkt nur ein paar Häuser weiter an der 1453 Sok. Jeden Abend Livemusik, der Schwerpunkt liegt auf schräg-alternativen Events, auch internationale Gäste.

Sehenswertes

Es gibt viel zu besichtigen. Außerdem können ein Bummel durch den Basar, eine Fahrt mit dem Linienschiff nach Karşıyaka oder mit der Seilbahn über die Dächer von Balçova zu schönen Erlebnissen werden. Von den 13 Museen der Stadt sind nur die bedeutendsten erwähnt – eine bei der Tourist Information erhältliche Broschüre gibt Auskunft über den Rest.

Kadifekale („Samtburg"): Sie erhebt sich auf dem Pagusberg im Süden der Stadt und wurde im 4. Jh. v. Chr. unter Lysimachos, einem Feldherrn Alexanders des Großen, erbaut. Die Mauerreste der Burg sind wenig spektakulär, die Aussicht von ihr aber ist beeindruckend – insbesondere zum Sonnenuntergang, wenn die Millionen Lichter der Stadt zu flackern beginnen. Sofern der Smog es zulässt, überblicken Sie die gesamte Bucht von İzmir. Cafés, Biergärten und Freiluftrestaurants haben sich innerhalb und außerhalb der Mauern angesiedelt. Nach Sonnenuntergang sollte man von einem Spaziergang auf dem Gelände absehen, die Viertel drum herum zählen nicht zu den besten.

<u>Anfahrt/Öffnungszeiten</u> Ⓑ 33 (Abfahrt von der Bushaltestelle Varyant südlich des Konak-Platzes) bringt Sie zur Kadifekale. Die Burg ist rund um die Uhr frei zugänglich. Taxi vom Zentrum retour mit Wartezeit ca. 10 €.

Agora: Im Stadtteil Namazgah nahe dem Basar liegt die Agora, in der Antike der Markt- und Versammlungsplatz. Die Überreste stammen aus römischer Zeit; Mark Aurel ließ die Markthalle 178 n. Chr. nach einem Erdbeben neu errichten. Zu sehen gibt es auf der Westseite 13 gut erhaltene korinthische Säulen. Die Marmorfiguren des Poseidon und der Demeter, die die Agora einst schmückten, befinden sich heute im Museum für Geschichte und Kunst (s. u.). Gegenüber dem Eingang (im Norden) stehen zudem noch die Überreste einer 160 m langen, dreischiffigen Basilika.

<u>Adresse/Öffnungszeiten</u> Ab dem Beginn der Anafartalar Cad. am Konak-Platz ausgeschildert. Tägl. (außer Mo) 8.30–17.30 Uhr. Eintritt 1,90 €.

Archäologische Museen: İzmir besitzt zwei. Das Spannendere ist das 2004 eröffnete und mit dem etwas irreführenden Namen versehene **Museum für Geschichte und Kunst (İzmir Tarih ve Sanat Müzesi)**. Dessen zum Teil sensationelle Exponate sind auf drei Gebäude im Kulturpark (s. u.) verteilt. Nur die Highlights aufzuführen, ergäbe fast ein eigenes Buch! Prunkstück der sog. *Skulpturenhalle* ist die Statue des liegenden Flussgottes Kaystros aus Ephesus. Zudem sieht man Überbleibsel aus Smyrna wie Demeter und Poseidon von der Agora (s. o.), zwei geflügelte Löwen vom Belevi-Mausoleum (→ S. 133), Mosaike aus Pergamon und vieles, vieles mehr. In der *Keramikhalle* stößt man auf Figuren aus Phokäa, dazu auf Amphoren, Vasen, Öllämpchen und kunstvoll bemalte Töpferware aus allen möglichen Epochen und Ausgrabungen. Die sog. *Precious Artefacts Hall* widmet sich besonders wertvollen

Fundstücken aus den verschiedensten Ländern und Zeiten: Münzen, Goldschmuck, Bronzefiguren etc.

Der Bau des Museums für Geschichte und Kunst war nötig geworden, da man nicht mehr wusste, wohin mit dem grandiosen, stetig wachsenden Fundus des alten **Archäologischen Museums (Arkeoloji Müzesi)** nahe dem Konak-Platz. Die dortige Sammlung ist nun aber nicht mehr so spektakulär, erhalten blieb eher die zweite Wahl. Im Erdgeschoss werden vornehmlich kopflose Statuen und Köpfe ohne Körper aus Ephesus, Milet, Magnesia, Sardes, Nysa, Klaros und Didyma ausgestellt. Schwerpunkte des Obergeschosses sind schöne Gefäße aus Ton und Terrakotta, darunter Exponate aus dem 3. Jt. v. Chr., und diverse byzantinische Teller. Das Untergeschoss, das einst u. a. Sarkophage beherbergte, war bei unserem letzten Besuch nicht zugänglich.

Adresse/Öffnungszeiten **İzmir Tarih ve Sanat Müzesi,** Kültür Parkı, dort ausgeschildert. **Arkeoloji Müzesi,** Birleşmiş Milletler Yokuşu (Serpentinenstraße oberhalb des Konak-Platzes). Beide Museen sind tägl. (außer Mo) 8.30–17.30 Uhr geöffnet und kosten jeweils 2,50 €.

Ethnographisches Museum (Etnoğrafya Müzesi): Es ist in der einstigen Quarantänestation für Pestkranke untergebracht. Fotos erinnern an das alte Smyrna. Traditionelle, z. T. ausgestorbene Handwerksberufe werden anschaulich vorgestellt, so z. B. die Produktion von *Boncuk*, den blauen Glasperlen, die vor dem „Bösen Blick" schützen sollen. Zudem erhält man Einblicke in großbürgerliches Familienleben osmanischer Zeit. Zu bewundern sind u. a. auch ein Nachbau der ersten türkischen Apotheke, das Modell eines Kamels in traditioneller Kampftracht und eine Waffensammlung.

Adresse/Öffnungszeiten Birleşmiş Milletler Yokuşu, neben dem archäologischen Bruder. Tägl. (außer Mo) 8.30–17.30 Uhr. Eintritt 1,30 €.

Kulturpark (Kültür Parkı): Zwischen den Stadtteilen Basmane und Alsancak erstreckt sich der Tivoli İzmirs, nach 1922 auf den Trümmern des abgebrannten griechischen Viertels angelegt. Er umfasst 335.000 qm Grünfläche und beherbergt u. a.

Stadtplan S. 171
İzmir

Im Museum für Geschichte und Kunst

einen Aussichtsturm, einen kleinen Zoo mit den gängigsten Tierarten, einen Botanischen Garten, einen See zum Tretbootfahren, Sportplätze sowie mehrere Teegärten und Restaurants. Neben dem Museum für Geschichte und Kunst (→ Archäologische Museen) kann man hier das *Museum für Gemälde und Skulpturen (Resim ve Heykel Müzesi)* besichtigen (tägl. außer Mo 8.30–17.30 Uhr, Eintritt 1,30 €). Es zeigt über 400 Werke bedeutender türkischer Künstler vom romantischen Maler Şeker Ahmet Paşa (1841–1907) bis zum figurativ-expressionistischen Künstler Nedim Günsur (1924–1994). Im Westteil des Parks befinden sich die Ausstellungshallen des Messebezirks. Die größte Messe der Stadt, die Industriemesse, zählt jährlich mehrere hunderttausend Besucher.

Öffnungszeiten Tägl. 7–24 Uhr. Parkeintritt 1 €.

Moscheen und Kirchen: Unter den vielen Moscheen der Stadt ist keine, deren Besuch zum Pflichtprogramm gehört. Am schönsten sind noch die 1598 erbaute *Hisar-Moschee (Hisar Camii)* im Basarviertel und die 1754 vollendete und mit Fayencen aus Kütahya geschmückte *Konak-Moschee (Konak Camii)* am gleichnamigen Platz. Für die wenigen verbliebenen Kirchen der Stadt gilt das Gleiche. Von historischer Bedeutung ist jedoch die *Kirche St. Polycarp*, etwas versteckt am Necatibey Bulvarı nahe dem Büyük Efes Oteli. Sie gehörte zu jenen sieben Kirchen, die in der Apokalypse des Evangelisten Johannes erwähnt wurden. Benannt ist sie nach dem ersten Bischof İzmirs, der im Jahre 155 als Märtyrer starb. Der heutige Bau stammt jedoch weitestgehend aus den 30er Jahren des 20. Jh. Sonntags werden hier katholische Messen abgehalten.

Atatürk-Museum (Atatürk Müzesi): 13-mal besuchte der Staatsgründer İzmir, und stets bezog er jenes Haus, in dem heute das Museum eingerichtet ist. Wie in nahezu allen Atatürk-Museen des Landes erinnern auch hier ein paar persönliche Habseligkeiten an den Vater der Türken, darunter einige Handtücher, eine Seife und sein privater Friseursalon.

Adresse/Öffnungszeiten Atatürk Cad. 248. Tägl. (außer Mo) 9–12 und 13–17.15 Uhr. Eintritt frei.

Asansör: Dieser Stadtteil ca. 1,5 km südwestlich von Konak bildete einst das jüdische Viertel. Ein paar pittoreske, zum Teil jedoch restaurierungsbedürftige Gassen erinnern daran. Die schönste ist die Dario Moreno Sokağı, benannt nach ihrem berühmtesten Bewohner, dem jüdischen Schauspieler, Sänger und Gitarristen Dario Moreno (gebürtiger Name Dario Arugete, 1921–1968). Einen seiner größten Erfolge feierte er im Film „Lohn der Angst" (1953) von Henri-Georges Clouzot, der Maßstäbe für das spätere Actionkino setzte. Am Ende der Gasse befindet sich der *Asansör*, ein im 19. Jh. gebauter Aufzug (frz. Ascenseur), der dem Stadtteil seinen Namen gab. Wie der Elevador Santa Justa in Lissabon zählt er zu den Wahrzeichen der Stadt. Er verbindet zwei übereinander liegende Straßen, der Höhenunterschied beträgt 51 m. Auf der Terrasse am höchsten Punkt befinden sich ein hervorragendes Restaurant und schickes Café mit herrlichen Ausblicken (→ Essen & Trinken).

Anfahrt/Öffnungszeiten Mit Ⓑ 169 von Konak zu erreichen, Taxi vom Zentrum ca. 3,20 €. Fahrpreis für den Asansör (tägl. 10–23 Uhr) 0,15 € einfach.

Bayraklı/Tepekule: Etwa 7 km nördlich des Zentrums liegt der Stadtteil Bayraklı. Hier entdeckten türkische und englische Archäologen die Reste einer ionischen Siedlungsanlage aus dem 7. Jh. v. Chr., *Alt-Smyrna* genannt. Bei den Grabungen stieß man auch auf Funde, die auf eine Besiedlung der Gegend bis ins 3. Jt. v. Chr. schließen lassen. Was spannend klingt, muss vor Ort nicht spannend anzusehen sein: Lediglich die Grundrisse von Rundbauten und die spärlichen Reste eines Tempels können besichtigt werden. Die Ausgrabungsstätte wird im Türkischen „Tepekule" genannt.

• *Anfahrt/Öffnungszeiten* Am einfachsten mit dem Taxi zu erreichen (ca. 8 €). Wer den Bus vorzieht, steigt in Konak oder Alsancak in einen der Busse nach Karşıyaka ein und verlässt diesen an der Fähranlegestelle (İskele) von Bayraklı. Von dort ca. 400 m landeinwärts, durchfragen. Frei zugänglich, kein Eintritt.

Gruß aus Manisa

Im Hinterland von İzmir

Manisa

ca. 220.000 Einwohner

Prächtige osmanische Moscheen neben schnell hochgezogenen Apartmentblocks, das ist Manisa. Die Provinzhauptstadt liegt reizvoll am Fuße des über 1.500 m hohen Spil Dağı.

Manisa befindet sich nur 40 km nordöstlich von İzmir, aber Manisa und İzmir sind zwei Welten – quirlige Küstenmetropole versus verschlafene Provinzhauptstadt. Manisa, von İzmir durch einen 675 m hohen Pass getrennt, nennt man auch die „Stadt im Grünen": Zu ihren Füßen schlängelt sich der Fluss *Gediz* durch eine weite und fruchtbare Ebene, in ihrem Nacken steigt der bewaldete *Spil Dağı* steil an. Die Erträge des Umlands werden donnerstags auf dem farbenfrohen Wochenmarkt nahe der Sultan-Moschee verkauft. Antike Bauten sind nicht erhalten, dafür umso mehr osmanische Moscheen, die schönsten und größten Gebetshäuser der Ägäis. Moscheen sind aber nicht jedermanns Sache und so verirren sich nur wenige Touristen nach Manisa.

Geschichte

Dass schon Hethiter in der Gegend siedelten, bezeugt ein rund 4.000 Jahre altes Felsrelief 7 km östlich von Manisa (→ S. 183). Doch bis zur Gründung von *Magnesia am Sipylos* (vermutlich um 1100 v. Chr.) sollten noch Jahrhunderte verstreichen, und gar erst 190 v. Chr. machte die Stadt erste Schlagzeilen: Vor ihren Toren ereignete sich jene Epochenschlacht, bei der die Römer mit Unterstützung der Pergamener den syrischen König Antiochos III. besiegten. Unter Rom erlebte Magnesia seine erste kleine Blüte. Große Zeugnisse sind aus jener Zeit nicht erhalten, lediglich ein paar Kleinfunde können im Museum von Manisa besichtigt werden.

Nach den Römern tut sich ein tausendjähriges Loch in der Stadtchronik auf. Das ändert sich erst wieder im 13. Jh.: Der byzantinische Kaiser Johannes Dukas III. machte Magnesia vorübergehend zu seiner Residenz. 1313 nahmen Ziegen und Seldschuken die Stadt bei einem nächtlichen Angriff ein. Um ein größeres Heer vorzutäuschen, hatte Seldschukengeneral Saruhan eine gewaltige Ziegenherde gesammelt, auf den Hörnern der Tiere brennende Kerzen befestigt und sie gegen die Stadt getrieben. Angesichts der vermeintlichen Übermacht gaben die Verteidiger auf.

1390 hielten die Osmanen Einzug. Sultansfamilien förderten durch großzügige Stiftungen den Bau prächtiger Moscheen. Mit dem Schicksal des Osmanischen Reiches eng verknüpft, versank Manisa Ende des 19. Jahrhunderts jedoch wieder in die Bedeutungslosigkeit. Beim Rückzug der Griechen wurde die historische Substanz der Stadt 1922 weitgehend zerstört. Lediglich die Moscheen konnten erhalten werden. Drum herum dominiert heute monotoner Zweckbau.

Information/Verbindungen

• *Telefonvorwahl* 0236.

• *Information* **İl Kültür ve Turizm Müdürlüğü**, versteckter geht es nicht. Wer den Weg findet, wird jedoch i. d. R. zuvorkommend beraten. Mustafa Kemalpaşa Cad., im 6. Stock des Bürogebäudes Vakıf İş Hanı (kein Hinweisschild), ✆ 2315568, www.manisa.gov.tr.

• *Verbindungen* **Bus**: Busbahnhof ca. 3 km nordöstlich des Zentrums an der Fernstraße İzmir-Bursa, Dolmuşverbindungen ins Zentrum. Häufige Verbindungen nach İzmir (45 Min.) und Salihli (1½ Std.).

Zug: Bahnhof ca. 1 km nördlich des Zentrums. Mehrmals tägl. nach İzmir und Sart (Sardes).

Adressen/Einkaufen/Veranstaltung

• *Ärztliche Versorgung* Staatliches Krankenhaus **Devlet Hastanesi** an der Şehitler Cad. nordöstlich des Zentrums. ✆ 2314586.

• *Einkaufen* Das lebhafte **Basarviertel** erstreckt sich von der Muradiye-Moschee gen Osten zwischen Murat Cad. und Çarşı Bul. Gourmets halten sich hier an die Weintrauben bzw. Rosinen der Gegend, die türkeiweiten Ruf besitzen. Stöberer finden ein paar unterhaltsame **Trödelläden** bei der Çeşnigir-Moschee.

• *Geld* Mehrere Banken mit Automaten entlang der Mustafa Kemalpaşa Cad.

• *Polizei* Am Cumhuriyet Bul. etwas nördlich des Zentrums. ✆ 2314601.

• *Post* Hauptpost etwas südlich der Mustafa Kemalpaşa Cad. im Geschäftsviertel.

• *Veranstaltung* → Kasten „Sirup fürs Volk ...".

Übernachten/Essen & Trinken

**** **Hotel Büyük Saruhan (1)**, 6 km vom Zentrum bzw. 3 km vom Busbahnhof entfernt, an der Straße nach İzmir, ausgeschildert. Angegrautes Komforthotel in ungüns-

tiger Lage. Schöner Poolbereich, mehrere Restaurants, Sauna, Fitnesscenter etc. 84 Zimmer, DZ 82 €, EZ 50 €. ✆ 2330272, www.hotelsaruhan.com.tr.

Arma Oteli (2), erste Adresse im Zentrum. 53 angenehme Standardzimmer mit Teppichböden, neuen Bädern und Klimaanlage. Sehr sauber. EZ 38 €, DZ 56 €. Doğu Cad., ✆ 2311980, www.hotelarma.com.

Günaydın Oteli (3), angeschmuddelte Billigabsteige im Zentrum. Zimmer (manche mit Balkon) mit Bad und TV. DZ 16 €, kein Frühstück. 8 Eylül Manolya Meydanı 23, ✆ 2312095.

• Essen & Trinken Örtliche Spezialität ist der *Manisa Kebap*, ein mit viel zerlassener Butter angereicherter Fleischberg. Kosten kann man ihn in unzähligen Kebabsalons.

Tarihi Borsa Kahvesi (5), ein traditionelles Kaffeehaus wurde hier zu einer für Manisa schon fast mondänen Lokalität umgewandelt. Eines der letzten Beispiele osmanischer Zivilarchitektur der Stadt. Altes Mobiliar und eine noch rudimentär erhaltene Schattenspielbühne. Serviert werden traditionelle Gerichte, Frühstück und Getränke, u. a. *Şira*, eine Art Traubenmost. Mittlere Preisklasse. Borsa Cad.

Gülcemal Kebap (4), ein Geheimtipp unter den Einheimischen. Beste Kebabs in einfachem Ambiente. Banka Sok. (nahe der Tourist Information).

Sehenswertes

Die im Folgenden beschriebenen Sehenswürdigkeiten – Moscheen und ein Museum – lassen sich mit Ausnahme des Niobekopfes bequem nacheinander ablaufen.

Muradiye-Moschee: Die Moschee an der Murat Caddesi gilt als die schönste Gebetsstätte der Westküste. Der große osmanische Baumeister Sinan, damals schon über 90 Jahre alt, konnte die Moschee 1583 noch entwerfen, nicht aber vollenden. Ihr Inneres ist überaus sehenswert: Für den Ornamentschmuck wurden 12 kg Gold verwendet, für das farbenprächtige Fliesendekor zeichneten die Manufakturen von İznik verantwortlich. Beachtung verdienen zudem der reich verzierte *Mihrab* und die kostbaren und mit größter Sorgfalt gepflegten Teppiche.

Museum: Das örtliche Museum ist stilvoll in Nebengebäuden (einst Armenküche und Medrese) der Muradiye-Moschee untergebracht. Die überschaubare *archäologische Abteilung* zeigt interessante Funde der Umgebung, u. a. Mosaike aus Sardes, Statuen (die ältesten von 3000 v. Chr), Gefäße, Schmuck und Grabsteine aus hethitischer, griechischer, römischer und byzantinischer Zeit. In der *ethnologischen Abteilung* sieht man u. a. gut erhaltene Teppiche aus dem 17. und 18. Jh., einen Webstuhl und eine kleine Waffensammlung.

Öffnungszeiten Tägl. (außer Mo) 9–12.30 u. 13.30–17.30 Uhr. Eintritt 1,30 €.

Große Moschee (Ulu Cami): Der gedrungene seldschukische, alles andere als „große" Bau ganz im Süden der Altstadt ist die älteste Gebetsstätte Manisas. Von der Südwestecke der Muradiye-Moschee führt zunächst ein steiler Treppenweg, dann ein ausgetretener Pfad hinauf. Im Jahre 1366 wurde die Moschee nicht nur an der Stelle einer byzantinischen Kirche errichtet, sondern z. T. auch mit deren Bausubstanz, wie im Arkadenhof zu erkennen ist. Vom schönen Teegarten nebenan genießt man einen tollen Blick über Manisa.

Sultan-Moschee: Der Stiftungskomplex schräg gegenüber der Muradiye-Moschee wurde 1522 im Auftrag von Ayşe Hafsa Sultan (→ Kasten) erbaut. Besonders gelungen sind die Vorhalle mit den fünf Spitzbögen und die Gebetsnische in ihrem Inneren. Zudem beherbergt die Moschee sog. „Drehsteine", die bei statischen Unruhen in Bewegung geraten – ein Erdbebenwarnsystem. Das schöne *Hamam* des Komplexes, zu dem auch Armenküche, Hospital und Koranschule gehörten, ist noch heute in Betrieb. Die Moschee ist Schauplatz des alljährlichen Mesir-Festes.

Sirup fürs Volk – das Mesir-Fest

Das Mesir-Fest hat seine Ursprünge im 16. Jh. Damals erkrankte Ayşe Hafsa Sultan, die Frau Sultan Selims I., so schwer, dass kein Arzt in Stambul ihr helfen konnte. Als letzte Hoffnung galt Merkez Efendi, der Spitalleiter des von ihr in Manisa gestifteten Moscheenkomplexes. Aus 41 Kräuterchen mixte er der Kranken einen Sirup, die sog. Mesir-Paste, und siehe da, sie erholte sich wieder. Nach ihrer Genesung ordnete Ayşe Hafsa Sultan an, die Wunderpaste einmal jährlich gratis an das Volk zu verteilen. Diese Tradition besteht bis heute und lockt alljährlich Ende April Scharen von Besuchern an. Vor der Sultan-Moschee wirft dann der Hoca eine zähe Süßigkeit unters Volk. Wer eines dieser Bonbons erwischt und isst, so heißt es, bleibt ein ganzes Jahr lang von Krankheiten, Insekten- und Schlangenbissen verschont.

Weitere Moscheen: Die *Hatuniye-Moschee,* die älteste der hiesigen Sultansmoscheen, erreicht man nach einem gemütlichen Spaziergang durch das Basarviertel am östlichen Ende des Çarşı Bulvarı. Obwohl sie aus dem späten 15. Jh. stammt, wirkt sie durch ihre verglaste Vorhalle recht modern. Davor laden ein paar Teegärten auf ein kühles Getränk ein. In den Gassen weiter südlich liegt versteckt die *Çeşnigir-Moschee,* ein kleiner verspielter Bau – ähnlich einer byzantinische Kirche – aus dem Jahre 1474.

Kopf der Niobe: Die Felsformation erinnert mit Phantasie an einen Frauenkopf in Trauerstellung, angeblich die zu Stein gewordene Niobe. Die Legende dazu – tausendmal interessanter als der Fels selbst – lautet so: Niobe war die Tochter des Königs Tantalos von Phrygien (dessen Qualen jedem Lateinschüler ein Begriff sind) und stolze zwölffache Mutter. Hochmütig verspottete sie die Göttin Leto, die nur zwei Kinder geboren hatte, immerhin jedoch die Zwillinge Apollon und Artemis. Im Namen ihrer beleidigten Mutter übten die olympischen Geschwister grausame Rache und töteten alle Kinder der Niobe. Aus Verzweiflung verwandelte sich Niobe in Stein, untrennbar verbunden mit zumindest einem ihrer Kinder: Der hinter dem Felsblock aufsteigende Berg wurde nach Niobes Sohn *Sipylos* benannt.

Anfahrt Vom Stadtzentrum ausgeschildert. Der Felsen liegt auf dem Weg zum Spil-Dağı-Nationalpark (s. u.).

Umgebung von Manisa

Relief der Kybele (Taş Suret): Das hethitische Felsrelief wurde ca. 2000 v. Chr. in eine senkrechte Felswand geschlagen. Mit Phantasie lässt sich eine sitzende Frau erkennen. Ob es sich jedoch um die namengebende anatolische Muttergöttin *Kybele* handelt, die von hier das Gediz-Tal überblickt und ihm Fruchtbarkeit schenken soll, ist umstritten.

• *Anfahrt* Ca. 7 km östlich des Zentrums. Schwer zu finden, am besten nach einer Begleitperson im Archäologischen Museum fragen! Ansonsten soll folgende Wegbeschreibung weiterhelfen: Manisa Richtung Salihli verlassen und exakt 1,4 km nach dem Ortsausgangsschild bei der Zufahrt zu einem geschlossenen Freizeitpark parken. Von dort den Berg ca. 200 m steil nach oben klettern – viel Spaß beim Suchen.

Spil-Dağı-Nationalpark (Milli Parkı): Er erstreckt sich rund um den gleichnamigen, 1.517 m hohen Berg, den die alten Griechen *Sipylos* nannten. Ein See, ausgedehnte Wälder und kühle, grüne Täler machen den Park zu einem optimalen Wandergebiet. Die schönsten Tulpen der İstanbuler Sultansgärten, die sog. *Spil-Tulpen,* wurden übrigens von hier importiert. Am Berg fleuchen und kreuchen u. a. Falken, Adler, Geier und Schakale. Auf der herrlichen Panoramastraße nach oben (man überwindet fast 1.200 Höhenmeter) passiert man mehrere Aussichtspunkte – an klaren Tagen ein Erlebnis.

• *Anfahrt* Der Eingang zum Nationalpark (ausgeschildert) liegt 24 km südlich von Manisa. Keine Verbindung mit öffentlichen Verkehrsmitteln. Im Park gibt es 2 oft geschlossene Cafés. Eintritt 1,30 €, Auto 1,30 € extra.

• *Übernachten/Camping* Die Parkverwaltung vermietet einfache **Holzhütten** für 4–8 Pers. Unter der Woche 19 € pro Hütte, Sa/So 32 €. Reservierung nötig! ✆ 0236/2371065. Zudem befindet sich im Nationalpark ein schlichter, günstiger **Campingplatz**. Denken Sie an warme Kleidung, auch in den Sommermonaten!

Das Bad-Gymnasion von Sardes

Sardes (antike Stadt)

Sardes besitzt eine Geschichte voller Geschichten: Hier wurde das Geld erfunden, hier verwandelte sich alles, was König Midas berührte, zu Gold, und hier ging König Krösus dem Orakel von Delphi auf den Leim.

Die Ruinen der antiken Metropole liegen rund um das Landstädtchen *Sart.* Umgeben von Feldern, Wäldern und schroffen Felsspitzen sind sie auch nach über 2.000 Jahren noch außerordentlich reizvoll – nicht zuletzt deswegen, weil man hier im Gegensatz zu Pergamon oder Ephesus meist allein ist. Die nächstgrößere Stadt, **Salihli** mit 83.000 Einwohnern, liegt 8 km östlich. In dem zu groß geratenen Provinznest findet man mehrere Hotels und gute Restaurants; mittwochs findet zudem ein großer Wochenmarkt beim Busbahnhof statt.

Geschichte

Die Historie von Sardes steckt voller Legenden. Die erste berichtet von König Gyges (680–652 v. Chr.), der Sardes zu einer aufstrebenden Hauptstadt des Lydischen Reiches machte. Auf den Thron kam er durch die Ermordung seines Vorgängers Kandaulus. Aber nicht Machtstreben hatte ihn zu dieser Tat veranlasst. Heimlich hatte er Kandaulus' bezaubernde Frau bei der Abendtoilette beobachtet. Als sie dies bemerkte, stellte sie ihn vor die Wahl, entweder ihren Mann umzubringen und sie zur Frau zu nehmen oder selbst zu sterben – was mit Sicherheit der Fall gewesen wäre, hätte Kandaulus von dem Vorfall erfahren.

Gyges' Nachfolger bauten Macht und Stadt konsequent aus, wobei ihnen insbesondere die immensen Goldvorkommen im Fluss Paktolos *(Sart Çayı)* zugute kamen. Den Grund für das viele Gold im Paktolos erklärt eine andere Legende: Demnach hatte der phrygische König Midas einst von den Göttern die Gabe erbeten, dass alles, was er berühre, zu Gold würde. Der Olymp nahm ihn beim Wort. Auf die große Freude folgte Entsetzen, denn selbst jedes Stück Brot verwandelte sich in Midas' Fingern zu Gold. Schließlich erhörten die Götter die Klagen des Hungernden, und Midas durfte sich durch ein Bad im Paktolos von dem Fluch rein waschen – was dem Fluss neben Wasser pures Gold verlieh. Bei soviel Gold wundert es nicht, dass man in Sardes schon früh mit der Prägung von Münzen begann, die sogar erstmals „staatlich" gestempelt wurden.

Auf dem Höhepunkt des Lydischen Reiches bestieg König Croisos (Krösus) den Thron in Sardes, jener Herrscher, der noch heute in einem Atemzug mit Reichtum genannt wird. 546 v. Chr. befragte er das Orakel von Delphi nach den Chancen eines Feldzugs gegen die Perser. „Wenn Du die Grenze überschreitest, wirst Du ein großes Reich zerstören!" lautete die Antwort. Krösus zog los und zerstörte tatsächlich ein großes Reich – sein eigenes. Der Angriff auf das benachbarte Persien schlug fehl, im Gegenzug eroberte der persische König Kyros II. Sardes. Und auch dazu gibt es eine Legende: Nach der Einnahme der Stadt wollte der persische König den Krösus auf dem Scheiterhaufen verbrennen. Doch kaum loderten die Flammen, hatten die Götter Einsehen und schickten einen Platzregen.

Lydien war von der Weltbühne abgetreten, doch die Ex-Königsstadt Sardes, nun Sitz eines persischen Satrapen, florierte. Sie wurde Endpunkt der berühmten persischen Königstraße, einer 2.500 km langen befestigten Ader aus dem Herz des Reiches. Bis 334 v. Chr. konnten die Perser Sardes halten, dann zog Alexander der Große ein. Seine Nachfolger verloren die Stadt 188 v. Chr. an Pergamon. 17 n. Chr. wurde Sardes, nun römisch, durch ein mächtiges Erdbeben zerstört.

In byzantinischer Zeit entwickelte sich hier eine der ersten christlichen Gemeinden Kleinasiens. Nach mehreren Brandschatzungen im frühen Mittelalter verödete Sardes. Amerikanische Archäologen entdeckten 1910 den Artemistempel. Seit 1958 graben und restaurieren Teams der Harvard und der Cornell University. Die schönsten Funde aus Sardes (darunter ein Schatz kostbarer Gold- und Silberarbeiten) sind im Archäologischen Museum von Uşak zu bewundern (Di–So 8.30–17.Uhr, ca. 140 km östlich von Sardes, mit Dolmuşen von Sahlili zu erreichen).

• *Anfahrt/Verbindungen* Sart liegt nahe der Hauptverbindungsstraße İzmir–Afyon, von dort ausgeschildert. Um zum Artemisheiligtum zu gelangen, folgt man (von İzmir kommend) der Beschilderung „Sardes" und fährt in Sart an der „großen" Kreuzung bei der Moschee geradeaus weiter. Um zum Bad-Gymnasion und zur Synagoge zu gelangen, hält man sich bei der Kreuzung links.

Um per **Bus** Sardes anzusteuern, wählt man einen, der die Strecke Salihli-İzmir fährt und steigt unterwegs in Sart aus. I. d. R.verlässt man den Bus an der Abzweigung von der Schnellstraße, von dort noch gut 15 Min. bis ins Dorf. Von Manisa fahren **Dolmuşe** direkt ins Dorf. Zudem mehrmals tägl. **Zug**verbindungen von und nach İzmir. Bahnhof von Sart ca. 1 km nördlich der Fernstraße.

• *Öffnungszeiten* Tägl. 8–18 Uhr. Eintritt für Artemistempel und Bad-Gymnasion jeweils 1,30 €.

• *Übernachten/Essen & Trinken* Nächste Möglichkeit in Salihli. Beste Adresse vor Ort ist das ** **Otel Berrak** nahe dem Busbahnhof. In die Jahre gekommen, aber gepflegt. DZ mit Klimaanlage 44 €. ✆ 0236/7131452, berrakotel@hotmail.com.

Schräg gegenüber liegt das einfache **Yener Oteli**. Saubere Laken, aber verdreckte Bäder. DZ 16 €, kein Frühstück. ✆ 0236/7125003, 📠 7143207.

Mit der **Mithatpaşa Cad.** im Zentrum nahe dem Busbahnhof verfügt Salihli über eine ausgesprochen gute „Fressgasse". Spezialität sind *Odun Köfte*, lecker zubereitete Hackfleischbällchen.

Sehenswertes

Das griechische Sardes mit dem Artemistempel liegt getrennt vom römischen Sardes, repräsentiert von Gymnasion und Synagoge (→ Anfahrt/Verbindungen). Wer mehr als die hier beschriebenen Sehenswürdigkeiten entdecken möchte, findet an der alten Straße nach Salihli noch Reste eines römischen *Stadions*, einer *Agora*, einer *Basilika* und eines *Theaters*. Auf dem Weg zum Artemis-Tempel passiert man zudem *Pyramidengräber* (ausgeschildert).

Artemistempel: Man vermutet, dass mit dem Bau des imposanten Tempels kurz nach der Eroberung von Sardes durch Alexander den Großen begonnen wurde. Die Pläne sahen vor, dass er den monumentalen Tempeln von Ephesus und Didyma in nichts nachstehen sollte. Mit seinen fußballplatzgroßen Maßen (100 x 48 m, das Pantheon 31 x 70 m) reiht er sich noch heute unter die sieben größten aller griechischen Tempel. Die gut erhaltene Säulenreihe an seiner Ostseite – zwei Säulen stehen in voller Höhe (17,3 m) – lässt seine einstige Größe noch immer erahnen. Doch wie die Anlage von Didyma wurde auch dieser Tempel, der anfangs neben dem Artemiskult vermutlich auch der Zeusverehrung diente, nie vollendet.

Im 4. Jh. n. Chr., als der Tempel schon im Verfall begriffen war, errichtete man an seiner südwestlichen Ecke eine kleine byzantinische Kirche. Im 9. Jh. verschwand der Tempel unter den Schlamm- und Gesteinsmassen eines riesigen Erdrutsches, der sich von der weiter östlich gelegenen Anhöhe löste. Auf dieser befand sich einst auch die Akropolis. Der Burghügel war dreifach ummauert und galt als uneinnehmbar – aber nicht als unvergänglich. Die paar Reste, die es noch gibt, lohnen nicht einmal der Konservierung. Wer den Aufstieg nicht scheut, wird mit einer herrlichen Aussicht belohnt.

Bad-Gymnasion und Synagoge: Das Bad-Gymnasion war ein Prachtexemplar antiker Körper- und Ertüchtigungsanstalten, ein typischer Prunkbau der späten römischen Kaiserzeit, vollendet 211 n. Chr. Rekonstruiert ist der 36 m breite Marmorhof, die sog. *Kaiserhalle*. Man betritt sie für gewöhnlich durch eine korinthische Säulenreihe und verlässt sie durch ein 8 m hohes Tor in der wieder aufgerichteten, etwa 25 m hohen Monumentalfassade. Dahinter lag der Kaltbaderaum, dessen Bassin noch samt den hineinführenden Stufen erhalten ist.

Rund um das Bad-Gymnasion befanden sich einst kleine Geschäfte, die ehemalige *Palästra* (Übungsplatz der Ringkämpfer) und eine *Synagoge*, sehenswert wegen ihrer feinen Ausgestaltung. Die Mosaiken sind zwar nur Kopien (Originale in Manisa), aber das tut der Sache keinen Abbruch. Das quadratische Peristyl ist mit einem krugartigen Brunnen in der Mitte und einer umlaufenden Säulenreihe geschmückt. Die Synagoge wurde übrigens nie als solche gebaut, sondern entstand zusammen mit dem Bad-Gymnasion und war für andere Zwecke bestimmt. Irgendwann übernahm die jüdische Gemeinde von Sardes die Räumlichkeiten und gestaltete diese neu.

Die Synagoge von Sardes

Auf der Akropolis von Bergama

Zwischen İzmir und Ayvalık

Die Nationalstraße 550 führt von İzmir gen Norden zuerst durch das fruchtbare *Gediz-Delta,* zugleich ein kleines Vogelparadies, bevor es in den gemütlichen Ferienort *Foça* abgeht. Zum Baden lädt der buchtenreiche Küstenabschnitt bis *Yenifoça* ein. Etwas weiter nördlich verschandelt und verschmutzt das Industriestädtchen *Aliağa* mit Chemie- und Stahlwerken sowie einer Ölraffinerie Landschaft und Meer. Dafür entschädigen zwischen *Çandarlı* und *Bademli* schöne Badebuchten mit Blick auf die griechische Insel Lésbos. Wie lange es sie noch gibt, ist angesichts des hiesigen, alles zerstörenden Bauwahns fraglich. Auf Höhe des wenig attraktiven Badeortes *Dikili* empfiehlt sich ein kleiner Abstecher ins Landesinnere – die Ruinen der antiken Stadt *Pergamon* sind ein kunsthistorisches Highlight. Nördlich von Dikili verschwindet bei der Weiterfahrt auf der 550 das Meer aus dem Blickfeld. Durch eine weite, baumlose Schwemmlandebene, die landwirtschaftlich intensiv genutzt wird, erreicht man *Ayvalık.*

Foça

ca. 15.000 Einwohner

Das griechisch geprägte Foça ist ein herausgeputztes und charmantes Städtchen. Das Leben spielt sich entlang seiner zwei natürlichen Häfen ab. Einst wurden hier stolze phokäische Schiffe für die lange Fahrt getakelt, heute dümpeln Fischerboote, Jachten und Ausflugsschiffe einträchtig nebeneinander.

Foça, etwa 70 km nordwestlich von İzmir, lebt vom Fischfang und dem Geschäft mit der schönsten Jahreszeit. Überwiegend betuchtere Türken, darunter viele Wochenendausflügler aus İzmir, wissen das halbwegs ruhige Fleckchen abseits des

Trubels der international etablierten, ägäischen Badeorte zu schätzen. Was dort fast vergessen ist, ist in Foça noch zu finden: die sprichwörtliche türkische Gastfreundschaft. Ausländische Touristen sind rar, und seitdem der Club Mediterranée seine Anlage an der zerklüfteten Küste geschlossen hat, werden es immer weniger.

Das Städtchen zieht sich entlang einer weiten Bucht, die durch eine schmale Landzunge in zwei kleinere unterteilt wird. Die nördliche nennt sich *Küçükdeniz* (Kleines Meer). Sie ist die malerischere von beiden: Ankerplatz kleiner Fischer- und Ausflugsboote und gesäumt von einer Uferpromenade, die vorbei an etlichen Restaurants zum Flanieren einlädt. In dem bunten Gassengewirr dahinter liegt Foças kleines Basarviertel. Die südliche und größere Bucht heißt *Büyükdeniz* (Großes Meer). Auch hier findet man Restaurants und Hotels, aber ohne den repräsentativen Charakter von Küçükdeniz.

Die Landzunge zwischen Büyük- und Küçükdeniz ist der älteste Siedlungsraum Foças. Fotogen stehen auf ihr die Reste einer mit Zinnen bestückten Festungsmauer samt zweier Türme namens *Beşkapılar* (Fünftore). Einst erhob sich hier ein Athene-Tempel. Heute wird die Landzunge von der *Fatih-Moschee* gekrönt, die älteste islamische Gebetsstätte des Ortes (15. Jh.).

Geschichte

Das heutige Foça, auch *Eskifoça* („Altes Foça") genannt, liegt an der Stelle des antiken Phokäa, das im 8. Jh. v. Chr. gegründet wurde. Auf Anraten des Orakels von Delphi begannen die Phokäer im ausgehenden 7. Jh. v. Chr. mit ihren Schiffen das Mittelmeer zu erkunden und neue Siedlungen zu gründen. Eine davon wurde *Massilia,* heute bekannt unter dem Namen Marseille. Als Phokäa 540 v. Chr. nach erbittertem Widerstand der Bevölkerung persisch wurde, verließ das Gros der Bewohner die Stadt. In hellenistischer Zeit unterstand Phokäa erst den syrischen Seleukidenkönigen und später dem Königreich von Pergamon. Die Römer plünderten die Stadt und läuteten so deren Niedergang ein. Während der byzantinischen Epoche lagen die einst so stolzen Wälle von Phokäa schließlich in Schutt und Asche.

Im 11. Jh. gelangte Phokäa, zu jener Zeit nichts anderes mehr als ein heruntergekommenes Küstennest, in den Besitz Genuas, das hier eine Handelsniederlassung gründete. In großem Stil begannen die Genueser in der Umgebung Alaunsalz abzubauen, ein im Mittelalter in der Färberei und Medizin begehrter Stoff. Die Genueser gründeten auch Yenifoça („Neues Foça"), ca. 22 km nördlich der alten Stadt. 1455 eroberten die Osmanen den genuesischen Stützpunkt, fortan teilte er das Schicksal des großen Reiches. Nach dessen Untergang folgte 1923 die Zwangsumsiedlung der griechischen Einwohner, die bis dato die Mehrheit der Bevölkerung gestellt hatten.

Neben Touristen bevölkern heute vorrangig Soldaten die Straßen Foças. Das türkische Militär schult in der Gegend den Nachwuchs zu Wasser (Marine) und zu Land (Jandarma). Über 10.000 Mann sind rund um Foça stationiert.

Information/Verbindungen/Ausflüge

• *Telefonvorwahl* 0232.

• *Information* **Foça Turizm Danışma Müdürlüğü**, nahe dem Busbahnhof zwischen Küçük- und Büyükdeniz. Freundlich und hilfsbereit. Mo–Fr 8.30–12 u. 13–17.30 Uhr, in der HS auch Sa 9–12 u. 13–18 Uhr. ✆/℻ 8121222, www.foca.gov.tr.

• *Verbindungen* **Bus**: Busbahnhof zwischen den beiden Buchten. Busse alle 30 Min. nach İzmir (*Yeni Otogar*, ca. 1¼ Std.).

In der Küçükdeniz-Bucht

Wer weiter nach Norden, z. B. nach Bergama oder Ayvalık will, muss in Menemen umsteigen.

Dolmuş: Dolmuşe (vom Busbahnhof) nach Yenifoça alle 2 Std., zum Hanedan-Strand (→ Baden) regelmäßig bis Mitternacht alle 30 Min.

Fähre: Zum Zeitpunkt der letzten Recherche war eine Verbindung nach Lésbos geplant.

Taxi: Stehen am Busbahnhof parat. Nach Yenifoça z. B. 20 €.

• *Bootsausflüge* Es dominieren Fahrten zu den vorgelagerten Inseln, zur Badeinsel İncir Adası und/oder zu den Inseln der Sirenen. Inkl. Lunch 12,50 € pro Person. Im Angebot aber auch Mondscheinschippern, Zweitagesausflüge etc. Infos bei den Ausflugsschiffen in der Küçükdeniz-Bucht.

• *Organisierte Touren* Bietet **1bir Tour** (→ Autoverleih). Tagesausflug (mind. 10 Teilnehmer) nach Bergama oder İzmir 15 €, nach Ephesus 20 €, bei weniger Teilnehmern Verhandlungssache. Auch Airporttransfer.

Adressen/Einkaufen/Sonstiges

• *Ärztliche Versorgung* **Krankenhaus** an der Kücük Deniz Sahil Cad. nördlich des Zentrums. ✆ 8121429.

• *Autoverleih* **1bir Tour**, einer der wenigen professionellen Verleiher vor Ort. Billigste Fahrzeuge ab 31 €. Im Zentrum nahe dem Doyuran Et Restaurant. ✆ 8125050, www.birtour.com.

• *Einkaufen* In der Antike hatte **Keramik** aus Phokäa einen guten Ruf und war im gesamten Mittelmeerraum geschätzt. Heute ist sie insbesondere auf den Urlaubergeschmack ausgerichtet. Neben viel Kitsch lassen sich aber auch ein paar nette Stücke finden. Ein beliebtest Mitbringsel ist zudem **Olivenöl**.

• *Festivals* **Foça Kültür ve Sanat Festivalı** (Kultur- und Kunstfestival) von Juli–Sept., in regelmäßigen Abständen Events jeder Art. Das **Rastkele-Festival** ist ein Festival im Zeichen der Schifffahrt und Fischerei im Aug. oder Sept., das von diversen Aktivitäten begleitet wird.

• *Geld* **T.C. Ziraat Bankası** mit Bankomat an der Küçükdeniz-Bucht.

• *Polizei* An der Uferpromenade auf der Landzunge südlich der Festungsmauern. ✆ 8121150.

• *Post* Im Zentrum schräg gegenüber der Tourist Information.

• *Türkisches Bad (Hamam)* **Belediye Hamamı**, 115 Sok. 22. Auf Touristen eingestellt, bedient auch gemischte Gruppen. Tägl. 8–24 Uhr. Eintritt mit allem Drum und Dran 12,50 €.

• *Waschsalon* **Doğan çamaşır ve ütü evi**, mehr Reinigung und Bügelsalon, wäscht aber auch alles. Stückpreise. 190 Sok. 7.

• *Zweiradverleih* Mehrere Moped- und Fahrradverleiher an der Straße zum Hamam. Viel Schrott, der erstaunlicherweise noch fährt. Wer früh kommt, hat noch Chancen auf eines der neueren Räder. Fahrbare Fahrräder ab ca. 10 €, Mopeds ab 20 €.

Auf dass die See nicht vor die Hunde geht ...

Fok heißt im Türkischen „Seehund“ und in den Gewässern vor Foça tummelt er sich seit Urzeiten. Schon die Phokäer kannten ihn und räumten ihm einen Platz auf ihrem Stadtwappen ein. Biologisch genau genommen handelt es sich dabei um die Mittelmeerrobbe *(Monachus monachus)*, eine Unterart der Mönchsrobbe *(Monachinae)*, die wiederum zur Familie der Hundsrobben gehört, deren lateinischer Begriff – und hier haben wir wieder eine Verbindung zu den Phokäern – Phocidae ist.

Ihr Bestand wird heute auf gerade noch 400 Exemplare geschätzt. Die Säugetiere sind 2 bis 3 m groß, vereinzelt werden sie bis zu 4 m lang. Ihr Gewicht liegt bei 200 bis 300 kg. Nach ungefähr 5 Jahren sind sie geschlechtsreif, die Schwangerschaft dauert bis zu 11 Monate. Neugeborene haben eine Größe von 80 bis 110 cm, ihr Gewicht beträgt rund 20 kg. Seehunde sind Raubtiere, sie ernähren sich von Fischen, insbesondere Tintenfischen und Krustentieren, und tauchen dafür bis zu 200 m tief. Arg viel mehr weiß man bislang nicht über sie, doch das soll sich ändern.

Um die Robbe zu schützen, zu beobachten und zu erforschen, wurde Anfang der 1990er das „Foça Pilot Projekt“ (FPP) mit Beihilfe des WWF gegründet, einer der ersten Vereine dieser Art in der Türkei. Heute ist der Küstenabschnitt zwischen Foça und Yenifoça Naturschutzgebiet. Hier darf nicht geankert, gefischt, gejagt und getaucht werden. Wildcampen ist an den Stränden offiziell verboten. Man ist stolz auf seine Robbe, wirbt gar mit ihr und setzt ihr Denkmäler.

Übernachten/Camping (siehe Karte S. 193)

Der Standard der meisten Hotels und Pensionen im Zentrum ist recht hoch. Exklusive Hotelanlagen findet man am nördlichen Ortsrand. An Sommerwochenenden ist ohne Reservierung kaum etwas zu machen, da sich dann zu den vielen Touristen auch noch Eltern gesellen, die ihre Söhne beim Militär besuchen.

**** **Club Phokaia**, eine der besten All-in-Clubadressen der Gegend, ca. 3 km außerhalb Foças an der Straße nach Yenifoça. Gepflegte, komfortable Anlage. Interessante Architektur, bei der moderne und antike Elemente verschmelzen. 172 Zimmer, mehrere Bars und Pools, eigener Strandabschnitt, Animationsprogramm, Sportmöglichkeiten, Babysitting usw. DZ 150 €. ✆ 8128080, www.phokaia.com.

Foçaantique Boutique Hotel (1), in erster Reihe ganz im Norden der Küçükdeniz-Bucht. Stilvollste Unterkunft Foças, 2004 eröffnet. In einem Natursteinhaus aus dem 19. Jh. untergebracht. 10 liebevoll dekorierte Zimmer mit Klimaanlage, ein Ort zum Wohlfühlen und Längerbleiben. DZ 100 €. ✆ 8124313, www.focaantiquehotel.com.

Melaike Otel (4), freundlicher Familienbetrieb ein Stück landeinwärts in der Küçükdeniz-Bucht. 22 kleine, aber helle Teppichbodenzimmer mit Balkon und Klimaanlage. Von den Obergeschossen z. T. Meeresblick. Terrasse, Bar. DZ 41 €. 200 Sok. 20,

✆ 8122414, melaike.otel@superonline.com.

Hotel Villa Dedem (8), das Hotel – alles andere als eine Villa – liegt in erster Reihe an der Uferpromenade der Küçükdeniz-Bucht, womit die Vorzüge auch schon gesagt wären. Restaurierte Rezeption, aber sehr gewöhnliche Zimmer. Nach vorne raus mit schönem Blick und Balkon (DZ 38 €), aber laut, nach hinten langweilig (DZ 31 €). ✆ 8121215, dedemomer@yahoo.com.

Hotel Amphora (7), 18 Zimmer, an sich nichts Besonderes, aber alle mit Klimaanlage, z. T. mit Balkon. Dennoch eine empfehlenswerte Adresse in dieser Preisklasse, schon allein wegen des Pools im Garten. DZ 31 €. 206 Sok. 7, ✆ 8122806, focatamer @superonline.com.

Sempatik Otel Güneş (6), in zweiter Reihe in der Küçükdeniz-Bucht. 16 ordentliche, sehr kleine Zimmer mit Ventilator und Balkon (z. T. mit Meeresblick). Freundlicher Service, deutschsprachig. Ganzjährig geöffnet. DZ 35 €, EZ 25 €. 163 Sok. 10, ✆/℻ 8121915, www.sempatikhotelgunes.com.

Siren Pansiyon (5), gemütliche Pension in zweiter Reihe in der Küçükdeniz-Bucht, deutschsprachig. 14 Zimmer mit Du/WC. Jede Etage besitzt eine Küche mit Kühlschrank. Sonnige Dachterrasse. DZ 31 €. Auf Wunsch Besichtigungstouren und Bootsausflüge. 161 Sok. 13, ✆ 8122660, www.sirenpansiyon.com.

İyon Pansiyon (2), empfehlenswerte Billigunterkunft. Einfache, aber saubere Zimmer mit und ohne Bad rund um ein idyllisches Gärtchen mit Mandarinenbäumen. Lockere Atmosphäre und nettes Publikum, saubere Gemeinschaftsbäder. DZ mit Bad 25 €, ohne 19 €, Frühstück extra. 198 Sok. 8, ✆ 8121415, info@iyonpansiyon.com.

İyigün Pansiyon (3), in vorderster Promenadenfront an der Küçükdeniz-Bucht. 12 spartanische, doch saubere Zimmer mit Du/WC und Balkon. Küche. Feucht-fröhliche Terrasse. DZ 25 €. 155 Sok. 1, ✆ 8121182, iyigunpansiyonfoca@ttnet.tr.

• *Außerhalb* **Pollen Tatil Köyü**, simpelnette Ferienanlage ca. 15 km nördlich von Foça an der Straße nach Yenifoça. Sehr einfache Bungalows mit kleiner Terrasse auf einem hübschen, gepflegten Gelände mit Privatstrand. Gemütliche Frühstücksterrasse und Restaurant mit toller Aussicht. DZ 31 €. ✆ 8251025.

• *Camping* Nahezu alle Plätze der Umgebung sind lieblose, funktionale Areale mit schlichten Sanitäranlagen. Einer der besten ist noch der **Acar Camping** ca. 10 km nördlich (an der Straße nach Yenifoça) an einer netten Bucht samt Strandbar.

Essen & Trinken/Nachtleben

Rote und graue Meeräsche, Seebarsch und –brasse zählen zu den Spezialitäten Foças. Eine Vielzahl von Fischrestaurants finden Sie an der Uferpromenade in der Küçükdeniz-Bucht. Die Qualität ist durchgehend gut, checken Sie die Preise jedoch besser im Voraus.

Fokai Restaurant (9), für manche das beste Fischrestaurant der Küçükdeniz-Bucht. In erster Reihe am Meer. Am Abend stets bestens besucht, Reservierung empfohlen (✆ 8122186). Gehobene Preisklasse.

Kordon Restaurant (10), ebenfalls an der Küçükdeniz-Bucht. Von Lesern hoch gelobtes Lokal. Deutschsprachige Wirtin. Guter Fisch ab 6 €. ✆ 8126191.

Kenya & Leylek (14), in zweiter Reihe hinter der Uferpromenade, daher etwas preiswerter. 1a-Meze und gute Fischgerichte. Übrigens geht der Name des Lokals auf die Spitznamen der Betreiber zurück: Leylek (dt. Storch) ist der größere und schlankere von beiden, Kenya hat die dunklere Hautfarbe. 121 Sok. 8, ✆ 8126216.

Emek Pide Salonu (15), in einer schmalen Gasse zwischen den zwei Buchten. Wirbt mit dem Slogan „Serving is an art, tasting is a happiness." Zu Recht: Hier kommt die beste Pide und der beste Lahmacun Foças auf den Tisch, und das seit über zwei Jahrzehnten. Faire Preise. Sollte die von Efeu überdachte Terrasse voll sein: Auch das **Doyuran Et (15)** ums Eck an der Hauptstraße ist eine empfehlenswerte Adresse. Leckere, außergewöhnliche Kebabs, Olivenölgerichte und Süßspeisen.

• *Cafés* Charme besitzt das terrassenförmig angelegte **Anficafé (16)** in der Büyükdeniz-Bucht. Die beste Adresse für Süßes ist **Özsüt Sefer Usta (15)** – ein Horrortrip für Kalorienzähler. Unser Tipp: Karamellpudding. Küçükdeniz Sahil Cad. **Foçakarası (12)** ist schließlich ein hübsches kleines Café in der 187 Sok. im Gassenwirrwarr hinter der Küçükdeniz-Bucht. Wein, Bier, Snacks,

Zeitungen und Spiele.

• *Nachtleben* Die Spots sind das **Reborn (17)** in der Nähe des Busbahnhofs und das **Sharlo (17)** ein paar Schritte weiter, wo man Carlsberg trinkt. **The Door Livemusic Bar (11)** nennt sich die schickste Location der Stadt an der Küçükdeniz-Bucht (2005 eröffnet). Weitere angesagte Adressen sind die gemütliche Cafébar **Kybele (6)** beim Hotel Sempatik Güneş sowie die nahe beieinander liegenden Bars **Neco (13)** und **Keyif (13)** an der Küçükdeniz-Bucht.

Baden

Die Strände vor Ort sind nicht die tollsten – schmal, kiesig und besonders in der HS überlaufen. Schöner sind die Buchten der tief eingeschnittenen Küstenlandschaft nahe der Straße nach Yenifoça. Leider sind viele von Clubhotels oder Feriensiedlungen umrahmt, an manchen haben sich auch Campingplätze und Beachclubs angesiedelt. Bei den Letzteren darf man gegen eine Gebühr an den Strand, bei den Erstgenannten nicht immer. Es gibt auch noch ein paar „einsame Buchten", nur hält dort auch niemand den Strand sauber. Die beliebtesten und schönsten Strände an diesem Küstenabschnitt sind mit dem Dolmuş zu erreichen.

Spica Beach Club: Gemütliches Plätzchen mit Liegestühlen und -kissen in der Büyükdeniz-Bucht. Bar, coole Musik, dazu ein einfaches Fischlokal. Eintritt 3,20 €.

Hanedan: 4 km nördlich von Foça gegenüber der Sireneninsel. Stets gut besucht, zumal Ferienanlagen und ein Resorthotel den feinen Kiesstrand säumen. Trotzdem selten überlaufen. Für den Eintritt von 3,20 € bekommt man einen Sonnenschirm, dazu findet man Duschen und WCs.

Kosava-Bucht: ca. 1,5 km weiter, kurz hinter dem Club Mackerel Holiday Village, kein Hinweisschild. Beliebtes Ziel von Ausflugsbooten. Auch die darauf folgende **Garderesi-Bucht** ist einladend, von der Straße gelangt man auf schmalen Pfaden hinab. Zur Badeinsel **İncir Adası** gelangt man entweder per Bootsausflug oder über die Landzunge *İngiliz Burnu* nordwestlich der Küçükdeniz-Bucht. Von dort müssen Sie zur Insel hinüber winken (oder pfeifen oder grölen)! Sieht bzw. hört sie Ferdi, der Chef des Inselcafés, so holt er Sie gegen eine kleine Gebühr ab.

Sehenswertes

An die wechselvolle Geschichte der Stadt erinnert in Foça heute nur noch wenig. Und das Wenige ist so unspektakulär, dass es eine Überschrift „Sehenswertes" eigentlich gar nicht verdient. Ein paar Tipps für alle, die nach ein paar Strandtagen dennoch den Spuren der Phokäer oder Genueser folgen wollen:

Nahe der Ausfallstraße nach İzmir (Foça–İzmir Karayolu) findet man die kümmerlichen Überreste eines **antiken Theaters**. Es soll zwar zu den ältesten Anatoliens gehören, mehr als ein paar Sitzreihen wurden bislang jedoch nicht ausgegraben. Auf dem Hügel darüber liegen die Fundamente mehrerer **Windmühlen** und die Reste eines **Heiligtums**, das, so nimmt man an, der Fruchtbarkeitsgöttin Kybele gewidmet war. In den Nischen standen vermutlich Öllämpchen und Statuen. Ein ähnliches Heiligtum, das ebenfalls der Kybele zugeschrieben wird, liegt unmittelbar an der Uferpromenade auf der Landzunge.

Die **Festungsmauern** dort, von Römern, Byzantinern, Genuesern und Osmanen verstärkt, sind Überreste der einst 5 km langen Stadtmauer des alten Phokäa. Weitere Abschnitte wurden zwischen Busbahnhof und osmanischem Friedhof ausgegraben – leider nicht im geringsten spannend. Weit außerhalb des Zentrums, auf einer Landspitze südwestlich der Stadt, ist die **genuesische Festung Dışkale** aus dem Jahre 1678 ganz nett anzusehen. Leider befindet sie sich heute in militärischem Sperrgebiet. Gleiches gilt derzeit für das sog. **Teufelsbad (Şeytan Hamamı)** im Süden der Büyükdeniz-Bucht, was sich jedoch wieder ändern kann. Mit einem Bad hat das Felsgrabmal aus dem 4. Jh. nichts zu tun. Es besteht aus einem 6 m langen Korridor und zwei Grabkammern.

Wer brachte die Sirenen zum Heulen?

Unter Seeleuten gefürchtet, waren einst Sirenen, vogelartige Frauen, die so süß sangen, dass ganze Schiffsbesatzungen, die ihre betörenden Stimmen vernahmen, an Land gingen und ewig – bis zum Tode – lauschten.

Nur zwei Schiffen gelang es, antiken Mythen zufolge, Kurs zu halten und den verführerischen Gesängen der Sirenen zu widerstehen. Das eine war jenes von Orpheus, der mit seiner Mannschaft selbst so lautstark zu singen begann, dass er die Sirenen übertönte. Zur Strafe mussten sich diese ins Meer stürzen, wo sie heulend ertranken. Das andere Schiff war das von Odysseus, der sich an den Mast binden und die Ohren seiner Besatzung mit Bienenwachs volllaufen ließ. Diese Sirenen ereilte die gleiche Strafe. Orpheus und Odysseus sollen ihre Abenteuer aber nicht an der Ägäisküste, sondern in der Straße von Messina bestanden haben.

Von den Sirenenfelsen (*Siren Kayalıkları*) vor der Küste Foças auf Höhe des Clubhotels Phokaia kehren heutige Bootsbesatzungen ohne einen Singsang in den Ohren zurück. Welche Heldengestalt die Sirenen von Foça heulend ins Verderben schickte, ist unbekannt.

Umgebung von Foça

Badespaß bei Foça

Taşkule: Hinter diesem Namen (dt. Steinturm) verbirgt sich ein 6 m hohes Grabmonument, das aus einem Felsen gearbeitet wurde. Es wird auf das 4. Jh. v. Chr. datiert. Ein wenig verloren steht es nahe der Straße nach İzmir in der Gegend. Die Bauweise zeigt lykische und lydische Elemente, zudem persischen Einfluss. Wer darin beigesetzt wurde, ist unbekannt.

• *Anfahrt* Ca. 7 km hinter dem Ortsschild von Foça von der Straße nach İzmir linker Hand zu sehen und mit „Pers Mezar Anıtı" ausgeschildert. Das Gelände ist umzäunt und mit türkisch-englischen Hinweistafeln versehen. Taxi zum Taşkule ca. 6 €.

Yenifoça: Auf der Küstenstraße dahin passiert man diverse Badebuchten – einladende genauso wie zugebaute –, einige Beachclubs und Ruinen vergessener Griechenhäuser. Auch der historische Kern Yenifoças mit seinen palmengesäumten Gassen und hübschen Natursteinhäusern erinnert an die griechische Vergangenheit des einst verträumten Küstendorfs. Doch dessen Charme verblasst mittlerweile unter den mehreren tausend Ferienhäusern drum herum. Yenifoça ist zum Billigableger Foças geworden, in dem vornehmlich Türken der Mittelschicht Urlaub machen. Entlang der Uferpromenade drängen sich unzählige Bars und einfache Restaurants aneinander, davor ein Strand, der für die vielen Erholungssuchenden kaum mehr ausreicht. Das schönste Eck ist noch der Hafen.

Verbindungen Ca. alle 2 Std. ein **Dolmuş** nach Foça.

Çandarlı

Das Zentrum Çandarlıs liegt auf einer schmalen Landzunge, beherrscht von einem fünftürmigen genuesischen Kastell (i. d. R. nicht zugänglich) aus der Zeit um 1300. Zum behäbigen westanatolischen Alltag im Örtchen gesellt sich zwischen Mai und September der Badetrubel. Der maximal 5 m breite Ortsstrand auf der Westseite Çandarlıs ist dann restlos überlaufen. Abends gehen parallel dazu die vorrangig türkischen Urlauber aus den umliegenden Feriendörfern ihrer Lieblingsbeschäftigung nach, dem Promenieren. Von der „Lullaby Bar", einer beliebten Kneipe an der Uferfront, hat man das Völkchen gut im Blick. Im Oktober finden in Çandarlı Ölringkämpfe statt, wo sich lokale Aufschneider den Meistern aus Edirne stellen – ein sehenswertes Spektakel. Nach Bademli führt von Çandarlı ein weitestgehend unverbautes Küstensträßchen entlang unzähliger Olivenbäume.

Strand von Çandarlı

• *Verbindungen* Regelmäßige **Bus**verbindungen nach İzmir, zudem **Dolmuşe** nach Dikili und Bergama. Busbahnhof am Ortseingang (von Aliağa kommend) nahe dem Oststrand.

• *Übernachten* **Hotel Emirgan**, am Weststrand. Deutschsprachig, eigener Strandabschnitt, luftige Terrasse. 36 schon etwas in die Jahre gekommene Zimmer, aber mit Balkon und Meeresblick. DZ mit HP (obligatorisch) 44 €. ✆ 0232/6732500, www.hotelemirgan.com.

Philippi Pansiyon, in erster Reihe auf der Westseite, recht ruhige Lage nahe dem Hafen. 13 sehr saubere Zimmer, fast alle mit Meeresblick, 2 mit eigenem Bad, alle freundlich mit Massivholzmöbeln ausgestattet. Terrasse an der Uferpromenade, deutschsprachig. Pro Person 12,50 €. ✆ 0232/6733053.

Bademli

Bademli ist ein urtümliches, hübsches Dorf mit niedrigen, weiß gekalkten Häusern wie es an der Nordägäis nur noch wenige gibt. Den Badetourismus nimmt man mit, ansonsten leben die rund 2.000 Einwohner traditionell von ihren Olivenhainen, die die Gegend prägen. Im gemütlichen Zentrum rund um die Dorfmoschee geht alles seinen gemächlichen Gang, die Teehäuser gehören Tavla spielenden Altherrenrunden. Hauptanziehungspunkt ist im Sommer der rund 1 km entfernte Strand, Schilder wie „Plajlar“ oder „Sahile gider“ weisen den Weg. Der von simplen Campingplätzen gesäumte Strand gehört zwar nicht zu den schönsten der Ägäis, Badefreunde schwören jedoch auf die angenehmen Wassertemperaturen. Bessere Strände kann man in der Umgebung entdecken. Selbstfahrern sei die idyllische, bei Wildcampern beliebte Badebucht **Hayıt Limanı** einige Kilometer südlich von Bademli auf dem Weg nach Denizköy empfohlen (kleines Hinweisschild, 3,20 € Gebühr pro Auto).

• *Verbindungen* Regelmäßige **Dolmuşe** nach Dikili, Startpunkt am Strand.

• *Übernachten* Von der Küstenstraße führt 1 km nördlich von Bademli ein holpriger Schotterweg zum Meer (ebenfalls 1 km). An seinem Ende liegen zwei empfehlenswerte Unterkünfte für absolut Ruhebedürftige:

Pension Hannover, direkt am Strand (schmaler, aber netter Abschnitt). Freundlicher deutschsprachiger Besitzer, schöner, blumiger Garten, hübsche Terrasse und viel deutsches Publikum. 17 einfache, aber sehr gepflegte Zimmer, jedes mit Balkon. Pro Person 20 € mit HP. Ostern bis Ende Okt. ✆ 0232/6778432, in Deutschland über ✆ 0511/6061447 buchbar, www.ozer.de.

Ohh Bee, daneben, die einfachere Version für etwas weniger Geld. 19 € pro Person inkl. HP. Ebenfalls freundlich, sauber und deutschsprachig. ✆ 0232/6778089.

• *Camping* Die Einfachstcampings am Ortsstrand von Bademli sind eng und schattenlos – insgesamt ein Graus. Unsere Empfehlung ist **Çam Camp** neben der Pension Ohh Bee (s. o.), ein idyllischer und sympathischer, aber sehr einfacher Platz unter schattigen Pinien. Terrassenförmig angelegt, nette Kneipe. Nichts für große Gefährte. 2 Pers. mit Zelt ca. 4,40 €.

• *Essen & Trinken* Knapp 1 km südlich von Bademli an der Straße nach Çandarlı liegt das idyllische Fischrestaurant **Sunar**. Schöne Terrasse direkt am Meer mit Blick auf eine vorgelagerte Halbinsel. Grillengezirpe zum Dinner. Fischgerichte 5–8,20 €.

Dikili

In osmanischer Zeit war Dikili der Ausfuhrhafen von Bergama, heute machen hier in erster Linie Kreuzfahrtschiffe für den Landgang „Pergamon" fest. Ansonsten ist das 12.000-Einwohner-Städtchen fest in der Hand türkischer Urlauber. Dikili ist gepflegt, aber gesichtslos. Der wenig aufsehenerregende Stadtstrand, der sich vom Hafen gen Westen zieht, ist im Sommer gnadenlos überfüllt. Auf der breiten Uferpromenade reiht sich Café an Café und in den schattigen Straßen dahinter ersteht man Luftmatratzen und Sonnenschirme. Eine Prise Orient vermag nicht einmal der dienstägliche Obst- und Gemüsemarkt zu verschaffen.

• *Verbindungen* **Bus**bahnhof in Hafennähe. Gute Anschlüsse nach Ayvalık, Richtung İzmir und nach Bergama, zudem **Dolmuşe** nach Çandarlı und Bademli. Achtung: Viele Busse auf der Strecke Ayvalık–İzmir lassen ihre Passagiere an der Fernstraße ca. 4 km nordöstlich des Zentrums aussteigen. Erkundigen Sie sich im Voraus, welche Gesellschaften Dikili direkt ansteuern.

• *Übernachten* Von der einfachen Pension bis zum Vier-Sterne-Hotel ist alles vorhanden, Unterkünfte mit Flair sind kaum darunter. Eine der wenigen sympathischeren Adressen:

Club Antur Hotel, große Anlage mit 60 Bungalows. Bis 2006 sollen alle – zumindest innen – restauriert (Parkettböden, Klimaanlage, TV, Minibar) sein. Lassen Sie sich einen in erster Reihe mit Terrasse direkt am Strand geben. Eigener Parkplatz, Strandrestaurant. Pro Person mit HP ca. 30 €. Direkt am zentralen Kreisverkehr nahe dem Busbahnhof, ✆ 0232/6714103, ℻ 6718200.

Pergamon/Bergama

Alltägliches versus Prunk, Provinznest versus Weltstadt, Gegenwart versus Antike – alles vereinigt in Bergama, dem einstigen Pergamon.

Rund 70.000 Einwohner zählt Bergama, eine Provinzstadt mit einem netten Marktviertel. Sie liegt inmitten der fruchtbaren Ebene des *Bakır Çayı* auf den Ruinen des römischen Pergamon und zu Füßen jenes Berges, von dessen Akropolis die Attaliden zuvor ein Weltreich regierten. Die meisten Besucher sind Tagestouristen. Es gibt aber auch eine Handvoll Unterkünfte für alle, die länger bleiben wollen. Wer sämtliche Sehenswürdigkeiten auf eigene Faust entdecken will, braucht mindestens einen Tag. Pergamon ist kein kleines kompaktes Ausgrabungsgelände, die Highlights liegen kilometerweit verstreut.

Orientierung: Wer von der Westküste nach Bergama fährt, gelangt über die İzmir Caddesi geradewegs ins Zentrum. Die Straße ist zugleich die Hauptachse des Städtchens, nahezu alle öffentlichen Einrichtungen liegen an ihr oder sind von ihr ausgeschildert. Sie ist mehrere Kilometer lang, das Zentrum beginnt auf Höhe des *Archäologischen Museums*. Etwas weiter nördlich ändert die İzmir Caddesi ihren Namen in Bankalar Caddesi. Sie endet in der geschäftigen Altstadt um die riesige Ruine der *Kızıl Avlu (Rote Halle)*. Hier schmiegen sich windschiefe Backsteinbauten eng aneinander, durch die verschlungenen Gassen passen oftmals nur noch Mopeds.
Die zwei größten Attraktionen Pergamons liegen außerhalb des Zentrums: das *Asklepieion* im Südwesten der Stadt (ca. 30 Gehmin. vom Archäologischen Museum, ausgeschildert), die *Akropolis* in entgegengesetzter Richtung (zu Fuß auf den Burgberg mindestens 90 Min.). Es gibt keine öffentlichen Verkehrsmittel zur Akropolis oder dem Asklepieion. Den Transport besorgen Taxis, zur Akropolis 8,20 €, zum Asklepieion 3,80 €, eine 2- bis 3-stündige Tour zu beiden Sehenswürdigkeiten mit Wartezeiten 25 €.

Geschichte

Funde bezeugen, dass die Umgebung Pergamons bereits seit der Bronzezeit besiedelt ist. Erste Befestigungen auf dem Burgberg, übrigens ein alter Vulkanschlot, entstanden vermutlich im 7.–6. Jh. v. Chr. Geschichte begann Pergamon jedoch erst nach dem Tod Alexanders des Großen zu schreiben. Dessen bedeutendster Feldherr Lysimachos hatte sich in Thrakien und Kleinasien einen eigenen Herrschaftsbereich geschaffen und aus vielen Eroberungszügen ein Vermögen von rund 90 Talenten angeeignet. 1 Talent entsprach einem 20 kg schweren Silberbarren – Lysimachos saß also auf einem Berg Silber von rund 1800 kg! Bevor Lysimachos in die Schlacht gegen den Syrerkönig Seleukos zog, ließ er den Schatz nach Pergamon bringen und dort von seinem Eunuchen Philetairos bewachen. Lysimachos kam nie aus der Schlacht zurück – er fiel 281 v. Chr.

Der reich gewordene Philetairos schwang sich zum Herrscher von Pergamon auf – die Geburtsstunde eines neuen Reiches. Seinem Adoptivsohn Eumenes gelang es, durch die siegreiche Schlacht gegen die Syrer bei Sardes 262 v. Chr. den Herrschaftsbereich weiter auszudehnen. Dessen Nachfolger, sein Neffe Attalos, triumphierte über die Kelten in der Schlacht bei den Kaikos-Quellen 230 v. Chr. Daraufhin nahm er den Königstitel an und wurde als Attalos I. erster Regent des pergamenischen Königshauses. Pergamons Ruhm verbreitete sich daraufhin im ganzen hellenistischen Kulturraum. Es folgte der Bau der berühmten *Bibliothek*, des *Athenatempels* und etlicher Denkmäler.

Attalos I. schloss zudem eine Allianz mit Rom. Seinem Sohn Eumenes II. gelang mit Hilfe des mächtigen Verbündeten 190 v. Chr. in der Schlacht von Manisa (→ S. 180) ein weiterer Sieg gegen die Syrer. Nach dem Motto „Divide et impera!" („Teile und herrsche!") überließen ihm die Römer den größten Teil der neu gewonnenen Gebiete. Während seiner Regierungszeit avancierte Pergamon zur Weltstadt. Die Akropolis wurde mit einer Stadtmauer versehen, das *Gymnasion* gebaut, die *Theaterterrasse*, die *Untere Agora* und der berühmte *Zeusaltar*. Intellektuelle und Künstler aus der ganzen antiken Welt zog es auf den Burgberg.

133 v. Chr. starb Attalos III., der letzte König von Pergamon. Er soll ein sonderbarer Mann gewesen sein, der seinen Palast aus Verfolgungswahn selten verließ und

sich vorrangig dem Studium von Giftpflanzen widmete, die er an Verbrechern testete. Der schnell aufeinander folgende Tod seiner Mutter und seiner Frau brach ihm schließlich das Herz. In seinem Testament zeigte er jedoch wie seine Vorgänger politische Weitsicht: Um einer stabilen Politik willen vermachte er sein Reich den Römern.

So kam einer der menschenreichsten und wohlhabendsten Landstriche der damals bekannten Welt als *Provinz Asia* zu Rom, und aus dem Reich wurde ein Imperium. Die Stadt selbst profitierte davon und erlebte ihre größte Blüte. Vom Burgberg bis in die weite Ebene dehnte sie sich nun aus, die Einwohnerzahl stieg auf 150.000 an. Unter dem Arzt Galenos entwickelte sich das *Asklepieion* zu einer der berühmtesten Heilstätten der Antike. Zudem besaß Pergamon aufgrund seiner großen christlichen Gemeinde auch noch eine der sieben apokalyptischen Kirchen.

Nach dem Goteneinfall 262 n. Chr. begann Pergamons Stern zu sinken. In byzantinischer Zeit verlor die Stadt so an Bedeutung, dass sich die Einwohnerzahl auf 8.000 reduzierte. Das Stadtgebiet verlagerte sich wieder auf den Burghügel, wo man sich besser gegen einfallende Turkstämme schützen konnte. Erst als die Osmanen im 14. Jh. den Landstrich eroberten, verließen die Bewohner den Burgberg wieder. Am Fuß des Hügels legten sie, über den Ruinen der römischen Blütezeit, den Grundstein zum heutigen Bergama.

1873 entdeckte der deutsche Ingenieur Carl Humann nahe Bergama im Stroh eines Ochsenkarrens eine mit Reliefs verzierte Marmorplatte. Er kaufte sie dem Bauern für einen Pfennigbetrag ab und schickte sie an jenes Museum in Berlin, das heute als *Pergamon-Museum* bekannt ist. Fünf Jahre danach begannen unter Humanns Leitung die Ausgrabungen der antiken Weltstadt Pergamon. Die wertvollsten Fundstücke verschwanden schnell in Berlin, so der einzigartige *Fries des Zeustempels.* Humann ließ sich nahe dem einstigen Zeustempel bestatten. Heute leitet das Deutsche Archäologische Institut İstanbul die Ausgrabungen vor Ort.

Mit Japanern zu Besuch im Asklepieion

Information/Verbindungen

• *Telefonvorwahl* 0232.

• *Information* An der Durchgangsstraße, ausgeschildert. Mo–Fr 8.30–18.30 Uhr, im Winter verkürzt. Yeni Hükümet Konağı, B Blok Zemin Kat., ✆/✆ 6312851.

• *Verbindungen* **Bus**: Busbahnhof an der İzmir Cad ca. 500 m südlich des Zentrums. Direktverbindungen nach Ayvalık (1¾ Std.), Dikili und İzmir (2 Std.). **Achtung**: Nicht alle Busse auf der Strecke Çanakkale–İzmir steuern den Busbahnhof an, manche lassen ihre Fahrgäste an der Schnellstraße bei der Abzweigung nach Bergama aussteigen. Von dort fahren Dolmuşe ins Zentrum, mit dem Taxi darf die Strecke nicht mehr als 7 € kosten. Erkundigen Sie sich am besten vorher, ob die jeweilige Gesellschaft Bergama direkt anfährt.

Adressen/Einkaufen/Sonstiges

• *Ärztliche Versorgung* **Krankenhaus** nahe dem Museum, ausgeschildert. ✆ 6312894.

• *Einkaufen* **Teppiche** aus Bergama zählen zwar zu den besten der Türkei, Qualitätsstücke aber werden als Auftragsarbeiten fast ausschließlich in İstanbul oder Europa verkauft. Souvenirs, darunter diverse Onyxprodukte, bekommt man im **Kapalı Çarşı**, dem Gedeckten Basar. Mo bunter **Wochenmarkt** im alten Zentrum.

• *Festival* **Bergama Festival** Anfang Juni. 7 Tage volles Programm mit türkischen Folkloregruppen und Schlagergrößen, dazu Paraden, archäologische Konferenzen etc.

• *Geld* Etliche Banken entlang der Bankalar Cad., darunter auch die **Akbank** mit Bankomat.

• *Türkisches Bad (Hamam)* **Çarşı Hamamı (Hacı Hekim Hamamı)**, in der Bankalar Cad. nahe dem Gedeckten Basar. Das angeblich schönste Bad der Stadt ist so besonders auch nicht. Normalerweise nur für Männer, bei Touristengrüppchen macht man Ausnahmen. Tägl. 7–21 Uhr. Eintritt mit Massage 12,50 €.

• *Polizei* Nahe der Infostelle an der Durchgangsstraße. ✆ 6312908.

• *Post* Im Zentrum an der Hauptstraße.

Übernachten

Anil Hotel (7), im Zentrum. Lila gestrichenes Haus jüngeren Datums, noch ganz gut in Schuss. 12 billig-schick eingerichtete Zimmer, bei denen mit Farben nicht gespart wurde, alle mit Klimaanlage, TV und Föhn. Freundlicher Service. EZ 37 €, DZ 50 €. Hatuniye Cad. 4, ✆ 6311830, www.anilhotel.com.

*** **Hotel Berksoy (12)**, der Sternenzahl nach bestes Haus der Stadt, ca. 3 km außerhalb des Zentrums an der Straße nach İzmir. 60 Standardzimmer mit Telefon, TV und leicht ausgefransten Teppichböden. Zentralheizung, Tennisplatz, Pool. DZ 50 €, EZ 35 €. ✆ 6332595, www.berksoyhotel.com.

Manyola Pension, abseits der Durchgangsstraße (von dort ausgeschildert) in einem ruhigen Wohnviertel. Freundlicher Familienbetrieb mit 23 ordentlichen Zimmern mit TV, Klimaanlage, z. T. mit Balkon. Kleiner Pool. DZ 38 €, Frühstück extra. Tanpınar Sok. 11, ✆ 6331763, www.manyolyapension.8m.net.

Pension Athena (1), schöne Herberge in einem osmanischen Haus. Relaxte Atmosphäre für Paare und männliche Traveller. Allein reisende Frauen sollten von dieser Unterkunft Abstand nehmen, der zuvorkommende Service kann dann laut Leserinnenmeinungen belästigend werden. Kleiner gemütlicher Innenhof. Waschmaschine. DZ mit Bad 28 €, ohne 25 €. İmam Çıkmazı 5 (von der Durchgangsstraße im Norden des Zentrums ausgeschildert), ✆ 6333420, ✆ 6313620.

Böblingen Pension (10), nach der Partnerstadt von Bergama benannt, an der Abzweigung zum Asklepieion. Gepflegte Zimmer mit und ohne Bad, größtenteils mit Stein- oder Dielenböden. Restaurant, Cafébar unterm Dach, Frühstücksterrasse. Die nette Wirtsfamilie spricht Deutsch. Waschmaschine, Küchenbenutzung. DZ mit Bad 22 €, ohne 19 €. Asklepion Cad. 2, ✆ 6332153, ✆ 6315676.

Gobi Pension (8), nicht die attraktivste Lage an der Durchgangsstraße im Süden der Stadt (10 Gehmin. ins Zentrum), aber von Lesern mehrfach gelobt. Sehr saubere, meist geräumige Zimmer mit Steinböden und bunten Teppichen, mit und ohne Bad, mit und ohne Balkon. Nach vorne raus laut, dafür ruhiger kleiner Garten fürs reichhaltige Frühstück. Hilfsbereiter englischsprachiger Inhaber. DZ mit Bad 22 €, ohne 19 €. İzmir Cad. 18, ✆ 6332518, gobipension @hotmail.com.

• *Camping* **Bergama Caravan Camping (11)**, 3 km außerhalb des Zentrums an der Straße nach İzmir. Rasengelände, das mit jedem Jahr etwas schattiger wird, und ein Pool mittendrin. Ordentliche Sanitäranlagen – Warmwasserduschen, sauberer Waschraum, Waschmaschine. Restaurant. 2 Pers. mit Auto und Zelt 9,40 €, mit Wohnmobil 12 €. Ganzjährig geöffnet. ✆ 6333902, 📠 6331792.

Das Hotel **Berksoy** (s. o.) bietet ebenfalls einige Stellplätze. 2 Pers. mit Wohnmobil hier 13 €.

Essen & Trinken

Doy Doy (9), für viele Locals der beste Kebabladen Bergamas. Einfache, sehr saubere Lokanta. Pide, Suppen und über 10 verschiedene Kebabs. Spezialität ist der extrem sättigende *Doy Doy Special* – verschiedene Fleisch- und Pidesorten mit Joghurt und Reis (4,40 €). Außenbereich (laut). İzmir Cad., neben der Pension Gobi.

Meydan Restaurant (3), im alten Zentrum nahe der Roten Halle. Ordentliches Kleinstadtrestaurant, beliebt bei Einheimischen und Touristen. Gute Meze und Grillgerichte zu noch fairen Preisen. İstiklal Meydanı 4.

Sarmaşık Lokantası (6), freundliche einfache Lokanta gegenüber dem Meydan. Gute Auswahl an leckeren Topfgerichten, auch für Vegetarier. Am besten mittags kommen, schließt abends früh. Bankalar Cad.

Pala (4), ältestes Restaurant Bergamas. Beste Adresse für Köfte und *Piyaz* (Salat aus weißen Bohnen). Ums Eck vom Sarmaşık (beim grünen Haus, das *Tuborg* verkauft, in die Seitengasse rechts rein).

Arzu (2), hier serviert man die beste Pide der Stadt. Einfaches Ambiente. Vom Restaurant Meydan dem Weg zur Roten Halle folgen.

Bergama Balık Evi (5), Bierhallenambiente, gute und billige Sardinen. Ein Fisch im Brot 1 €! Nahe dem Dolmuşbahnhof in der Eski Elektrik Fabrikası Cad.

Die Akropolis von Pergamon – Rundgang durch die Oberburg

Eine 6 km lange Straße windet sich in Serpentinen vom Zentrum Bergamas an der *Roten Halle* (s. u.) vorbei zur Akropolis. Oben angekommen, genießt man eine grandiose Aussicht auf das rote Dächermeer der Provinzstadt.

Hinweis: Der hier beschriebene Rundgang durch die Oberburg vorbei an den wichtigsten Ausgrabungen beginnt und endet dort. Er ist die Standardtour für alle, die mit dem eigenen Fahrzeug die Akropolis ansteuern. Wer mit dem Taxi kommt, braucht dieses nicht warten lassen, da man von der Oberburg durch die Unterstadt nach Bergama absteigen kann. Eine Besichtigung in entgegengesetzter Richtung ist zwar möglich, aber im Sommer überaus schweißtreibend. Denken Sie an viel Wasser!

Vom Kassenhäuschen am Parkplatz führt ein Weg bergauf zum einstigen **Burgtor**, von dem nur noch spärliche Reste erhalten sind. Dabei passiert man das **Heroon** (linker Hand). Es war ein großer, um einen Säulenhof angelegter Kultbau zu Ehren der pergamenischen Könige. In römischer Zeit war das Innere des Gebäudes ganz mit weißem Marmor ausgekleidet, heute ist nicht mehr viel erhalten.

Hinter dem Burgtor lag linker Hand der **Heilige Bezirk der Athena**. Doch an den ältesten Tempel Pergamons, der der siegreichen Stadtgöttin geweiht war, erinnert nur noch das Fundament. Das Bauwerk war flankiert von je sechs Säulen an den Schmal- und je zehn an den Längsseiten. Reliefs und Statuen verherrlichten den siegreichen Kampf gegen die Gallier.

Steigt man hinter dem Burgtor weiter bergauf, reihen sich zur Rechten die niederen Mauerreste mehrerer **Königspaläste** aneinander. Es waren recht bescheidene Gebäude mit einem Innenhof, der von einer Säulenreihe (Peristyl) umgeben war.

Wieder linker Hand lag die berühmte **Bibliothek** von Pergamon. Sie soll einen Bestand von 200.000 Bänden gehabt haben. Zum Schutz vor Feuchtigkeit waren die Räume mit kostbaren Hölzern getäfelt. Der große Lesesaal war über 5 m hoch und mit einer fast genauso hohen Athena-Statue geschmückt.

Aus der Not geboren – das Pergament und das Buch

Als die Bibliothek von Pergamon die von Alexandria zu überflügeln drohte, verboten die ägyptischen Könige kurzerhand die Ausfuhr von Papyrus. Die Einwohner von Pergamon (Pergament!) besannen sich daraufhin auf die alte ionische Kunst, Schreibmaterial aus dünn geschabten Tierhäuten herzustellen. Da sich diese jedoch nicht wie das Papyrus rollen ließen, schnitt man sie zu Seiten und band sie in einem ledernen Deckel zu einem Buch.

Schräg über der Bibliothek erhebt sich das **Trajaneum**, heute die imposanteste, vor Ort zu sehende Ruine Pergamons – ein Triumph römischer Baufertigkeit und moderner Restaurationskunst. Der Tempel, ganz aus weißem Marmor errichtet, entstand für den vergöttlichten Kaiser Trajan. Zu römischer Zeit prägte er das Bild des Burgberges. Teile der Säulenhallen wurden wieder aufgerichtet, besonders aber zieht eine wieder erstellte, korinthische Giebelecke den Blick auf sich. Der Platz um den Tempel wurde gen Südwesten hin künstlich auf gewaltigen Stützmauern und Gewölben geschaffen. Von dort blickt man hinab auf das Theater (s. u.).

Verlässt man das Trajaneum an seiner Nordostecke bei einem Torso über eine Treppe, und steigt von da weiter zu einem auffälligen Neubau auf, gelangt man zu einer vollständig erhaltenen Zisterne, von einem Eisengeländer umringt. Sie gehörte zu einem der Königspaläste. Heute dient sie als **Glücksbrunnen**, der Wünsche in Erfüllung gehen lässt, sofern Sie in der Lage sind, hintereinander drei Münzen so auf die darin „versenkte Säule" zu werfen, dass sie oben liegen bleiben. Der Wunsch muss zuvor festgelegt werden.

Imposant: Theater von Pergamon

Ein Pfad führt von hier durch einen recht verwilderten Abschnitt der Akropolis zu einem Mauerdurchbruch und weiter hinaus auf einen schmalen Vorsprung am Nordende der Burg. Dort liegen die überaus spärlichen Reste der **Arsenale**, fünf längliche Baracken, in denen 900 steinerne und bleierne Kugeln gefunden wurden, die einst von katapultartigen Schleudern auf nahende Feinde abgeschossen wurden. Eindrucksvoll ist hier auch der Blick auf die **Nordwestmauer**, die noch heute aus 32 Quaderschichten besteht. Sie stammt aus hellenistischer Zeit, war früher viel höher und wurde von Zinnen abgeschlossen.

Aber auch der Fernblick ist imposant. Im Tal wird der Flusslauf des *Bakır Çayı* gestaut, um die Wasserversorgung Bergamas sicher zu stellen. Dort lassen sich auch Reste eines römischen **Aquädukts** (2. Jh. n. Chr.) ausmachen. Eine künstliche Trinkwasserversorgung hatte Pergamon aber schon rund 400 Jahre früher. Dabei wurde von dem 45 km nördlich gelegenen Berg *Madra Dağı* Wasser über eine dreisträngige, aus 240.000 Einzelteilen gefertigte Tonrohrleitung in eine Kammer auf den Bergrücken gegenüber der Burg geleitet. Von dort gelangte es in einer unterirdisch verlegten Druckleitung aus Blei mit bis zu 20 atü auf den Burgberg. So wurde ein Höhenunterschied von über 200 m nur durch Eigendruck, ohne eine einzige Pumpe überwunden. Von den Arsenalen verläuft außerhalb der Burgmauern gen Süden ein Pfad auf die Terrasse des Trajaneum. Im Südwesten führen Stufen hinab zu dessen imposantem Unterbau.

Kurz darauf steht man oberhalb des **Theaters**, auf dessen Ränge man über einen Treppenschacht gelangt. Das Theater war das kulturelle und gesellschaftliche Zentrum Pergamons. Über der ersten Querreihe lag, ganz aus Marmor, die königliche Loge. Die Sitzreihen der restlichen 10.000 Plätze aus vulkanischem Andesit wurden in den Hang gebaut. Die Bühne bestand ganz aus Holz und wurde nur zu den Festspielen aufgebaut. Die restliche Zeit sollte die Theaterterrasse frei bleiben, damit

Das Trajaneum von Pergamon

der kleine **Dionysostempel** direkt daneben auch optisch zur Geltung kam. Einige lange Säulentrommeln und schöne Kapitelle sind von ihm erhalten.

Die 250 m lange **Theaterterrasse** war – heute kaum mehr zu erahnen – Pergamons Einkaufszentrum und Flanierstraße. Die extreme Hanglage machte auf der Talseite die Errichtung einer bis zu 12 m hohen, dreistöckigen Stützmauer erforderlich, gekrönt von einer durchgehenden Säulenhalle. Auf beiden Seiten der Straße gab es Läden und fliegende Händler. Am Südende der Terrasse lag die **Obere Agora**, der mit Säulenhallen umgrenzte Marktplatz Pergamons. Viel erhalten blieb nicht.

Darüber markieren heute zwei prächtig gewachsene Pinien den Standort des riesigen **Zeusaltars** (34 x 34 m). Nur noch seine Fundamente sind vorhanden. Den Rest kann man als Nachbau mit den Originalfriesen im Berliner *Pergamon-Museum* bewundern. Ohne Zweifel wäre er hier schöner platziert – die Rückgabe wird gefordert. Steigt man nun weiter bergauf, gelangt man am Heroon vorbei wieder zum Parkplatz. Wer mag, kann aber auch durch die Unterstadt nach Bergama absteigen – einfach wieder ein paar Schritte zurück zur Oberen Agora und los kann es gehen.

Öffnungszeiten Tägl. 8.30–17.30 Uhr. Eintritt 6,30 €. Die Orientierung auf dem Gelände fällt leicht. Der Weg ist i. d. R. mit blauen Punkten markiert, zudem informieren mehrsprachige Schautafeln vor allen wichtigen Ausgrabungen.

Durch die Unterstadt nach Bergama

In die Unterstadt verirren sich nur wenige Touristen, oft ist man allein mit weidenden Ziegen. Von der Oberen Agora führt ein markierter Weg auf einer antiken Straße, deren Pflaster z. T. noch zu erkennen ist, an den Grundmauern eines **römischen Bades** vorbei zur sog. **Stadtgrabung**. Unter Leitung des deutschen Archäologen Wolfgang Radt versuchte man hier, Einblicke in die Lebensweise des einfachen Volkes zu erhalten. Man stieß u. a. auf eine kleine **Garküche** und einen **Verkaufsladen** für Wein und Öl. Neben schiefen, aus unbehauenen Steinen errichteten Wohnhäusern fand man auch Reste repräsentativer Bauten, die mit denen der Akropolis jedoch nicht konkurrieren können. Dazu gehörte z. B. ein **Heroon** für Diodoros Pasparos, ein Wohltäter der Stadt. Es bestand aus einem Kultsaal und einem Odeion mit gemeinsamer Vorhalle. Die Stadtgrabungen sind größtenteils überdacht und nicht zugänglich, aber durch ein Gitter einsehbar.

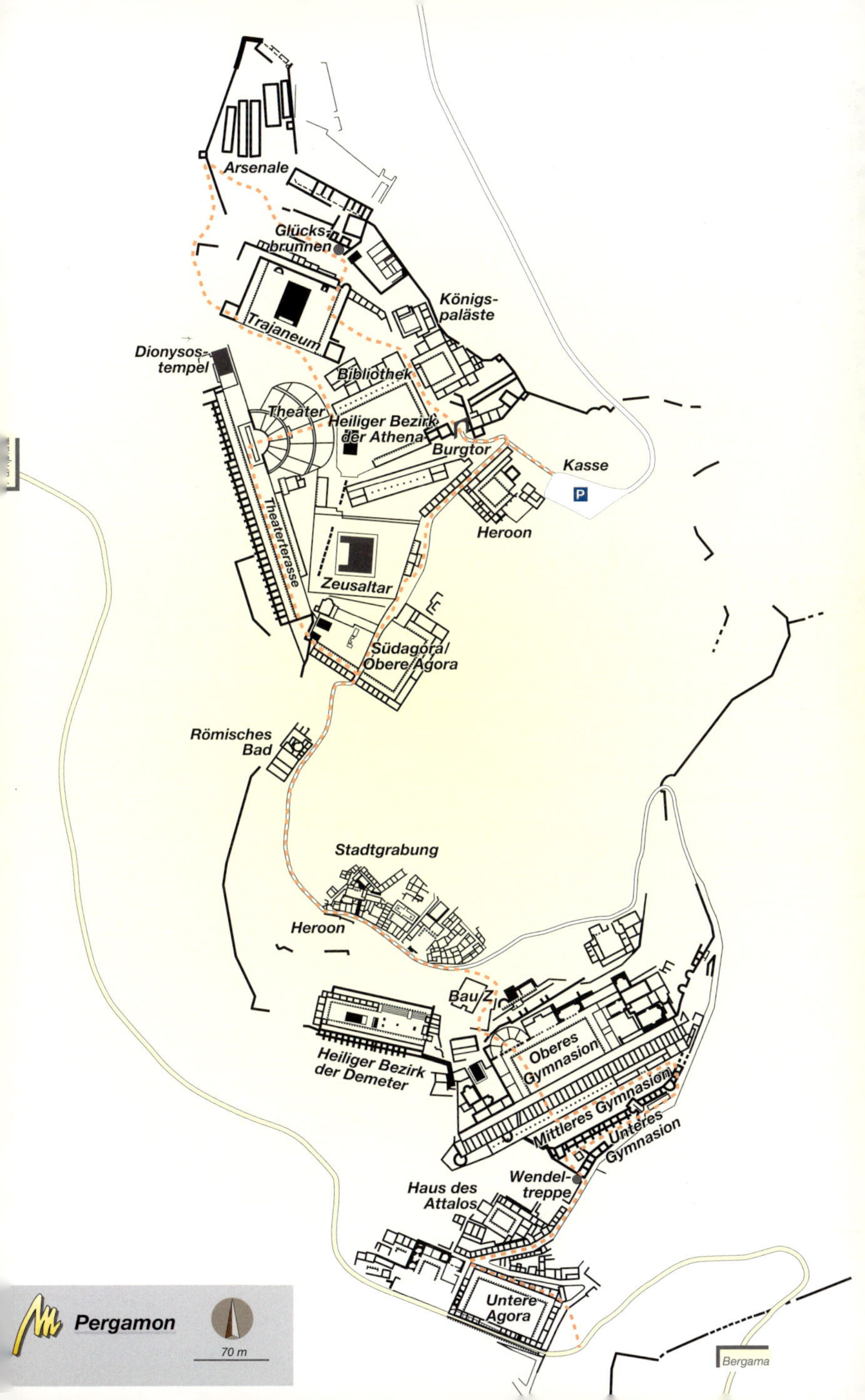
Arsenale
Glücks-
brunnen
Königs-
paläste
Trajaneum
Dionysos-
tempel
Bibliothek
Theater
Heiliger Bezirk
der Athena
Burgtor
Kasse
P
Heroon
Theaterterasse
Zeusaltar
Südagora/
Obere Agora
Römisches
Bad
Stadtgrabung
Heroon
Bau Z
Heiliger Bezirk
der Demeter
Oberes
Gymnasion
Mittleres Gymnasion
Unteres
Gymnasion
Wendel-
treppe
Haus des
Attalos
Untere
Agora
Bergama
Pergamon
70 m

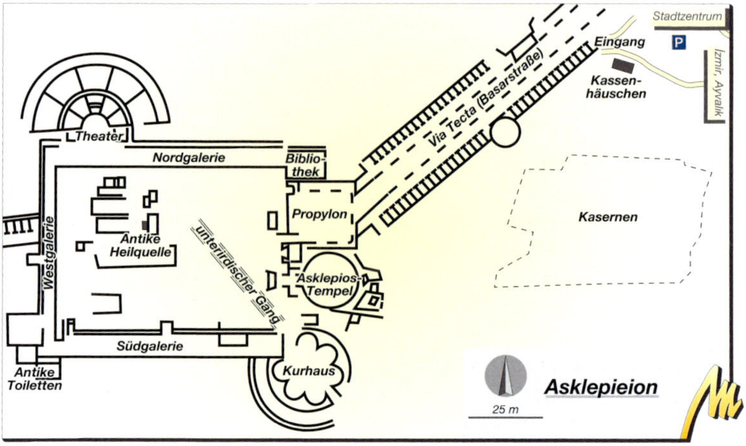

Auch der sog. **Bau Z**, dessen Schutzdach 2004 fertig gestellt wurde, war zum Zeitpunkt der letzten Recherche noch nicht von innen zu besichtigen. Schade, denn die drei Mosaiken darin zählen angeblich zu den prächtigsten, die je in der Türkei entdeckt wurden. Vermutlich beherbergte das Peristylhaus einst das Prytanaion, wo der Rat der Stadt tagte.

Der Weg führt weiter zum nahe gelegenen **Heiligen Bezirk der Demeter**, eine 100 x 45 m große Terrassenanlage, bestehend aus Tempel, Altar, Säulenhallen, einem Opferschacht für den Hades und einer neunstufigen Tribüne. Bei nächtlichem Fackelschein feierten hier Priesterinnen Kultfeste zu Ehren der Göttin der Feldfrüchte, die zu Fruchtbarkeit und einem Leben nach dem Tode verhelfen sollten.

Dem Demeterbezirk gegenüber lag der riesige Komplex des **Gymnasions**, die größte weltliche Anlage Pergamons, die sich über drei Terrassen erstreckte. Der Gebäudekomplex der obersten Terrasse, der Jugendlichen über 16 Jahren vorbehalten war, war der schönste. Er besaß einen theaterförmigen Saal für Vorträge und Konzerte, einen Ehrensaal und eine Badeanlage. Die mittlere Terrasse gehörte den pubertierenden Epheben. Die unterste Terrasse schließlich war eine Art Spielplatz für Kinder.

Über eine noch vollständig erhaltene, überdachte Wendeltreppe gelangt man hinab zum **Haus des Attalos**, das rechts erhöht des Weges liegt. Das Gelände macht einen etwas verwahrlosten Eindruck: Die schönen Mosaiken des Peristylbaus werden zwar von oben durch ein Schutzdach gesichert, von unten jedoch von der Natur zurückerobert.

Es folgt die **untere Agora**, von der aber nur spärliche Reste neben neuzeitlichen Häusern erhalten sind. Einst waren hier Inschrifttafeln aufgestellt, die u. a. über Gesetze des öffentlichen Lebens informierten (z. B. zum Wege- und Hausbau oder zur Pflege der Zisternen). Der Weg endet an der Straße von Bergama nach Pergamon vor einem Maschendrahtzaun, der durch ein Loch passiert werden kann. Von dort läuft man noch ca. 15 Minuten ins Zentrum.

Asklepieion

Am westlichen Stadtrand von Bergama liegt, inmitten einer weitläufigen Kasernenstadt (z. T. Fotografierverbot!), das Ruinenfeld des Asklepieions, das neben Epidauros auf dem Peloponnes eine der berühmtesten Heilstätten der Antike war. Im 4. Jh. v. Chr. wurde es gegründet, in römischer Zeit erlebte es unter dem Arzt Galenos (129–199) seine größte Blüte, selbst Kaiser suchten es auf.

Zum Asklepieion gelangte man früher über die *via tecta*, eine knapp 1 km lange Basarstraße, beidseitig von Arkaden und Geschäften gesäumt. Noch heute führt auf ihr der Weg vom Ticketschalter zum Asklepieion, nur zieren die einstige Prachtkolonnade lediglich Säulenstümpfe. An ihrem Ende führten Stufen durch ein Tor hinab zum Propylon; hier wurden die Patienten feierlich empfangen.

Asklepios und die antiken Behandlungsmethoden

Asklepios, Sohn von Apollon und Koronis, war in der Antike der Gott der Heilkunst. Seinen Tod bewirkte Zeus, der ihn mit einem Donnerkeil erschlug, weil er es gewagt hatte, Tote lebendig zu machen. Schlangen waren dem Asklepios heilig, und man sagte, er habe sich in ihnen verkörpert. Auf Asklepios geht der Äskulapstab zurück. Mit einer um einen Stab gewickelten Schlange symbolisiert er den ärztlichen Stand.

Das Asklepieion von Pergamon war in der Antike nicht das einzige seiner Art, es gab mehr als 200 solcher Stätten. Sie waren keine reinen Kultorte, sondern eine Art Kurbad mit Tempel, Wohn- und Krankenkomplex, Theater, Bibliothek u. v. m. Die Heilsuchenden verbrachten hier im Schnitt mehrere Monate. Behandelt wurden Leib und Seele gleichermaßen. Grundlage der Diagnose war oft die Inkubation (Schlaf im Tempel) bzw. die darauf folgende Traumdeutung durch Priester und Ärzte. Dementsprechend empfahlen sie dann Diäten, Bäder-, Honig- oder Kräuterkuren, körperliche Übungen, das Trinken von verdünntem Schierlingssaft, Kreidebrei o. Ä. Vieles über die Behandlungsmethoden weiß man aus den Aufzeichnungen von Galenos, dem nach Hippokrates wohl berühmtesten Arzt der Antike. Noch heute sind von Galenos, der u. a. auch Leibarzt Mark Aurels war, rund 180 Schriften erhalten. Der gute Arzt erreichte übrigens für die damalige Zeit das hohe Alter von 70 Jahren.

Etwas weiter macht rechter Hand ein Schild auf die **Bibliothek** aufmerksam – ohne dieses würde man die spärlichen Reste glatt übersehen. Von der Bibliothek führt die über 120 m lange **Nordgalerie**, einst eine Säulenhalle von fast 10 m Höhe, zum Theater. Einige wieder aufgerichtete Säulen lassen die einstige Pracht des Komplexes erahnen. Aufführungen in dem noch gut erhaltenen **Theater**, das annähernd 4.000 Zuschauer fasste, sollten für Zerstreuung sorgen und neue Lebensgeister wecken. Noch heute wird es gelegentlich für Veranstaltungen genutzt.

Von der **Westgalerie** steht nicht mehr viel und an die einst doppelstöckige **Südgalerie** erinnert so gut wie nichts mehr. In der Ecke, wo sich beide trafen, gab es, mit viel Phantasie noch zu erkennen, nach Geschlechtern getrennte Toiletten mit Wasserspülung.

Pergamon, ein schattenloses Trümmerfeld

Etwa in der Mitte des von den Galerien umrahmten Platzes plätschert bei einer großen Platane Wasser aus einem Metallrohr. Das angeblich einst heilwirksame Wässerchen hilft, so Untersuchungen aus neuerer Zeit, heute keiner Seele mehr. In der Nähe führen Stufen hinab in einen 80 m langen unterirdischen Gang, in den durch Luken gespenstisches Licht einfällt. Er endet beim **Kurhaus**, gleichzeitig ein Tempel, in dem Wasserbehandlungen vorgenommen wurden. Treppen führen ins Obergeschoss, in jenen Trakt, wo die Patienten zum Träumen schliefen. Gleich daneben lag einst der Haupttempel des Bezirks, der **Asklepios-Tempel** – ohne ein Hinweisschild würde man auch dessen spärliche Reste kaum mehr ausmachen.

Adresse/Öffnungszeiten Von der İzmir Cad. im Süden des Zentrums ausgeschildert. Im Sommer tägl. 8.30–19 Uhr, im Winter verkürzt. Eintritt 6,30 €.

Weitere Sehenswürdigkeiten in und um Bergama

Kızıl Avlu (Rote Halle): Der Monumentalbau (60 x 60 m) aus roten Ziegeln, unter Kaiser Hadrian im 2. Jh. errichtet, diente der Verehrung des ägyptischen Gottes Serapis. Er enthielt eine 12 m hohe Kolossalstatue Serapis' und war ursprünglich komplett mit farbigen Marmorplatten verkleidet. In byzantinischer Zeit wurde die Halle in eine dreischiffige Johannesbasilika umgebaut und mit einer Apsis versehen – daher wird sie auch als „rote Basilika" bezeichnet. Zwei turmartige Rundbauten flankieren sie, in einem davon befindet sich heute eine Moschee.

Adresse/Öffnungszeiten An der Straße zur Akropolis, ausgeschildert. Im Sommer tägl. 8.30–19 Uhr, im Winter verkürzt. Eintritt 3,20 €.

Archäologisches Museum: Die Sammlung fällt im Vergleich zum Pergamon-Museum in Berlin ziemlich bescheiden aus. Wer aber noch nie im Berliner Museum war, kann hier zumindest ein kleines, etwas plump ausgefallenes Modell des Zeusaltars besichtigen. Zu den bedeutendsten Exponaten gehören eine Kolossalstatue Hadrians aus der Bibliothek des Asklepieions, ein prächtiges Bodenmosaik mit einem

Medusenkopf aus hellenistischer Zeit und die eineinhalb Meter große Statue einer Nymphe oder Aphrodites aus Allianoi, die bis zu ihrer Entdeckung im Jahr 2000 in 8 m Tiefe geschlummert hatte.

Adresse/Öffnungszeiten İzmir Cad. Im Sommer tägl. 8.30–19 Uhr, im Winter verkürzt. Eintritt 2,50 €.

Allianoi: Wenn Sie Pech haben, gibt es die Ruinenstätte 18 km nordöstlich von Bergama bis zu Ihrem Besuch schon gar nicht mehr. Bis Sommer 2006 nämlich soll sie – falls die Proteste der Fachwelt nicht fruchten – in den Fluten des Yortanlı-Stausees verschwinden. Untergehen werden damit die Reste eines prächtigen antiken Thermalbades, das seine Blüte im 2. Jh. n. Chr. erlebte. Die 45–50°C heißen Quellen sprudeln übrigens bis heute. Die Grabungen unter Leitung von Dr. Ahmet Yaraş von der Trakya-Universität in Edirne begannen erst 1998. In einem steten Kampf gegen die Zeit legte man u. a. ein Nymphäum, zwei luxuriöse Badehäuser mit intakten Schwimmbädern und – erst 2005 – vortreffliche Bodenmosaike frei.

Anfahrt/Öffnungszeiten Allianoi liegt nahe dem Dorf Paşaköy; von Bergama Richtung Kınık/Akhisar halten, dann ausgeschildert. Stets zugänglich, Studenten führen kostenlos übers Gelände – falls es dieses noch gibt.

Ayvalık

ca. 30.000 Einwohner

Das Schönste liegt nicht selten im Verborgenen: Im Gegensatz zu manch anderem Ägäisort zeigt Ayvalık seine Reize nicht an der Uferfront, sondern im chaotischen Gassenwirrwarr dahinter. Wie vor 100 Jahren klappern dort zuweilen noch Pferdefuhrwerke über das Pflaster.

Ayvalık liegt an einer zergliederten Küstenlandschaft, eingerahmt von duftenden Pinienwäldern. Das hört sich schön an, doch fährt man in das Städtchen, wirkt es auf den ersten Blick ein wenig enttäuschend. Hektisch und nüchtern präsentiert sich die *İnönü Caddesi*, die Hauptdurchgangsstraße. Ayvalıks Charme versteckt sich abseits davon, wo es sich ziel- und orientierungslos herrlich bummeln lässt. Glauben Sie dabei nur keinem Stadtplan. Kreuz und quer kriechen die engen krummen Pflastergässchen wie Regenwürmer durch das alte Zentrum den Hang hinauf. Farbenfrohe klassizistische Stadtpalais mit leprösen Fassaden und hohen Portalen wechseln mit niederen einfachen Wohnhäusern und Werkstätten ab – stumme Zeugen der griechischen Vergangenheit.

Ayvalık
Stadtplan S. 213

Neben seiner pittoresken Altstadt bietet Ayvalık 23 vorgelagerte Inseln mit paradiesischen Buchten. Nur unmittelbar vor Ort fehlt es an Bademöglichkeiten. Kein Wunder also, dass Ayvalık für viele Urlauber – von den in Massen einfallenden Tagesgästen aus Griechenland einmal abgesehen – lediglich abendliches Ausflugsziel ist. Die touristischen Zentren findet man südlich des Städtchens, z. B. im 4 km entfernten Dorf *Çamlık*, das durch seine Vielzahl an Pensionen und Hotels heute mit Ayvalık fast zusammengewachsen ist. Noch 3 km weiter wurde am langen Strand von *Sarımsaklı* gar ein riesiges gesichtloses Hotelkonglomerat aus dem Boden gestampft. Keine Angst – die zerklüftete Küste um Ayvalık bietet zum Glück auch noch Badeplätzchen für ruhige Naturen.

Geschichte

Das heutige Ayvalık liegt im Siedlungsgebiet des antiken *Kydonia*, von dem spärliche Reste auf der nahen Insel Alibey ausgegraben wurden. Kydonia machte keine

Kirche neben Moschee: Blick über Ayvalık

großen Schlagzeilen in der Geschichte, Ayvalık tat es ihm nach. In dem durch und durch griechisch geprägten Küstenort lebte man Jahrhunderte lang vom Fischfang und der Olivenölproduktion, zudem vom Handel mit der Insel Lésbos. Das brachte Wohlstand aber auch Piraten – die vorgelagerten Inselchen boten genügend Verstecke. Durch einen *Ferman* (Sultanserlass) verfügte Ayvalık als einzige osmanische Stadt im 18. Jh. über eine Kommunalverfassung mit weitgehender Autonomie. Bereits Anfang des 19. Jh. besaß Ayvalık eine Akademie, eine Druckerei und florierende Industriebetriebe wie Gerbereien oder Raffinerien. Doch dann kam das Schicksalsjahr 1821: Eine aufgebrachte Menge – durch den griechischen Freiheitskampf emotionalisiert – kaperte vor der Küste zwei türkische Schiffe und setzte sie in Brand. Zur Strafe wurden die Bewohner fast vollständig ins anatolische Hochland verbannt.

Nach dem Ersten Weltkrieg mussten die letzten griechischen Einwohner im Rahmen des Bevölkerungsaustausches ihre Heimatstadt verlassen. Viele von ihnen siedelten nach Lésbos über, Türken aus Kreta übernahmen ihre Häuser. Auch wandelten sie christliche Gotteshäuser in islamische Gebetsstätten um. Daran erinnern im Gassendschungel beispielsweise die *Çınarlı Cami* (ehem. *Agios-Yorgis-Kirche*) und die sehenswerte, frisch restaurierte *Saatli Cami* (ehem. *Agios-Yanis-Kirche*), die „Uhrenmoschee". Lediglich die *Taxiyarchis-Kirche* aus dem 19. Jh. bekam nie ein Minarett aufgeklebt. Zuletzt war das Gebäude wegen Einsturzgefahr verbarrikadiert. Man plant jedoch eine Restaurierung, nach der man hoffentlich wieder die auf Fischhaut gemalten Bilder im Inneren zu sehen bekommt.

Die ersten Jahrzehnte unter türkischer Regie waren von Armut geprägt, schleichend verfiel die alte griechische Bausubstanz. Heute kehrt sich das Blatt langsam wieder. Ayvalık ist ein aufstrebender Küstenort, ohne jedoch an die Blüte von einst anknüpfen zu können. Zu den alten Erwerbszweigen Fischerei und Olivenölproduktion – in und um Ayvalık wachsen fast 2 Mio. Olivenbäume – gesellt sich der Fremdenverkehr. Die Stadtverwaltung hat das touristische Potential der alten griechischen Stadthäuser erkannt, mittlerweile wird fleißig restauriert.

Information/Verbindungen/Ausflüge

• *Telefonvorwahl* 0266.

• *Information* **Tourist Information** stadtauswärts Richtung Çamlık auf der linken Seite, leicht zu übersehen. Leider ohne Fremdsprachenkompetenz. Mo–Fr 8–12 u. 13–17 Uhr. ✆/℻ 3122122.

• *Verbindungen* **Bus**bahnhof 1,5 km nördlich des Zentrums an der Durchgangsstraße. Über Burhaniye nach Edremit (1 Std.) alle 20 Min., nach İzmir (3 Std.) oder Çanakkale (3,5 Std.) etwa stündl. Buchungsbüros rund um den Cumhuriyet Meydanı.

> **Achtung Anreise**: Nicht alle Busse, die entlang der Küste unterwegs sind, steuern den Busbahnhof von Ayvalık an. Manche Gesellschaften lassen ihre Fahrgäste mehrere Kilometer landeinwärts an der Fernstraße İzmir–Çanakkale/Abzweigung Ayvalık aussteigen. Von dort gelangen Sie mit dem Dolmuş ins Zentrum. Erkundigen Sie sich diesbezüglich am besten vor dem Kartenkauf.

Stadtbus/Dolmuş: Stadtbusse verbinden den Busbahnhof mit dem Zentrum und fahren bis nach Çamlık, zudem besteht eine Stadtbusverbindung vom Zentrum zur Alibey Adası (Abfahrt vom Cumhuriyet Meydanı). In die Minibusse nach Sarımsaklı (6–23 Uhr) und am Abend zur Şeytan Sofrası kann man beim Fischmarkt zusteigen. Die Minibusse nach Bergama (stündl.) starten am Busbahnhof, man kann jedoch beim Tansaş-Supermarkt südlich des Fischmarktes zusteigen.

Taxi: Standort am Cumhuriyet Meydanı. Auf die Alibey Adası (Hauptort) 11 €, nach Bergama (Halbtagestour mit 2 Std. Wartezeit) 47 €.

• *Schiffsverbindungen* **Boote zur Alibey Adası** starten tagsüber jede volle Stunde am Kai Cunda İskelesi nördlich des Fischmarktes. Für die drei Seemeilen brauchen die Schiffchen knapp 30 Min.

Fähren nach Lésbos: 2 Gesellschaften bedienen die Strecke. Im Sommer nahezu tägl. Verbindungen, im Winter mehrmals wöchentl. Abfahrt in Ayvalık meist spät nachmittags, zurück kommt man erst am nächsten Tag. Pro Person 40 € (retour 50 €), Auto 50–90 € (retour 60–100 €). Dauer je nach Schiff 90–120 Min. Für die Rückfahrt werden in Griechenland 29 € Hafensteuer erhoben. Reservierung einen Tag im Voraus. Nähere Infos bei **Jale Ferry Boat Agency**, Gümrük Cad. 24, ✆/℻ 3122740 oder **Yeni İstanbul**, Gümrük Meydanı 9/7, ✆ 3126123.

• *Bootsausflüge* Tagestouren mit Badestopps zu den Stränden der vorgelagerten Inseln, pro Person mit Mittagessen 6–10 €. Verhandelt wird am Kai. Abfahrt i. d. R. um 10 oder 11 Uhr.

• *Organisierte Touren* Wenig Auswahl, da in Ayvalık vorrangig Türken Urlaub machen. Dennoch bieten zuweilen ein paar Reisebüros Tagesausflüge nach Pergamon oder Troja an. Die Preise sind von der Gruppengröße abhängig.

• *Parken* Von der Durchgangsstraße sind mehrere Parkplätze mit „Otopark" ausgeschildert. Suchen Sie nicht auf eigene Faust einen Platz in den Gässchen abseits der Uferstraße – dort geht es verdammt eng zu.

Adressen/Einkaufen

• *Ärztliche Versorgung* **Krankenhaus** auf Höhe der Marina an der Straße nach Çamlık. ✆ 3121744.

• *Autoverleih* **Avis** ist der einzige internationale Anbieter, Talatpaşa Cad. 677/B, ✆ 3122456, www.avis.com.tr. Inkl. Versicherungen ab 50 € pro Tag. Günstiger die zahlreichen lokalen Anbieter entlang der Durchgangsstraße, Fahrzeug dort ab 35 € (allerdings ohne Vollkaskoversicherung).

• *Einkaufen* Tägl. am Hafen **Fisch-** und, überdacht im Zentrum, **Gemüsemarkt**. Großer **Wochenmarkt** Do am Marktgelände südlich der Çınarlı Cami im Zentrum. Das

Ayvalık
Stadtplan S. 213

lokale **Olivenöl** zählt zu den besten der Ägäis.

• *Geld* Mehrere Banken mit Geldautomaten am Cumhuriyet Meydanı.

• *Polizei* Am Cumhuriyet Meydanı. ✆ 3129500.

• *Post* An der İnönü Cad., der Hauptdurchgangsstraße.

• *Waschsalon* Einen Self-Service-Waschsalon gibt es nicht. **Reinigung** (Kuru Temizleme) in der Barbaros Cad. 1 Sok. Abgerechnet wird nach Stückzahl.

• *Zweiradverleih* Obwohl die Umgebung dazu einlädt, mit dem Fahrrad oder Moped erkundet zu werden, existiert kein Zweiradverleih in Ayvalık. Nächster Anbieter in Sarımsaklı: **P&M Motorbike**, Atatürk Bul. 36/A, ✆ 3246445.

Übernachten/Camping

Große sternengeschmückte Hotels gibt es in Ayvalık nicht, es überwiegen einfachere Quartiere, darunter jedoch einige wirklich schöne Pensionen. Die vielen Hotels an der Straße nach Çamlık sind laut und daher wenig zu empfehlen. Für weitere Unterkünfte in der Umgebung → Alibey Adası, S. 214.

Chez Beliz, Pension der liebenswerten ehemaligen Schauspielerin Beliz İşlek und ihres freundlichen holländischen Manns. Im Gassenwirrwarr hinter der Durchgangsstraße. 9 einfache, aber sehr freundliche Zimmer, 5 davon mit eigenem Bad. Hübsche Terrassen, tolles Frühstücksbüfett und auf Wunsch ein herrliches Abendessen (14 €). Saubere Gemeinschaftsbäder, Waschservice, Radverleih. Pro Person 20 €. Mareşal Çakmak Cad. 28, ✆ 3124897, www.chezbeliz.com. Von der Post der Beschilderung zur „Pansiyon Bonjour" folgen, dort rechts halten. Etwas weiter dann beschildert.

Annette Haus (10), die charmante Bleibe wird von der gastfreundlichen Annette Steinhoff geführt – es gibt keine Verständigungsprobleme. 8 schlichte, aber sehr nette Zimmer, meist mit Gemeinschaftsbädern. Hübscher Palmengarten, leckeres Essen auf Wunsch. DZ 30–44 €. Liegt etwas versteckt in der Neşe Sok. 12 – durchfragen. ✆/📠 3125971.

Kaptan Otel (3), kleines Hotel nahe der Post, von der Durchgangsstraße ausgeschildert. Ordentliche Standardzimmer, DZ mit Klimaanlage 37 €, ohne 32 €. Schöne Terrasse am Meer, eigener Parkplatz. Viel griechisches Publikum. Freundlicher englischsprachiger Service. Balıkhane Sok. 7, ✆ 3128834, 📠 3121271.

Pansiyon Bonjour (1), ebenfalls etwas versteckt in einem alten feudalen Stadthaus. Eingangsbereich mit Antiquitäten, die 9 Zimmer nicht mehr ganz so prunkvoll, aber mehr als okay. Schöner Innenhof, Gemeinschaftsküche. DZ 31 €, mit Klimaanlage 6,50 € mehr. Çeşme Sok. 5, ✆ 3128085, www.bonjourpansiyon.com. Ab der Post beschildert.

Pansiyon Taksiyarhis (4), stilvoll restauriertes Haus, mit viel Liebe eingerichtet. Gemütliche Zimmer, sehr saubere Gemeinschaftsbäder. Gärtchen mit Hängematte, Terrasse mit Wahnsinnsblick, jede Menge Bücher, Waschmaschine und Internet. Radverleih. Pro Person ohne Frühstück 13 €, mit Frühstück 16 €. Maraşal Çakmak Cad. 71, ✆ 3121494, www.taksiyarhis.com. Wegbeschreibung → Chez Beliz.

Yalı Pension (2), in Postnähe. Nur durch die hauseigene Gartenterrasse (einfach herrlich!) vom Meer getrennt. 8 einfache, sehr saubere Zimmer mit hohen Wänden in einer über 200 Jahre alten Traumvilla. Etagenbad. Freundlicher Familienbetrieb. Pro Person 16 €. PTT arkası 25, ✆ 3122423, 📠 3121970.

• *Außerhalb* ** **Ayvalık Beach**, ca. 8 km südlich von Ayvalık an der Straße zur Şeytan Sofrası. Gepflegte Bungalowclubanlage direkt am Meer in einem Pinienwald. Pool und eigener Strandabschnitt. DZ mit HP 94 €. ✆ 3245300, www.ayvalikbeach.com.

• *Camping* **Çamlık Camping**, ca. 200 Stellplätze auf einem terrassierten Hügel nahe der Straße nach Sarımsaklı, ca. 4 km südlich von Ayvalık. Schöner Zeltplatz (schlecht für Wohnmobile) mit viel Schatten. Einfache sanitäre Anlagen, Bungalowvermietung. Leider kein schöner Strand vor der Nase. 2 Pers. mit Zelt und Auto 4,40 €, Bungalows 9 €, mit Du/WC 12,50 €. ✆ 3122286.

Ein weiterer Zeltplatz namens **Çamlık Mesire Yeri** befindet sich auf dem Weg von Çamlık zur Şeytan Sofrası. Noch einfacher, aber nicht viel billiger.

Übernachten
1 Pansiyon Bonjour
2 Yalı Pansiyon
3 Kaptan Otel
4 Pansiyon Taksiyarhis
10 Annette Haus
Essen & Trinken
5 Osmanlı Mutfağı
6 Şehir Kulübü
7 Canlı Balık Restaurant
9 Özsüt
Nachtleben
8 White Knight Café
Alibey Adası, Busbahnhof
Lesbos
Pension Chez Beliz
Marina, Çamlık, Sarımsaklı, Tourist Information, Şeytan Sofrası, Tansaş-Supermarkt und Krankenhaus
İnönü Cad.
Cumhuriyet Caddesi
İsmetpaşa Caddesi
Mareşal Çakmak Caddesi
2. Fethiye Cad.
Çeşme Sokak
Karantina S
Balıkhane S
Helvacılar
Gümrük Meydanı
Jale Ferryboat Agency
Yeni İstanbul
Straßenlokantas
Taxiyarchis-Kirche
Gümrük C
Saatli Cami
Cami Sokak
Çarşı Aralığı
Bedesten
Gemüse-markt
Oteler Aralığı
Eski Postane Aralığı
Eski Matbaa Aralığı
Belediye S
Rıhtım Boyu
Avis
Atatürk-Statue
Talatpaşa C
Cumhuriyet Meydanı
Polizei
Boote zur Alibey Adası
zur Alibey Adası zum Busbahnhof
Barbaros Caddesi
Barbaros 1. Sok.
Dalkıran Cad
Fethiye Cad
Alibey Camii C
Çınarlı Cami
Harman S
Fischmarkt
Minibusse nach Sarımsaklı zur Şeytan Sofrası
Ausflugsboote
Körfez Diving Center
Demirciler S
Gemüse-markt
Arapça
Kaymakam İbrahimbey
13 Nisan C
Bahar Sk
Wochen-markt
Zafer Sokak
13. Nisan Cad.
13. Nisan C Aralığı
Fabrika Aralığı
Gülbahar Sk
Motor S
Barbaros Cad.
Çifte Çeşme S
Selvi S
60 m
Ayvalık

Essen & Trinken/Nachtleben (siehe Karte S. 213)

Ayvalık steht für besten Fisch. Die Fischrestaurants nahe der Atatürkstatue sind allesamt gut, aber auch nicht billig, Gleiches gilt für die vorzüglichen Fischlokale auf der Alibey Adası (→ Umgebung). Günstiger isst man in den schattigen Straßenlokantas nördlich des Gemüsemarktes (fast alle schenken auch Bier aus) und den Pide- und Kebabsalons entlang der Durchgangsstraße und ihren Seitengassen. Ein populärer Snack ist der *Ayvalık Tost*, ein getoastetes Megasandwich, das man am besten *karışık* (gemischt) genießt.

Canlı Balık Restaurant (7), neben Fisch auch eine große Auswahl an Topfgerichten und Meze. Für ein gutes Essen sollte man mit rund 20 € pro Person rechnen. Lesern hat's hier geschmeckt. Bei der Atatürkstatue an der Uferfront, ✆ 3130081.

Şehir Kulübü Restaurant (6), gemütliche Terrasse am Wasser. Über 30 verschiedene Meze – der ideale Ort für einen längeren Abend mit viel Rakı. Hervorragende Fisch- und Fleischgerichte. Preislich okay, Hg. 3,20–6,90 €. Belediye Sok., ✆ 3121088.

Osmanlı Mutfağı (5), einfaches, aber stets gut besuchtes Restaurant. Bietet Topfgerichte, Pide und leckere Spieße vom Grill. Preiswert. Die Adresse für mittags! Talat Paşa Cad.

• *Süßes* **Özsüt (9)**, an der Durchgangsstraße gegenüber dem Fischmarkt. Süßspeisenkette mit bestem Ruf. Ob Milchreis, Pudding oder Eis – alles sehr lecker. Wenig ansprechender Außenbereich durch die laute Straße davor.

• *Außerhalb* **Şahin Restaurant**, in Çamlık gleich neben dem Çamlık Camping an der Straße nach Sarımsaklı. Gepflegte Lokalität in einem kleinen gelben Bau abseits des Trubels und direkt am Meer. Originelle Meze, auch mit Meeresfrüchten (1,30–3,20 €), dazu Gegrilltes zu 5–7,50 €.

• *Nachtleben* Mit großen Ferienorten wie Bodrum oder Kuşadası kann Ayvalıks Nightlife nicht mithalten, aber am Hafen ist am Abend immer etwas geboten. Ein beliebter Treffpunkt dort ist das **White Knight Café (8)** nahe der Atatürk-Statue.

Baden/Tauchen

• *Baden* Am besten unternimmt man einen Bootsausflug zu den Badebuchten der vorgelagerten Inseln. Strände findet man ferner auf der **Alibey Adası** (→ Umgebung) und in **Çamlık.** Der Knoblauchstrand von **Sarımsaklı** (türk. *sarımsak* = Knoblauch) ist rund 7 km lang und 200 m breit, im Siedlungsbereich allerdings mit Sonnenschirmen und Liegestühlen vollgepflastert und teilweise von den anliegenden Hotels reserviert.

• *Tauchen* **Körfez Diving Center**, eine der wenigen Tauchbasen der Region. 2 Bootstauchgänge mit Equipment ca. 50 €, Schnuppertauchen 30 €, Tauchkurse (CIMAS*) ab 200 €. Bei den Ausflugsbooten am Hafen. ✆ 0532/2263589 (mobil).

Umgebung von Ayvalık

Alibey Adası (Insel Alibey): Insel oder Halbinsel – der Status ist nicht ganz klar, da das Eiland rund 8 km nordwestlich von Ayvalık über Brücke und Damm trockenen Fußes erreicht werden kann. Die früheren Bewohner, Griechen, nannten ihre Heimat „Insel des Duftes". Heute zieht vor allem der Duft der zahlreichen Fischbratereien des Hauptortes über die Insel – allabendlich lädt die dortige Uferpromenade mit ihren vielen Fischlokalen zum Schlemmen und Flanieren ein. Tagsüber wirkt der charmante Ort (im Winter 500 Einwohner, im Sommer über 20.000!) mit seinen alten griechischen Häusern wie ausgestorben. Mit Schlagseite legen am Vormittag die Ausflugsboote ab, erst am späten Nachmittag kommen sie von der Badetour zurück. Eine kleine Attraktion ist die im Verfall begriffene, nur noch als Skelett existierende *griechisch-orthodoxe Kirche.*

Alte Klosterinsel vor der Alibey Adası

Den Reiz der Insel entdeckt seit Jahren mehr und mehr die türkische Highsociety – alte Häuser werden herausgeputzt, neue gebaut. So ist leider auch Alibey Adası, schlicht „Cunda" genannt, von uniformen Ferienhaussiedlungen und selbst Betonklötzen nicht verschont geblieben. Doch finden sich abseits des Hauptortes noch etliche ruhige Fleckchen und nette, von Pinienwäldern umrahmte Sandbuchten. Bei kleinen Wanderungen kann man zudem Ruinen alter Klöster entdecken. Tipp: Hinauf zu den Buchten im recht unberührten Norden der Insel! Dahin aber gelangt man nur zu Fuß oder mit einem Mietfahrzeug.

• *Verbindungen* Regelmäßige **Bus**- und **Boot**sverbindungen (→ Ayvalık/Verbindungen).

• *Bootsausflüge* Gleiches Angebot wie in Ayvalık.

• *Einkaufen* Die Auswahl an Trödel- , Kram- und gehobenen Souvenirgeschäften ist groß. Noch ein Extratipp:

Günaydın Tekel, in dem lustigen Lädchen im Zentrum von Alibey-Dorf (notfalls fragen) wird bizarrer Wein verkauft, z. B. mit Schokoladen- oder Bananengeschmack – eine Adresse für Aspirinfreaks.

• *Übernachten* * **Ortunç**, ganz im Westen der Insel, rund 4 km von Alibey-Dorf entfernt. Laut Prospekt ein „verstecktes Paradies", und dem kann man nur zustimmen. Gemütliche, von einem Pinienhain umgebene Bungalowanlage abseits jeglichen Trubels. Sehr gepflegt, der Rasen hat Golfplatzniveau. Eigener Strand. Betreiber Orhan Tunç ist ein ehemaliger Opernsänger. Pro Person 38 €. ✆ 3271120, www.ortunchotel.com. Nicht mit öffentlichen Verkehrsmitteln zu erreichen.

Zehra Teyze'nin Evi, ein 250 Jahre altes Stadthaus neben der unübersehbaren verfallenen Kirche. Gehobene Pension, sehr sauber und gepflegt. Komfortable Zimmer mit gusseisernen Betten und neuen Bädern. DZ 56 €. ✆ 3272285, www.cundaevi.com.

Altay Pansiyon, im Zentrum von Alibey-Dorf ein paar Reihen hinter dem Meer. 8 blitzeblanke Zimmer auf hohem Niveau: Fliesenböden, Kühlschrank, Klimaanlage und Föhn. Etwas hellhörig. Kleiner Hinterhof zum Frühstücken. DZ 50 €. ✆ 3271024, www.altaypansiyon.com.

Atün Pansiyon, einfache, aber ordentliche Unterkunft in zweiter Reihe nahe der Bootsanlegestelle in Alibey-Dorf. Das alte,

Ayvalık Stadtplan S. 213

rot-weiße Steinhaus gehört zu den billigsten Unterkünften auf der Halbinsel und ist daher oft ausgebucht. DZ mit Bad 28 €, kein Frühstück. ✆ 3271554.

• *Camping* **Ada Camping**, rund 4 km westlich des Inselhauptortes. Großer Platz zwischen Olivenbäumen. Einfache, saubere Sanitäranlagen, Camperküche, Minimarkt. Eigener Kiesstrand in einer kristallklaren Bucht. Terrassenrestaurant. 2 Pers. mit Zelt u. Auto 11 €. Zudem 15 schlicht eingerichtete Bungalows mit Du/WC, Terrasse und z. T. mit TV, die für das Gebotene allerdings dreist überteuert sind: pro Person 31 €. ✆ 3271211, adacamping@superposta.com. Beschildert, nicht mit öffentlichen Verkehrsmitteln zu erreichen.

• *Essen & Trinken* Um die 20 gute Fischlokale am Hafen von Alibey-Dorf, wo man angeblich aus 118 verschiedenen Fischgerichten (!) wählen kann. Das **Saki Kaptan** (auch als „Papalina" bekannt) gilt als eines der besten. Gigantische Mezeauswahl wie auch bei den meisten anderen Restaurants. ✆ 3271041.

Die hinteren Reihen werden bestimmt von edel-schicken Trendlokalen und alternativ-niedlichen Cafés.

• *Cafés/Bar* **Taşkahve**, schönes altes Kaffeehaus an der Uferpromenade. Hoher lichtdurchfluteter Saal und darin gesetztere Herren überm Tavla-Brett.

Nargileli Café, neben der Altay Pansiyon (s. o.). Gemütliches Outdoor-Wasserpfeifencafé.

Dinosaur Club, an der Uferpromenade nahe dem Restaurant Saki Kaptan. Kneipe mit niederen Tischen in altem Natursteingemäuer, regelmäßig Livemusik.

Şeytan Sofrası: Der Beelzebub bittet zu Tisch. Şeytan Sofrası („Teufelstafel") nennt man eine tischförmige Gesteinsformation auf der Sarımsaklı-Halbinsel rund 10 km südwestlich von Ayvalık. Hier kann man den Teufel bestechen und eine Münze in einen Spalt am Tischrand werfen – jeder Wunsch geht so in Erfüllung, heißt es. Der Grund für die allabendlichen Massenversammlungen zum Sonnenuntergang ist jedoch weniger das Loch im Felsen als die traumhafte Aussicht über die zerklüftete Küstenlandschaft. Ein paar Lokale laden hier zum Sundowner der Extraklasse ein.

• *Anfahrt/Verbindungen* Auf dem Weg von Çamlık nach Sarımsaklı ausgeschildert. **Dolmuşe** (stets überfüllt) fahren nur am Abend dorthin (→ Ayvalık/Verbindungen). Man kann jedoch auch ein Dolmuş nach Sarımsaklı nehmen und von dort loswandern – schöne Ausblicke sind garantiert.

Stelldichein beim Teufel: Şeytan Sofrası

Orientalisch angehaucht: Hafenansicht der Inselhauptstadt Mytilíni

Ausflug auf die Insel Lésbos (Griechenland)

Vor dem Golf von Edremit liegt Lésbos, die drittgrößte Insel Griechenlands. Das mit herrlichen Buchten gespickte Eiland ist ein bevorzugtes Reiseziel von Individualtouristen. Im Sommer bestehen regelmäßige Fährverbindungen von Ayvalık.

Eines vorweg: Wer sich zu den schönen abgeschiedenen Buchten aufmachen will, sollte einen mehrtägigen Lésbos-Aufenthalt einplanen. Die Insel ist groß, die Küstenlänge beträgt 370 km. Leider lädt genau der Küstenabschnitt rechts und links des Hauptortes Mytilíni, wo die Fähre anlegt, zum Baden weniger ein. Dafür aber hat die quicklebendige und im Vergleich mit den anderen nordostägäischen Inseln fast großstädtisch wirkende Hafenstadt einiges an kulturhistorischen Sehenswürdigkeiten zu bieten. Dazu gehört eine weitläufige *byzantinisch-genuesische Festung (Kástro)* am Stadtrand auf einem pinienbewachsenen Hügel; viele der hohen, zinnenbekrönten Mauern stehen noch (Di–So 8.30–15 Uhr; Eintritt 3 €, über einen Pflasterweg von der Odós 8. Noemvriou zu erreichen). Aber auch Museen laden zu einem Besuch ein, wie z. B. das *Museum für byzantinisch-kirchliche Kunst* mit einer sehenswerten Ikonensammlung (Mo–Sa 9–13 Uhr, Eintritt 2 €, gegenüber der *Kirche Ágios Therápon*, an ihrer silberglänzenden Kuppel leicht zu erkennen). Die archäologischen Schätze der Insel sind gleich auf zwei Museen verteilt: auf das *Alte Archäologische Museum*, untergebracht in einer klassizistischen Villa auf der Rückseite des Fährhafens, und das *Neue Archäologische Museum* nicht weit vom Eingang des Kastells (für beide: Di–So 8.30–15 Uhr, Eintritt 3 €). Farbenfroh und herrlich zum Durchschlendern ist der *Odós Ermoú*, die Basarstraße der Stadt.

Information/Verbindungen/Sonstiges in Mytilíni

• *Telefonvorwahl* Internationale Landesvorwahl für Griechenland ✆ 0030.

• *Information* **Directorate of Tourism**, unweit des Fährhafens. Mo–Fr 9–13 Uhr. Tzeims Aristarchou 6, ✆ 22510/42511.

• *Verbindungen auf Lésbos* Die **Stadtbusse** (z. B. nach Variá) fahren küstennah im südlichen Stadtgebiet ab (durchfragen, im Sommer alle 30 Min.). Die **Überlandbusse** starten an der Südostecke des Stadtparks. Mehrmals tägl. nach Plomári, Mólivos, Pétra Kalloní, Agiássos, Kalloní-Eressós, Políchnitos und Mandámados (z. T. weiter nach Skála Sikaminéas).

• *Fährverbindungen in die Türkei* → Ayvalık/Verbindungen, S. 211.

• *Auto- und Zweiradverleih* Zweiräder sind in Mytilíni relativ teuer, dafür besser nach Plmári oder Pétra ausweichen. Autos verleiht **Egeon**, klein und zuverlässig in einer Seitenstraße der Prokymaía nahe der Sappho-Statue, Chiou-Str., 22510/29820.

Übernachten/Essen & Trinken in Mytilíni-Stadt

• *Übernachten* **Hotel Blue Sea**, recht komfortables, funktionales Großhotel mit über 100 Betten, nah am Fähranleger. Lärmschutzfenster, Klimaanlage. DZ/Bad 125 €. Kountouriótou-Str. 91, ✆ 22510/23994, 📠 29656.

Hotel Lesvion, mitten im Trubel. Bäder etwas eng, sonst okay. Bar mit Hafenblick im 1. Stock. DZ (größtenteils mit Klimaanlage) 60–70 €. Kountouriotou-Str. 27, ✆ 22510/28177, lesvion@otenet.gr.

Domátia Vazakas Bajakas, solide Privatzimmer im Zentrum, recht ruhig. 10 blitzsaubere, moderne DZ/Bad 30–40 €. Bizaniou-Str. 17, ✆ 22510/26360. Etwas versteckt: Etwa in der Mitte der Odós Ermoú östlich in die Ágios Theodorou-Str. einbiegen, dann nochmals rechts.

• *Essen & Trinken* **Psarotavernas**, das halbe Dutzend Fischtavernen an der Südseite des Südhafens bildet die „Restaurantmeile" Mytilínis. Nicht nur Fisch, sondern auch Fleisch und Standardgerichte; Preise in erträglichem Rahmen.

Taverne To Kalderími, in einer engen, von Planen und Weinlaub überschatteten Seitengasse der Odós Ermoú, Tische auch im Freien. Gemütliche Atmosphäre, solide Küche. Besonders mittags beliebt, viele Einheimische. Thasou-Str.

Die schönsten Ausflugsziele der Insel

Gemäldesammlungen von Variá: Zwei Gemäldesammlungen, wie man sie auf Lésbos kaum erwarten würde, begeistern im 5 km südlich von Mytilíni gelegenen Nobelvorort Variá: Das *Theophilos-Museum* zeigt über 100 Gemälde des lokalen Malers, dessen Themenbogen von der griechischen Götterwelt bis zum Alltag seiner Landsleute reichte (Di–So 9–17 Uhr, Eintritt 1,50 €). 1934 starb Theophilus, der erst posthum Anerkennung und den Weg in den Louvre fand. Entdeckt wurde er von dem Kunstkritiker und Verleger Teriade (1897–1983), dessen Werk ebenfalls ein Museum gewidmet ist. In den „Grand Livres" publizierte Teriade Texte bekannter Autoren mit Illustrationen nicht minder bekannter Künstler (Miró, Chagall, Picasso, Matisse, Le Corbusier, Gris usw.; Di–So 9–14 Uhr, Eintritt 2 €). Die Museen sind in Variá ausgeschildert.

Skála Sikaminéas: Schon die Anfahrt zu dem reizvoll gelegenen Küstendorf ganz im Norden der Insel ist ein Erlebnis: In vielen Kehren windet sich die Straße hinab. Rund um den kleinen Hafen findet man ein paar gemütliche Tavernen, zudem werden Zimmer vermietet. Empfehlenswert ist das *Hotel Gorgona* (DZ 30–40 €, ✆/📠 22530/55400). Etwa eine Viertelstunde Fußweg östlich liegt der Kiesstrand *Kagia*, die beste Bademöglichkeit in dieser Ecke weit und breit.

Agiássos: Am 968 m hohen Ólympos liegt das romantische Bergdorf mit engen Pflastergassen gesäumt von erkergeschmückten alten Steinhäusern. In so manchen sind noch traditionelle Handwerksbetriebe ansässig. Mittelpunkt des Städtchens ist die *Wallfahrtskirche der Panagía* (Gottesmutter) aus dem frühen 19. Jh. Hier verehren die Gläubigen eine Marienikone, die angeblich aus Jerusalem stammt. In einem Nebengebäude sind sakrale Kunst und skurrile Pilgergeschenke (u. a. Elefantenstoßzähne) ausgestellt (tägl. 9–19 Uhr, Eintritt 0,50 €). Auch der *Ólympos* selbst lohnt einen Ausflug: Der Ausblick von oben ist großartig.

Malerischer Ort im Inselnorden: Mólivos

Plomári und Umgebung: Plomári, mit ca. 4.000 Einwohnern das zweitgrößte Städtchen der Insel, ist in ganz Griechenland für seinen Oúzo berühmt. Der Ortskern ist freundlich, Unterkünfte sind vorhanden, und der kleine Strand *Ammoudéli* am westlichen Ortsrand taugt für einen Sprung ins Wasser. Schöner ist jedoch der kleine Kiesstrand des 6 km westlich gelegenen Weilers *Melínda*, drei Tavernen vermieten dort auch Zimmer. Einen sehr gepflegten Strand findet man zudem im 3 km östlich gelegenen Ferienort *Ágios Isídoros*, dazu Bars, Diskotheken und viele Skandinavier.

Vaterá: Bei Vaterá erstreckt sich der mit rund 10 km längste Strand der Insel. Ferienhäuser säumen ihn. Auch im landeinwärts gelegenen Políchnitos kann man baden. Das große Binnendorf ist bekannt für seine 90°C heißen radioaktiven Quellen, die heißesten Europas.

Moní Limonos: Im grünen Inselinnern nahe Kalloní und umgeben von 13 Millionen Olivenbäumen – so viele gibt es nämlich auf Lésbos – liegt das interessanteste Kloster der Insel. Im 16. Jh. wurde es gegründet, heute beherbergt es verschiedene soziale Einrichtungen. Sehenswert sind die *Klosterkirche* (für Frauen nicht zugänglich) und das *Klostermuseum* mit einer wertvollen Bibliothek.

Pétra: Gute Strände bringen Touristensegen, weshalb aus dem freundlichen, einst verschlafenen Städtchen im Nordwesten der Insel ein Ferienzentrum wurde. Wahrzeichen des Ortes ist die auf einem Felsen stehende *Kirche Panagía Glykofiloúsa* (1840) – 114 Stufen führen hinauf. Sehenswerter aber ist die kleine *Ágios-Nikólaos-Kirche* (unweit der Platía) mit gut erhaltenen Fresken aus dem 16. Jh. Von den Stränden bei Pétra ist der ruhigste der *Ambélia* (5,5 km westlich).

Mólivos (Mithimna): Nur ein paar Kilometer von Pétra entfernt liegt Mólivos, ein pittoreskes, wunderschönes Küstenstädtchen. Kein Neubau stört das Bild, seit den 1950ern steht der Ort unter Denkmalschutz. Und weil alles so malerisch ist, ist

Mólivos zugleich das meistbesuchte Städtchen der Insel, dessen Gassenwirrwarr zum Verlaufen einlädt. Gekrönt wird der Ort von einem gut erhaltenen *Kastell*, das in byzantinischer Zeit entstand und unter den Genuesen erweitert wurde (Di–So 8–15 Uhr, Eintritt 2 €). Der beste Badeplatz in der Nähe ist der *Eftaloú-Strand* (Kies) etwa 4 km östlich.

• *Übernachten* **Hotel Olive Press**, Schmuckstück am Ortsstrand. Die ausgediente Ölmühle ist stilvoll restauriert, Service und Ambiente sind vom Feinsten. DZ 75–100 €. ✆ 22530/71205, ℻ 71647.

Hotel Akropol, eigentlich ein Privatvermieter, altes Steinhaus in toller Aussichtslage auf dem Kástro-Hügel, 10 Fußmin. vom Zentrum. Großer Pool. Mitte April bis Mitte Oktober, DZ/Bad 40–50 €. Anfahrt von der Straße nach Eftaloú, dann links Richtung Burg. ✆ 22530/71745, ℻ 71522.

• *Essen & Trinken* **The Captains's Table**, Restaurant der Australierin Melinda. Griechische Küche mit Schwerpunkt Fisch, auch Vegetarisches. Flinker Service. An der Tavernenmeile am Hafen.

Restaurant Sansibal, oberhalb der Hauptstraße an der Abzweigung zur Agora. Verwinkelter Bau mit mehreren Terrassen, das Essen eine Kleinigkeit teurer als anderswo, dafür mit dem gewissen Extra. Phantasievoll gewürzt, freundliche Bedienung.

Skála Eressoú: Skála Eressoú im kargen Westen der Insel lohnt vor allem wegen des kilometerlangen Strandes einen Besuch. Zugleich ist der Ort ein Wallfahrtsort der auf Sapphos Spuren wandelnden Frauenwelt. Obwohl architektonisch nicht gerade schön, eignet sich Skála Eressoú dennoch für ein paar Strandtage.

• *Übernachten* **Pension Krinelos**, recht zentral hinter dem großen Parkplatz vor dem Ortskern. Freundliches Management, solide und saubere Zimmer mit Kühlschrank. DZ/Bad 25–40 €, auch Studios und Familienapartments. ✆ 22530/53246, ℻ 53982.

Lésbos – Insel der Sappho

Die legendäre Sappho, geboren 612 v. Chr. auf Lésbos, ist noch heute, mehr als 2.500 Jahre nach ihrem Tod, lebendig. Fährschiffe, Denkmäler und Straßen werden nach ihr benannt. Sie gilt als die erste Lyrikerin der Geschichte, und für Plato war sie die zehnte Muse. In Versfragmenten überliefert ist ihre Neigung zu Frauen, die der lesbischen Liebe ihren Namen gab.

Sígri/Versteinerter Wald: Am westlichsten Zipfel von Lésbos liegt das ruhige, in sich gekehrte Küstendorf Sígri inmitten einer rauen, fast baumlosen Felslandschaft. Individualisten mit Sinn für wilde Romantik werden die einst rein türkische Siedlung lieben. Oberhalb der Straße nach Sígri thront, trutzig auf einem Vulkankegel, das *Kloster Moní Ipsiloú*. Es bietet herrliche Ausblicke und ein kleines Museum mit Ikonen, alten Handschriften, Priestergewändern usw. (Eintritt frei). Wegen dem nahe gelegenen Militärstützpunkt ist Fotografieren verboten.

5 km südlich des Klosters kann man den sog. *Steinernen Wald* besuchen. Für das in Europa einmalige Naturphänomen ist ein Vulkanausbruch vor 15–20 Mio. Jahren verantwortlich. Die Wälder von Lésbos versanken damals unter einem Ascheregen. Das Wasser heißer Quellen tränkte die Stämme mit Mineralien, die Zelle um Zelle ersetzten. Im Laufe der Zeit verwandelte sich so die Holzstruktur zu Stein (ausgeschildert mit „Petrified Forest", tägl. 8–16 Uhr, Eintritt 1,50 €).

Der schönste Strand bei Sígri liegt übrigens rund 3 km nördlich, fragen Sie nach dem Weg zum *Faneroméni-Strand*.

Altherrenrunde in Yeşilyurt

Der Golf von Edremit

Der Golf von Edremit, eine riesige Einbuchtung des Ägäischen Meeres, war in der Antike von Seeleuten wegen seiner wechselnden Winde gefürchtet. Der Wind hat sich gedreht: Heute ist der Golf überaus beliebt, insbesondere bei türkischen Urlaubern.

Der Golf von Edremit wird wegen seiner endlosen, silbrig-grün schimmernden Olivenhaine auch gerne als die Olivenriviera bezeichnet. Leider haben vielerorts an der Küste gigantische Ferienkonglomerate und vierspurig ausgebaute Straßen die einst herrliche Landschaft ihres Charmes beraubt. Schöne Ecken findet man insbesondere abseits der Küste in den *Kaz Dağları*, dem antiken Idagebirge (→ Kasten), das die Region von der kühleren Marmaragegend abschirmt. Hier erwarten Sie neben einer intakten Natur und sauerstoffreicher Luft – nicht umsonst wurde 2005 ein Bergsanatorium für Asthmakranke eröffnet – alte griechische Dörfer mit hübschen Unterkünften. Aber auch an der Küste findet man noch so manch ruhiges Eck mit kleinen einladenden Hotels oder Campings, insbesondere rund um Assos.

Ören

Die gepflegte, mit Villen durchsetzte Ferienkolonie besitzt einen herrlich-langen und breiten Sandstrand, der zu den schönsten der nördlichen Ägäis gehört. Eine Riesenrutsche führt dort in manchen Jahren ins kristallklare Wasser. Wer einen ruhigen Badeurlaub mit Kindern verbringen will, ist in Ören bestens aufgehoben. Gepflegte Blumenbeete, schattige Teegärten und ein parkähnlicher Küstenbereich lassen vergessen, dass man sich in einem künstlich angelegten Ferienresort befindet. Einen alten Ortskern sucht man vergebens, auch irgendeine Form von orientalischem

Flair, selbst auf dem donnerstäglichen Wochenmarkt. Dafür bietet sich ein Ausflug ins 5 km entfernte Landstädtchen **Burhaniye** an. Der 27.000-Einwohner-Ort ist Umschlagplatz eines bäuerlichen, wohlhabenden Einzugsgebiets. Nicht erschrecken – die Küste südlich und nördlich von Ören ist nahezu komplett verbaut.

Nationalpark Kaz Dağları – Mythologie trifft Natur

Der über 21.000 ha große Nationalpark *Kaz Dağları* (Gänseberge) erstreckt sich im Norden des Golfes von Edremit. Seine höchste Erhebung ist der *Sarıkız Tepesi* (Berg des Blonden Mädchens) mit 1.767 m. Die Namen von Gebirge und Gipfel sind eng mit einer Legende verknüpft: Demnach fand ein armer Bauer nach der Rückkehr von einer Pilgerreise seine blond gelockte Tochter im Techtelmechtel mit der Dorfjugend vor. Um sie von dieser fernzuhalten, brachte er sie in die Berge, wo sie Zeit ihres Lebens Gänse hütete und übernatürliche Fähigkeiten entwickelte. Eine Statue von ihr kann man an der Uferpromenade von Akçay bewundern.

Als Idagebirge war der Höhenzug in der Antike bekannt, und auch die Mythologie kennt eine Geschichte dazu. Sie erzählt von der ersten Misswahl aller Zeiten, die hier ausgetragen wurde. Den Wettbewerb inszenierte Paris, der schöne Sohn des trojanischen Königs Priamos. Als Siegerin ging die Göttin der Liebe hervor: Aphrodite. In Anlehnung daran findet noch heute alljährlich im August ein Beautycontest in den Kaz Dağları statt.

Erst seit ein paar Jahren versuchen geschäftstüchtige Reiseveranstalter in den Küstenorten des Golfes, Profit aus ihrem grünen, gebirgigen Hinterland zu schlagen. Tiefe Täler und Canyons laden zu ausgiebigen Wandertouren ein. Hinzu kommen idyllisch gelegene Picknickplätze wie **Pınarbaşı** (ca. 6 km nordöstlich von Akçay) oder das romantische Forellenlokal am kleinen **Sütuven-Wasserfall** (von der Küstenstraße zwischen Akçay und Edremit ausgeschildert). Um das Leben der Bergbevölkerung zu dokumentieren, hat man im Dorf Tahtakuşlar ein **Ethnographisches Museum** eingerichtet (ausgeschildert).

- *Wandern* Am besten nimmt man sich einen Führer, den z. B. die Tourist Information in Akçay oder die Parkverwaltung (✆ 0266/3731480) vermittelt. Für die Besteigung des Sarı-Kız-Gipfels ist eine Genehmigung durch die Parkverwaltung erforderlich (nur während des Sarıkız-Festivals vom 15.–25. Aug. ist keine Genehmigung nötig). Organisierte Trekkingtouren und Jeepsafaris ins Gebirge bietet das Reisebüro Demre Tour in Akçay (s. u.) an.
- *Übernachten* **İdaköy Çiftlik Evi**, im Bergdörfchen Çamlıbel, ca. 7 km nordwestlich von Akçay. Ein Tipp für alle, die absolute Ruhe dem Strandtrubel vorziehen. In einem gemütlichen Landhaus vermieten der pensionierte, englischsprachige Anwalt İskender Azatoğlu und seine Frau Sema 6 schlichte, aber freundliche, blitzsaubere Zimmer mit Dielenböden, 5 davon mit eigenem Bad. Schöne Terrasse. Auf Wunsch Trekkingtouren, Kulturfahrten in die Umgebung und Diaabende, zudem klassische Musik statt Fernseher und gutes Essen mit Produkten der Region. Rauchverbot. Reservierung erforderlich. DZ mit HP 88 €. ✆ 0266/3873402, www.idakoy.com. An der Küstenstraße zwischen Akçay und Altınoluk ausgeschildert.

Information/Verbindungen/Ausflüge/Einkaufen

- *Telefonvorwahl* 0266.
- *Information* Kleines Büro in Ören-Mitte. Mo–Fr 8–12 Uhr u. 13–17 Uhr. Ören Mah. Karakol Yanı, ✆ 4163500, ℻ 4165674.

• *Verbindungen* Intercity-**Bus**bahnhof in Burhaniye (Verbindungen z. B. nach İzmir oder Edremit). Von dort **Dolmuşe** nach Ören. In Ören starten die Dolmuşe nahe der Tourist Information. **Fähren** tuckern im Sommer mehrmals tägl. nach Akçay. Abfahrt im Vorort İskele ca. 2 km südlich. Eine **Fährverbindung nach Lésbos** war 2005 noch in der Planungsphase. **Taxis** am Hauptplatz, nach Burhaniye z. B. 6,30 €.

• *Bootsausflüge* Zu den vorgelagerten Inseln vom Vorort İskele, ca. 2 km südlich von Ören, dahin keine Dolmuşverbindung. Tagestour pro Person mit Mittagessen ca. 10 €.

• *Organisierte Touren* Anbieter mit improvisierten Ständen am Hauptplatz: Preisbeispiele von **Zefira Tour**: Assos und Troja oder Bergama jeweils 22 €, Kazdağları 16 €, Bootstrip nach Assos mit Essen 12,50 €. ✆ 4125205, www.zefiratour.com.

• *Einkaufen* **Olivenöl** aus Burhaniye! Das Öl von **Katipoğlu** gehört zu den besten der Ägäis. Die Katipoğlu-Verkaufsstelle liegt im Zentrum von Burhaniye, Atatürk Cad. 50, durchfragen.

Übernachten/Camping/Essen & Trinken

Das Gros der Urlauber wohnt in Motels und Apartmenthäusern am Strand südlich und nördlich des Zentrums. Unzählige einfache Pensionen (für 2 Pers. ab 19 €), meist auf türkische Familien zugeschnitten, findet man in dritter und vierter Reihe rund um die Tourist Information. Hier gibt es auch hübsche Ferienhäuser mit Gärten zu mieten (auf die Beschilderung „Kıralık yazlık" achten). Camper aufgepasst: In Ören befindet sich der wohl schönste Platz der Nordägäis!

Altın Camp/Park Motel, ein weites Gelände und eine grüne Oase mit aufwändigen Blumenanlagen und viel Schatten direkt am schönen Sandstrand. Tennis, Tischtennis, Volleyball, Ruderboote. SB-Restaurant (regionale Bioprodukte), gute Sanitäranlagen, Camperküche, trinkbares Leitungswasser, Internetanschluss, Billardraum. Das gibt eine zufriedene Stammkundschaft (z. T. schon seit 25 Jahren). Von Lesern hoch gelobt. Das angeschlossene **Park Motel** bietet zudem 18 große freundliche Zimmer mit gepflegten Bädern, Balkon oder Terrasse. DZ mit HP 50 €, Dreier 65 €. Campen (Rabatte für Müller-Leser!) für 2 Pers. mit Zelt ab 9 €, mit Wohnmobil 15 € inkl. Strom. Ganzjährig geöffnet, deutschsprachig. Von der Straße Burhaniye-Ören beschildert. ✆ 4163732, www.altincamp.com.

Hotel Club Orient, gemütliche Bungalowanlage direkt am Strand neben dem Altın Camp (ausgeschildert). Unter deutsch-türkischer Leitung. Kinderbetreuung, großer Pool, Tennisplatz, Kanus, Mountainbikes, Surfschule und -verleih. Apartments für bis zu 6 Pers., pro Person mit HP (obligatorisch) 42 €. Wer mit Zwillingen anreist, bekommt übrigens 5 % Rabatt. ✆ 4163445, www.cluborient.de.

Club Hotel Fiord, beim Hauptstrand (ausgeschildert). 56 recht einfache Zimmer mit Balkon und Meeresblick. Eigener Strandabschnitt mit Bar, Pool. Vorrangig junges türkisches Publikum, laute Partystimmung schon am Nachmittag. Pro Person 25 € mit HP. ✆ 4163879, www.clubfiord.com.

Karakuş Motel, nahe dem Hauptstrand in erster Reihe. Gewöhnliches Haus mit 26 Zimmern. DZ 32 €. ✆ 4164246.

• *Essen & Trinken/Nachtleben* Beliebt sind nachgebaute Nomadenzelte, in denen traditionelle Dorfküche wie Gözleme oder Mantı serviert werden. Außerdem:

Selina Restaurant, in erster Reihe oberhalb des Strandes. Gepflegtes Restaurant mit ebensolcher Terrasse, wo die Tische auf einer fein rasierten Wiese aufgestellt sind. Meze, Gegrilltes und Fisch, empfehlenswert in erster Linie jedoch wegen der herrlichen Lage. ✆ 4164169.

Salsa, zwischen Altın Camp und Club Orient (s. o.). Schöne große Bar unter deutsch-türkischer Leitung. Jazz, Blues und Salsa in dezenter Lautstärke. Außenbereich. Dazu türkisch-internationale Küche zu gemäßigten Preisen. Tägl. ab 18 Uhr.

Bauwahn am Meer: Türkischer Traum oder Alptraum?

Viele Buchten der türkischen Nordägäisküste erinnern an ein Monopoly-Spielbrett im späten Stadium – völlig zugebaut. Extrem betroffen ist der Küstenabschnitt zwischen Akçay und Küçükkuyu, vor allem rund um die Retortensiedlung Altınoluk. Mitauslöser für den Bauwahn war die galoppierende Inflation der 1990er. In einer Zeit, in der die Lira von Woche zu Woche weniger wert war, galt die Immobilie als verfallssichere Kapitalanlage. Zudem war und ist ein Ferienhaus am Meer in der Türkei nicht nur eine Investition, sondern auch ein Statussymbol. Jeder, der es sich irgendwie leisten kann, versucht sich den Traum vom Zweitwohnsitz an der Küste zu verwirklichen. So entstanden tausende kolonieartige Feriendörfer. Als Bauherren traten meist Kooperativen auf, in die man solange einzahlte, bis das Kapital für den Erwerb eines Grundstückes und für den Baubeginn zusammen war. Leider ging mancher Kooperative auch mal das Geld aus, wie viele traurige Rohbauruinen beweisen. Der eindeutige Gewinner des Ferienhausbooms ist die Bauindustrie – verloren hat die türkische Küstenlandschaft.

Edremit

Das 55.000-Einwohner-Städtchen inmitten einer fruchtbaren Schwemmlandebene ist das wirtschaftliche Zentrum des gleichnamigen Golfes. Außer Oliven werden hier vor allem Mais, Getreide und Feigen geerntet. Was sonst noch auf den Feldern gedeiht, erfährt man mittwochs auf dem großen Wochenmarkt, der im Zentrum mit seinen traditionellen, leider recht heruntergekommenen Holzhäusern stattfindet. An allen anderen Tagen geht es im Städtchen recht geruhsam zu, wenn nicht gerade der Muezzin vom Minarett der *Kurşunlu Cami*, einer Seldschukenmoschee aus dem frühen 14. Jh., zum Gebet ruft. Sehenswertes gibt es sonst nur wenig: Von der antiken Vorgängersiedlung *Andramytteion* ist nichts erhalten. Wer will, kann am Rande des schönen Stadtparks noch das liebevoll eingerichtete *Ethnographische Museum* besichtigen: Trachten, ein paar Waffen aus dem Befreiungskrieg und natürlich Teppiche stellen die wesentlichen Exponate (Di–So 9–12 Uhr und 13–17 Uhr, Eintritt 0,70 €). Meist sind Sie der einzige Besucher. Das Meer ist rund 10 km entfernt und das Gros der Urlauber kommt nur für einen kurzen Einkaufsbummel nach Edremit. Lediglich zum Olivenfestival im August, einer Gemeinschaftsveranstaltung mit Akçay, sieht der Sachverhalt anders aus.

• *Verbindungen* **Bus**bahnhof 5 Fußmin. westlich des Zentrums. Edremit ist Verkehrsknotenpunkt, Verbindungen in alle Richtungen. **Dolmuşe** nach Akçay (regelmäßig bis spät in die Nacht) und Zeytinli (Sütuven-Wasserfall, selten) fahren nahe dem Busbahnhof ab, lassen Sie sich die Stelle zeigen.

Der winzige **Flughafen** südlich der Stadt wurde zum Zeitpunkt der letzten Recherche nicht einmal mehr von der THY angeflogen, soll aber angeblich ab 2006 für internationale Charterflüge genutzt werden. Verbindungen dahin bestehen bislang nur mit dem Taxi.

• *Essen & Trinken* Das traditionsreiche, günstige **Cumhuriyet Lokantası** in der İnönü Cad. (geht vom Hauptplatz Cumhuriyet Meydanı ab) steht für beste Fleischberge. Jeder wird Ihnen den Weg weisen können. Rund um den Hauptplatz zudem noch weitere gute Lokantas.

Akçay

Mit dem Klapprad unterwegs

Für Lido-di-Jesolo-Atmosphäre, wie ihn der 22.000-Einwohner-Ort bietet, braucht man nicht bis in die Türkei zu fahren. Auch die hiesigen Strände, ein Kies-Sand-Stein-Gemisch, sind wenig attraktiv. Da hilft auch nicht, dass das Meer davor eine kleine Überraschung bietet: sprudelnde Süßwasserquellen! Ein altes Sprichwort besagt gar, dass der, der beim Trinken von Akçay-Wasser ein schönes Mädchen erblickt, für immer von ihr verzaubert sein wird.

Insbesondere Familien aus dem versmogten İstanbul und İzmir machen Akçay allsommerlich zu einem Hotspot. Sie genießen die hiesige Luft, die durch die bewaldeten Berghänge im Hinterland extrem sauerstoffhaltig ist. Zur türkischen Ferienzeit sind das Strandbad und die lang gezogene Uferpromenade mit ihren schattigen Teegärten hoffnungslos überlaufen. Die wenigen ausländischen Touristen, die von hier Ausflüge in die Kaz Dağları unternehmen, fallen kaum auf.

Information/Verbindungen/Ausflüge

• *Telefonvorwahl* 0266.

• *Information* Kleines Büro am Barbaros Meydanı, dem zentralen Platz beim Bootsableger. Mit Fremdsprachen hapert's. Mo–Fr 8–12 Uhr u. 13–17 Uhr. ✆/℻ 3841113.

• *Verbindungen* **Bus**bahnhof ca. 2 km außerhalb des Zentrums nahe der Fernstraße Çanakkale-İzmir. Büros der Busgesellschaften, oft mit Zubringerservice, im Zentrum bei der Moschee. Gute Verbindungen nach İzmir und Çanakkale.

Dolmuşe nach Edremit (ständig) und Zeytinli (Sütuven-Wasserfall, seltener) fahren an der Ausfallstraße zur Fernstraße ab, **Minibusse** nach Altınoluk und Küçükkuyu direkt an der Fernstraße.

Im Sommer vom Steg am Hauptplatz mehrmals tägl. **Boot**sverbindungen nach Ören. Es werden auch ganztägige Bootsfahrten in den Golf von Edremit offeriert, mit Lunch ca. 10 €.

• *Organisierte Touren* Bei **Demre Tour** lassen sich verschiedene Trips buchen. Sahnebonbon des Angebots ist eine Jeepsafari in die Kaz Dağları, bei der man auch in Berggebiete kommt, die auf eigene Faust nur schwer erreichbar sind. Organisiert werden zudem Ausflüge nach Lésbos, Bergama, Assos und Troja sowie Jagdausflüge. Die Preise richten sich nach den Teilnehmerzahlen. Nahe dem Hotel Öge, einem unübersehbaren Kasten östlich des Hauptplatzes. Memiş Kaptan Meydanı 2, ✆ 3848586, www.demretour.com.

Übernachten/Essen & Trinken

Zahlreiche Unterkünfte, insbesondere Hotels der unteren Mittelklasse, Apartments sowie Pensionen über Pensionen. Leider hebt sich so gut wie nichts aus der Masse ab.

• *Übernachten* **Yavuz Otel**, ca. 200 m östlich des Hauptplatzes. Gepflegtes, einstöckiges 40-Betten-Haus direkt am Meer, die Zimmer (mit Telefon, TV und Kühlschrank, z. T. mit Klimaanlage) gehen jedoch leider nach hinten. DZ mit HP 56 €. Leman Akpınar Cad.

3, ✆/℻ 3843380.

Sahra Motel, ca. 150 m östlich des Hauptplatzes, ebenfalls am Meer. 16 Zimmer, 6 davon direkt am Strand. Sehr sauber, farbenfroh, mit Fliesenböden. EZ 19 €, DZ 38 €. Leman Akpınar Cad., ✆ 3847814.

• *Essen & Trinken* Eine der besseren Adressen Akçays ist das **Dost Restaurant** östlich des Hauptplatzes nahe dem Sahra Motel. Schön am Meer gelegen, reichliche Vorspeisenauswahl, für das Gebotene zivile Preise. Kleine Kuriositätensammlung im Restaurant.

Küçükkuyu

Herrlich ist das Hinterland von Küçükkuyu, in der Umgebung warten romantische, ehemals griechische Bergdörfchen, die im letzten Jahrzehnt für den Fremdenverkehr aufbereitet wurden. Küçükkuyu selbst, von Apartment- und Ferienhäusern umzingelt und dazu noch direkt an der Fernstraße Çanakkale-İzmir gelegen, wirkt wenig einladend. Dennoch, der Kern des 3.000-Seelen-Ortes rund um den herausgeputzten Hafen ist ganz nett. Hier schaukeln mehr Fischtrawler als Ausflugsboote. Auf der rund 400 m langen Promenade dahinter flaniert die urlaubende türkische Mittelschicht zwischen behördlich angelegten Blumenrabatten, Restaurants und Teegärten. Freitags findet in zweiter Reihe der große Wochenmarkt statt.

Auch ein kleines Museum besitzt das Städtchen, ein Museum im Zeichen der Olive: Im *Adatepe Zeytinyağı Müzesi* an der Straße nach Edremit (tägl. 9.30–18.30 Uhr, Eintritt frei) kann man alte Gerätschaften zur Gewinnung des grünen Öls bestaunen und darüber hinaus auch einkaufen: Olivenöl natürlich und alles, was man darin einlegen bzw. daraus produzieren kann.

Schöne Badeplätze findet man entlang des Küstensträßchens nach Assos. Der Hausstrand von Küçükkuyu ist hingegen recht felsig und wenig prickelnd; das Gleiche gilt für den kilometerlangen, streckenweise recht verschmutzten Sand-Kies-Strand parallel zum Highway nach Altınoluk.

Verbindungen/Übernachten/Essen & Trinken

• *Telefonvorwahl* 0286.

• *Verbindungen* Alle **Dolmuşe** und **Busse** halten an der Durchgangsstraße. Mehrmals tägl. Busverbindungen nach Çanakkale und İzmir. Ständig Dolmuşe die Küste entlang nach Edremit, mehrmals tägl. nach Assos, selten nach Adatepe.

• *Bootsausflüge/Organisierte Touren* An der Promenade können, ähnlich wie in Akçay (s. o.), verschiedene Angebote gebucht werden.

• *Übernachten* Vor Ort nur wenig Ansprechendes. Stilvoll wohnt man in Adatepe und Yeşilyurt (→ Umgebung).

Hera Butikhotel, am Hafen. Sehr sauber. 10 unterschiedlich gestaltete Zimmer in warmen Raumfarben, alle mit Klimaanlage und TV, am schönsten sind die nach vorne. Sehr gepflegtes Restaurant mit Außenbestuhlung. DZ mit Frühstück 41 €, mit HP 54 €. ✆ 7522636, www.heramarina.com.

Hotel O2, am östlichen Ende von Küçükkuyu, zurückversetzt vom Küstenhighway und dem Meer. Nette Anlage mit ebensolchem Garten, 15 geräumige Zimmer mit Balkon oder Terrasse. Chlorfreier Pool, eigener Beachclub. Organisation von Ausflügen und Wandertouren. Deutsche Betreuung. Pro Person mit HP 39 €. ✆ 7525624, www.hotel02.de, auch buchbar in Deutschland unter 0201/461934. Von der Straße nach Altınoluk ausgeschildert.

• *Camping* Camper finden einfache, aber nette Plätze am Küstensträßchen Richtung Assos, meist mit einem schmalen Kiesstrand oder Stegen ins Meer. Entscheiden Sie sich für eine Anlage, auf der noch ein Plätzchen direkt am Wasser zu haben ist. Der schönste und gepflegteste darunter ist der **Hamburgplatz Motel & Camping**, ca. 14 km westlich von Küçükkuyu. Freundlicher Service, man spricht Deutsch. Viel Schatten, sauber. Campen 6,30 €. Zudem Zimmer (für max. 4 Pers.) in einer Bungalowreihe mit eigener kleiner Terrasse, DZ mit HP 32 €, mit Frühstück 19 €. ✆ 7640156, www.einfachurlaub.de.

Hafen von Küçükkuyu

• *Essen & Trinken* An der Uferpromenade geben sich gute Fischlokale und einfache Snackbars die Hand, alle mit netten Terrassen und Hafenblick. Fischpreise im Voraus erfragen!

Umgebung von Küçükkuyu

Adatepe: Das malerische Bergdorf an den Ausläufern der *Kaz Dağları* liegt ca. 5 km nördlich von Küçükkuyu. Als alternativ-komfortable Ferienadresse ist Adatepe vor allem bei Intellektuellen aus İstanbul populär. Viele der alten, griechischen Häuser sind heute schick restauriert. Die ehemalige Dorfschule dient Sommerseminaren zu philosophischen, literarischen und kunsthistorischen Themen. Und wer den Pfeilen zum Hüseyin Meral Zeytinyağı ve Sanat Evi folgt, gelangt zu einer Mischung aus Café, Olivenölprodukteverkauf und Galerie mit schräger Kunst.

Am Dorfeingang macht zudem ein Schild auf den Zeus Altarı (Zeusaltar) aufmerksam, ein 10-minütiger Fußweg führt von dort zu einem sarkophagähnlichen Relikt aus römischer Zeit. Wie der Göttervater von hier bis nach Troja geblickt und den Kämpfen zugesehen haben soll, ist mehr als fraglich. Einen herrlichen Blick über den Golf von Edremit hatte er in jedem Falle.

• *Verbindungen/Anfahrt* Schlechte **Dolmuş**verbindungen mit Küçükkuyu. Selbstfahrer folgen von der Küstenstraße zwischen Altınoluk und Küçükkuyu der Beschilderung zum Zeus Altarı landeinwärts.

• *Übernachten* **Hünnap Han**, 19 geschmackvoll und individuell eingerichtete Zimmer mit Dielenböden in einem 250 Jahre alten Landsitz. In der Mitte ein gemütlicher Garten. Vom Dorfplatz ausgeschildert. DZ mit HP 94 €. Reservierung empfohlen, ✆ 0286/7526581, www.hunnaphan.com.

Yeşilyurt: Das Dörfchen ca. 3 km nordwestlich von Küçükkuyu ist mindestens so idyllisch wie Adatepe, dabei etwas größer und zum Bummeln besser geeignet. Auch Yeşilyurt, das sich rühmt, die sauerstoffreichste Luft der Welt zu haben, ist seit einigen Jahren niveauvolles Rückzugsgebiet wohlhabender Großstädter. In den holprigen

Pflastergassen gibt es ein paar stilvolle Cafés, Restaurants, gehobene Boutiquehotels, Lädchen mit Olivenölprodukten sowie jede Menge restaurierte Natursteinhäuser, von denen übrigens noch einige zu kaufen sind. Die einstige Dorfkirche ist heute eine Moschee.

• Anfahrt/Verbindungen Von Küçükkuyu der Straße nach Ayvacık folgen, dann ausgeschildert. Mit dem Dolmuş kaum zu erreichen.

• Übernachten **Öngen Country Hotel**, wie ein Adlernest sitzt diese feine Anlage am oberen Ortsende Yeşilyurts. Herrliche Terrasse. 30 sehr angenehme Zimmer mit romantischen Anklängen, Naturtöne, Holzböden und -decken, z. T. mit Balkon. Ein paar Haustiere und eigenes Gemüsegärtchen. Pool. Im Ort ausgeschildert, extrem holprige Anfahrt. DZ mit HP 125 €. ✆ 0286/7522434, www.ongencountry.com.

Manici Kasrı, im Dorf ausgeschildert. In dem feudalen Landsitz werden 10 komfortable Zimmer vermietet. Terrasse mit dem Über-Blick auf die bizarre Berglandschaft. Eigener Beachclub an der Straße nach Assos. Im Sommer besser reservieren. DZ mit HP 160 €, Suite 179 €. ✆ 0286/7521731, www.manicikasri.com.

• Essen & Trinken Gut isst man im **Caférestaurant Yeşilyurt** am Dorfplatz. Nicht billig, aber das ist es hier nirgends. Nette Terrasse, in Olivenöl schwimmendes Gemüse und *Mantı*.

Assos/Behramkale

Assos, gekrönt von einer mächtigen Akropolis, wurde bereits in der Antike gerühmt. Heute lockt der Ort zwischen Ruinen und kristallklarem Wasser die türkische Highsociety an.

Assos, der Name einer längstens untergegangenen Stadt, steht noch immer für ein hübsches Dorf hoch über der Küste, das heute eigentlich *Behramkale* heißt. Wegen der noch relativ intakten Dorfstruktur gehört es zu den schönsten Standorten der nordägäischen Küste. Nicht umsonst zählt der Ort auch rund 80 deutsche Residenten. Spektakulär ist die Aussicht vom Burgberg in luftiger Höhe über das hügelige Hinterland und über das tiefblaue Meer hinüber nach Lésbos. Abgesehen vom noch heute gewaltigen Stadtwall sind die verbliebenen Ruinen der antiken Stadt in und um Behramkale wenig Aufsehen erregend.

Assos steht aber auch für einen malerischen Hafen *(İskele)*, durch ein 1,2 km langes, steiles Sträßlein mit Behramkale verbunden (gebührenpflichtiger Parkplatz ca. 500 m vor dem Hafen). Zahlreiche zu touristischen Zwecken umfunktionierte Natursteinhäuschen kleben dort wie Vogelnester an den Felsen. Im Sommer ist İskele eine bevorzugte Adresse türkischer Großstadt-Schickimickis, denn hier macht Erholung Spaß: gepflegte Unterkünfte, gepflegtes Essen und türkisblaues Wasser vor der Haustür. Wem der Strand zu schmal ist, der kann zur schönen Badebucht *Kadırga* 4 km weiter östlich ausweichen. Rund um Assos begeistern zudem noch ein paar im touristischen Abseits gelegene Unterkünfte.

Geschichte

Bereits in der Bronzezeit war die Gegend rund um Assos besiedelt. Die Stadtgründung erfolgte jedoch erst zwischen dem 7. und 9. Jh. v. Chr., aus Lésbos verdrängte Äolier zeichneten dafür verantwortlich. Im 4. Jh. v. Chr. wurde Assos zu einem geistigen Zentrum. Fürst Hermias, ein Schüler Platons, ermutigte Aristoteles zur Gründung einer philosophischen Schule – der große Denker blieb drei Jahre und heiratete Hermias' Adoptivtochter. Doch im gleichen Maße wie das neu gegründete *Alexandria Troas* (→ S. 233) zur Metropole aufstieg, rutschte Assos in dessen Schatten ab. Der Besuch des Apostels Paulus im Jahre 58 bei seiner großen Missionsreise

Am Hafen von Assos

sollte das letzte erwähnenswerte Kapitel der Stadtchronik werden. Im Römischen Reich (ab dem 2. Jh.) konnte sich Assos noch behaupten, im Byzantinischen nicht mehr: Es verkam zum Dorf – was es bis heute blieb.

Verbindungen/Baden/Sonstiges

- *Telefonvorwahl* 0286.
- *Verbindungen* Im Sommer stündl. **Dolmuşe** nach Ayvacık sowie ca. 7-mal tägl. nach Küçükkuyu, Verbindungen zudem zwischen Dorf und Hafen. **Bus**verbindungen entlang der Westküste i. d. R. nur von Ayvacık und Küçükkuyu.
- *Baden* Assos verfügt nur über einen kleinen Kiesstrand am Hafen, auf Holzstegen gelangt man ins Wasser. Beliebter ist die weit geschwungene, schöne Bucht von **Kadırga** ca. 4 km östlich von Assos. Den Sand-Kies-Strand säumen Hotels und Campingplätze. Unregelmäßige Dolmuşverbindungen, jedoch auch zu Fuß von Assos-Hafen zu erreichen.
- *Einkaufen* Auf dem Weg zur Burg wird *Macun* verkauft, ein klebriges Zuckergelee in verschiedenen Geschmackssorten. Es gilt als Glücks- und Energiebringer, zudem als Aphrodisiakum. Außerdem kann man Kräuter, Handarbeiten, Käse oder Olivenöl erstehen.

Fr **Wochenmarkt** im 19 km entfernten Ayvacık.

> **Achtung** – keine Bank und keine Geldwechselmöglichkeit in Assos!

- *Veranstaltung* **Internationales Kulturfestival** mit Theatervorstellungen, Workshops etc. im Sept.

Übernachten/Essen & Trinken

Stilvolle Hotels und einige gehobenere Pensionen liegen unten am Hafen – Sa/So wird ein Zuschlag von rund 10 % verlangt, dann oft auch ausgebucht. Ruhiger und günstiger wohnt man am Burgberg, meist in restaurierten Natursteinhäusern. Camper finden Stellplätze im Old Bridge House (s. u.), in der Bucht von Kadırga und an der Straße nach Küçükkuyu (→ dort).

• *Am Hafen* **Kervansaray Hotel**, sehr komfortables Haus am Hafen. 42 unterschiedlich eingerichtete Zimmer zum Wohlfühlen, Innen- und Außenpool, Sauna etc. DZ 88 €. ✆ 7217093, www.assoskervansaray.com.

Nazlıhan Hotel, eine herrliche Adresse in erster Reihe. 37 sorgfältig dekorierte Zimmer, handbemalte Fliesen in den Bädern. Alle Zimmer mit Klimaanlage, Föhn, Minibar. Diverse Wassersportangebote und eigener Parkplatz. Pro Person mit HP 50 €. ✆ 7217385, www.assosedengroup.com.

Behram Hotel, von Lesern empfohlen. Nette großzügige Zimmer mit guten Bädern. Deutschsprachig. DZ 60 €. ✆ 7217016, www.behram-hotel.com.

• *Am Burgberg* **Eris Pansiyon**, im ruhigen Abseits, ausgeschildert. Geführt von einem New Yorker Ehepaar, das zuvor in İstanbul gelebt hatte. Schöne luftige Terrasse, auf der zum Nachmittagskaffee hausgemachter Kuchen serviert wird. Sehr freundlich. 4 sehr saubere Zimmer mit Heizung. DZ für 2 Tage (Mindestaufenthalt) mit großem Frühstück 137 €. ✆ 7217080, www.assos.de/eris.

Timur Pansiyon, im oberen Bereich von Behramkale nahe dem Athenatempel (vom Kassenhäuschen am Burgeingang ausgeschildert). Terrasse mit dem gigantischsten Ausblick, den man in Assos haben kann. Verwinkelte kleine Anlage, gutes Restaurant. Nur 4 gemütliche Zimmer von unterschiedlicher Größe. DZ ab 35 €. ✆ 7217449, sema_ina@yahoo.com.

Dolunay Pansiyon, in der Dorfmitte. Freundlicher Familienbetrieb mit 6 Zimmern um einen schönen kleinen Hof. Einfach, aber okay. DZ 32 €. ✆ 7217172.

Tekin Pension, am Ortseingang von Behramkale. 8 Zimmer mit Bad, 4 mit Klimaanlage, alle mit Terrasse. Sauber und gepflegt, und dafür gar nicht teuer. DZ 22 €, EZ 12,50 €. ✆ 7217099, www.assostekin.com.tr.tc.

• *Außerhalb* **Old Bridge House**, sehr empfehlenswerte Adresse unter türkisch-holländischer Leitung. Bei der osmanischen Brücke an der Straße nach Ayvacık, ca. 1 km außerhalb von Assos. 4 schlichte, aber mit Liebe eingerichtete Zimmer (pro Person 25 €). Schöner Garten. Campmöglichkeiten (auch Wohnmobile), dazu einfache Holzhütten im Garten (pro Person 10 €). Angenehme Atmosphäre. ✆ 7217426, www.assos.de/obh.

İmbat Motel, 22 km westlich von Assos, mitten im Nirgendwo. Erholung pur. Herrliche Lage am Wasser, traumhafter Uferbereich mit Holzstegen ins Meer, Liegestühle. Schöne Terrasse mit Blick auf Lésbos. 20 geräumige, geflieste Zimmer, schlicht eingerichtet, aber mit Klimaanlage und Terrasse bzw. Balkon (herrliche Meeresblicke!). Pro Person mit VP 44 €. Gute Küche. April–Sept. ✆ 7370101, ℻ 7370102. Ca. 800 m westlich des Dorfes Bademli ist die Abzweigung zum Motel ausgeschildert. 5 km von dort auf einer steilen Schotterpiste hinab zum Meer.

Egal ob **Sivrice Kabile Motel**, **İmbat Motel** oder **Troas Motel** – alle 3 Adressen sind Supertipps für Ruhesuchende, die auf Kneipen- oder Shoppingbummel vor der Haustüre verzichten können.

Sivrice Kabile Motel, in der Häuseransammlung Sivrice direkt am Meer, ca. 13 km westlich von Assos. Simple, aber idyllische Unterkunft. Die Zimmer mit Klimaanlage und privaten Bädern sind nichts Besonderes, wohl aber das kuschelige, überdachte Terrassenrestaurant mit dem Strand vor der Nase. Flippiges türkisches Publikum. Pro Person mit VP 32 €. ✆ 7234515. Anfahrt: Im Dörfchen Bektaş westlich von Assos der Beschilderung zum Hotel Berceste folgen und dieses passieren. Die geteerte Straße führt bis zum Meer, dort rechts halten, die letzten Meter sind unbefestigt.

Troas Motel, ca. 5 km östlich von Assos. Herrliches Plätzchen abseits des Trubels. Einziges Motel in einer stillen Kiesbucht. 17 schlichte, saubere, weiß getünchte Zimmer in einem alten Natursteinhaus direkt am Meer. Schönes Terrassenrestaurant, eigener Strandabschnitt. Alle Zimmer mit Heizung, ganzjährig geöffnet. In der HS pro Person mit HP 38 €, in der NS gute Rabatte. Büyükhusun Koyu Altı, ✆ 7640279, ℻ 7640281. Von der Straße Assos-Küçükkuyu ausgeschildert, ab der Abzweigung noch ca. 700 m auf einem Schotterweg.

• *Essen & Trinken* Achtung – vor allem in der HS vermieten die meisten Hotels am Hafen nur mit HP! Dort gibt es auch einige romantische, aber recht teuere Fischlokale. Rustikaler und billiger isst man in Behramkale, wo mehrere einfache Etablissements den Gaumen bedienen. Unser Tipp dort: **Öğretmenin Yeri Restaurant**, am kleinen schrägen Platz am Burgberg. Ein paar Tische unter einem Strohdach. Spezialität ist *Mantı*, zudem Böreks, Gemüse in Olivenöl und Spieße. Freundlich, die glückliche Lage am Touritrampelpfad zur Burg mündet nicht in Nepp. Hg. 2,80–8 €.

Sehenswertes

Steigt man im Dorf Behramkale stets bergauf, erreicht man automatisch den Eingang zum Ausgrabungsgelände. Nahebei steht eine imposante frühosmanische *Moschee*, die u. a. aus Steinquadern einer byzantinischen Basilika erbaut wurde (an der Oberschwelle des Eingangsportals ist z. B. ein Christusmonogramm zu erkennen). Etwas unterhalb dem höchsten Punkt der *Akropolis* (228 m) liegen die Ruinen des gegen 530 v. Chr. errichteten *Athenatempels*, des einstigen Haupttempels von Assos. Teile des reliefverzierten Architravs schlummern heute in Museen von İstanbul, Paris und Boston. Ein paar dorische Säulen (ursprünglich sechs auf der Breit- und zwölf auf der Längsseite) wurden wieder aufgerichtet. Sie sind ganz nett anzusehen. Grandios aber ist der Gesamtanblick der Tempelruine in dieser einmalig schönen Lage, den Burgberg dominierend und mit dem Meer im Hintergrund – ein herrlicher Ort für einen rotweingeschwängerten Sonnenuntergang.

Bei Assos: Steg statt Strand

Die antike Stadt Assos lag zu Füßen des Tempels, zur Seeseite hin. Wer bergab steigt, findet in dem Ruinenfeld die insgesamt spärlichen Reste einer *Agora*, eines *Gymnasions*, eines *Bouleuterions*, eines *Theaters* und von *Thermen*. Die dicken Mauern und Türme der hellenistischen *Befestigungsanlage* – ein einstmals ca. 3 km langer kreisförmiger Wall, der das 2,5 qkm große Stadtareal umgab – haben die vielen Jahrhunderte am besten überstanden.

Als weiteres schönes, noch gut erhaltenes Bauwerk liegt eine osmanische *Bogenbrücke* (14. Jh.) ca. 1 km außerhalb von Assos neben der Straße nach Ayvacık.

• Öffnungszeiten Im Sommer tägl. ab 8 Uhr bis zum Sonnenuntergang, im Winter 9–17 Uhr. Eintritt 3,20 €. Neben dem Eingang auf der Akropolis gibt es noch einen zweiten Eingang am einstigen Westtor (nicht immer geöffnet) an der Straße zum Hafen. Ohne einen großen Höhenunterschied bewältigen zu müssen, besichtigt man von dort die Stadtgrabungen.

Die Troas

Weitestgehend einsame Landschaften, vergessene Strände, kleine Dörfer und immer wieder Ruinenreste. Der Kalte Krieg hatte hier etwas Gutes: Bis 1992 waren weite Abschnitte der Troas militärisches Sperrgebiet, und so sind monotone Feriensiedlungen noch eher die Ausnahme.

Troas nennt sich die fruchtbare, nur mit wenigen Kleinstädten und Dörfern durchsprenkelte Region zwischen Assos und Troja westlich der Fernstraße Çanakkale-İzmir. Das kaum frequentierte Küstensträßlein ist eng und holprig, im nördlichen Abschnitt um das Kap Kum Burun gar nur noch eine Schotterpiste. Tomatenplantagen und goldene Weizenfelder wagen sich nahe ans Meer heran, Kiefernwälder säumen die Hügel, und Wiesen voller wilder Blumen machen einen Ausflug vor allem im Frühjahr erlebnisreich. Um die liebliche Landschaft zu genießen, ist ein eigenes Fahrzeug empfehlenswert, Dolmuşe fahren die Strecke nur äußerst selten ab.

Schäferstündchen

Zwar hat der unkontrollierte Ferienhausbau mittlerweile auch die Troas erreicht, doch steht er hier noch in keinem Vergleich zu manch anderen türkischen Ägäisabschnitten. Immer wieder führen Stichstraßen, oft nur holprige Feldwege, zu versteckten Buchten – gehen Sie fröhlich schaukelnd auf Entdeckungsfahrt. Schöne, leicht erreichbare Sandstrände findet man bei Tavaklıiskele, bei Yeniköy sowie zwischen Dalyan und Oduniskelesi. Wer hier unterkommen will, muss in der Regel auf einen einfachen Campingplatz ausweichen. Mancherorts werden auch schlichte Zimmer vermietet. Neben Badefreuden bietet die Gegend das alte Piratennest *Babakale* und selbstverständlich diverse antike Ruinen.

Gülpınar: Das unspektakuläre Örtchen liegt an der Stelle des antiken *Chrysa*, das bekannt für seinen Apollonkult war. Am unteren Ortsrand (ausgeschildert) sind Reste des ionischen *Apollon-Smintheius-Tempels* aus dem 2. Jh. v. Chr. zu sehen – für den Laien insgesamt aber wenig spannend (tägl. 8.30–19 Uhr, Eintritt 2,50 €). Anders aber das 9 km lange Sträßlein von Gülpınar zum gemütlichen Fischerdorf *Babakale* – eine insgesamt schöne Strecke mit guten, manchmal nur zu Fuß zu erreichenden Bademöglichkeiten.

Babakale: Das Dorf mit seinem kleinen Fischerhafen liegt fotogen über dem Meer, garniert von den frisch restaurierten Mauern einer alten Festung, die einst den westlichsten Punkt der kleinasiatischen Küste sicherte. Erst im 17. Jh. konnte das

Papaz Plajı bei Yeniköy

Osmanische Reich das Piratennest erobern. Rund um den staubigen Dorfplatz herrscht die Stille eines vergessenen Fleckchens Erde, die sich am angenehmsten im Teegarten am Hafen genießen lässt. Ein paar einfache Unterkünfte und ein kleiner Kiesstrand sind vorhanden.

Verbindungen Bis zu 3-mal tägl. **Dolmuşe** von Gülpınar nach Ayvacık, regelmäßige Verbindungen zwischen Gülpınar und Babakale.

Alexandria Troas (antike Stadt): Die noch nicht ausgegrabene antike Stadt wurde um das Jahr 310 v. Chr. vom Diadochen Antigonos gegründet. Ursprünglich hieß sie auch *Antigoneia,* wurde jedoch später zu Ehren Alexanders des Großen umbenannt. Die frei zugänglichen Ruinen der einst bedeutenden Hafenmetropole, in der Apostel Paulus auf seiner zweiten Missionsreise predigte und die Kaiser Konstantin im 4. Jh. gar zu seiner Hauptstadt machen wollte, dösen verborgen zwischen Feldern, Gestrüpp und Steineichen.

Viel der einstigen Bausubstanz wurde in byzantinischer und osmanischer Zeit abgetragen, angeblich sollen Steine aus Alexandria Troas auch beim Bau der Blauen Moschee in İstanbul verwendet worden sein. Zu den wichtigsten Ruinen gehören einige Abschnitte der *Stadtmauer,* Teile des *Theaters* und Reste der *Thermen.* Vor Ort finden Sie einen Orientierungsplan, zudem Hinweisschilder auch mit deutschen Legenden. Einen Extratrip sind die Ruinen Alexandria Troas nicht wert, eine atmosphärische Pause in der Einsamkeit aber allemal.

Apropos Thermen: Rund 3 km südlich von Alexandria Troas befindet sich das kleine, etwas schmuddelige *Thermalbad Kestanbol Kaplıcaları* mit über 70°C warmem Wasser. Es soll Rheuma, Frauen- und Nierenkrankheiten lindern.

• *Anfahrt* Die Ruinen von Alexandria Troas liegen nahe dem Dörfchen Dalyan neben der Küstenstraße. Ausgeschildert.

• *Camping* Schlichte Campingplätze und Pensionen an der Küstenstraße nördlich von Alexandria Troas (zwischen Dalyan und

Oduniskelesi) sowie südlich von Alexandria Troas (besonders in Tavaklıiskele, das einen schönen Sandstrand besitzt). Am empfehlenswertesten ist der 2003 eröffnete Platz **Agora** in Tavaklıiskele. Kleine gepflegte Anlage mit Bar in der Mitte, eigener Strandabschnitt. Campen im Zelt 6,30 €, mit Wohnmobil 9,40 €, zudem kann man in einfachen Treehouses für 12,50 € pro Person übernachten. Achtung: Hin und wieder Disco! ✆ 0286/6470037, www.agoracamping.com.

Vor Troja noch ein Sprung ins Meer gefällig? *Papaz Plajı*, eine herrliche unverbaute Bucht mit einem langen Sandstrand, befindet sich 2 km westlich des Örtchens Yeniköy (von dort beschildert). Den Strand teilen Sie in erster Linie mit Schulkindern, die von Papa mit dem Traktor abgeholt werden.

Bozcaada (Insel)

Eine Insel, ein Städtchen, beide beschaulich und ursprünglich. Ein großes Tohuwabohu wird hier für Urlauber nicht inszeniert, eine gute touristische Infrastruktur ist dennoch vorhanden.

So etwas wie Hektik kennen die 2.500 Einwohner auf ihrer nur 6 km langen, überaus reizvollen Insel nicht. Die Freundlichkeit der Insulaner, die vorrangig als Fischer und in den Weinbergen ihre Brötchen verdienen, sucht ihresgleichen. Unter ihnen leben noch rund 30 ältere Griechen. Wie die Insel Gökçeada (→ S. 247) wurde auch Bozcaada durch den Lausanner Vertrag 1923 der Türkei zugesprochen – unter der Bedingung, dass die griechischen Einwohner vom Bevölkerungsaustausch ausgenommen würden. Noch immer ist die Insel unverkennbar griechisch geprägt, im einzigen Ort Bozcaadas säumen schneeweiße Erkerhäuschen blumenprächtige Pflastergassen. Neben jungen Bohemiens aus İstanbul zieht es mittlerweile auch den einen oder anderen Ausländer in die Idylle – erst 1993 wurde die lästige Genehmigungsprozedur für ausländische Touristen abgeschafft.

Ankunft auf Bozcaada

Ein Aufenthalt auf der Insel steht ganz im Zeichen der Erholung und des Strandurlaubs. Anzuschauen gibt es nicht viel: Die wuchtige *mittelalterliche Festung* am Hafen sieht aus, als wäre sie erst gestern errichtet worden. Sie ist als Museum zugänglich, auf dem Gelände kann man u. a. alte Werkstätten, Kasernen, das Lazarettgebäude und eine Moschee besichtigen (tägl. 10–13 und 14–19 Uhr, Eintritt 1,30 €). Auf dem Weg

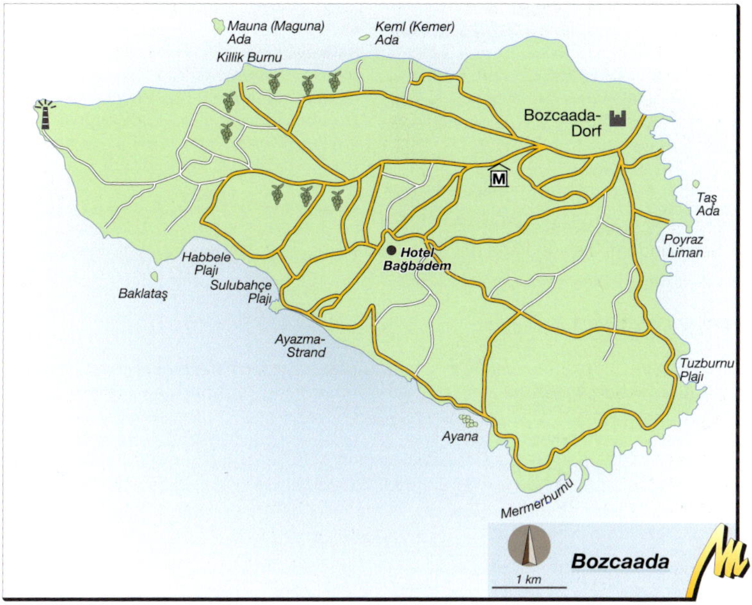

zum Ayazma-Strand liegt zudem das mit Müze ausgeschilderte *Privatmuseum* Hakan Gürüneys (nur im Sommer tägl. 10–22 Uhr, Eintritt 1,30 €). Der inselverliebte İstanbuler sammelte so ziemlich alles, was irgendwie mit Bozcaada zusammenhängt: Gravuren aus dem 18. Jh., Werkzeug, vergilbte Postkarten sowie spannende Fotos, die vom einstigen friedlichen Zusammenleben der türkischen und griechischen Insulaner zeugen.

Verbindungen/Ausflüge

- *Telefonvorwahl* 0286.
- *Verbindungen* **Fähren** vom Festland legen in Yükyeri İskelesi ab, ca. 5 km westlich von Geyikli, mit Bozcaada ausgeschildert. Von Çanakkale fahren **Dolmuşe** nach Geyikli, dort muss man in der Regel auf ein Dolmuş zum Fährhafen umsteigen. Abfahrt der Fähren im Sommer (Stand 2005): Hinfahrt 10, 14, 19 und 21 Uhr (Fr–So auch 24 Uhr), Rückfahrt 7.30, 12, 17 u. 20 Uhr (Fr–So auch 23 Uhr). Pro Person retour 1,90 €, Auto 12 €, es wird nur bei der Hinfahrt kassiert.

Adressen/Einkaufen/Sonstiges

- *Ärztliche Versorgung* **Krankenstation** etwas zurückversetzt vom Hafen an der 20 Eylül Cad. ✆ 6978129.
- *Baden* Die schönsten Sandstrände findet man an der Südküste. Sie heißen **Habbele**, **Ayana** und **Ayazma.** Letzterer wird von einem alten griechischen Kloster überragt, besitzt Bars und ist alle 30 Min. mit dem Dolmuş vom Hauptplatz zu erreichen.
- *Einkaufen* **Wein**! Die Insel zählt 4 Winzereien, die neueste, *Corvus* (seit 2005), besitzt bislang jedoch noch keinen Laden. Mit dem Wein der 3 anderen Winzereien *Ataol*, *Talay* und *Çamlıbağ* kann man sich in Bozcaada-Stadt (Verkaufstellen nicht zu verfehlen) eindecken. Der Wein ist schlicht und

okay, Flaschenpreis 4–7,50 €.

• *Geld* Geldwechsel in der **T.C. Ziraat Bankası** am Hauptplatz möglich, dort gibt es auch einen Bankomaten. Zur Sicherheit sollte man jedoch Geld mitbringen.

• *Polizei* An der Straße von der Fähranlegestelle zum Hauptplatz. ✆ 6978010.

• *Post* Am Hauptplatz.

• *Tauchen/Bootsausflüge* **Aganta Diving Center**, hinter dem Hotel Borusan am Hafen. Bootstauchgänge 19 € ohne Equipment (nur mit Flasche und Blei), Bootstrips um die Insel ohne Essen ebenfalls 19 €. ✆ 0536/7726072 (mobil), http://aganta.tripod.com.

• *Veranstaltungen* Ehemalige griechische Inselbewohner und ihre Nachkommen treffen sich alljährlich in der letzten Juliwoche beim **Ayazma-Fest**. Das **Weinlesefest Bağ Bozumu Festivalı** steigt Ende August.

• *Zweiradverleih* Fahrräder leiht man im **Ada Café** (→ Essen & Trinken). Pro Std. 1,90 €, pro Tag 9,40 €.

Scooter gibt es im **Tenedos Bisiklet Evi** am Hafen bei den Restaurants. Pro Tag satte 41 € inkl. Tankfüllung. ✆ 0536/4487251 (mobil).

Übernachten/Essen & Trinken

Die meisten Unterkünfte befinden sich im Hauptort. Zimmeranbieter und Pensionsbesitzer machen schon bei Ankunft der Fähre auf sich aufmerksam. Das Angebot ist gut, dennoch kann es an Sommerwochenenden zu Engpässen kommen. Am günstigsten wohnt man in den sog. *ev pansiyonları*, schlichten, sauberen und freundlichen Pensionen mit Familienanschluss, Gemeinschaftsbad und -küche (pro Person 12,50–16 €). Die Unterkünfte direkt am Hafen sind dreist überteuert, landeinwärts wird es billiger. Aus der Reihe fallen folgende Unterkünfte:

Rengigül Konakevi, in einem romantischen alten Stadthaus nordwestlich der Fähranlegestelle. Unter Leitung der liebenswürdigen Özcan Germiyanoğlu, die lange Zeit in Hamburg gelebt hat. 8 einfache, aber liebevoll eingerichtete Zimmer, 5 davon teilen sich 2 Gemeinschaftsbäder, 3 mit privaten Bädern. Ein tolles Frühstück für alle wird am großen Tisch im herrlichen Gärtchen serviert, gelegentlich gemeinsame Kochabende. Sehr freundliche, familiäre Atmosphäre. Pro Person ab 25 €. Frau Germiyanoğlu vermietet zudem noch ein Haus für max. 8 Pers. in den Weinbergen, pro Nacht 160 €. Emniyet Sok. 24, ✆ 6978171, www.rengigul.com. Kein Schild am Eingang, Erkennungszeichen sind trompetende Engel in einem gusseisernen Herzen.

• *Übernachten* **Hotel Kaikias**, eine der schönsten Adressen der Insel. Stilvolles kleines Hotel im Gassenwirrwarr 100 m nordwestlich der Festung. Große, in warmen Farben gestrichene Räume, dunkler Dielenboden, Himmelbett mit Moskitonetz. 18 Zimmer, alle mit Aircondition und Telefon. EZ 44 €, DZ 88 €. ✆ 6970250, www.kaikias.com.

Bağbadem, traumhaft ruhige Unterkunft in den Weinbergen ca. 4 km abseits des Hauptortes, geführt von einer jungen İstanbuler Familie. Freundliche Atmosphäre. Vermietet werden 8 moderne Zimmer im Annex des Haupthauses, drum herum ein großer Garten und Weinberge. DZ mit reichhaltigem Frühstück 63 €. Transfer von und zum Fährhafen. Auf dem Weg zum Ayazma-Strand ausgeschildert, zu diesem noch 1½ km. ✆ 0532/6083444 (mobil), www.bagbadem.com.

Hotel Tena, 7 großzügige, helle Zimmer mit riesigen Fenstern in einem alten, renovierten Stadthaus. Von einem freundlichen Paar betrieben. Großartiges Frühstück aus besten Zutaten auf der Gartenterrasse. Leserentdeckung. DZ 40 €. İğdeli Sok. 12 (im alten Ortsteil nahe dem Kastell), ✆ 6978880.

• *Essen & Trinken* Der vor Ort gefangene Fisch gilt als einer der besten der Ägäis. Sie können ihn in einem der gemütlichen, aber auch teueren (Preise sorgfältig checken!) Lokalen rund um den Hafen kosten oder in einer unserer Empfehlungen:

Lodos Restaurant & Café, vom Fähranleger kommend in der Straße hinter der T.C. Ziraat Bankası. Von Insulanern hoch gelobt. Zu den Spezialitäten gehören Fischsuppe, Reisgerichte und gefülltes Gemüse. Meze ab 3,20 €, Hg. 3,80–9,40 €. ✆ 6970545. Auch das **Salkım** 20 Schritte weiter an der gleichen Straße ist zu empfehlen.

Martı Restaurant, nochmals 100 Schritte vom Salkım entfernt direkt am Meer. Hier isst man Fisch. ✆ 6978895.

Ada Café, am Hauptplatz nahe der T.C. Ziraat Bankası. Alteingesessenes Caférestaurant des hilfsbereiten, deutschsprachigen Melih Güney. Gemütlicher Innen- wie Außenbereich. In der Küche legt man Wert auf in der Türkei sonst kaum verwendete Kräuter und Gemüse wie Rosmarin, Fenchel oder Klatschmohn. Sehr lecker! Meze 1,90–5,40 €, Hg. 3,80–8,80 €.

Troja (Truva, antike Stadt)

Troja ist die bekannteste türkische Ausgrabungsstätte. Doch auf 5.000 Jahre Geschichte treffen hier alljährlich Millionen enttäuschte Besucher.

Grund für die weltweite Berühmtheit Trojas ist Homers Epos Ilias. Dem gewaltigen Werk mit 16.000 Versen entsprang der Mythos des Trojanischen Krieges, der seit der Antike Einfluss auf Dichtung und bildende Kunst genommen hat. Ob es jedoch jemals einen Kampf um Troja gab, und wenn ja in welcher Form, ist nicht nachgewiesen. Genauso wenig weiß man, ob der gewaltige Achilles, der mächtige Agamemnon, der listenreiche Odysseus, der vor Gram gebeugte Priamos oder die schöne Helena jemals reale Personen waren. Selbst die Existenz Homers ist umstritten.

Einer, der die Ilias las und an der Existenz des Kriegsschauplatzes Troja keine Zweifel hatte, war der deutsche Kaufmann und Abenteurer Heinrich Schliemann (1822–1890). Er vermutete unter dem Ruinenhügel Hisarlık den sagenhaften Schatz des Priamos. Zu jener Zeit war das Interesse der Weltöffentlichkeit an der Archäologie gering, die Feldforschung steckte gar noch in den Kinderschuhen. Schatzsucher Schliemann sorgte dafür, dass sich das änderte, auch wenn er an wissenschaftlichen Grabungstechniken nicht interessiert war. 1870 begann er den Hügel mit Sondierungsgräben so gründlich zu zerpflügen, dass ganze Generationen nachfolgender Ausgräber entnervt Schippchen und Hacke ins Feld warfen.

Vielen nur ein Gähnen wert – die Reste von Troja

Schliemann fand, was er suchte, bzw. was er dafür hielt – mit der Datierung und Einordnung von Funden nahm man es damals noch nicht so genau. Den Schatz brachte er illegal nach Berlin, wo sich ihn die Russen am Ende des Zweiten Weltkrieges schnappten. Vor einigen Jahren zog Schliemanns Schatz als erfolgreiche Wanderausstellung durch die großen Museen der Welt und nährte so weiter die Faszination am Mythos Troja. Traurig, aber wahr: Im Gegensatz zu dieser Exposition versetzt das Ruinengelände vor Ort außer Archäologen so gut wie niemanden ins Staunen. Kein Hauch von Achilles. Ein plumpes 20 m hohes, für einen Fernsehfilm nachgebautes Holzpferd ist der einzige Blickfang. Vom ruhmreichen Troja Homers zeugen nur spärlichste Reste.

Und von allen anderen Trojas auch. Es gab nicht weniger als neun an der Zahl, alle übereinander, da auf den Trümmern der jeweils älteren Stadt immer wieder eine neue erbaut wurde. Archäologen versehen sie zur einfacheren Unterscheidung mit römischen Zahlen. **Troja I**, die unterste, eine von einer Wehrmauer umfasste Siedlung, datiert aus den Jahren 2920–2600 v. Chr. Darauf folgte **Troja II** (2600–2450 v. Chr.), mittlerweile ein Fürsten- oder Königssitz, der mehrmals durch Brände verwüstet wurde. In jener Siedlungsschicht entdeckte Schliemann seinen Schatz des Priamos – nur trennten Troja II noch über 1.000 Jahre von dem angeblichen Troja des Priamos.

Denn zunächst kommen noch **Troja III–V** (2450–1700 v. Chr.), in deren Verlauf sich das Siedlungsgebiet auf 18.000 qm ausdehnte. Während **Troja VI** (1700–1250 v. Chr.) wurde daraus eine bedeutende Handelsstadt mit Palästen und hohen Befestigungsmauern, die jedoch ein Erdbeben zerstörte. Erst jetzt machte sich das glorreiche, sagenumwobene Troja breit, das mit Priamos und Homers Trojanischem Krieg enden sollte – **Troja VIIa** (1250–1150 v. Chr.), nachweislich immerhin durch einen Brand zerstört.

Hinweis: Die Überreste Trojas gleichen nicht im Ansatz denen von Ephesus oder Pergamon, wo man auch als Laie vieles erkennen kann. Je spärlicher die Reste, desto mehr Informationen bedarf es, um einen spannenden Rundgang zu erfahren. Kein Reiseführer kann diese aus Platzgründen liefern – auch wenn es viele versuchen. Wir verweisen daher ausdrücklich auf den hilfreichen **Führer durch Troia,** 2001 von der Grabungsleitung unter Prof. Dr. Manfred O. Korfmann verfasst (in deutscher Sprache vor Ort erhältlich, bebildert und mit Plänen versehen). Prof. Dr. Korfmann leitete von 1988 an die Forschungsarbeiten, im August 2005 verstarb er im Alter von 63 Jahren. Prof. Dr. Ernst Pernicka, ebenfalls von der Universität Tübingen, soll seine Arbeit fortführen. Am Eingang zum Grabungsgelände wird über den aktuellen Stand der allsommerlich stattfindenden Grabungsarbeiten informiert. Vor Ort ist zudem ein großes Troja-Museum geplant, das Gelände dafür bereits ausgewiesen. Das Museum soll auch den Schatz des Priamos beherbergen, den die Türkei von Russland zurückfordert. Wann aber das Museum gebaut bzw. eröffnet werden soll, steht noch in den Sternen.

Was nach **Troja VIIb** (bis Anfang des 10. Jh. v. Chr.) passierte, weiß man nicht – es gibt Annahmen, dass die Stadt aufgegeben wurde. **Troja VIII** (700–85 v. Chr.) war vermutlich eine Neugründung der Äoler, die die Stadt nun *Illion* nannten. 547 v. Chr. verleibte sie der Perserkönig Kyros in sein Reich ein, danach Alexander der Große. Illion war berühmt für seinen Athenatempel, das Fundament existiert noch heute.

Zuletzt garnierten die Römer den Hügel mit Prunkbauten, **Troja IX** nennt sich ihr Überguss. Troja profitierte zu jener Zeit von dem Ruf, die Vaterstadt des Romgründers Aeneas zu sein. Mäzenhaft wurde sie gefördert, 40.000 Menschen lebten vermutlich innerhalb der Stadtmauern. Der späten Blüte setzten die Goten 262 n. Chr. ein Ende. Zurück blieb ein gigantischer Schutthaufen, über den nur noch der Wind pfiff, bis Schliemann zu buddeln begann.

Und so steht in der brettflachen Küstenebene heute ein zerfledderter Grabungshügel aus neun Siedlungsschichten, von dem Archäologen mehr als fasziniert sind. Wo sonst lassen sich 3.000 Jahre Geschichte mit der Schaufel peu à peu abtragen? Für den Laien ist dessen Anblick jedoch enttäuschend: Da eine Mulde mit ein paar Quadern aus Troja VI, daneben eine kniehohe Mauer aus Troja II usw. Das Weltkulturerbe Troja kann zwar begeistern, niemals aber bei einem kurzen Besuch.

• *Anfahrt/Verbindungen* Troja liegt beim Dorf Tevfikiye, von der Nationalstraße 550 ausgeschildert. Regelmäßige **Dolmuş**verbindungen von Çanakkale nach Tefvikiye. Mit dem **Taxi** geht es wesentlich schneller, ist aber entschieden teurer (ca. 50 € retour).

• *Öffnungszeiten* Im Sommer tägl. 8.30–19 Uhr, im Winter 8–17 Uhr. Eintritt 6,30 €, Auto 2,50 € extra.

• *Organisierte Touren* Angebot durch Agenturen in Çanakkale (→ Çanakkale/Organisierte Touren, S. 241).

• *Übernachten/Camping* Am besten übernachtet man in Çanakkale oder Güzelyalı. Vor Ort nur wenige Möglichkeiten.

Das **Hisarlık Otel** gleich beim Eingang zum Gelände bietet anständige Zimmer mit Terrasse. EZ 20 €, DZ 30 €. Der Besitzer ist ein Troja-Guide. Angeschlossen ein Busgruppenrestaurant. ✆ 0286/2830026, thetroyguide @hotmail.com.

Nur wenig weiter liegt die 2005 eröffnete, zum Restaurant Priamos gehörende **Pension Troia.** 4 schlichte, aber sehr saubere Teppichbodenzimmer (Ausbau geplant) mit Terrasse. DZ ohne Frühstück 32 €. Davor ein schattenloser Stellplatz für Wohnmobile und daneben eine Wiese zum Zelten. 2 Pers. mit Zelt 6,30 €, mit Wohnmobil 7,50 €. ✆ 0286/2830044, 📠 2170196.

Çanakkale

ca. 80.000 Einwohner

Die Provinzmetropole an der engsten Stelle der Dardanellen ist eine bedeutende Fährstation und zugleich ein guter Standort für Ausflüge zum 30 km entfernten Troja und auf die Halbinsel Gallipoli. Charme besitzt Çanakkale jedoch wenig.

Nur 1.244 m trennen Çanakkale von Thrakien, dem europäischen Teil der Türkei. Am Fährhafen, dem Herz der Stadt, spucken dickbauchige Schiffe im Stundentakt Blechlawinen aus und warten Autos, Busse und LKWs in langen Reihen aufs Einschiffen.

Sehenswürdigkeiten gibt es wenige, romantische alte Viertel ebenfalls nicht, dafür sorgte ein Erdbeben im Jahre 1912. Neben viel Beton bietet die junge und moderne Stadt jedoch auch ein paar nette Ecken. Der Jachthafen nördlich der Fähranlegestelle gab Anlass zum Bau einer ausgedehnten Uferpromenade mit Cafés und Restaurants. Zum Schlendern laden auch die kleinen Gassen rund um den *Saat Kulesi Meydanı* ein, einen kleinen Platz südöstlich des Fährhafens. Er wird von einem *Uhrturm* aus dem frühen 20. Jh. beherrscht, dem Wahrzeichen der Stadt. Im dortigen Einbahnstraßenchaos verlieren ortsunkundige Selbstfahrer leicht die Nerven.

Çanakkale ist alles andere als ein Urlaubsort für mehrere Tage. Touristen gibt es dennoch viele. Es sind überwiegend Australier und Neuseeländer – Pilger auf den Spuren eines der traurigsten Kapitel ihrer Geschichte (→ Kasten, S. 245).

In den Gassen von Çanakkale

Geschichte

Die Gegend rund um Çanakkale war seit eh und je ein bedeutender Brückenkopf zwischen Europa und Asien, zudem strategisch wichtig, um den Schiffsverkehr zwischen der Ägäis und dem Marmarameer zu kontrollieren. Um seine Heere über die Meerenge schicken zu können, ließ der persische König Xerxes 480 v. Chr. gar zwei riesige, schwimmende Brücken bauen. Alexander der Große hatte rund 150 Jahre später solchen Respekt vor der Meerenge, dass er Wein aus goldenen Bechern ins Meer kippen ließ, um Poseidon gütig zu stimmen.

Lange Zeit war die Gegend Zankapfel verschiedener Königreiche, zudem stets bedroht von Piraten. Die Siedlung an der Meerenge wurde aber auch regelmäßig von all jenen geplündert, die mit ihren Schiffen in feindlicher Absicht gen Byzanz und später Konstantinopel segelten. Erst als im 15. Jh. unter den Osmanen mächtige Festungen gebaut wurden, wurde das Leben an den Dardanellen sicherer; die Stadt begann sich zu entwickeln. Den Namen Çanakkale (Topfburg) erhielt der Ort wahrscheinlich aufgrund seiner Keramikproduktion, die noch heute ein kleines Standbein der lokalen Wirtschaft ist. Im Ersten Weltkrieg waren die Dardanellen Schauplatz blutigster Auseinandersetzungen, als die Alliierten den Durchstoß durch die Meerenge zu erzwingen suchten (→ Kasten, S. 245).

Heute lebt die Stadt vom Fährgeschäft und einer florierenden Lebensmittelindustrie, die Produkte des bäuerlichen Hinterlandes verarbeitet. Auch die auffallend vielen Kasernen des Militärs zur Sicherung der Meerenge tragen zum Wohlstand bei. Sonntags scheint die Bedrohung geringer – das Straßenbild Çanakkales wird dann von unzähligen Marinesoldaten geprägt, die ihren freien Tag in der Stadt verbringen.

Mythos Dardanellen

Die Meerenge zwischen dem europäischen und dem türkischen Teil der Türkei war von der Antike bis ins Mittelalter als *Hellespont* bekannt. Ihren heutigen Namen hat sie von Dardanos, einem Sohn des Zeus, der hier der Mythologie nach eine Stadt gegründet hatte. Die Türken nennen die Meerenge übrigens einfach *Çanakkale Boğazı*, Schlund von Çanakkale.

Zahlreiche Legenden ranken sich um die angeblich Verderben bringende Meerenge. Wohl die bekannteste ist jene von Hero und Leander, die sich nur nächtens sehen konnten, da ihre Liebe geheim gehalten werden musste. So durchschwamm Leander von der asiatischen Seite stets in der Dunkelheit die Meerenge, um zu seiner Hero nach Europa zu gelangen. Zur Orientierung stellte sie ihm eine Kerze ans Fenster. In einer stürmischen Winternacht ging die Kerze aus, Leander ertrank und Hero stürzte sich aus dem Fenster. Das Thema des unglücklichen Paars wurde von Ovid und anderen Dichtern verewigt.

Von Leanders Tod bis 1807 galt das Durchschwimmen der Meerenge als unmöglich. Erst der englische Dichter Lord Byron, ein zu jener Zeit durch unorthodoxe Ansichten berühmt-berüchtigter Exzentriker, bewies das Gegenteil. Seitdem finden sich immer wieder Nachahmer.

Die Meerenge gehört übrigens zu den meistbefahrenen Wasserwegen der Welt. Bis zu 80.000 Schiffe passieren sie jährlich. Nach dem Vertrag von Montreux (1936) darf die Türkei nur fremden Kriegsschiffen die Durchfahrt verweigern.

Information/Parken/Verbindungen/Ausflüge (siehe Karte S. 243)

• *Telefonvorwahl* 0286.

• *Information* **Tourist Information**, je nach Schicht englisch- oder deutschsprachig. Im Sommer tägl. 8–20.30 Uhr, im Winter verkürzt. Beim Fährhafen, İskele Meydanı 67, ✆/℻ 2171187, www.canakkaletravel.com.

• *Parken* Gebührenpflichtiger, bewachter Parkplatz an der Yalı Sok. westlich des Fährhafens.

• *Verbindungen* **Bus**: Busbahnhof 1 km östlich des Zentrums an der Atatürk Cad. Regelmäßige Verbindungen nach Ayvalık (3 ½ Std.) und İzmir (5 Std.). Zweigstellen mehrerer Busgesellschaften am Platz beim Fähranleger.

Dolmuş: Dolmuşe nach Güzelyalı, Dardanos und Troja starten südöstlich des Zentrums an der Atatürk Cad. unter der Brücke über den Sarı Çay.

• *Schiffsverbindungen* Rund um die Uhr nahezu stündl. **Fähren nach Eceabat** am gegenüberliegenden Dardanellenufer (Dauer ca. 30 Min.). Pro Person 0,90 €, Auto 5 €. **Fähren zur Festung Kilitbahir** einige Kilometer südlich von Eceabat (mit weitaus weniger Platz für Autos!) ebenfalls tagsüber nahezu stündl., ähnliche Preise. **Fähren zur Insel Gökçeada** (Dauer ca. 4 Std.) im Sommer Mo u. Fr um 17 Uhr (Stand 2005). Pro Person 3,20 €, Auto 17,50 €.

• *Organisierte Touren* Mehrere Anbieter, z. B. **Troy-Anzac Tours**, Saat Kulesi Meydanı 6, ✆ 2175849, ℻ 2170196; **Hassle Free Travel Agency**, im Hotel Anzac House **(5)**, Cumhuriyet Meydanı 61, ✆ 2315969; und **Trooper Tours**, in der Yellow Rose Pension, www.troopertours.com. Ausflüge nach Troja (3 Std. mit Führung) ca. 19 €, Touren auf die Halbinsel Gallipoli (5–8 Std.; mit und ohne Lunch; unterschiedliche Schwerpunkte) 22–28 €.

Adressen/Baden/Sonstiges

• *Ärztliche Versorgung* Privatkrankenhaus **Özel Çanakkale Hastanesi** an der Atatürk Cad. südöstlich des Zentrums. ✆ 2177462.

• *Autoverleih* Z. B. **Gezgin Rent a Car** nahe dem Cumhuriyet Meydanı in der Tekke Sok. Preiswertester Wagen ab 31 € pro Tag. ✆ 2128392.

• *Baden* Vor Ort schlechte Karten. Besser an die Strände des rund 15 km südlich gelegenen Retortenferienorts **Güzelyalı** ausweichen.

• *Einkaufen* Fr **Wochenmarkt** am großen Marktgelände an der Atatürk Cad. östlich des Zentrums.

Nette kleine Geschäfte an der **Çarşı Cad.** gegenüber der Yalı-Moschee: flippiger Modeschmuck, Kleinkram, Wohnmüll, frisch gemahlener Kaffee etc.

Wein aus Bozcaada, Sardinen aus Gelibolu und andere Produkte der Region verkauft das **Şarap Evi (7)** an der Yalı Cad.

• *Geld* Bankomaten und Geldwechselmöglichkeiten an der Fähranlegestelle.

• *Polizei* An der İnönü Cad. ✆ 2175260.

• *Post* Neben der Polizei an der İnönü Cad.

• *Türkisches Bad (Hamam)* **Yalı Hamamı,** historisches Bad im Zentrum. Eintritt mit Massage 12,50 €. Tägl. 7–23 Uhr. Çarşı Cad.

• *Veranstaltungen* Viel Tanz, Musik und kulturelle Veranstaltungen jeder Art bringt das einwöchige **Çanakkale Truva Festivalı** Mitte August. Zum Platzen voll und zu meiden ist die Stadt rund um den historischen **Anzac Day** (→ Kasten, S. 245) am 25. April, wo Nepper und Schlepper sich schlagartig vermehren und Hotelpreise astronomisch steigen.

Übernachten/Camping

In Çanakkale findet man Unterkünfte für jeden Geldbeutel, das Gros ist jedoch lediglich zweckmäßig. Für die Tage um den *Anzac Day* (25. April) ist eine Reservierung, am besten schon Monate vor der Reise, unumgänglich. Wer näher an Troja übernachten will, findet im 15 km südlich gelegenen, wenig attraktiven Ferienresort Güzelyalı Unterkünfte jeder Kategorie.

**** **Hotel Akol (1)**, das der Sternenzahl nach beste Haus der Stadt, ein Kasten nordöstlich des Hafens. Kühler Marmor in der klimatisierten Empfangshalle, Pool, Disco, Bar und Restaurant. 137 neu und modern ausgestattete Zimmer mit noch intakten Teppichböden, viele mit Meeresblick. Der Aufzug allerdings könnte auch in der letzten Absteige fahren. EZ 66 €, DZ 75 €. Kordonboyu, ✆ 2179456, www.hotelakol.com.tr.

*** **Çanak Otel (14)**, zentrale, aber relativ ruhige Lage in einer Seitengasse des Cumhuriyet Meydanı. Modernes, 2003 eröffnetes Haus, das im Sommer 2005 noch sehr gut in Schuss war. 52 klassische Hotelzimmer mit Minibar und Safe, schöne Ausblicke von den oberen Etagen, Bar auf dem Dach. EZ 28 €, DZ 50 €. Dibek Sok. 1, ✆ 2141582, www.canakhotel.com.

*** **Hotel Helen (9)**, gleich ums Eck, ebenfalls empfehlenswert und ebenfalls 2003 eröffnet. Modernes Haus mit 44 Zimmern, alle mit Klimaanlage, Heizung, Föhn etc. Sehr sauber und freundlich. EZ 28 €, DZ 44 €. Cumhuriyet Meydanı 57, ✆ 2121818, www.helenhotel.com.

*** **Hotel Anafartalar (2)**, großes Hotel direkt am Hafen, schlechter als das Helen, dafür auf der Vorderseite mit tollem Blick auf die Meerenge. Restaurant auf dem Dach, sauber. DZ 44 €, EZ 31 €. İskele Meydanı, ✆ 2174455, www.hotelanafartalar.com.

Hotel Kervansaray (12), in seiner Preisklasse die beste Unterkunft vor Ort. 11 ansprechend restaurierte Zimmer in einem Stadthaus aus dem Jahr 1903. Klimaanlage, Minibar, freundlicher Innenhof. DZ 44 €, EZ 32 €. Fetvane Sok. 13, ✆ 2179011, www.hotelkervansaray.org.

Efes Hotel (12), gleich neben dem Kervansaray. Billighotel einmal anders. Farbenfrohes Haus unter netter Leitung. Einfache, aber ordentliche und saubere Zimmer mit Bad. Den oft ausgebuchten Lonely-Planet-Tipp sollte man besser reservieren. DZ 19 €. Aralık Sok. 5, ✆ 2173256.

Yellow Rose Pension (17), 100 m vom Uhrturm entfernt. Treffpunkt junger Aussis und Kiwis. Bookexchange, Laundryservice, Infos über Gallipoli, Tischtennis usw. Ruhige Lage, nette Terrasse. Leider klitzekleine, teils recht muffige Zimmer, dafür mit Du/

WC und 2005 frisch gestrichen. Pro Person im Mehrbettzimmer 8 €, DZ 19 €. Yeni Sok. 5, ✆ 2173343, www.yellowrose.4mg.com.

• *Camping* Mehrere einfache Plätze ohne Charme (dafür z.T. mit viel Müll) beim rund 11 km südlich von Çanakkale gelegenen Dardanos. Die dortigen benachbarten Plätze **Sun San Camping** und **Paradise Camping** (von der Nationalstraße 550 ausgeschildert) haben immerhin einen netten Sandstrand davor.

Essen & Trinken/Nachtleben

Gute Fischrestaurants südlich des İskele Meydanı. Eine süße Spezialität Çanakkales ist das mit Käse angereicherte *Peynirli Helva*. Nett sitzt man in den gemütlichen, schattigen Teegärten **(15)** bei der Fähranlegestelle nach Kilitbahir und den Straßencafés südlich der Marina.

Çekiç (3), das beliebteste Fischlokal an der Uferfront südlich des İskele Meydanı. Neben delikatem Meeresgetier (Portion Krabben 5,70 €) auch eine gute Mezeauswahl (Portion 1,60 €). ✆ 2171770.

Öz Urfa Kebap Salonu (11), nahe dem Uhrturm in der Fetvane Sok. Große Auswahl an Kebabs. Alles andere als ein langweiliger 08/15-Salon, serviert wird in netter Hinterhofatmosphäre. Gut besucht, billig.

Ein Tipp ist das wunderbar zwischen Uferstraße und Meer gelegene Terrassenlokal **Kazdağ** im 15 km südlich gelegenen Güzelyalı. Sehr außergewöhnliche Meze (viele mit Meeresgetier) und frischester Fisch. Für ein schönes Essen mit Wein sollte man pro Person mit ca. 22 € rechnen. Regelmäßig Livemusik am Abend. ✆ 2328123.

Truva 2001 (8), direkt beim Uhrturm. Freundliche Lokanta mit jeder Menge leckerer Schmorgerichte, auch abends hat man noch eine große Auswahl. Zuvorkommender Service.

Köy Evi (4), Minilokal im dörflichen Stil. Beim Zubereiten von *Gözleme* kann man zusehen, zudem gibt es *Mantı*, gefülltes Gemüse oder *Börek*. Freundlich und günstig. Yalı Cad. 11.

• *Süßes* **Babalık Tatlı Salonu (10)**, hier hat man die beste Möglichkeit, *Peynirli Helva* (s. o.) zu kosten. Yalı Cad. 34.

• *Nachtleben* Dem Bierdurst australischer Traveller werden etliche Pubs und Bars gerecht. Die Jugend von Çanakkale feiert gerne mit.

Han Bar (13), urgemütliche Open-Air-Kneipe im Innenhof eines alten Hans. Gute Livemusik, Treffpunkt der Alternativszene Çanakkales. Fetvane Sok.

Depo (16), Discobar unter freiem Himmel. Gemütliche Sitzkissen für Faule, Tanzfläche für Aktive. Fetvane Sok.

Weitere beliebte Nightspots sind das **Şişe (3)** über dem Lokal **Çekiç** (laut, türkisch und bierselig) und das **TNT (6)** am Saat Kulesi Meydanı.

Sehenswertes

Çimenlik Kalesi (Wiesenburg): Die Festung mit ihren neun trutzigen, wehrhaften Türmen, die auch *Kale-i Sultaniye* (Sultansburg) genannt wird, ließ Mehmet der Eroberer 1454 errichten. Ihre über 10 m hohen Mauern haben eine Dicke von 5–7 m. Zusammen mit der gegenüberliegenden Festung *Kilitbahir* (→ S. 245) ermöglichte sie die Kontrolle des strategisch so wichtigen Tores vom Mittel- zum Marmarameer. Das Areal beherbergt heute ein *Marinemuseum (Deniz Müzesi)* des türkischen Militärs, das u. a. die hiesigen verlustreichen Kämpfe aus dem Ersten Weltkrieg nachzeichnet. In dem kleinen Park, der die Burg umgibt, steht zudem ein Nachbau des in der Dardanellenschlacht kriegsentscheidenden Minenlegers *Nusrat* (→ Kasten, S. 245).

Öffnungszeiten Tägl. (außer Mo u. Do) 9–11.30 u. 13.30–16.30 Uhr. Eintritt 1,60 €.

Archäologisches Museum: Die trojanischen Exponate beschränken sich auf zusammengeflickte Schüsseln und Krüge. Am sehenswertesten sind die Grabbeigaben – überwiegend Goldschmuck – des 1959 unversehrt entdeckten sog. *Dardanos-Tumulus* (11 km südlich von Çanakkale), dessen Name sich auf den mythischen, gleichnamigen Stadtgründer bezieht. Daneben sind gut erhaltene Funde aus Bozcaada, Assos und Gülpınar ausgestellt sowie die obligate Münz- und Amphorensammlung.

Adresse/Öffnungszeiten 2 km südöstlich des Zentrums an der 100. Yıl Cad., von der Straße nach Troja ausgeschildert. Die Dolmuşe nach Güzelyalı passieren es. Tägl. (außer Mo) 9–12 u. 13–17 Uhr. Eintritt 1,30 €.

Die Halbinsel Gallipoli (Gelibolu Yarımadası)

Pinienwälder und Sonnenblumenfelder prägen die unverbaute, sanfthügelige Halbinsel, dazu riesige, bedrückende Friedhöfe und Gedenkstätten. Die schmale, 60 km lange Landzunge war Schauplatz einer der fürchterlichsten Schlachten des Ersten Weltkriegs (→ Kasten). Aus diesem Grund wurde sie zu einem Historischen Nationalpark erklärt. Aus Respekt vor den Gefallenen ist mancherorts Schwimmen und Sonnenbaden untersagt. Schöne Badestrände finden sich dennoch, z. B. an der Südspitze der Halbinsel und an deren Westküste.

Wer es den vielen Australiern und Neuseeländern gleich tun und die Halbinsel erkunden will, kann zunächst das bunkerartige *Informationszentrum Kabatepe* im Westen der Halbinsel besuchen, in dem u. a. Waffen, Munition, Knöpfe und Gürtelschnallen, Briefe der Soldaten sowie ein von einer Kugel durchlöcherter Schädel ausgestellt sind (tägl. 9–13 u. 14–18 Uhr, Eintritt 1,30 €). Weitere Museen und Infozentren liegen über die Halbinsel verstreut. Das neueste und modernste, das *Gelibolu Yarımadası Tarihi Milli Parkı Tanıtım Merkezi* an der Abzweigung von Eceabat nach Kabatepe, stand zum Zeitpunkt der letzten Recherche im Sommer 2005 kurz vor seiner Eröffnung.

Ganz im Süden der Halbinsel ragt das 42 m hohe, steinerne, tischähnliche *Çanakkale Şehitleri Abidesi* in den Himmel, das gigantischste Mahnmal Gallipolis. Es wurde zum Gedenken an alle Türken erbaut, die an der Schlacht teilnahmen.

Hinweis Da die Gedenk-, Ex-Schlacht- und Mahnplätze auf der Halbinsel für Nichtmotorisierte kaum zu erreichen sind, empfehlen sich geführte **Tagestouren** von Çanakkale oder Eceabat. **Dolmuşe** verkehren im Halbstundenrhythmus lediglich zwischen Eceabat und Kabatepe.

Gallipoli und seine Folgen

Um das wilhelminische Deutschland schneller in die Knie zu zwingen, hielten hohe englische und französische Generäle im Kriegswinter 1914/15 eine zweite Angriffsfront von Südosten her für notwendig. Dafür bedurfte es des Zugangs zum Schwarzen Meer, den jedoch die mit den Deutschen verbündeten Osmanen kontrollierten. Mit einer Einnahme İstanbuls wären die Karten neu gemischt worden. Ein Plan, der scheiterte.

Der erste Versuch der Alliierten am 18. März 1915, die Dardanellen mit einer Schiffsattacke zu durchstoßen, wurde zum Desaster. Noch in der Nacht davor war es dem türkischen Minenleger *Nusrat* gelungen, eine unüberwindbare Barriere zu schaffen, auf die ein um das andere Schiff auflief. Was auf dem Seeweg nicht gelingen wollte, sollte eine Invasion erreichen, an der sich neben französischen und englischen Einheiten auch die sog. ANZACS (= Australien and New Zealand Army Corps) beteiligten. Am 25. April 1915 landeten die Truppen auf der Halbinsel Gallipoli, um von dort über Land nach İstanbul vorzustoßen. Dies war der Beginn eines grauenvollen neunmonatigen Stellungskrieges. Rund eine Million Soldaten waren beteiligt, zwischen 150.000 und 250.000 fielen. Als Held ging Mustafa Kemal, der türkische Divisionskommandant und spätere Staatsgründer, aus der Schlacht hervor. Ich befehle Euch, nicht anzugreifen! Ich befehle Euch, zu sterben! hieß seine viel zitierte Parole, um Stellungen zu halten, bis Verstärkung nachrücken konnte.

Im Januar 1916 gaben die Alliierten ihr Vorhaben auf und zogen sich zurück. Erst 1918, als der Weltkrieg vorbei war, kehrten einige von ihnen auf das Schlachtfeld zurück, um ihre gefallenen Kameraden auf insgesamt 31 Friedhöfen vor Ort zu bestatten. Nur noch ein Bruchteil konnte identifiziert werden. Auch wenn heute kaum mehr Kriegsveteranen leben, kommen dennoch alljährlich am 25. April, dem sog. *Anzac Day*, tausende Australier und Neuseeländer zum Gedenken an ihre gefallenen Groß- oder Urgroßväter auf die Halbinsel. Die Türken hingegen feiern – am 18. März jeden Jahres ihre erfolgreiche Verteidigung der Dardanellen.

Eceabat und Kilitbahir

Eceabat, der Fährhafen gegenüber von Çanakkale, ist ein charakterloses 5.000-Einwohner-Städtchen ohne Sehenswürdigkeiten, aber wie Çanakkale als Ausgangspunkt für die Erkundung der Gallipoli-Halbinsel geeignet. Rund 5 km südlich steht die osmanische Sperrfestung *Kilitbahir*, zu dessen Füßen sich das gleichnamige, hübsche Dorf erstreckt. Das 1462 errichtete, zu besichtigende Bollwerk (Mi–So 8.30–12 u. 13.30–18.30 Uhr, Eintritt 1,30 €) ist das europäische Pendant zur Çimenlik Kalesi in Çanakkale. In einem seiner imposanten Rundtürme befindet sich die kleine *Harp Eserler Sergisi* – nichts anderes als eine Ausstellung zum Gallipoli-Krieg.

• *Verbindungen* Regelmäßige **Dolmuş**verbindungen zwischen Eceabat und Kilitbahir, von Eceabat zudem halbstündl. nach Kabatepe sowie stündl. nach Gelibolu. Für **Fähren** von Eceabat und Kilitbahir nach Çanakkale → Çanakkale/Verbindungen.

• *Organisierte Touren* Trips über die Halbinsel inkl. Badestopps bietet die Agentur **TJs**, zur gleichnamigen Unterkunft gehörend (s. u.).

• *Übernachten/Camping* **Aqua Hotel**, am südlichen Ortsrand von Eceabat direkt am Meer. 2004 eröffnet. Ein stilistisches Durcheinander, das guten Geschmack teils auf die Probe stellt. 32 Zimmer mit Klimaanlage und Föhn, ansonsten nichts Besonderes. Schöne Terrasse. EZ 19 €, DZ 38 €. ✆ 0286/8142864, www.heyboss.com.

TJs Eceabat, am Platz bei der Fähranlegestelle in Eceabat. Hotel und Hostel. Gut geführt, netter Service. Regelmäßige Grillpartys auf der verglasten Dachterrasse. Waschservice und alles, was Traveller sonst noch brauchen. Übernachten kann man 1) im Dormitory (pro Person 11,50 €), 2) in sehr einfachen, aber geräumigen Zimmern mit Bad und z. T. mit Balkon (pro Person 12,50 €) oder 3) in komfortablen, neu restaurierten Zimmern mit schönen Bädern (pro Person 22 €). ✆ 0286/8143122, www.anzacgallipolitours.com.

** **Hotel & Camping Kum**, ca. 20 km südwestlich von Eceabat bzw. 5 km südlich von Kabatepe, an der Westküste der Halbinsel, von der Straße Kabatepe–Abide ausgeschildert. Weites Gelände direkt am Meer, ruhig. 72 ordentliche Zimmer (farbenfrohe Wände, Fliesenböden, Terrasse bzw. Balkon) auf zweistöckige Gebäude verteilt. Schattiges Campergelände (saubere Sanitäranlagen), privater Strand mit Bar. 2 Pers. mit Wohnmobil 16 €, DZ mit HP 76 €. ✆ 0286/8141455, www.hotelkum.com.

Weitere einfache bis einfachste Campingplätze rund um die Halbinsel.

• *Essen & Trinken* Etliche gute, preiswerte Lokale an der Uferfront in Eceabat.

Außergewöhnlich ist das schicke **Restaurant Maydos** am südlichen Ortsende, das auch nach İstanbul passen würde. Terrasse

Gelibolu, eine Stadt im Zeichen des Fisches

am Wasser, beliebt bei kleinen Reisegruppen. Grillgerichte 3,80–6,30 €, Fisch 9,40–12,50 €. ✆ 0286/8141454.

Für Fisch und Meeresfrüchte (die Portion Krabben 4,40 €) empfiehlt sich auch das einfache **Liman 2 Restaurant** an der Uferfront in Eceabat.

Gelibolu

21.000 Einwohner im Winter, bis zu 50.000 im Sommer

Im Norden der gleichnamigen Halbinsel liegt das Fischerstädtchen Gelibolu, das schon mehrmals in seiner Geschichte Schauplatz bedeutender historischer Ereignisse war: U. a. schlug hier 405 v. Chr. die spartanische Flotte Athen und trug den Sieg im Peloponnesischen Krieg davon. 1357 wurde die Stadt als erste in Europa von den Türken erobert. An die abwechslungsreiche Vergangenheit des Städtchens erinnert z. B. der zentral an der Hafenbucht gelegene, byzantinische *Festungsturm*, der früher als Gefängnis diente. Heute ist darin ein kleines *Museum* untergebracht, das dem osmanischen Admiral und Geograph Piri Reis (15. Jh.) die Referenz erweist (tägl. außer Do 8.30–12 u. 13–17 Uhr, Spende erwartet). Auf der Landzunge nordöstlich des Zentrums nahe dem Leuchtturm – ein netter Spaziergang am Ufer entlang – kann man zudem den *Azebeler Namazgahı* entdecken, einen offenen Gebetsplatz mit Marmor-Mihrab aus dem frühen 15. Jh. Interessanter ist für viele aber ein Besuch des *Fischmarktes* nahe dem urigen Hafen mit seinen kleinen, hervorragenden Restaurants. Gelibolu ist bekannt für Sardinen *(sardalya)*, die es in bunten Konservendosen vor Ort eingelegt zu kaufen gibt. Ein Fest zu Ehren des kleinen Fisches wird alljährlich Ende Juli abgehalten. Einfache Unterkünfte sind vorhanden.

• *Information* Ein Kiosk am Fährhafen verkauft Souvenirs und dient nebenbei noch als Tourist Information. Unregelmäßig geöffnet.

• *Verbindungen* Stündl. **Dolmuşe** über Eceabat nach Kilitbahir. Nahezu stündl. rund um die Uhr **Fähren** von Gelibolu auf die asiatische Seite nach Lâpseki, pro Person 0,90 €, Auto 5 €.

Gökçeada (Insel)

Abgeschiedene Buchten, alte griechische Dörfer und ein wildromantisches Binnenland – die größte Insel der Türkei bietet alles für geruhsame Urlaubstage.

Die ehemals griechische Insel *Imbros* wurde 1923 durch den Lausanner Vertrag der Türkei zugesprochen – unter der Bedingung, dass die griechischen Einwohner vom Bevölkerungsaustausch verschont blieben. Im Lauf der Jahrzehnte wanderten sie dennoch ab. Von den 10.000 Insulanern nennen gerade noch rund 220 (ältere) Griechen das Eiland ihre Heimat. Wie seit Jahrhunderten lebt man auf Gökçeada vorrangig vom Fischfang und der Olivenölgewinnung. Der Tourismus hat bislang noch einen untergeordneten Stellenwert, ohnehin dauert die Saison wetterbedingt nur rund drei Monate. Doch Gökçeada ist eine Insel im Wandel: Als Wochenendausflugsziel begüterter İstanbuler wird das Eiland immer beliebter. Neue Großhotels und ein im Bau befindlicher Flughafen (Fertigstellung nicht vor 2008) deuten die zukünftige Entwicklung an.

Am besten also besucht man die rund 20 km lange und 13 km breite Insel so bald wie möglich. Abseits des unattraktiven Hauptortes **Gökçeada** (auch **Merkez** = Zentrum genannt; 7.300 Einwohner) in der Inselmitte erwartet den Besucher immer noch pastorale Beschaulichkeit. Die meisten Urlauber zieht es nach **Kaleköy**, dem einzigen Küstendorf und touristischen Zentrum im Nordosten der Insel. Immerhin gibt es hier mehrere Restaurants mit netten Terrassen und Unterkünfte sowie eine 300 m lange Uferstraße, die allabendlich für den Verkehr gesperrt und zur Flaniermeile wird. Zudem soll in absehbarer Zeit eine Marina entstehen.

Einen Ausflug wert sind die malerischen, an Felsen klebenden Bergdörfer, die die griechische Bevölkerung dort zum Schutz vor Piraten gründete, allen voran **Tepeköy** und **Zeytinli**. In den beiden Dörfern kann man übrigens auch länger bleiben: Ein paar charmante Unterkünfte, nette Cafés und viel Ruhe laden dazu ein. **Dereköy** erwacht erst langsam aus dem Dornröschenschlaf – ein Spaziergang durch die aufgegeben Häuser nimmt einen gefangen, jedes Eck erzählt Bände. Ohnehin lädt das gebirgige Binnenland mit seinen oleanderbestandenen Tälern zu ausgedehnten Wandertouren und idyllischen Picknicks ein.

Badestrände findet man vor allem im Süden der Insel. **Aydıncık**, der schönste, liegt im Südosten zwischen Meer und einem Salzsee, dessen schlammiges Wasser Rheumatikern Linderung verschaffen soll (Sonnenschirmverleih und Bar vor Ort). Um all die schönen Ecken zu entdecken, sollte man gut zu Fuß sein oder einen fahrbaren Untersatz mitbringen – bislang existiert kein offizieller Auto- oder Zweiradverleih auf der Insel. Auch per Dolmuş kommt man nicht allzu weit. Das Fährschiff legt übrigens in **Kuzu Limanı** im Nordosten der Insel an. Außer einem Anlegesteg gibt es dort nicht viel, es sei denn, die Fähre läuft ein: Dann stehen auch ein paar Taxis und Dolmuşe parat.

Information/Verbindungen

- *Telefonvorwahl* 0286.
- *Information* Eine Inselkarte mit Pensionsliste und Preisen wird bei Ankunft der Fähre verteilt. **Tourist Information** an der Uferstraße von Kaleköy beim Café Resort. Nur in der HS nach Lust und Laune geöffnet. ✆ 8872476.
- *Schiffsverbindungen* Nur Mo u. Fr um 8 Uhr (Stand Sommer 2005) eine **Fähre nach Çanakkale** (→ Çanakkale/Verbindungen, S. 241). Häufigere **Fährverbindungen von und nach Kabatepe** auf der Halbinsel Gallipoli (Dauer 1,5–2 Std.) – im Sommer je nach Andrang mind. 3-mal tägl., im Winter nur sehr eingeschränkter Betrieb (z. T. nur 2-mal wöchentl.). 2 Pers. mit Auto einfach ca. 12 €.
- *Verbindungen* Halbwegs regelmäßige **Dolmuş**verbindungen nur zwischen Hafen und Gökçeada-Stadt sowie zwischen Kaleköy und Gökçeada-Stadt.

Adressen/Sonstiges

- *Ärztliche Versorgung* **Krankenhaus** im Hauptort an der Straße nach Kaleköy. ✆ 8873003.
- *Bootstouren* Für 12,50 € pro Person können z. B. über das **Café Resort** an der Uferfront in Kaleköy Rundtouren um die Insel gebucht werden. ✆ 8874040.
- *Einkaufen* Wein von **George Zarbozan**! Der nette Grieche kehrte nach einer Karriere in İstanbul in sein Heimatdorf Tepeköy zurück, managt dort nun eine Taverne mit Pension (→ Übernachten) und keltert Wein. Der einfache, aber süffige Tropfen kostet 6,50 € pro Flasche.
- *Geld* **T.C. Ziraat Bankası** mit Bankomat im Hauptort an der Abzweigung zum Hafen.
- *Polizei* Im Hauptort an der Straße nach Kaleköy, unter der Notrufnummer 155 zu erreichen.
- *Post* Zentral im Hauptort.
- *Tauchen* Nicht jede Saison findet sich ein Anbieter. Schade, denn der angeblich erste türkische **Unterwassernationalpark** nordöstlich von Gökçeada (200 m von der Küste entfernt) würde zum Tauchen nur so einladen.
- *Veranstaltungen* Ein fröhliches **griechisches Festival** wird alljährlich am 15. August in Tepeköy abgehalten.

Übernachten/Camping/Essen & Trinken

Auf der Insel gibt es viele Unterkünfte – wer irgendwo ein leer stehendes Zimmer hat, vermietet es. Die schönsten befinden sich in den Bergdörfern und in Kaleköy direkt am Meer.

• *Übernachten* **Poseidon Otel**, gehobene Unterkunft in Eski Bademli oberhalb von Kaleköy. Wahnsinnsaussicht von der Terrasse. 9 komfortabel ausgestattete Zimmer und Suiten mit Parkettböden in einem modernen Natursteinhaus. Flauschige Bademäntel in den Bädern! Freundlicher Service. Ganzjährig geöffnet. DZ 79 €, Suite 110 €. ✆ 8874619, ✆ 8872350.

Barba Yorgo Pansiyon, freundliche Pension in der beschaulichen Atmosphäre des Dorfes Tepeköy – Ruhe garantiert. 19 einfache, aber gepflegte Zimmer, z. T. mit offenem Kamin, sehr sauber. Zufriedene Stammkundschaft. April–Sept. Pro Person 32 €. ✆ 8873592, www.barbayorgo.com.

Kale Motel, an der Uferpromenade von Kaleköy. 25 Zimmer, z. T. mit Meeresblick und Balkon, abends laut. Gutes Restaurant. DZ 32 €. ✆ 8874404, www.kalemotel.com. Das **Kalimerhaba Motel** ein paar Schritte weiter bietet gleichwertige Zimmer zu gleichen Preisen und ebenfalls ein gutes Restaurant. ✆ 8873648.

• *Camping* **Şen Motel & Camping**, einfache Anlage am Aydıncık-Strand. 5 sehr saubere Zimmer mit Gemeinschaftsbad und Terrasse. DZ 32 €. Zudem kann günstig gecampt werden. Wassersportangebot, gutes Restaurant. ✆ 8981020, cemsen2001@yahoo.com.

• *Essen & Trinken* Hervorragende Meze und Fischgerichte bieten die Lokale an der Uferfront in **Kaleköy**.

Empfehlenswert ist zudem die gemütliche Dorftaverne **Barba Yorgo** (→ Übernachten) in Tepeköy. Abendessen mit Fisch oder Fleisch und Wein pro Person 13–19 €. Gute Stimmung wird gratis mitgeliefert.

Gut und günstig isst man im **Ada Lahmacun Pide Salonu** in Gökçeada-Stadt an der Straße nach Tepeköy. Freundliches Lokal mit ebensolchem Personal. Pide, Lahmacun und eine kleine Auswahl an schmackhaften Topfgerichten.

Zeydali Hotel, in der Dorfidylle von Zeytinli. 2005 eröffnet. Liebevoll bis ins Detail restauriertes Natursteinhaus, alte Fliesen, schwere Holztüren, geschmackvolles Mobiliar. Alle Zimmer wurden individuell und sehr komfortabel ausgestattet (Minibar, Sat-TV, Internetanschluss etc.). Hübsches Restaurant. DZ 98 €. ✆ 8873233, www.zeydalihotel.com.

Etwas Türkisch

Aussprache

Nur wenige Buchstaben sind im Deutschen unbekannt oder werden anders ausgesprochen:

C, c wie Dsch (nie wie K!)

Ç, ç wie Tsch

ğ nach dumpfen Vokalen ein schwach hörbares, gutturales G, nach hellen Vokalen hingegen ähnlich dem deutschen J

h am Silbenende wie ein schwaches Ch

I, ı ein bei uns unbekannter Vokal; kehliges I, eine Art Mischung zwischen I und E

J, j wie J in Journal

Ş, ş wie Sch

V, v wird stets stimmhaft ausgesprochen wie W in Wiesel

Y,y wie deutsches J in ja

Z,z stimmhaftes S (nie Tz!)

Grundlegendes

Evet/hayır	*ja/nein*
Teşekkür ederim/ lütfen	*danke/bitte*
Affedersiniz!	*Entschuldigen Sie bitte!*
Merhaba!	*Hallo!*
Allaha ısmarladık!	*Auf Wiedersehen! (sagt der Gehende)*
Güle Güle!	*Auf Wiedersehen! (sagt der Bleibende)*
Hoşça kal!	*Tschüss!*
Günaydın	*Guten Morgen*
İyi günler	*Guten Tag (auch als Verabschiedung)*
İyi akşamlar	*Guten Abend*
İyi geceler	*Gute Nacht*

Unterwegs

Tren İstasyonu	*Bahnhof*
Garaj/Otogar	*Busbahnhof*
Havalimanı/Havaalanı	*Flughafen*
İskele	*Fähranlegestelle*
Saray	*Palast*
Sokak	*Gasse*
Cadde	*Straße*
Meydan	*Platz*
Cami	*Moschee*
Hisar	*Festung*
Kilise	*Kirche*
Müze	*Museum*
Banka	*Bank*
Hastane	*Krankenhaus*
Köprü	*Brücke*
Ada	*Insel*
Eczane	*Apotheke*
Süpermarket	*Supermarkt*
Postane	*Post*
Nerede ...?	*Wo ist ...?*
Ne zaman?	*Wann?*
Sağ	*rechts*
Sol	*links*
Doğru	*geradeaus*
Otobüs	*Bus*
Tren	*Zug*
Vapur	*Fähre*
Bilet	*Fahrkarte*

Hinweisschilder

Giriş	*Eingang*
Çıkış	*Ausgang*
Tuvalet	*Toilette*
Bay	*Herren*
Bayan	*Damen*
Açık/Kapalı	*Offen/Geschlossen*
Polis	*Polizei*
Girilmez	*Eintritt verboten*

Übernachten

İyi bir otel biliyor musunuz?	*Kennen Sie ein gutes Hotel?*
Boş odanız var mı?	*Haben Sie ein freies Zimmer?*
Tek kişlik oda	*Einzelzimmer*
İki kişlik oda	*Doppelzimmer*
Duş	*Dusche*
Banyo	*Badezimmer*
Dolu	*belegt*

Essen und Trinken

Allgemein

Afiyet olsun!	*Guten Appetit!*
Şerefe!	*Prost!*
Yemek listesi	*Speisekarte*
Hesap, lütfen!	*Zahlen, bitte!*
Kahvaltı	*Frühstück*
Öğle yemeği	*Mittagessen*
Akşam yemeği	*Abendessen*

Frühstück

Beyaz Peynir	*Schafskäse*
Kaşar Peynir	*Milder gelber Käse*
Bal	*Honig*
Reçel	*Marmelade*
Tereyağı	*Butter*
Yumurta	*Eier*
Ekmek	*Brot*
Şeker	*Zucker*
Tuz	*Salz*

Getränke

Kahve	*Kaffee*
Türk Kahvesi	*Türkischer Mokka*
Neskafe	*Nescafé*
Çay	*Tee*
Süt	*Milch*
Su	*Wasser*
Soda	*Mineralwasser*
Meyve Suyu	*Fruchtsaft*
Ayran	*Getränk aus Joghurt, Wasser und Salz*
Bira	*Bier*
Şarap	*Wein*
Beyaz Şarap	*Weißwein*
Kırmızı Şarap	*Rotwein*

Vorspeisen

Meze	*Türkische Vorspeise*
Ezme	*Creme aus Gemüse oder Joghurt*
Haydari	*Joghurtdip mit Minze und Knoblauch*
Humus	*Kichererbsenpüree*
Patlıcan Salatası	*Auberginensalat*
Zeytinyağlılar	*Kaltes Gemüse in Olivenöl*
Piyaz	*Salat aus Bohnen, Olivenöl und Zitrone*
Sigara Böreği	*Mit Schafskäse gefüllter, frittierter Blätterteig in Zigarrenform*
Çerkes Tavuğu	*„Tscherkessenhuhn" (Hühnerfleisch in Walnusssauce)*
Çiğ Köfte	*Frikadellenart aus rohem Hackfleisch und Weizengrütze*
Çorba	*Suppe*
Mercimek Çorbası	*Linsensuppe*
Yayla Çorbası	*Almsuppe (Joghurtsuppe mit Zitrone und Minze)*
Domates Çorbası	*Tomatensuppe*
Tavuk Çorbası	*Hühnersuppe*
İşkembe Çorbası	*Kuttelflecksuppe*

Hauptgerichte

Dolma	*Gefülltes Gemüse*
Yaprak Dolması	*Gefüllte Weinblätter*
Biber Dolması	*Gefüllte Paprikaschoten*
Patlıcan Dolması	*Gefüllte Auberginen*
Kabak Dolması	*Gefüllte Zucchini*
İmam bayıldı	*„Der İmam ist in Ohnmacht gefallen" (Gebackene Aubergine mit Zwiebeln und Tomate)*
Güveç	*Gemüseschmortopf, oft mit Fleischstückchen*
Köfte	*Hackfleischbällchen*
Hindi	*Putenfleisch*
Tavuk	*Huhn*
Piliç	*Brathuhn*
Sığır	*Rind*

Dana	*Kalb*
Kuzu	*Lamm*
Pirzola	*Kotelett (meist Lamm)*
Karışık Izgara	*Mixed Grill*
Şiş Kebap	*Spieß*
Tas Kebap	*Lammschmortopf*
Arnavut Çiğeri	*„Albanische Leber" (Leberstückchen)*

Gemüse und Beilagen

Sebze	*Gemüse*
Bamya	*Okraschoten*
Kuru Fazulye	*Getrocknete Bohnen*
Taze Fazulye	*Grüne Bohnen*
Bezelye	*Erbsen*
Ispanak	*Spinat*
Karnıbahar	*Blumenkohl*
Lahana	*Kraut*
Domates	*Tomate*
Zeytin	*Olive*
Soğan	*Zwiebel*
Salatalık	*Gurke*
Sarmısak	*Knoblauch*
Çoban Salatası	*Hirtensalat (gemischter Salat mit Schafskäse)*
Salata	*Salat*
Yeşil Salata	*Grüner Salat*
Cacık	*Joghurtsauce mit Knoblauch und Gurke*
Makarna	*Nudeln*
Patates	*Kartoffeln*
Pilav	*Reis*
Bulgur	*Weizengrütze*

Fisch und Meeresfrüchte

Balık	*Fisch*
Barbunya	*Meerbarbe*
Levrek	*Seebarsch*
Lüfer	*Blaubarsch*
Kılıç	*Schwertfisch*
Sardalya	*Sardine*
Kalkan	*Steinbutt*
Hamsi	*Schwarzmeersardine*
Uskumru	*Makrele*
Midye	*Muscheln*

Obst

Meyve	*Obst*
Armut	*Birne*
Elma	*Apfel*
Karpuz	*Wassermelone*
Kavun	*Honigmelone*
Üzüm	*Weintrauben*
Muz	*Banane*
Portakal	*Orange*
Ayva	*Quitte*
Çilek	*Erdbeeren*
İncir	*Feige*
Kayısı	*Aprikose*
Şeftali	*Pfirsich*
Kiraz	*Kirsche*
Vişne	*Sauerkirsche*
Nar	*Granatapfel*
Limon	*Zitrone*

Süßes

Sütlaç	*Gebackener Milchreis*
Baklava	*Gefüllter Blätterteig in Zuckersirup*
Helva	*„Türkischer Honig"*
Lokum	*Konfekt aus Stärke und Zucker, verschiedenartigste Varianten*
Dondurma	*Eis*
Kek	*Kuchen*
Pasta	*Torte*

Register

A

Abalanda 137
Abdül Hamit II. 54
Achilles 237
Actium, Schlacht von 52
Ada (Satrapin) 137
Adatepe 227
Agamemnon 237
Ahmetbeyli 150
Akbük Limanı 96
Akçay 225
Akköy 98
Akkum 151
Akyarlar 71
Alaçatı 160
Aleviten 41
Alexander der Große 52, 118, 137, 240
Alexandria Troas 233
Aliağa 188
Alibey Adası 214
Alinda 137
Alkohol 29
Allianoi 209
All-inclusive-Anlagen 22
Alsancak (İzmir) 167
Altınkum 94
Altınkum-Strand (Çeşme-Halbinsel) 158
Altınoluk 224
Anakreon 152
Anaximander 96
Anaximenes 96
Androklos 118
Anreise 12
Antiochus II. 133
Antiochos III. 180
Antipatros 124
Äolier 52
Aparthotels 23
Aphrodisias 139
Aphrodite 222
Apotheken 30
Aquapark 65, 113
Araber 53
Aristides 98
Aristoteles 228
Armenier 54
Artemisia I. 58
Artemisia II. 65
Arugete, Dario 178
Asansör (İzmir) 178
Asklepios 207
Assos 228
Atatürk, Mustafa Kemal 55, 245
Attaliden 52
Attalos I. 198
Attalos III. 52, 198
Augustus, Kaiser 52, 99, 104
Ausgrabungsstätten 31
Autovermietung 16
Aydın 135
Ayran 28
Ayşe Hafsa Sultan 182
Ayvacık 229
Ayvalık 209

B

Babakale 232
Bademli 196
Baden 32
Bafa-See 89
Bağla 71
Baklava 28
Balat 98
Balçova (İzmir) 170
Balıklıova 163
Banse, Ewald 168
Baradan-Bucht 128
Basmane (İzmir) 167
Bayraklı (İzmir) 178
Beçin-Burg 86
Bektaş 230
Belevi 133
Berahmkale 228
Bergama 197
Beşparmak-Massiv 89
Bevölkerungsgruppen 11
Bevölkerungsstruktur 11
Bildung 11
Birgi 134
Bitez 69
Blaue Reise 20
Bodrum 57
Bodrum-Halbinsel 68
Boğaziçi 76
Börek 28
Boutiquehotels 23
Boyalık 159, 160
Boz Dağlar 134
Bozcaada (Insel) 234
Bozdağ 134
Burhaniye 222
Bus 17
Büyük Menderes 101, 134
Byzantinisches Reich 53

C/Ç

Camel Beach 70
Çamlıbel 222
Çamlık (bei Ayvalık) 209
Çamlık (bei Selçuk) 131
Camping 23
Çanakkale 239
Çanakkale Boğazı 241
Çandarlı 195
Çeşme 152
Çeşme-Halbinsel 159
Cezayirli Gazi Hasan Paşa 153
Chíos (griech. Insel) 164
Çiftlik 158
Çiftlikköy 77
Çine 137
Çökertme 79
Cunda 215

D

Dalyan (Çeşme-Halbinsel) 160
Dalyan (Troas) 233
Dardanellen 241
Dardanos 241
Dardanos 243
Değirmendere 150
Denizköy 196
Denizli 145
Denizpınarı 128
Didim 92
Didyma 92
Dikili 197
Dilek Milli Parkı 106
Dilek-Nationalpark 106

Diplomatische Vertretungen 32
Doğanbey 106
Dolmuş (Sammeltaxi) 19
Domitian 123
Dorer 52
Drogen 44

E/F

Eceabat 245
Edremit 224
Efes 117
Ein- und Ausfuhrbestimmungen 32
Einkaufen 33
Elektrizität 35
Emmerich, Katharina 130
Endymion 92
Ephesus 117
Erbakan, Necmettin 56
Erdbeben 56
Erdoğan, Recep Tayyip 11, 56
Erim, Kenan T. 139
Ermäßigungen 31, 38
Erythrai 162
Eskihisar 87
Essen und Trinken 24
Eumenes 198
Eumenes II. 145, 198
Euromos 89

F

Fahrrad 19
Fährverbindungen 19
Fauna 35
Faustina II. 100
Feiertage 35
Feste 35
Fischgerichte 27
FKK 32
Flora 35
Fluggesellschaften 13
Foça 188
Frauen 36
Frühstück 25

G

Galen(os) 207
Gallipoli-Halbinsel 244, 245
Gänseberge 222
Garderesi-Bucht 193
Gediz-Delta 188
Geld 37
Gelibolu 247
Gelibolu Yarımadası 244, 245
Geographie 11
Geschichte 51
Gesundheit 30
Geyre 141
Gökçeada (Insel) 247
Golf von Edremit 221
Golf von Gökova 77
Gölköy 74
Gözleme 28
Griechen 38
Großer Mäander 101, 134
Güllübahçe 102
Güllük 76
Gülpınar 232
Gümbet 68
Gümüldür 151
Gümüşlük 72
Gündoğan 74
Günsur, Nedim 178
Güvercin Ada 107
Güvercinlik 76
Güzelçamlı 106
Güzelyalı 242
Gyges von Lydien 184

H

Hamam 50
Handeln 33
Handy 48
Hanedan 193
Haustiere 38, 47
Hayıt Limanı 196
Helena 237
Herakleia am Latmos 89
Hermias 228
Hero 241
Herodot 58
Hethiter 51
Hierapolis 144
Hippodamos 96
Höchstgeschwindigkeit 16
Homer 168, 237
Homosexualität 47
Hotels 22
Humann, Carl 102, 145, 199
Hurma-Bucht 78

I/J

Iasos 76
İçmeler (Bodrum) 57
Idagebirge 221
Idrieus 87
Ildırı 162
Ilıca 159
İlyas Bey Menteşeoğlu 100
Imam 42
Imbros 247
Impfungen 31
İnceyalı-Bucht 78
İncir Adası 194
Information 40
Internet 40
Ioner 52
İsa Bey Aydınoğlu 129
Islam 40
İzmir 166
İzmir Körfezi (Golf von İzmir) 166
Johannes 129
Johannes Dukas III. 180
Johanniterorden 66
Jugendherbergen 23
Jungtürkische Revolution 54
Justinian I. 53

K

Kabaağaçlı, Cevat Şakir 20
Kabatepe 246
Kadıkalesi 71
Kadir Gecesi (Nacht der Kraft) 43
Kadırga 228
Kaklık-Höhle 149
Kamelkämpfe 126
Kandaulus von Lydien 184
Kapıkırı 89
Kaplan 134
Karaburun 163
Karacasu 140
Karahayıt 144
Karaincir 71
Karakaya 72
Karer 52
Kargıkoyu 70
Karine 106
Karpuzlu 137
Karşıyaka (İzmir) 169
Kartentelefone 48

Kaynarpınar 163
Kaz Dağları 221
Kazıklı Limanı 96
Kestanbol Kaplıcaları 233
Kilitbahir 246
Kinder 43
Kırmızı Su 148
Kıyıkışlacık 76
Klaros 150
Kleidung 43
Kleiner Mäander 133
Klima 44
Kocadağ 79
Kolophon 150
Konak (İzmir) 167
Konstantin 233
Konstantin der Große 52
Koran 41
Kos (griech. Insel) 81
Kosava-Bucht 193
Kriminalität 44
Krösus 52, 118, 185
Küçük Menderes 133
Küçükbahçe 162
Küçükkuyu 226
Kumpir 28
Kurban Bayramı (Opferfest) 43
Kurden 56
Kuşadası 107
Kybele 183, 194
Kybelerelief 183
Kydonia 209
Kyros der Große 52
Kyros II. 185

L

Labranda 87
Lahmacun 28
Laizismus 55
Laodikeia 145, 149
Latmosgebirge 89
Leander 241
Leleger 52
Lésbos (griech. Insel) 217
Literaturtipps 44
Lokale 24
Lokanta 24
Lord Byron 241
Lukas 123
Lydier 52
Lykier 52
Lysimachos 52, 118, 176, 198

M

Mäanderdelta 101
Magnesia 105
Mahmut II. 54
Manisa 179
Mantı 28
Manzikert, Schlacht von 53
Mark Aurel 100
Maria, Gottesmutter 130
Mark Anton 52
Mastix 158, 164
Mausolos 65, 87
Mazıköy 78
Medien 45
Medusa 94
Mehmet der Eroberer 244
Mehrwertsteuerrückerstattung 35
Menderes, Adnan 55, 136
Menteşeoğulları 84
Meryemana 130
Meze 26
Michael VIII. Paläologos 53
Midas 185
Mietfahrzeuge 16
Mihrab 42
Milas 84
Milet 96
Militär 11
Minbar 42
Mithridates von Pontus 118
Mobiltelefon 49
Mohammed 41
Mongolen 53
Mordoğan 163
Moreno, Dario 178
Moschee 42
Motorradverleih 16
Müren, Zeki 68
Mylasa 84

N

Nansen, Fritjof 55
Nazilli 138
Newton, Charles 66
Niobe 183
Notion 150
Notruf 49
Nysa 136, 138

O

Öcalan, Abdullah 56
Oduniskelesi 234
Odysseus 194, 237
Öffnungszeiten 45
Oktavian 52
Öküz Mehmet Pascha 107
Olivenriviera 221
Onassis, Aristoteles 167
Orakel von Delphi 118, 139, 185
Ören 221
Ören (Golf von Gökova) 79
Organisierte Ausflüge 20
Orpheus 194
Ortakent 70
Ortaklar 105
Osman 53
Osmanisches Reich 54
Oströmisches Reich 53
Özdere 151

P

Paktolos 184
Pamucak 113, 128
Pamukkale 144
Pamukkale Köy 144
Pannenhilfe 17
Papaz Plajı 234
Paragliding 48
Paris 222
Paşaköy 209
Paulus 52, 118, 228, 233
Pensionen 23
Pergamon 197
Perser 52
Philetairos 198
Pide 28
Pınarbaşı 222
Piri Reis 247
Pırlanta-Strand 158
Politisches System 11
Polizei 46
Pompeius 99
Post 46
Preise 46
Priamos 237
Priene 101
Promillegrenze 16
Propheten 41
Propylon 32

Ptolemäer 52
Pythagoras 115
Pytheos 65, 104

R

Radarkontrollen 16
Rail & Fly 14
Rakı 29
Ramadan 43
Reisepapiere 46
Reisezeit 44
Reiten 48
Religion 11
Rote Quelle 148

S/Ş

Salihli 184
Sámos (griech. Insel) 113
Samsun Dağı 106
Sappho 220
Sardes 184
Sarımsaklı 214
Sart 184
Scharia 41
Schiiten 41
Schliemann, Heinrich 237
Seehund 191
Seferihisar 152
Seferis, Giorgos 163
Segeln 20, 48
Selçuk 124
Seldschuken 53
Seleukiden 52
Seleukos 198
Şeker Ahmet Paşa 178
Şeytan Sofrası 216
Şifne 159
Sığacık 151
Simit 28
Sinan 182
Sirenen 194
Sivrice 230
Söke 105
Sotiriou, Dido 132
Spil-Dağı-Nationalpark 183
Sport 47
Stierkämpfe 135
Strabo 138, 151
Stratonikeia 87
Süleyman II. 54
Sulla 139
Sultanhisar 138
Sunna 41
Sunniten 41
Surfen 48
Sütuven-Wasserfall 222

T

Tahtakuşlar 222
Taş Suret 183
Taşkule 195
Taubeninsel 107
Tauchen 48
Tavaklıiskele 234
Taxi 19
Telefonieren 48
Tenedos 234
Tennis 48
Teos 152
Tepekule (İzmir) 178
Teppichkauf 34
Teriade 218
Tevfikiye 239
Thales 96
Theodosius II. 124
Theophilos 218
Thrasybulos 97
Timur Lenk 54
Tire 133
Toiletten 49
Torba 75
Trajan 122, 202
Tralleis 136
Trampen 19
Trinkgeld 25, 37
Troas 232
Troja 236, 237, 238
Truva 236, 237, 238
Turgut Reis 71, 160
Turgutreis 71
Türkbükü 74

U/V/W

Übernachten 21
Ürkmez 151
Urla 163
Vegetarier 28
Verkehrsschilder 16
Verkehrsunfall 17
Verkehrsvorschriften 16
Verres 58
Verständigung 50
Visitenkarten 47
Vorwahlnummern, internationale 49
Währung 37
Wandern 21
Wassersport 48
Wassertemperaturen 32
Wiegand, Theodor 98, 102
Wildcampen 24
Wirtschaft 11
Wood, J. T. 119

X/Y/Z

Xerxes 58, 240
Yahşi 70
Yalıkavak 73
Yenidoğan 109
Yenifoça 195
Yeniköy 234
Yeşilyurt 227
Yortanlı-Stausee 209
Yükyeri İskelesi 235
Zeit 50
Zeus Altarı 227

Fotonachweis

alle Fotos **Michael Bussmann** außer:
Bernd Böhner: 34, 187, 203
Jochen Grashäuser: 42, 86, 100, 130, 133
Frank Naundorf: 81, 83
Thomas Schröder: 114, 116, 217, 219